BELGIË TIJDENS DE TWEEDE WERELDOORLOG

BELGIË TIJDENS DE TWEEDE WERELDOORLOG

MARK VAN DEN WIJNGAERT | BRUNO DE WEVER | FABRICE MAERTEN
DIRK LUYTEN | PATRICK NEFORS | LUC VANDEWEYER | MARNIX BEYEN

Standaard Uitgeverij

Standaard Uitgeverij n.v., Belgiëlei 147a, 2018 Antwerpen

www.standaarduitgeverij.be • info@standaarduitgeverij.be

Omslagontwerp: Johny Van de Vyver

Omslagillustratie: Mei 1940, Duitse troepen in Brussel, Cegesoma, Brussel

ISBN 90 02 21440 5

NUR 688

D/2004/0034/016

INHOUD

WOORD VOORAF

In september 1944 bevrijden geallieerde troepen het Belgische grondgebied en eindigt de Duitse bezetting, die vier lange en bange jaren heeft geduurd. Tijdens de zestig jaar die ondertussen zijn verlopen, hebben honderden auteurs in evenveel artikelen, boeken, radio- en televisie-uitzendingen de impact van de Tweede Wereldoorlog op ons land behandeld. Sommigen beschreven slechts deelaspecten van de bezetting, anderen hadden oog voor het geheel. Het debat over het Belgische oorlogsverleden verliep vaak verre van sereen. Thema's als collaboratie en verzet deden telkens weer de passies oplaaien. Mythes die tijdens of onmiddellijk na de bezetting waren gevormd, hielden taai stand. Ook als de feiten door een aantal historici objectief in de brede context van de geschiedenis waren geplaatst, was het velen er enkel om te doen hun oordeel over goed en fout tijdens de bezetting uit te spreken en hun grote gelijk desnoods met een verdraaiing van de feiten te bewijzen. Het wetenschappelijk onderzoek is nochtans ver genoeg gevorderd om een echte verwerking van het oorlogsverleden mogelijk te maken.

De auteurs van dit boek willen daaraan bijdragen. In het debat dat naar aanleiding van de zestigste verjaardag van de bevrijding zal worden gevoerd, willen ze aan een breed publiek kenbaar maken wat met zekerheid over het oorlogsverleden geweten is. Zij zetten de feiten op een rij en verklaren die in hun context. Op basis van hun eigen onderzoek of van het wetenschappelijke werk van hun voorgangers geven de auteurs een overzicht van de bezettingsgeschiedenis. Luc Vandeweyer behandelt de Duitse inval, Mark Van den Wijngaert het bestuur van het bezette land en de Duitse repressie, Dirk Luyten het sociaal-economische leven, Marnix Beyen de cultuur, Fabrice Maerten verzet en kerk, Bruno De Wever de collaboratie en Patrick Nefors de bevrijding van het grondgebied. Mark Van den Wijngaert is tevens verantwoordelijk voor de coördinatie van het geheel.

INLEIDING

Als in de tweede helft van de jaren dertig de internationale spanningen hand over hand toenemen, doemt voor heel veel Belgen het spookbeeld van de Eerste Wereldoorlog op; de herinnering aan die vreselijke 'Groote Oorlog' is nooit ver weg geweest. Talloze families tellen gesneuvelden en verminkten. In nagenoeg elke gemeente herinnert een oorlogsmonument aan de verliezen die België heeft geleden. Elk jaar op 11 november herdenkt men de overwinning en brengt men hulde aan de slachtoffers en de oud-strijders. De bezetting en de wreedheden van de Duitsers staan in het collectieve geheugen gegrift. Als men vreest in een nieuw conflict te worden betrokken, gaat men ervan uit dat het zal verlopen zoals in die Eerste Wereldoorlog. Mensen beelden zich vaak ten onrechte de toekomst in met vertrouwde beelden uit het verleden. Het zal de Belgen zuur opbreken, want de Tweede Wereldoorlog verloopt heel anders dan het conflict van 1914-1918.

Los van Frankrijk

Omdat ze bang zijn voor een nieuw Europees conflict en ervan overtuigd zijn dat de Volkenbond – de voorloper van de Verenigde Naties – geen enkele garantie biedt voor het behoud van de vrede, kiezen de Belgische politici in de loop van de jaren dertig resoluut voor een onafhankelijke buitenlandse politiek. Zo wil de Belgische regering de handen vrijhouden, mocht Frankrijk een preventieve oorlog tegen Duitsland willen voeren. Die kans bestaat immers, aangezien Hitler Duitsland herbewapent, internationale verdragen schendt en in eerste instantie Frankrijk viseert om zich te revancheren voor de Duitse nederlaag van 1918.

In 1920 heeft het Frans-Belgische militaire akkoord het politieke lot van België verbonden aan de buitenlandse politiek van de Franse bondgenoot. De verplichtingen die daaruit voortvloeien, dreigen België mee te sleuren in een nieuwe oorlog met Duitsland en dat wil de regering tot elke prijs voorkomen. Protesten van wallingantische kringen die een lotsverbondenheid met Frankrijk voorstaan, doen de regering niet van haar voornemen afzien.

Diplomatieke gesprekken tussen Parijs en Brussel leiden op 6 maart 1936 tot een formele beëindiging van het akkoord van 1920. Daags nadien remilitariseert Hitler het Rijnland en komt de oorlog met Frankrijk dichterbij.

In juli 1936 verklaart minister van Buitenlandse Zaken Paul-Henri Spaak dat België uitsluitend zijn eigen grenzen en zijn eigen grondgebied zal verdedigen. In het verlengde van die nieuwe politieke koers pleit Leopold III op

14 oktober in een bijzondere ministerraad voor een *uitsluitende* Belgische politiek, die het land buiten de conflicten van de buren moet houden. Hij beklemtoont dat een versterking van het defensiesysteem broodnodig is om de onschendbaarheid van het grondgebied te garanderen.

De koning vertolkt zo voortreffelijk de zelfstandigheidspolitiek, dat de regering de tekst van zijn toespraak laat publiceren, iets wat nooit eerder is gebeurd in de Belgische politieke geschiedenis. Op 2 december 1936 kondigt eerste minister Paul Van Zeeland in de Kamer aan dat België niet langer mee moet belast zijn met de veiligheid van Frankrijk en Groot-Brittannië. Hiermee bezegelt hij de politieke koerswending. Diezelfde dag keuren de volksvertegenwoordigers een legerhervorming goed die de dienstplicht verlengt, de bewapening opvoert en de defensie in de diepte doorvoert.

De reacties op de nieuwe Belgische politiek variëren van enthousiast tot gelaten. De Duitsers zijn in de wolken omdat ze ervan uitgaan dat de Fransen en de Britten een bondgenoot hebben verloren. Begin 1937 zal Hitler te kennen geven dat hij de onaantastbaarheid en neutraliteit van België en Nederland wil garanderen. De Führer zit niet verlegen om een belofte meer of minder; hij weet dat hij ze maar zal houden als het in zijn kraam van pas komt.

Groot-Brittannië en Frankrijk zijn ontevreden over de Belgische zelfstandigheidspolitiek maar leggen zich er uiteindelijk bij neer. Een jaar later stellen ze zich zelfs garant voor de onschendbaarheid van het opnieuw neutrale België, zonder dat ons land zichzelf garant moet stellen.

In de Scandinavische landen en Nederland, die vrede en neutraliteit nastreven, wordt de onafhankelijke koers van België positief onthaald. Met de bedoeling zich los te maken van de invloed van de grote mogendheden, zal de Belgische diplomatie toenadering zoeken tot de kleine neutrale landen.

Vredesoproep van de kleine landen

In 1938 wordt de internationale toestand steeds hachelijker. Oostenrijk wordt zonder slag of stoot bij het Duitse Rijk ingelijfd en de aanspraken van Hitler op Sudetenland brengen Tsjecho-Slowakije in gevaar. Op de conferentie van München geven Frankrijk en Groot-Brittannië in naam van de lieve vrede Sudetenland prijs aan Hitler. Zij wekken ook bij de Belgische regering de illusie dat een nieuw Europees conflict daarmee uit de wereld is geholpen, maar helemaal gerustgesteld is men niet. De landhonger van Hitler is inderdaad nog lang niet gestild; Polen zal het volgende slachtoffer daarvan zijn.

In april 1939 schetst de Belgische ambassadeur in Duitsland de zenuwachtige sfeer in Berlijn. Hij waarschuwt de Belgische regering dat de dag waarop Duitsland niet meer overtuigd zal zijn van de eerlijkheid van de Belgische onafhankelijkheidspolitiek, het kleinste incident voldoende zal zijn om de Duitse garanties te doorbreken. Een nieuwe oorlog lijkt meer dan ooit nabij. België koestert de hoop dat de kleine niet-gebonden landen het tij nog kunnen keren en organiseert in Brussel een vredesconferentie. Op 23 augustus 1939 – uitgerekend de dag dat Duitsland en de Sovjet-Unie een niet-aanvalspact sluiten dat tevens de opdeling van Polen inhoudt – lanceert Leopold III mede namens de staatshoofden van Finland, Denemarken, Noorwegen, Zweden, Nederland en Luxemburg een indrukwekkende vredesoproep om de Europese protagonisten tot onderhandelen aan te zetten. Groot-Brittannië en Frankrijk geven te verstaan dat het niet vijf vóór maar vijf óver twaalf is en dat onderhandelen geen zin meer heeft. Duitsland en Italië reageren helemaal niet op de vredesoproep van de kleine landen. Vijf dagen later bieden koning Leopold en koningin Wilhelmina hun diensten aan Groot-Brittannië, Frankrijk, Polen, Duitsland en Italië aan. Maar ook deze poging is vruchteloos.

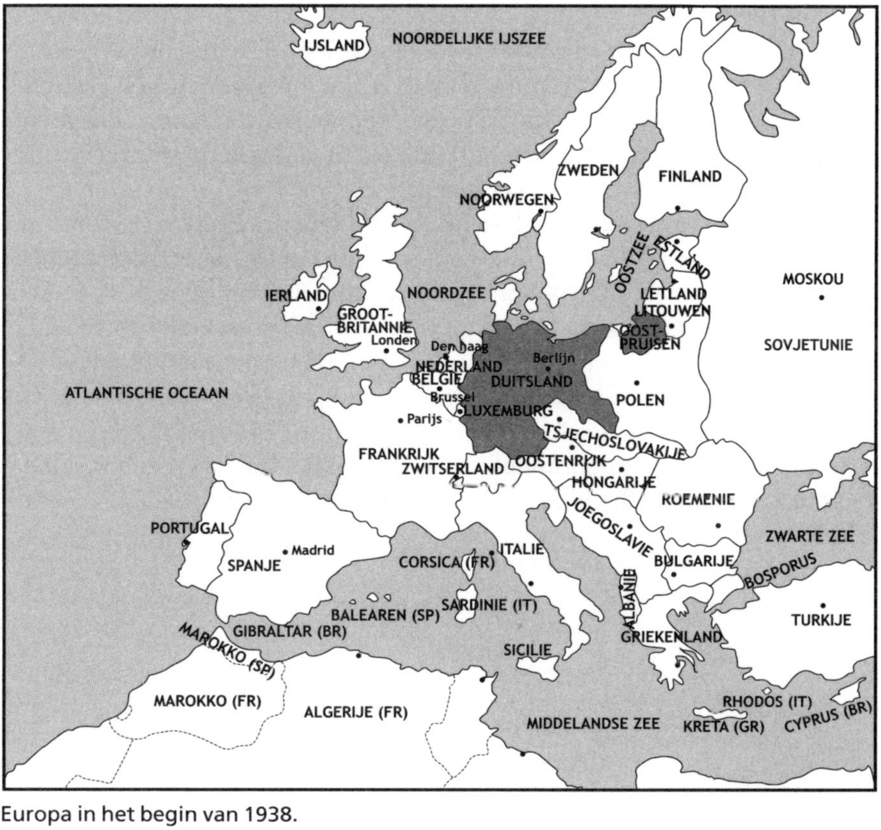

Europa in het begin van 1938.

De strikte neutraliteit

Op 1 september 1939 valt Duitsland Polen binnen. Frankrijk en Groot-Brittannië verklaren Duitsland op staande voet de oorlog. België neemt officieel de neutraliteit aan. Dat is geen gemakkelijke beslissing voor de regering, want strikte neutraliteit houdt in dat ons land bij een eventuele schending van het grondgebied geen beroep kan doen op de garanten. Het Belgische leger wordt gemobiliseerd. De regering van nationale unie krijgt in een buitengewone Kamerzitting volmachten toegewezen. Via de radio vraagt Leopold de bevolking het hoofd koel te houden, de economische activiteiten zo goed mogelijk voort te zetten en de eendracht te bewaren.

Tussen september 1939 en 10 mei 1940 kent België veeleer een schemervrede dan een schemeroorlog. De koning houdt krampachtig vast aan de neutraliteit, terwijl een aantal ministers liever op voorhand strikte afspraken zou willen maken met de geallieerden als België opnieuw door Duitsland onder de voet zou worden gelopen. Ze vallen de koning echter niet openlijk af. Alleen eerste minister Hubert Pierlot verbergt nauwelijks zijn ergernis over de vrij autoritaire houding van Leopold.

Als er sterke aanwijzingen zijn dat Hitler België en Nederland zal aanvallen, beraden koning Leopold en koningin Wilhelmina zich in Den Haag. Op 7 november bieden zij in een gemeenschappelijke verklaring hun goede diensten aan de mogendheden aan om vooralsnog een compromis te vinden. Dat aanbod vindt echter evenmin gehoor.

In januari 1940 seinen de Belgische ambassadeurs in Berlijn en Rome onheilspellende berichten door over een nakende Duitse aanval. Die aanvalsplannen worden bevestigd door militaire kaarten die Belgische troepen hebben kunnen bemachtigen in een neergestort Duits verkenningsvliegtuig. België verandert nog steeds niet van koers en blijft zijn politiek van strikte neutraliteit voeren. Een aanbod van Britten en Fransen om troepen naar ons land te sturen, wordt afgewezen. Nog op 8 mei 1940 blijven koning en regering vertrouwen op de neutraliteit om België uit het krijgsgewoel te houden. Twee dagen later wordt ons land overrompeld door Duitse troepen.

HOOFDSTUK 1

DE DUITSE INVAL

DE BELGISCHE DEFENSIE TOT PUIN GEREDUCEERD

Op 10 mei 1940 zetten de Duitsers de aanval in en treft de Tweede Wereldoorlog het land met volle kracht. België slaagt er niet in de stormloop te stuiten: de aanvaller gereduceerd op amper achttien dagen tijd de Belgische strijdkrachten tot puin. Het is voor de Belgen een schokkende ervaring. Nooit eerder had het land een grotere militaire inspanning gedaan dan nu, en toch blijkt die inspanning totaal onvoldoende.

Tijdens deze meimaand wordt al ten volle zichtbaar dat de oorlog rampzalig zal verlopen voor de Belgen – de wortels van de catastrofe zitten echter zeer diep en reiken tot de strategische denkbeelden die traditioneel in het land worden gehuldigd en tot de ervaringen van de Eerste Wereldoorlog.

DREIGING UIT HET OOSTEN

De strategie van de Eerste Wereldoorlog

11 november 1918. Op het westelijke front komt het tot een wapenstilstand, de Duitse nederlaag is een feit. Het vredesverdrag van Versailles van 28 juni 1919 bepaalt dat Duitsland moet ontwapenen en de aangerichte schade moet betalen. De vernederende bepalingen maken van het verdrag veeleer een 'staakt-het-vuren' dan een garantie voor duurzame vrede.

Veel Belgen kijken met enige weemoed terug naar de tijd van vóór de 'Groote Oorlog', toen het land zich veilig wist onder de gewapende neutraliteit gewaarborgd door de zogenaamde 'garanten', de machtige staten van het toenmalige Europa. Ná 1918 is het voor de Belgen onmogelijk om nog vanuit de vooroorlogse neutraliteit om zich heen kijken. De overgrote meerderheid van de bevolking koestert gevoelens van vijandschap tegenover de Duitsers. Omgekeerd kunnen de gewezen strijdgenoten van het westelijke front in België rekenen op bewondering. Fransen en Britten worden erg gewaardeerd. Maar hoe moet het land zich in de toekomst verdedigen? Dat wordt een politiek strijdpunt van eerste orde. De publieke opinie zal er hoe langer hoe meer verdeeld door raken.

Sinds de onafhankelijkheid van België in 1830 is een strikt defensieve opstelling altijd de kern geweest van de Belgische strategie. Het leger moet buitenlandse mogendheden afschrikken door het eigen land oninteressant te maken als doorgangsgebied voor oorlogvoerende machten. Forten vergen langdurige belegeringen. De vijand weet op voorhand dat zijn opmars daardoor zal worden vertraagd en dat het een dure grap is, omdat het een grote troepenmacht zal vergen.

Anderzijds is België van plan zeer spaarzaam om te springen met de levens van zijn soldaten. Het leger moet tot elke prijs elk risico op vernietiging vermijden en mag dus onder geen beding een beslissende veldslag aangaan. Zo moet het mogelijk worden dat de kern van de staat (koning en regering) en de strijdkrachten zich terugtrekken in de vesting Antwerpen. Dat is de laatste schans, de nationale vluchtheuvel. Die vesting is reusachtig groot en reikt tot Lier en Mechelen. Daarbinnen moet België zich tegenover een agressor als een opgerolde egel schrap zetten en overleven tot de garanderende mogendheden vervolgens de aanvaller verdrijven. Er wordt dus op gerekend dat vreemde legers na enige tijd het volle gewicht van de strijd zouden dragen, niet België.

De Belgische strategen beseffen daarbij maar al te goed dat het voortbestaan van het eigen leger de beste garantie is op een nieuwe toekomst voor het land. Het mag dus niet vernietigd worden. Het hof en de leidende figuren in de drie grote partijen zijn het over dat basisprincipe sinds generaties roerend eens.

In de Eerste Wereldoorlog tonen de feiten het gelijk van deze strategie aan. Koning, regering en leger slagen er inderdaad in zich in stand te houden terwijl de garanten de agressor uiteindelijk dwingen het veroverde land los te laten. Het is echter de hele tijd een dubbeltje op zijn kant, want de overwinning komt er pas na het opgeven van heel het Belgische fortensysteem, vrijwel het volledige grondgebied, een jarenlange strijd in de loopgraven en verschrikkelijke verliezen.

Welke defensiepolitiek?

Wat dan ná 1918? Moet de wapenbroederschap van vier jaar oorlog weer worden ingeruild voor de vroegere neutraliteitspolitiek? Velen vinden dat dit al te zeer lijkt op een grove vorm van ondankbaarheid, die bovendien politiek erg inefficiënt zou zijn. Ze zien meer heil in het instandhouden van de wapenbroederschap in de vorm van een bondgenootschap. Het is immers te verwachten dat Duitsland niet voor eeuwig onmachtig zal blijven. Daarom is het wenselijk een nauwe band met de strijdgenoten van vroeger te behouden, om zo de veiligheid van het land te verzekeren. Blijft uiteraard de vraag welk soort leger en welk type strategie daarvoor het meest geschikt zullen zijn.

In 1914 had het leger zich, zoals was overeengekomen, systematisch teruggetrokken. De Duitse bezetting was regelrecht in strijd met het oorlogsrecht. Het was een ware verschrikking voor de mensen die ze moesten ondergaan. Het land was geplunderd en de Belgen hadden dwangarbeid moeten verrichten. Ziekte, uitputting en dreigende hongersnood hadden de levens van miljoenen landgenoten in gevaar gebracht.

Dat een bezetting moordend kan zijn, had men dus aan den lijve ondervonden. Vandaar dat de opinies over de opstelling en de samenstelling van het leger na 1918 uiteenlopen en eenieder zijn opinie heftig verdedigt. Veel mensen vinden dat het Belgische leger, het koste wat het kost, zo veel mogelijk grondgebied en landgenoten moet behoeden voor een nieuwe bezetting en dat dat maar op één manier kan: het leger moet de vijand aan de grenzen opwachten en hem de toegang tot het land ontzeggen. Vooral in Wallonië vindt deze visie veel aanhang. Een verdediging op de Maas bijvoorbeeld betekent immers dat grote delen van het Waalse grondgebied zonder slag of stoot aan de vijand worden overgeleverd. Belangrijke steden en industriegebieden als Namen en het Luikse worden dan niet beschermd en – erger nog – gedegradeerd tot gevechtszone. In een dergelijk scenario mogen ze een totale verwoesting onder ogen zien. Dan liever pal staan aan de grens.

Dit scenario is dus een heel ander verhaal dan wat vóór 1914 het politieke evangelie was, maar zolang er geen reëel gevaar te duchten is, leidt het niet echt tot tweespalt. Dat verandert echter in de loop van de jaren dertig, vanaf het ogenblik dat de kans op een Frans-Duitse oorlog weer fors groeit. De Duitsers hebben immers weer een leger dat in staat is om op korte tijd opnieuw een enorme klap toe te brengen. Daarom keert de Belgische legerleiding terug naar de oude strategische opstelling, namelijk de verdediging in de diepte door zich telkens handig terug te trekken.

Aan de militaire strategie is ook een politiek gedeelte verbonden: elke kans om buiten een oorlog te blijven, moet worden aangegrepen. Dat kan alleen maar door officieel terug te keren naar de neutraliteit, al spreekt men in Brussel nu liever over 'onafhankelijkheidspolitiek'.

Die onafhankelijkheidspolitiek wordt sterk aangeprezen door de nieuwe koning, Leopold III, die weet dat hij daarmee de visie van zijn verongelukte vader, Albert I, in de praktijk brengt. Veel politieke tenoren en een overgroot deel van de bevolking oordelen er ook zo over. In de herfst van 1936 wordt deze nieuwe opstelling officieel afgekondigd.

Er kleven ook nadelen aan die nieuwe internationale houding. Om een geloofwaardige onafhankelijkheidspolitiek te voeren, moet de defensieve organisatie van het land in alle richtingen worden georganiseerd. Een blik op de kaart van België maakt duidelijk dat dit niet uitvoerbaar en onbetaalbaar is. Er worden slechts wat bescheiden verdedigingslinies opgesteld die tegen Frankrijk gericht zijn, wat voor veel Belgen al een stap te ver is. De publieke opinie aanvaardt over het algemeen niet dat de Belgische generaals in Frankrijk een potentiële agressor zien en de zuiderbuur dus gelijkschakelen met Duitsland of toch de schijn geven dat te doen. En wat met de Britten? Moet België ook dat land beschouwen als een potentiële agressor? Moeten de verwaarloosde bunkers van de Duitse kustverdediging van 1914-1918 weer bemand en bewapend worden? Er ontstaan dus meningsverschillen. Mensen met een sterk ontwikkeld Vlaams natiegevoel staan daarbij hoe langer hoe meer lijnrecht tegenover groepen die Franstalig zijn of die in elk geval een Vlaams natiegevoel afwijzen omdat ze het als een bedreiging zien voor België.

De tweespalt tussen Vlamingen en Franstaligen

De vragen over de houding van België ten aanzien van de Fransen en de Britten brengen ons bij een fenomeen dat bijzonder belangrijk is bij het afwegen van het defensievermogen van het land. Van de burgers wordt verwacht dat zij als één man achter hun leger staan en bereid zijn de noodzakelijke offers te brengen. Het gaat om bloed, zweet en tranen. Dat was zo in de begindagen van de Eerste Wereldoorlog, toen het patriottisme hoog oplaaide, maar dat is niet meer zo in de jaren dertig. De eensgezindheid is weg.

Het vraagstuk van de landsverdediging vergroot bijvoorbeeld de groeiende communautaire tweespalt in het land. Veel Vlamingen en katholieken hebben een bijzonder negatief beeld van het republikeinse en geseculariseerde Frankrijk. Vlaams-nationalisten roepen dat ze België willen inruilen voor een 'Groot-Nederland' en sommigen onder hen bepleiten zelfs een 'Germaanse solidariteit' met Duitsland.

Voor veel Franstalige en vrijzinnige Belgen daarentegen vormt Parijs echter het richtbaken. De radicalen onder hen zeggen zelfs dat ze zich desnoods willen aansluiten bij het grote francofone 'Gallië', als de Vlamingen hun taaleisen willen doordrukken. Met veel moeite slagen de regering en koning Leopold III erin de grote meerderheid van de Belgen te verenigen rond de neutraliteitsgedachte. Er wordt van de gelegenheid zelfs gebruikgemaakt om meer geld in de wacht te slepen voor de verdediging van het land. De onafhankelijkheidspolitiek moet immers kracht worden bijgezet.

Bunkers, forten en waterbarrières

Binnen de politieke en militaire elite twijfelt niemand eraan dat het grootste gevaar uitgaat van Duitsland. De nieuwe defensieve organisatie is dan ook vooral gericht op een invasie vanuit het oosten. De oude vestingen Luik, Antwerpen en Namen worden gemoderniseerd en uitgebreid. De vesting Luik krijgt de meeste aandacht, omdat ze op korte afstand van Duitsland ligt. Er zijn hier meer forten en meer bunkers nodig. Een groot deel van het geld voor gewapend beton gaat naar de bunkers op de waterlinies die het onderlinge verband tussen de drie vestingsteden moeten verzekeren.

Het Albertkanaal, dat in juli 1939 wordt ingehuldigd, zorgt voor een waterbarrière tussen Antwerpen en Luik, die in principe een Duitse invasie doorheen zuidelijk Nederland kan stoppen. De Maasvallei legt de verbinding tussen Luik en Namen. Het centrum van België is daarmee afgeschermd. Waar Albertkanaal en Maasvallei elkaar ontmoeten, bouwt het leger op het plateau van Eben-Emael een groot en gloednieuw fort dat de zwakke plek die wordt gevormd door Maastricht moet afschermen. Her en der in de Ardennen en op de kanalen in de Noorderkempen worden nog eens extra bunkers gebouwd en worden allerlei versperringen opgeworpen, van omgehakte bomen op de wegen tot het in de lucht blazen van bruggen. Ze moeten een vijandelijke opmars vertragen zodat de verdedigers aan het Albertkanaal en de Maas de tijd krijgen om zich klaar te maken voor de grote schok van de Duitse inval.

De Dijlelinie

De generaals maken zich echter geen illusies. Voor de verdediging aan de Maas en het Albertkanaal is, door de lengte van de twee waterwegen, het overgrote deel van het veldleger nodig. Als er ergens een Duitse doorbraak komt, wordt het leger erg kwetsbaar voor omsingelingsoperaties. De oude vrees voor een snelle vernietiging van de Belgische hoofdmacht blijft bestaan. De waterlinies worden dan ook niet beschouwd als de definitieve defensie. Desnoods moeten de troepen, als het signaal gegeven wordt, in snel tempo achteruit naar een volgende linie. Die kan niet anders dan pal in het centrum van het land liggen en wordt gevormd door de verbinding tussen de vestingen Antwerpen en Namen via de Dijlevallei. Ze gaat de geschiedenis in onder de naam KW-linie (Koningshooikt-Waver). Het belangrijkste voordeel van deze linie is dat ze een flink stuk korter is dan de Albertkanaal-Maaslinie. Dan kunnen er meer soldaten per kilometer klaarstaan en kunnen er meer reservetroepen achter de hand worden gehouden om vijandelijke doorbraakpogingen in de kiem te smoren. Dat zou het de agressor heel wat moeilijker maken.

Een linie in het midden van het land is nog om een andere reden interessant. Het gevolg van de onafhankelijkheidspolitiek is immers dat er geen afspraken kunnen worden gemaakt met het Franse en Britse leger. Hun troepen mogen zelfs pas Belgische grond betreden nadat de Duitsers zijn binnengevallen. Het tijdstip waarop de hulp van deze vreemde troepen kan worden ingeroepen, is in de ogen van de Belgische generaals een zwaarwegend argument in het voordeel van de KW-linie. Als pas dáár kan worden gerekend worden op Franse en Britse eenheden, zal een snelle terugtrekkende beweging levens van Belgische soldaten sparen. De oprichting van deze linie zal vooral vanaf de aanval op Polen op een doortastende manier ter hand worden genomen.

Geleerd door de ervaringen uit de Eerste Wereldoorlog fixeert men zich nu op linies die met betonnen bunkers worden versterkt. De feiten die zich hadden afgespeeld aan het toenmalige westelijke front hadden aangetoond dat een stevige linie maar kon worden doorbroken als de aanvaller sterk in de meerderheid was. Voor de Belgische generaals is de strategische les dan ook heel eenvoudig: een uitgebreid systeem van goed voorbereide defensieve stellingen in de diepte maakt het onmogelijk dat de vijand heel het Belgische leger buiten westen zou slaan. Binnenskamers laten ze nog een ander belangrijk argument horen dat eveneens op de ervaringen van de Eerste Wereldoorlog is gebaseerd: de voorbije oorlog had laten zien dat de Belgische soldaat veel beter functioneerde wanneer hij zich moest verdedigen, dan wanneer hij in het offensief moest gaan.

Dat was en is geen kwestie van mentaliteit alleen. Een grootscheeps offensief vergt heel wat meer vakkennis en training van het officierenkorps en de troepen dan het afwachten en opvangen van een aanval. Aangezien het Belgische leger een militieleger is dat rekent op de opkomst van grote massa's reservisten, is het per definitie verstandig te mikken op het defensief. Patriottisme kan een buitengewoon motiverende kracht zijn, maar in een moderne oorlog zijn training en vakkennis absoluut onmisbaar bij ingewikkelde operaties zoals grootscheepse offensieven. Ook de bewapening wordt al sinds jaar en dag vanuit dat oogpunt aangeschaft. België heeft vrijwel geen tanks en slechts een schamele luchtmacht. Om al deze redenen besluit de Belgische legertop wijselijk om de troepenmacht van vaak weinig gemotiveerde en getrainde dienstplichtigen en reservisten toe te spitsen op de verdediging.

Voor uitgestrekte verdedigingslinies is zeer veel mankracht en materieel nodig. Soldaten zijn er genoeg. Sinds de vorige oorlog is de algemene dienstplicht van kracht, zodat er een grote reserve aan min of meer getrainde soldaten beschikbaar is. De generaals rekenen op een massaleger van zo'n zeshonderdduizend soldaten. Naar Belgische maatstaven is dat inderdaad een gigantische hoeveelheid. Een dergelijk militieleger is weliswaar log en weinig flexibel, maar de generaals hopen dat dit nadeel wordt geneutraliseerd door het accent op de defensieve taken te leggen.

Helaas is er een keerzijde aan de keuze voor een defensieve aanpak: men laat het initiatief over aan de aanvaller, zodat die naar believen kan kiezen waar hij zijn voornaamste aanvalskracht zal inzetten. Voor de verdediger is het in dat geval gokken waar de zone ligt die op de vijandelijke stafkaart voor de doorbraak staat aangestreept. En al is het gemobiliseerde leger naar Belgische normen reusachtig groot, tegenover de legers van de grootmachten blijft het een lilliputter.

De Duitse dreiging blijft

Sinds 1918 is de argwaan tegenover de oosterbuur niet weggeëbd. Duitsland wordt zorgvuldig in het oog gehouden. De Belgische militaire attaché in Berlijn stuurt met de regelmaat van een klok rapporten naar Brussel waarin hij de groei van de Duitse strijdkrachten uit de doeken doet. Hij ziet bovendien nieuwe ontwikkelingen: het vredesverdrag van Versailles verbiedt elke vorm van offensieve bewapening, maar de Duitsers produceren verboden wapentuig op scheepswerven en in fabrieken van neutrale landen. In de Sovjet-Unie mogen ze op gigantische proefterreinen uitproberen wat op Duitse bodem niet kan. Hun militair-technische kennis wordt dus gewoon verder ontwikkeld.

De Duitse strijdkrachten tellen nog slechts honderdduizend man, maar aangezien Versailles voor Duitsland de dienstplicht heeft afgeschaft, gaat het om een goed opgeleid beroepsleger. Deze professionele strijdmacht kan de ruggengraat vormen van een nieuw, omvangrijk dienstplichtigenleger. Enkele jaren na de nederlaag van de Eerste Wereldoorlog is Duitsland opnieuw in staat om uit te groeien tot een van de machtigste landen van de wereld. De meerderheid van de Europeanen voelt zich daar bepaald ongemakkelijk bij.

Het gaat hier niet alleen over de hoeveelheid jonge mannen die eventueel het soldatenplunje kunnen aantrekken. De Eerste Wereldoorlog had laten zien dat Duitsland op militair-technisch vlak een uitermate te duchten macht was. Het lijdt geen twijfel dat Berlijn op alle terreinen – te land, ter zee en in de lucht – in staat is om na enkele jaren weer aan de absolute top te staan. De Duitse wetenschappelijke wereld en de industrie zijn er klaar voor. Details in de berichten van de militaire attaché zijn sprekend. In Brussel zet men zich aan het denken. Wat gebeurt er wanneer Duitsland de beperkingen op zijn strijdkrachten, opgelegd door het Verdrag van Versailles, naast zich zou neerleggen? De revanchegeest blijft grote delen van de Duitse bevolking bezielen. De nederlaag van 1918 is nooit verteerd. Een politieke omslag in Berlijn blijft dus na 1918 altijd een schrikbeeld.

Die ommekeer komt er. Al vanaf 1929 zijn er tekenen dat de revanchistische en militaristische groepen in Duitsland sterker worden. De grote doorbraak is er in het begin van 1933 en nog wel vanuit relatief onverwachte hoek. De Nationalsozialistische Deutsche Arbeiterpartei (NSDAP) van Adolf Hitler geeft de andere 'klassiek-deftige' nationalistische partijen bij de verkiezingen het nakijken, al haalt ze geen meerderheid. De president en oorlogsheld maarschalk Hindenburg vraagt Hitler om kanselier te worden en een regering te vormen. De deur naar de macht is daarmee opengezet en Hitler grijpt zijn kans. Zijn programma kan in één zin worden samengevat:

Duitsland moet sterk zijn om groter te kunnen worden. Het ontgaat de Belgische generaals en diplomaten niet dat de Duitse strijdkrachten vanaf nu mogen hopen op een forse groei. Deze bewapeningsinspanning gaat al snel gepaard met een agressieve buitenlandse politiek.

De kans op oorlog in Europa wordt groter

Hitler probeert de buitenwereld voor voldongen feiten te plaatsen. Zo trekt hij zijn land op 14 oktober 1933 terug uit de ontwapeningsbesprekingen in Genève en vijf dagen later verlaat Duitsland de Volkenbond. De klap op de vuurpijl volgt in maart 1935 met de beslissing tot herbewapening. Berlijn stelt het voor alsof het daarmee een einde wil maken aan de discriminatie zoals ze was vastgelegd in het vredesverdrag van Versailles. Hitler gokt erop dat de vijanden van vroeger hem laten begaan omdat ze een oorlog vrezen. Zijn gok blijkt een correcte inschatting en dat sterkt hem in zijn ambities.

Daarna gaat het snel. Eerst wordt brandhout gemaakt van het principe dat de Duitse troepen niet in het Rijnland mogen komen. Dat is angstwekkend voor België, want daarmee staan de 'Feldgraue' soldaten in één klap vlak bij de Duitstalige gemeenten rond Eupen en Malmedy die in 1919 bij België zijn aangehecht. In de lente van 1938 volgt de inlijving van Oostenrijk. Het volgende doel op Hitlers lijstje zijn de Duitstaligen in Tsjecho-Slowakije. Nu komt er wél een internationale crisis. Er dreigt een oorlog en België roept in september 1938 zijn troepen op. Een *mobilisatie* mag men het echter niet noemen en daarom zegt de regering dat ze het leger op 'versterkte vredesvoet' brengt en dat het enige doel daarvan is de neutraliteit kracht bij te zetten.

De hoogspanning is al na enkele dagen voorbij, want in München wordt toegegeven aan Hitlers territoriale eisen. De oorlogsdreiging is op een minimum van tijd verdwenen. Belgische soldaten laten hun materieel in de steek en gaan zich bedrinken. De ingezette reservisten maken de indruk van een zootje ongeregeld. Het blijkt dat deze manier van inzet van reservisten leidt tot een beschamende chaos. De generaals trekken hun conclusies en dokteren een beter, getrapt mobilisatiesysteem in fasen uit.

Met elke verovering van territorium telt het nieuwe Duitsland ook meer inwoners. Het gaat over miljoenen mensen en dus honderdduizenden potentiële soldaten. Het Duitse leger wint aan mankracht, maar ook aan wapenindustrie en grondgebied. Wat dat laatste betreft hebben de militairen het over 'strategische ruimte' en uit een dergelijke ruimte worden nieuwe aanvallen mogelijk.

Het land wordt elke dag op tal van 'fronten' sterker. De ondergang van Tsjecho-Slowakije bijvoorbeeld zorgt ervoor dat een geduchte tegenstander tot nul wordt gereduceerd en dat zijn wapenindustrie in Duitse handen komt. Hitler heeft redenen om vol vertrouwen een echte oorlog tegemoet te zien. In Europa wordt het nu heel erg gevaarlijk.

In de zomer van 1939 neemt Hitler een dreigende houding aan tegenover Polen en ook hier eist hij grondgebied op. Warschau maakt duidelijk niet te zullen toegeven en is bereid te vechten. Frankrijk en ~~Duitsland~~ beloven de Polen dat ze Berlijn de oorlog zullen verklaren als Hitler hun land aanvalt. Dat is een heel andere houding dan tijdens de Tsjecho-Slowaakse crisis van een jaar eerder. De westerse tegemoetkomendheid is verdwenen, maar nu wordt Europa door Hitler gepakt met een onverwachte zet: op 23 augustus sluiten Berlijn en Moskou een niet-aanvalsverdrag dat in feite een bondgenootschap inhoudt en een overeenkomst over de te veroveren en te verdelen gebieden. Duitsland en de Sovjet-Unie kunnen de Polen nu in de tang nemen zonder dat Britten en Fransen daar militair veel tegen kunnen doen. Het lot van Polen is bezegeld. In België waarschuwt eerste minister Hubert Pierlot de regering dat de oorlog elk moment kan uitbreken en dat het land dan onmiddellijk zal mobiliseren om elke onverhoedse invasie af te schrikken. De vrees van Pierlot wordt werkelijkheid op 1 september 1939.

TEN OORLOG!

De strijd begint, België mobiliseert

Eind augustus 1939 is Polen omringd door vijandelijke legers die klaarstaan om aan te vallen. De Poolse legerleiders denken heel anders dan de Belgische generale staf. Ze kunnen er niet toe besluiten om land te verliezen in ruil voor het winnen van tijd. De sterkste legeronderdelen bevinden zich op relatief korte afstand van de Duitse grenzen. Dat maakt hen kwetsbaar voor omsingelende bewegingen.

De Belgische legerleiders kijken met enig misprijzen naar de Poolse strategische opstelling. Ze krijgen gelijk. De Duitsers vallen aan alle kanten tegelijk aan en dankzij snelle en diepe stoten kunnen ze grote Poolse legeronderdelen omsingelen. Het weinig mobiele karakter van de Poolse infanterie leidt tot de ene overgave na de andere. Op plaatsen waar krachtig verzet wordt geboden, treedt de Duitse luchtmacht op met verwoestende bombardementen. De combinatie van snel oprukkende pantserspitsen met duikbommen-werpers die als een vliegende artillerie de opmars vergemakkelijken en tegelijk de vijand demoraliseren, werkt. De inval van het Rode Leger

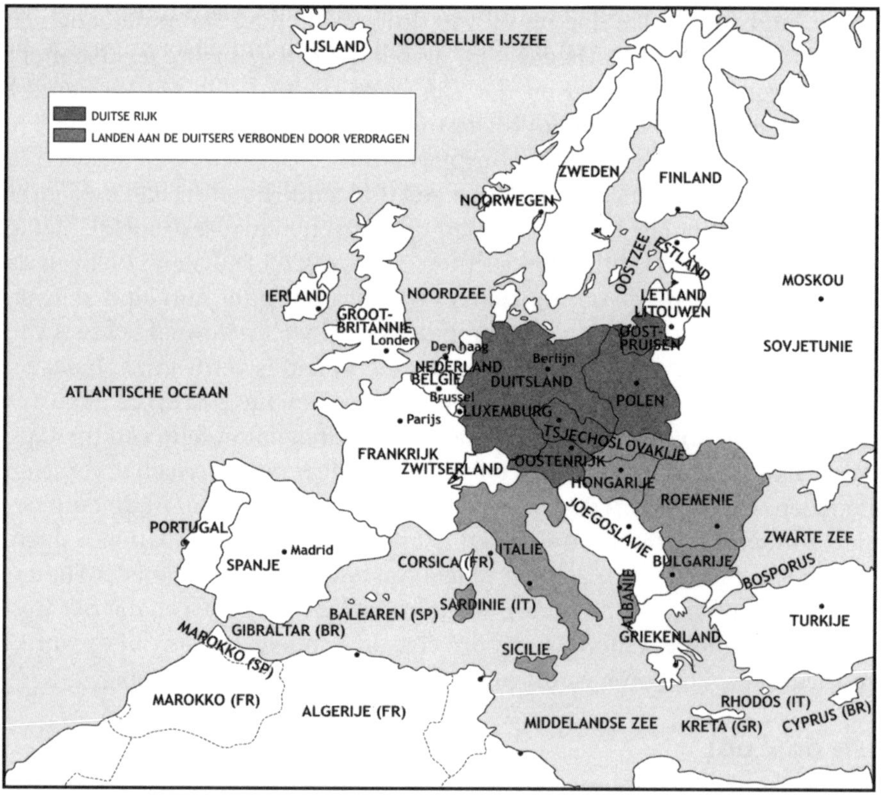

Europa in de vroege lente van 1940.

in het oosten op 17 september maakt elk verder verzet kansloos. Na amper één maand strijd is voor Polen het einde nabij. Berlijn heeft opnieuw een belangrijk leger uitgeschakeld en een massa hulpbronnen gewonnen, die nog eens worden aangevuld door de leveringen van de Sovjets die nu op gang komen.

In Brussel wordt de Poolse veldtocht met argusogen bekeken. De stemming bij de legerleiding is niet algeheel somber. Het lijkt er immers op dat de Belgische strategen gelijk krijgen. Anders dan Polen beschikt België over stevige barrières dankzij de kanalen, de Maas en de verschillende fortengordels. Al is het land minder uitgestrekt, het moet mogelijk zijn om de gemotoriseerde troepen van de vijand te verplichten tot een veel tragere opmars dan in Polen. Bovendien heeft België geen vijandelijke Sovjet-Unie in de rug, maar wel twee machtige staten die er alle belang bij hebben onmiddellijk met man en macht te komen helpen.

Nu de oorlog in het oosten afloopt, keert het gros van de Duitse strijdkrachten zich naar het westen. De toestand wordt dus gevaarlijker en toch gebeurt er aan het westelijke front zo goed als niets. Het Franse leger gebruikt de bescherming van de Maginotlinie om te mobiliseren en ook de Britten sturen divisie na divisie naar Frankrijk. Beide koloniale imperia zijn bezig aan een gestage troepenopbouw. Ze denken veeleer op langere termijn en gaan ervan uit dat ze op een gegeven moment het overwicht zullen krijgen. Pas dan willen ze een beslissend gevecht aangaan. Bovendien zijn ook hun generaals overtuigd van de superioriteit van het defensief en vrezen ze grote verliezen als ze zouden aanvallen.

België beschikt over een kleine luchtmacht. Luitenant Xavier Henrard sneuvelt tijdens de mobilisatie in een gevecht met een Duits vliegtuig dat het Belgische luchtruim is binnengedrongen. Het toestel achter hem is een Hurricane, het beste jachtvliegtuig waarover België beschikt.

De Belgische inlichtingendienst volgt ondertussen met de grootste aandacht de troepenbewegingen in de grensgebieden. Daarbij wordt vooral uitgezocht waar de Duitse pantserdivisies zich bevinden. Het valt immers te verwachten dat deze eenheden opnieuw de spits zullen vormen van elke offensieve beweging van enige betekenis. Aan de grenzen blijft het nochtans rustig. Het is verboden in die buurt te jagen om domme grensincidenten te voorkomen. De everzwijnen van de Ardense bossen appreciëren dat 'staakt-het-vuren' zeer. Af en toe moeten Belgische vliegtuigen verdwaalde toestellen van de oorlogvoerende machten verjagen. Dat is alles. Maar de oorlog staat niet stil: nieuwe ontwikkelingen doen zich voor, zij het ver van huis. Ze zijn echter wel degelijk van grote militaire betekenis.

Niet alleen Duitsland is fors groter geworden. Ook de Sovjet-Unie heeft zich dankzij de alliantie met Hitler-Duitsland kunnen uitbreiden. De Russen willen nu ook Finland onderwerpen. Net zoals de Polen weigeren de Finnen toe te geven. De aanval van het Rode Leger begint op 30 november 1939. In het zuiden beukt het op de goed voorbereide Finse verdedigingslinies. Meer noordelijk dringen de rode divisies het beboste binnenland in. Het is volop winter. De Finnen verdedigen zich met de moed der wanhoop en het lukt hen drie maanden lang het Rode Leger zeer zware verliezen toe te brengen. Daarna moeten ze toegeven. Finland behoudt echter zijn onafhankelijkheid.

Voor de Belgische generaals lijkt het of ook dit hun strategie bevestigt. Bunkers, prikkeldraad en andere versperringen maken het de aanvaller vreselijk moeilijk. De generaals kijken echter met onvoldoende belangstelling naar de bewegingsoorlog in de noordelijker grensstreken. Daar tonen kleine Finse eenheden hun tactische superioriteit door gebruik te maken van de mogelijkheden die de natuur en het landschap hun bieden. En vooral: ze zijn bereid om hun eigen leven op het spel te zetten om een oppermachtige maar gehate en gevreesde vijand buiten te houden.

In het westen volgt de ene zenuwslopende alarmtoestand na de andere. Een van de mogelijkheden is dat Duitsland Nederland aanvalt en België ongemoeid laat. Voor de Fransen en vooral voor de Britten zou dat een zware tegenslag zijn, want dan wint Hitler opnieuw hulpbronnen. Meer bepaald zal zijn machtige luchtmacht dan beschikken over gunstig gelegen vliegvelden om Engeland massaal aan te vallen en de Noordzee te beheersen. De Belgen maken duidelijk dat ze in dat geval geen vin zullen verroeren om de Nederlanders te helpen. Ze zullen ook de doortocht aan Franse en Britse troepen weigeren. Dat scenario zou betekenen dat de Duitsers des te gemakkelijker een volgende veldtocht kunnen lanceren en door België trekken.

De geallieerden zijn onthutst over de Belgische weigering en het volstrekte gebrek aan solidariteit. Ze beseffen dat Leopold III daarbij een doorslaggevende invloed uitoefent.

Op 9 april doen de Duitsers een onverwachte zet op het strategische schaakbord. De aanval op Noorwegen en Denemarken gaat van start. Denemarken is al na een dag reddeloos verloren maar Noorwegen veroveren is niet zo gemakkelijk. Dankzij de inzet van elitetroepen die met boten, parachutes en zweefvliegtuigen aan land worden gezet, krijgt Duitsland snel voet aan wal in Noorwegen. De komende weken wordt het uitgestrekte, bergachtige land stap voor stap veroverd. Voor het eerst blijkt hoe flexibel en doortastend de inzet van de Duitse elite-eenheden kan zijn. In Brussel ziet men dat Denemarken zelfs niet de wil heeft om zich te verdedigen en dat het kleine, onervaren Noorse leger te zwak is om gewicht in de schaal te werpen. Britten en Fransen komen te hulp maar zijn duidelijk onvoldoende voorbereid. Vooral de Britten verliezen aanzien, want ze slagen er niet in de Duitse veroveraars buiten Scandinavië te houden. De Luftwaffe is oppermachtig. Dat is een zware klap voor het vertrouwen in de westelijke geallieerden.

België houdt de hele tijd zijn immense leger op de been. Het is moeilijk de moed erin te houden. De mobilisatie weegt zwaar op de economie en de ontevredenheid neemt hand over hand toe. Vooral bij de mannen die niet naar huis mogen, terwijl anderen dat dankzij politieke voorspraak wél kunnen. In de gebieden dicht bij de grens, die aan de bezetter zullen worden prijsgegeven, worden de mensen erg ongerust. De Duitsers gebruikten tijdens de vorige bezetting van de Eerste Wereldoorlog de mannen als dwangarbeiders en zouden dat opnieuw kunnen doen. Het ging bovendien om weerbare mannen en dus om potentiële rekruten voor het Belgische leger. De legerstaf maakt een plan voor de evacuatie van de rekruteringsreserve naar plaatsen in de westelijke helft van het land. Het gaat om ongeveer zestigduizend man.

Dit probleem is nauw verbonden met het vraagstuk van de evacuatie van burgers die wonen in de aan de bezetter prijsgegeven gebieden of binnen de geplande weerstandszones. Het gaat om vele honderdduizenden mensen. Als het oorlog zou worden, krijgt België omvangrijke volksverhuizingen te verwerken. En dat zal dan nog maar het begin zijn. Elke Duitse doorbraak zal nieuwe massale volksverhuizingen meebrengen. Het is een logistieke nachtmerrie, een volstrekt onoplosbaar probleem. Daarom wordt beslist dat de burgers, vanaf het uitbreken van de gevechten, zo veel mogelijk thuis moeten blijven om de militaire bewegingen niet te hinderen. Het wegennet moet vrij blijven. Dat betekent dat de bedreigde gebieden mét burgers maar vrijwel zonder mannen van weerbare leeftijd aan de bezetter worden prijsgegeven. Voor velen is dit een schrikbeeld. De Luikenaars en de bewoners van de Ardennen zijn met deze beslissing zeker niet gelukkig en dat maakt veel politici zenuwachtig.

De achttiendaagse veldtocht

Op 10 mei 1940 gaat het zoveelste alarm over in echte oorlog. De Duitsers vallen België binnen. De regering doet een beroep op de garanten om België bij te staan. België moet al meteen een opdoffer van formaat incasseren: het fort in Eben-Emael en de bruggen over het Albertkanaal in die buurt worden door luchtlandingstroepen veroverd. Dat betekent dat de weg vrij is voor een pantserlegerkorps om door te stoten naar het midden van het land via

Haspengouw, een ideaal landschap voor tankoperaties.

Op de ministerraad van 11 mei 1940 vertellen de ministers Marcel-Henri Jaspar en Antoine Delfosse over de inspectietocht die ze hebben ondernomen in de richting van Luik. Het is daar een volslagen chaos. Vrijwel de hele burgerbevolking is in paniek op de vlucht geslagen. Op de wegen is er geen doorkomen aan. Daartussen zitten de mannen van de rekruteringsreserve verspreid. De Duitse doorbraak heeft als gevolg dat de Belgische generaals meteen de beslissing nemen de Albertkanaal-Maaslinie op te geven. Het leger moet terug naar de lijn tussen Antwerpen en Namen, de KW-linie. Die verdedigingslinie is nu bijzonder sterk.

De vlucht van burgers wordt een ware lawine en veel mensen trekken de Franse grens over. Is er zich opnieuw, zoals in de Eerste Wereldoorlog, een België-in-ballingschap aan het vormen? De jongens van de rekruteringsreserve worden eveneens naar Frankrijk gestuurd. Dat biedt perspectieven voor de opleiding en inschakeling in de strijdkrachten. Deze reserve bestaat uit jongens en mannen vanaf zestien jaar die nog niet voor de militaire dienst waren opgeroepen. Ze hebben dus nog geen militaire opleiding gekregen omdat ze ofwel te jong zijn, ofwel om andere redenen vrijgesteld werden. Het gaat over ongeveer 300.000 mensen die zullen worden klaargestoomd om het staande leger van 600.000 man te versterken. Op 14 mei beslist de regering dat 'alle' mannen die tot die reserve behoren naar Frankrijk moeten. Maar nu komen de nadelen van de neutraliteit aan het licht: ons land had niet met Frankrijk onderhandeld over mogelijke grote migraties en in Frankrijk is men dus op niets voorbereid!

Ondertussen gaat de Duitse opmars verder. De Belgische troepen zijn amper nog het doelwit van hun aanvallen. De Duitse legerleiding wil in één klap heel het geallieerde front uit evenwicht brengen door vanuit de Ardennen een grote doorsteek te realiseren door Noord-Frankrijk tot aan de zee. Als die 'tweedeling' is gebeurd, zal eerst de noordelijke legermacht worden gewurgd en tot overgave gedwongen. Daarna kunnen de troepen in Frankrijk worden aangepakt. Deze strategie houdt in dat de hoofdmacht van de Duitse tanks door de Ardennen naar de Maasvallei stormt. Ondertussen trekt België zijn soldaten ten zuiden van de Maas snel terug. Als het toch tot gevechten komt, laten kleine groepen Ardense Jagers zien wat gemotiveerde soldaten kunnen in een landschap dat zij door en door kennen en als hun thuis beschouwen. Benoorden de Maasvallei komt het tot de eerste echte tankslag van de oorlog wanneer Franse eenheden in de streek van Gembloers frontaal op Duitse pantserdivisies stoten.

Duitse tank in Waals stadje, vermoedelijk Malmedy. De voornaamste aanval van de Duitse pantserdivisies moet in de Ardennen plaatsvinden. Daar willen ze hun grote doorbraak uitvoeren.

Britse voertuigen in de straten van Leuven. Er wordt aan de Dijle hard gevochten. De aftocht wordt geblazen omdat de Duitsers veel zuidelijker, aan de Maas, zijn doorgebroken.

Op het hoogste beslissingsniveau in België wordt de toestand ondertussen bepaald zorgwekkend. Het gebrek aan communicatiebereidheid van Leopold III, die het opperbevel naar zich had toegetrokken, dreigt de regering totaal onmachtig te maken. Het wantrouwen van de ministers tegenover de bedoelingen van de vorst groeit. Op 15 mei verwittigt Leopold de ministers dat de Duitse pantserdivisies een reële kans maken om de noordelijke legers af te snijden van het Franse moederland. Zodra de tanks de zee bereiken, zal het zover zijn. De ministers zijn onthutst. Leopold geeft de indruk zich bij de omsingeling te zullen neerleggen en op relatief korte termijn bereid te zijn tot het neerleggen van de wapens. De ministers willen dat België zich zal blijven verdedigen en dat betekent dat gekozen wordt voor nauwe samenwerking met de Britten en de Fransen.

Op 16 mei verlaat de regering Brussel. De Belgische ambassade in Parijs krijgt opdracht ervoor te zorgen dat de hele rekruteringsreserve naar Frankrijk kan gaan, vóór de Duitse tanks hun doel bereiken. Dankzij Franse hulp lukt het om een groot deel van deze manschappen te onttrekken aan de Duitse greep.

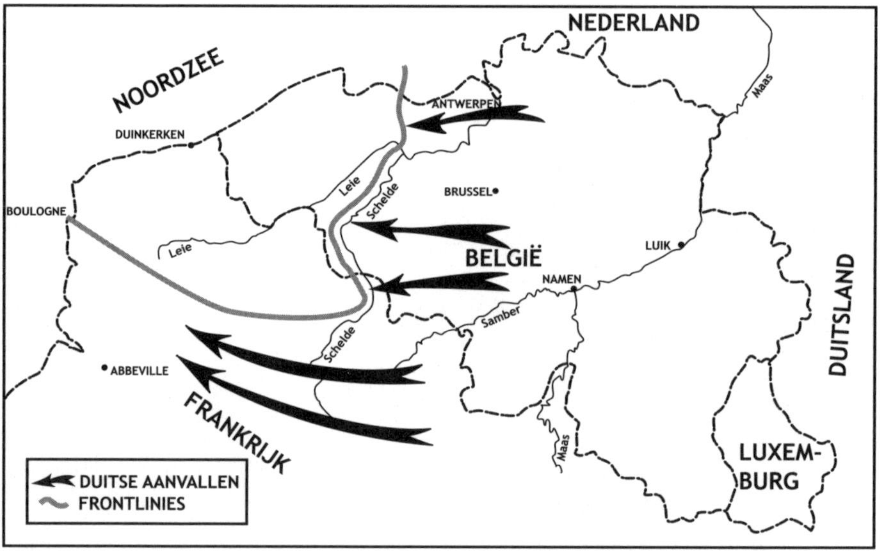

De Duitse pantserdoorbraak via de Ardennen naar de zee bij Abbeville snijdt de geallieerde legers in twee.

Op 20 mei valt Abbeville in Duitse handen en is de doorbraak een feit. Dat plaatst de Belgische strijdmacht voor een bijzondere uitdaging. In Frankrijk zijn slechts een handvol opleidingseenheden en de totaal ontredderde en onderbemande Zevende Infanteriedivisie aanwezig. Die divisie had de klap bij Eben-Emael opgevangen en is zwaar toegetakeld. De Belgische gevechtscapaciteit op Franse bodem is dus zwak, maar het potentieel aan mankracht is aanzienlijk dankzij de toestroom van rekruten. De regering wil met deze krachten de strijd voortzetten, ook als het nationale grondgebied integraal door de vijand is bezet en de Belgische hoofdmacht in gevangenschap verkeert.

De strategie van de koning leidt onontkoombaar tot dit scenario. Bovendien dwarsboomt hij de strategie van de regering. Leopold legt de uitdrukkelijke eis om zo veel mogelijk troepen, de koning-opperbevelhebber incluis, naar Frankrijk over te brengen naast zich neer. De gevechtseenheden worden door de koning op Belgische bodem gehouden. Hij wijst de eis van de ministers af met het argument dat hij zijn opperbevelhebberschap op Franse bodem niet met dezelfde volheid zou kunnen uitoefenen.

Na de terugtocht, weg van de Dijlelinie, is het voor de Duitsers een koud kunstje om de onverdedigde versperringen op te ruimen. Deze zogenoemde 'Cointet'-versperringen moesten pantservoertuigen tegenhouden.

De koning geeft zich over

Ondertussen rukken de Duitsers op en volgt het ene bevel tot terugtrekken op het andere. De overgrote meerderheid van de Belgische soldaten krijgt geen vijanden te zien, maar de demoraliserende aftocht doet zijn aftakelingswerk ook zonder gevechten. Veel regimenten smelten weg omdat een deel van de soldaten verdwaalt of achterblijft.

Nog erger is het gesteld met het materieel. Wapens worden in de gracht of in het water gegooid om sneller te kunnen wegkomen. Deze onwil tot verzet vergemakkelijkt uiteraard de Duitse opmars. De tegenstanders van de Belgen zijn nochtans geen elite-eenheden en als het toch tot vechten komt, blijken bepaalde eenheden en de Belgische kanonniers wel degelijk opgewassen tegen de invallers.

Nu worden de nadelen van de fixatie op het defensieve duidelijk. Op geen enkel ogenblik wordt door de legerleiding een poging gedaan om de Duitsers uit evenwicht te brengen door een tegenaanval van enige allure te lanceren. Het leger beschikt nochtans over eenheden die in staat en bereid zijn om een klap uit te delen. Pas wanneer ze de Noordzee al bijna kunnen ruiken, geven de generaals bevel tot standhouden. Ondertussen zitten de soldaten aan de Leie. Hier is echter totaal niets voorbereid, waardoor de verdedigers de essentiële voordelen van het defensief zullen missen. Een groot deel van de Belgische soldaten die in een gevecht sneuvelen, zullen vallen in deze laatste dagen van verzet op Belgische bodem.

Duitse soldaten op de linkeroever van de Schelde bij Antwerpen. Vrijwel alle Belgische verdedigingslinies zijn ondertussen in hun handen gevallen.

Ondertussen zijn de naburige Franse en Britse legers eveneens op de terugtocht, maar zij hebben nog uitzicht op een aftocht over zee dankzij de Britse vloot. Ze kunnen inschepen via Duinkerke. Leopold III blijft tegenover zijn ministers het been stijf houden en verkiest de krijgsgevangenschap van alle soldaten die hij nog onder zijn bevel heeft, hemzelf – de opperbevelhebber – incluis, boven uitwijken naar Frankrijk. Op 28 mei is het zover. Treurig detail: de dag van de Belgische overgave is meteen de eerste keer dat het weer regent sinds de Duitsers met hun offensief van start gingen.

België vecht verder

Op 26 mei 's avonds vinden de ministers elkaar terug in Parijs. Eerste minister Pierlot komt snel tot de kern van de zaak, namelijk de koninklijke weigering om het beleid van de regering uit te voeren en het feit dat Leopold koos voor de gevangenschap. De regering zal doen wat ze juist acht: verder vechten aan de zijde van de Britse en Franse bondgenoten. Pierlot beseft dat dit in politiek opzicht niet zo eenvoudig is: het staatshoofd heeft zich aan de Duitsers overgegeven. De officieren hebben trouw gezworen aan de koning. De burgers zien in de persoon van de koning al evenzeer het vaste baken in deze turbulente tijden. Kan de regering in deze omstandigheden de nodige autoriteit doen gelden?

Op 27 mei krijgt de regering steun van een aantal oudere ministers van staat en van de voorzitters van Kamer en Senaat. Later volgen ook de meeste volksvertegenwoordigers en senatoren die op Franse bodem verblijven. De politieke steun is dus breed. Iedereen beseft maar al te goed dat een staking van de strijd door de Belgen internationaal zeer ongewenste reacties zou kunnen uitlokken: de Fransen zouden het als verraad beschouwen. Een ferme houding van de regering moet de naar Frankrijk gevluchte Belgen behoeden voor wraakacties. De regering moet roeien met de beperkte militaire riemen die ze heeft. Veel zijn het er niet.

Op 28 mei geeft de koning het militaire verzet tegen de invallers op. Pierlot heeft ondertussen met de Franse regeringsleider Paul Reynaud overleg gepleegd. Op deze dag zal hij via de Franse radio een tekst voorlezen die scherp is voor de koning maar die de plots opstekende woede van de Franse bevolking zal doen bekoelen. Pierlot belooft onder meer dat de Belgen op Franse bodem als soldaat verder zullen vechten tegen de Duitse invallers. De overige landgenoten zullen zich met hun arbeid inzetten voor de overwinning. Het spreekt echter vanzelf dat de massa potentiële rekruten niet op één, twee, drie kunnen worden ingeschakeld. De ministers hebben zelfs amper greep op het schamele militaire kader dat voorhanden is en dat deze taak zou moeten uitvoeren.

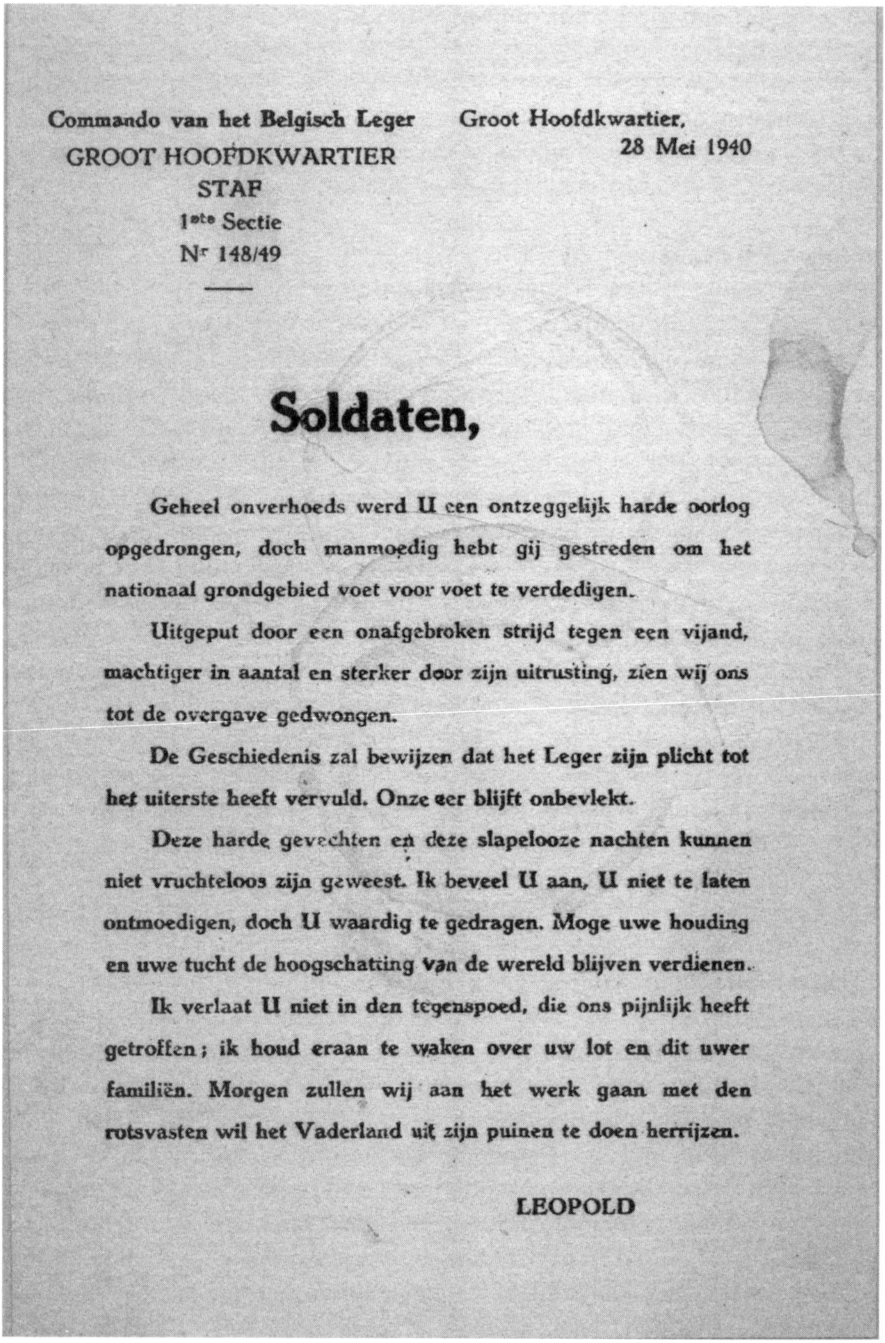

Commando van het Belgisch Leger
GROOT HOOFDKWARTIER
STAF
1ste Sectie
Nr 148/49

Groot Hoofdkwartier,
28 Mei 1940

Soldaten,

Geheel onverhoeds werd U een ontzeggelijk harde oorlog opgedrongen, doch manmoedig hebt gij gestreden om het nationaal grondgebied voet voor voet te verdedigen.

Uitgeput door een onafgebroken strijd tegen een vijand, machtiger in aantal en sterker door zijn uitrusting, zien wij ons tot de overgave gedwongen.

De Geschiedenis zal bewijzen dat het Leger zijn plicht tot het uiterste heeft vervuld. Onze eer blijft onbevlekt.

Deze harde gevechten en deze slapelooze nachten kunnen niet vruchteloos zijn geweest. Ik beveel U aan, U niet te laten ontmoedigen, doch U waardig te gedragen. Moge uwe houding en uwe tucht de hoogschatting van de wereld blijven verdienen.

Ik verlaat U niet in den tegenspoed, die ons pijnlijk heeft getroffen; ik houd eraan te waken over uw lot en dit uwer familiën. Morgen zullen wij aan het werk gaan met den rotsvasten wil het Vaderland uit zijn puinen te doen herrijzen.

LEOPOLD

Met dergelijke pamfletten worden de Belgische soldaten van de overgave op de hoogte gebracht.

Nu worden de blikken gericht op generaal Henri Denis, minister van Landsverdediging. Op de ministerraad van 7 juni deelt hij mee dat hij een plan heeft om een strijdmacht van 60.000 manschappen op de been te brengen. Dat is tienmaal minder dan het aantal manschappen in het Belgische leger bij het begin van het Duitse offensief. Deze eenheden zouden ter beschikking staan van het Franse opperbevel, maar moeten wel een Belgisch officierenkader krijgen. De volgende dag horen de ministers dat de Franse troepen zich schrap hebben gezet en standhouden. In Bretagne wordt ondertussen de Zevende Infanteriedivisie gereorganiseerd en opnieuw bewapend. Die eenheid wordt de kern van het nieuwe Belgische leger. Aan de Franse vraag om 60.000 loopgravengravers naar de verdedigingslinies te sturen, proberen de Belgen te voldoen door te putten uit de overvloed aan rekruten. De regering probeert ondertussen Franse en Amerikaanse gevechtsvliegtuigen te kopen. Er is dus ook een nieuwe luchtmacht in het verschiet.

De voorwaarden zijn echter niet vervuld om deze massa rekruten tot bruikbare gevechtseenheden op te leiden. Dat is niet alleen een vraag van personeel met de nodige vaardigheden en motivatie, maar ook van tijd. De Duitsers zijn niet van plan om de Belgen die tijd te gunnen. Ze beuken op de Franse linies. Zouden de bondgenoten in staat zijn om de oorlog op Frans grondgebied nog lang voort te zetten? De geallieerde troepen zijn ondertussen in een zeer ongunstige machtsverhouding met de vijand terechtgekomen. In de Alpen dreigt een grootscheepse aanval van Italië, Hitlers bondgenoot. Het water stijgt de Fransen tot aan de lippen. Op 14 juni zegt Pierlot op de ministerraad dat de meest recente radiotoespraak van de Franse premier Reynaud blijk had gegeven van 'une angoisse extrême', een bijna panische angst omdat de nederlaag haast onafwendbaar is. Wat als Frankrijk de strijd opgeeft?

Frankrijk geeft het op

Het Franse leger raakt inderdaad uitgeput. Duitsland kan immers sinds Duinkerke zijn volledige macht zuidwaarts dirigeren. De krachtsverhoudingen zijn nu heel erg ongelijk. Een wapenstilstand moet onder ogen worden gezien. Maar wat dan met de Belgen? Op de ministerraad van 14 juni worden de mogelijkheden besproken. Als Britten én Fransen de strijd staken, is de beslissing vanzelfsprekend: de Belgen doen mee. Een andere mogelijkheid is dat de strijd op het vasteland zal uitdoven doordat Britten en Fransen verkiezen de strijd voort te zetten vanuit Engeland en de Franse kolonies. Dat Londen vast van plan is door te vechten, wordt niet echt betwijfeld. Maar Frankrijk?

Vanaf 28 mei 1940 moeten enkele honderdduizenden Belgische militairen zich overgeven. Velen zijn zelfs niet of amper in gevecht geweest.

Britten en Fransen hebben een sterke vloot, maar voor de Belgen is een terugtocht over zee een stuk minder voor de hand liggend, ook al hebben ze Kongo. Als de regering beslist naar Londen te gaan, moet ze het overgrote deel van de ambtenaren en alle vluchtelingen achterlaten. Veel ministers zijn niet erg geneigd dat hun landgenoten in Frankrijk aan te doen, zelfs niet als de Franse regering naar Noord-Afrika terugwijkt. De politieke draagwijdte van een dergelijke daad is immers enorm, want de grote vraag is dan of de ministers nog over de nodige politieke legitimiteit beschikken. De meesten van hen hebben hier hun twijfels over: met dit scenario zou het onmogelijk zijn de troepen en rekruten in veiligheid te brengen, wegens onvoldoende scheepsruimte. Een Belgische regering overzee zal niet meer beschikken over een militair machtsinstrument van enige betekenis. Minister van Landsverdediging Denis legt de vinger op een pijnlijke wonde. In Londen gaan zitten zonder strijdkrachten, heeft weinig zin. Vrijwel alle Belgen in Frankrijk zullen gedwongen zijn om terug te keren en zich met hangende pootjes te schikken in een Duitse bezetting. Eerste minister Pierlot hoopt dat ten minste een deel van de nog aanwezige militaire macht kan worden overgebracht met de weinige Belgische schepen die beschikbaar zijn. Niemand mag zich echter gedwongen voelen: Pierlot wil alleen vrijwilligers sturen. Ook daar knelt het schoentje. De geest bij de troepen is erg slecht en dat haalt ook het moreel van de ministers naar omlaag. De meesten vinden het raadzaam de strijd op te geven. Zelfs als er scheepsruimte voorhanden is, zouden er dan voldoende vrijwilligers gevonden worden? Ze vrezen van niet.

De Franse regering voert dezelfde discussie en beslist eveneens dat de mogelijkheden om de strijd van over zee voort te zetten onvoldoende perspectief bieden. Het land had, net als België, alles op alles gezet om een reusachtig landleger op de been te brengen om het moederland te beschermen. Nu is dat verslagen en is de oorlog de facto verloren. De Fransen krijgen intussen de dictaten van de Duitse wapenstilstandscommissie voorgeschoteld. Op 18 juni hoort de Belgische regering dat alle buitenlandse troepen op Frans grondgebied de wapens moeten neerleggen. Denis geeft opdracht aan de officieren om de rekruteringsreserve te beschouwen als burgers.

Vanaf dan zit de regeringspolitiek vol dubbelzinnigheden. Alleen minister Marcel-Henri Jaspar beslist naar Londen te gaan om verder te vechten, maar zijn collega's zetten hem meteen af. Militairen die de oorlog toch willen voortzetten en Britse bodem proberen te bereiken, worden beschouwd en veroordeeld als deserteurs. Maar anderzijds stuurt de regering op 18 juni minister van koloniën Albert De Vleeschauwer naar Londen om de Belgische autoriteit over Kongo te bevestigen.

De Belgische strijdmacht valt uiteen

Ondertussen wordt de situatie in zuidelijk Frankrijk snel slechter. Het land kan de massa vluchtelingen en troepen niet langer dragen. Ondervoeding en verwaarlozing eisen hun tol en velen zijn er slecht aan toe. De eenheden vallen uit elkaar door desertie. Veel militairen gaan gewoon naar huis, desnoods te voet. In het bezette land verwachten de mensen dat de jonge mannen en de vluchtelingen naar huis worden gebracht en ook dat doet de ministers de moed in de schoenen zinken. Voor verder vechten is geen enkel politiek en militair draagvlak meer. En toch! Op 18 juli krijgen de ministers te horen dat minister De Vleeschauwer, die in Londen zit, had gevraagd of het toegelaten is om Belgische militairen op Britse bodem ter beschikking van Winston Churchills strijdkrachten te stellen. Het antwoord is natuurlijk van grote betekenis om de band met de Britse bondgenoot niet helemaal door te knippen. De regering antwoordt dat dit kan op voorwaarde dat het om vrijwilligers gaat. Het is een buitengewoon belangrijke beslissing. De komende maanden zullen zes Belgische vliegeniers sneuvelen in de Slag om Engeland, die de eerste nederlaag wordt voor Hitlers oorlogsmachine.

Voor de Belgische vluchtelingen in Frankrijk is de tijd gekomen om weer naar huis te gaan. Dat betekent dat /ongeveer twee miljoen Belgische vluchtelingen, soldaten en rekruten de baan op moeten, richting noorden. Pas na de zomer is die grootscheepse verhuizing min of meer afgelopen. Met de eerste herfstdagen verandert ook de sfeer onder de Belgen. De golf van neerslachtigheid ebt wat weg. De Britten houden vol. Een deel van de Belgische politieke elite vat weer moed en daardoor zullen ook enkele ministers en andere politieke zwaargewichten de moed vinden om naar Londen te trekken, want de oorlog tegen de Duitsers gaat dus door. Maar is er nog een betekenisvolle bijdrage van Belgische militairen te verwachten? Op enkele honderden na, zijn de Belgische soldaten immers allemaal in handen van de Duitsers.

Aan de zijde van Groot-Brittannië

Op 24 oktober 1940 staat Camille Gutt in Londen voor de microfoon. Zijn woorden zijn via de radio ook in het bezette land te horen. Voor de Belgen die zich niet willen neerleggen bij de Duitse overheersing spreekt hij woorden van hoop. De regering hervat de strijd. Het programma is gemakkelijk samen te vatten: vechten tot België bevrijd is en de vijand verslagen. De Belgische ministers zijn niet de enige Europese regeringsleiders die in Londen zitten. Een groot deel van de door Hitler bezette landen zet op die manier de strijd voort. Voor de Britten is dat belangrijk. Ze kunnen steun goed gebruiken.

De ministers De Vleeschauwer, Pierlot en Gutt tijdens een plechtigheid op Britse bodem. Ze vertegenwoordigen België in Londen. Hun voornaamste bekommernis is de wederopbouw van een strijdmacht.

Bij hun aankomst in Londen beschikken de ministers over nog slechts een schijntje van de grote strijdmacht die ze in de lente hadden. Toch kondigt Gutt aan dat de Belgen zo snel mogelijk een gemotoriseerde brigade aan de geallieerde strijdmacht willen toevoegen. De ministers beseffen ondertussen dat de relatief immobiele infanterie en artillerie op het slagveld het verschil niet meer kunnen maken. België moet vertegenwoordigd zijn in de aanvalsspitsen. De Britten beloven in december 1940 de nodige bewapening voor het opstellen van twee brigades infanterie en een regiment artillerie.

Maar daarvoor heb je soldaten nodig en die blijken buitengewoon moeilijk te vinden te zijn. De mannen die bereid en in staat zijn tot vechten, komen slechts druppelsgewijs toe. Eind november 1940 zijn er slechts een negenhonderdtal manschappen beschikbaar voor landmachteenheden en een honderdtal voor de luchtmacht. Op zee is het wat beter gesteld, dankzij de Belgische vissers en de koopvaardij. In januari 1941 wordt één infanteriebataljon opgesteld. Op het slagveld betekent dit natuurlijk helemaal niets. Zeggen dat dit de regering en de troepen opzadelt met een minderwaardigheidscomplex, is nauwelijks overdreven. Bovendien draagt dat niet bij tot het politieke gewicht van de Belgische regering. Er is aanvulling nodig en die wordt over heel de wereld gezocht. Op 7 augustus 1941 wordt nog gehoopt één brigade op te stellen, het minimum om op het slagveld nog te kunnen beschikken over een zekere autonomie in het gevecht. Dat betekent dat de regering minstens 2500 gevechtssoldaten nodig heeft. Het is een werk van jaren.

De manschappen lijden eronder. De soldaten zien natuurlijk ook dat ze op zichzelf te zwak zijn om daadwerkelijk deel te nemen aan operaties op het continent. De ministers vragen de Britse regering om de Belgen in te passen in een Britse divisie die bij voorkeur in West-Europa zal worden ingezet. Dan is er ten minste uitzicht op vechten. De maanden glijden voorbij. Pas wanneer de geallieerden in Noord-Afrika aan de winnende hand zijn, is er weer hoop op aanvulling. Maar het blijft moeizaam. Op de ministerraad van 20 juli 1942 wordt de hoop opgegeven een strijdmacht van betekenis te kunnen samenstellen.

De ministers zijn zich pijnlijk bewust van de verregaande politieke consequenties. Wie militair niet meetelt, heeft ook niet veel te vertellen op het politieke forum. Een ander gevolg van de militaire zwakte op Britse bodem is, dat het verzet in België zwaarder weegt. Het gewapende verzet heeft immers wél een omvangrijke rekruteringsreserve bij de hand. Dat betekent dat na verloop van tijd het grootste deel van de 'gewapende' Belgen in het bezette land zit en niet bij de reguliere eenheden op Britse bodem. Een rapport uit januari 1944 onderstreept een pijnlijke waarheid: de gewapende verzetsorganisaties op Belgische bodem zijn de enige strijdkrachten die in staat zijn om een belangrijke rol te spelen bij de komende bevrijding.

Een compagnie Belgische soldaten in Engeland in juli 1942. Het zal nog lang duren voor de Belgische troepen sterk genoeg zijn om een grotere gevechtseenheid te vormen.

In mei 1940 werd de Belgische militaire sterkte geteld in divisies – telkens meer dan tienduizend soldaten. Vier jaar later gaat het om bataljons van slechts enkele honderden manschappen. Het nieuwe Belgische leger van 1944-1945 staat ver af van de troepenmacht in de herfst van 1918 en de tweeëntwintig divisies die Leopold III in mei 1940 kon inzetten.

Dat betekent dat tijdens deze oorlog de klemtonen van het historische gebeuren verschuiven naar het bezette land. Veel meer dan tijdens de Eerste Wereldoorlog, toen een belangrijk deel van de burgers in ballingschap leefde en het leger aan de IJzer standhield.

Bibliografie

Crahay, A., *L'Armée belge entre les deux guerres*, Brussel, 1978.
De Vos, L. & F. Decat, *België in de Tweede Wereldoorlog. Mei 1940, van Albertkanaal tot Leie*, Kapellen, 1990, dl 10.
Gérard-Libois, J. & J. Gotovitch, *L'An 40. La Belgique occupée*, Brussel, 1971
Henri, B., *Panorama d'une défaite. Bataille de Belgique – Dunkerque 10 mai-4 juin 1940*, Paris-Gembloux, 1984.
Jamart, J., *L'armée belge de France en 1940*, Bastogne, 1994.
Provoost, G., *Vlaanderen en het militair-politiek beleid in België tussen de twee wereldoorlogen. Het Frans-Belgisch militair akkoord van 1920*, Leuven, 1976 en 1977. 2 dln.
Schepens, L. *1940, Dagboek van een politiek conflict*, Tielt-Utrecht, 1970
Van den Wijngaert, M., *Het beleid van de het comité van de secretarissen-generaal in België tijdens de Duitse bezetting 1940-1944*, Brussel, 1975.
Vangeet, W.J.D., *De rijkswacht tijdens de bezetting*, Kapellen, 1985.
Vanwelkenhuyzen, J., *Les avertissements qui venaient de Berlin 9 octobre 1939-10 mai 1940*, Parijs-Gembloers, 1982.
Idem, *Neutralité armée, la politique militaire de la Belgique pendant la 'drôle de guerre'*, Brussel, z.j.
Velaers, J. & H. Van Goethem, *Leopold III, de Koning, het Land, de Oorlog*, Tielt, 1994.
X, *Belgique 1940. Une société en crise, un pays en guerre – België 1940. Een maatschappij in crisis en oorlog*, Brussel, 1993.

HOOFDSTUK 2

BESTUUR EN POLITIEK

HET MINSTE KWAAD

DE KONING EN DE REGERING GAAN ELK HUN EIGEN WEG

Bij de inval van de Duitse troepen op 10 mei begeeft Leopold III zich, zonder zich om de regering te bekommeren, naar het hoofdkwartier van het Belgische leger in Breendonk om er het opperbevelhebberschap op zich te nemen. In tegenstelling tot zijn vader Albert I in 1914, vindt Leopold het niet de moeite waard het parlement toe te spreken. De koning beseft allicht niet dat hij nooit meer voor het parlement zal verschijnen. Hij richt zich via de radio rechtstreeks tot zijn onderdanen. Diezelfde dag nog keuren Kamer en Senaat de wet op de overdracht van bevoegdheid in oorlogstijd goed. Die wet machtigt ambtenaren de bevoegdheid van hun hiërarchische overste uit te oefenen als die wegens de oorlogsomstandigheden zijn functie niet meer kan uitoefenen. Het parlement en de regering willen op die manier de continuïteit van het openbaar bestuur in alle omstandigheden verzekeren. Daarmee is de weg geopend naar het bestuur van de secretarissen-generaal, de hoogste ambtenaren van de ministeries.

In de overtuiging dat ze een herhaling van de gebeurtenissen van 1914 zal meemaken, treft de regering-Pierlot maatregelen om eerst naar de Belgische kust te gaan en zich later in Frankrijk terug te trekken. Door het snelle oprukken van Duitse eenheden is het kabinet verplicht die plannen overhaast uit te voeren. Op 15 mei, te midden van verwarring en paniek, convoceren de ministers Spaak en Gutt enkele prominenten uit het zakenleven. Wegens de ontreddering van het verkeersnet kunnen alleen de gouverneur van de Société Générale, Alexandre Galopin, de voorzitter van de Bank van Brussel, Max-Léo Gérard, en de voorzitter van de Kredietbank, Fernand Collin, de vergadering bijwonen. De regering wenst dat vooraanstaande zakenlui en bankiers als morele leiders voor het bezette land zouden fungeren. Spaak verwoordt die vertrouwensopdracht door pathetisch uit te roepen: 'Messieurs, nous vous confions la Belgique!' Galopin merkt op dat de strikte onthoudingspolitiek van België een economisch kerkhof zal maken. Spaak en Gutt verzekeren hem dat dit helemaal niet de bedoeling van de regering is en ze tonen begrip voor het feit dat men aan de bezetter toegevingen zal moeten doen. Het is wél de bedoeling dat zakenlui en financiers de bevolking zo goed mogelijk door de bezetting heen loodsen en daartoe de industriële activiteiten hervatten of instandhouden in zover hun dat noodzakelijk en mogelijk lijkt. In het vooruitzicht dat de Nationale Bank met de voorraad bankbiljetten en het drukkerijmateriaal het grondgebied zal verlaten, vragen de ministers aan de bankiers via voorschotten te zorgen voor de uitbetaling van de salarissen en vergoedingen van het rijkspersoneel. Om de terugbetaling daarvan na de oorlog te verzekeren, overhandigt Gutt aan Galopin een onbeperkte kasbon. De bankiers en industriëlen die zich rond Galopin verzamelen, zullen met dat mandaat van de regering niet alleen de verantwoordelijkheid voor de bezettingseconomie op zich nemen, maar als boegbeelden van het Belgische establishment ook een determinerende rol spelen in het bestuur van het land.

Een dag na die belangrijke vergadering met de bankiers verlaat de regering Brussel. De hoogste ambtenaren van de ministeries, de secretarissen-generaal, nemen de bestuurlijke taken van de ministers over. Zij treden uit de anonimiteit van de overheidsdiensten en nemen tot aan de bevrijding van het grondgebied in september 1944 de beleidsverantwoordelijkheid op zich. Het is met hen dat de Duitse officieren bij de verovering van het grondgebied contact opnemen en een aantal technische kwesties afhandelen. Pas na het beëindigen van de vijandelijkheden zal een Duits militair bestuur worden gevestigd.

Terwijl Duitse troepen steeds verder oprukken en de situatie van de Belgische troepen met de dag hopelozer wordt, komt het tot een openlijk conflict tussen Leopold III en de regering-Pierlot. De koning vindt dat België alleen zijn eigen grondgebied moet verdedigen en de hulp van Britten en Fransen alleen heeft ingeroepen om de onafhankelijkheid te herstellen.

Eerste minister Pierlot is het echter hoegenaamd niet met die opvattingen eens. Volgens hem heeft de schending van de grenzen precies een einde gemaakt aan de Belgische onafhankelijkheid en staan de Belgen nu aan de geallieerde zijde. Op 25 mei komt het in het kasteel van Wijnendale tot een frontale botsing tussen de koning en de regering. Als opperbevelhebber wil Leopold in het land blijven en het lot van zijn soldaten delen, terwijl de ministers Pierlot, Spaak, Denis en Vanderpoorten alle moeite van de wereld doen om Leopold als staatshoofd ervan te overtuigen dat hij zich met de regering naar Frankrijk moet begeven om van daaruit de strijd tegen nazi-Duitsland voort te zetten. Met een Coburgse koppigheid houdt de koning voet bij stuk: hij wil en zal in België blijven.

De ministers vrezen terecht dat de koninklijke entourage er Leopold toe zal aanzetten om met de vijand over een modus vivendi te onderhandelen. De breuk tussen koning en regering is compleet. De ministers vertrekken zonder hem naar Frankrijk. Op 27 mei vraagt hij de Duitsers om een wapenstilstand, een dag later capituleert het Belgische leger. De koning wordt krijgsgevangen. In een radiorede vanuit Frankrijk laat eerste minister Pierlot er geen twijfel over bestaan dat Leopold volgens de grondwet niet meer in de mogelijkheid verkeert te regeren, aangezien hij zich onder het gezag van de bezetter heeft geplaatst. Omdat het parlement niet kan worden samengeroepen, zal de ministerraad voortaan ook de grondwettelijke bevoegdheden van de koning uitoefenen. Pierlot meldt verder dat zijn regering de oorlog aan de zijde van de geallieerden zal voortzetten.

Op 6 juni erkent Groot-Brittannië de regering-Pierlot. Vanuit Frankrijk nemen tal van ministers en parlementsleden Leopold zeer scherp op de korrel. De koning zal dat nooit vergeten en ook nooit vergeven. Tijdens de bezetting zal hij tevergeefs proberen een politieke rol te spelen.

HET BEZETTE LAND

Het Duitse militaire bestuur

Op 31 mei, enkele dagen na de capitulatie van het Belgische leger, legt het hoofdkwartier van de Duitse landmacht het bevel over België en Noord-Frankrijk in handen van de generaal van de infanterie, Alexander von Falkenhausen. Als Militärbefehlshaber is hij in eerste instantie verantwoordelijk voor het handhaven van de orde. Hij beschikt daartoe over twee militaire politie-eenheden, namelijk de Feldgendarmerie en de Geheime Feldpolizei. Het Duitse ministerie van politie, het Reichssicherheitshauptamt, beschikt in Brussel over een Sipo-SD Dienststelle die onder de verantwoordelijkheid van het militaire bestuur valt, maar ook rechtstreekse bevelen krijgt uit Berlijn. Minstens even belangrijk als de ordehandhaving is de opdracht van von Falkenhausen het economische en het menselijke potentieel van België in de Duitse oorlogvoering in te schakelen.

Onder de eindverantwoordelijkheid van von Falkenhausen fungeren de Kommandostab die alle militaire kwesties regelt en de Militärverwaltungsstab die voor alle burgerlijke zaken bevoegd is. Militärverwaltungschef generaal Eggert Reeder staat aan het hoofd van de laatst genoemde dienst en is verantwoordelijk voor alle politieke, staatkundige, economische, sociale en culturele facetten van het bezette land. Voor de exploitatie van de Belgische economie zorgt een sterk ontwikkelde Wirtschaftsabteilung, die voor elk domein van de economie over afzonderlijke Gruppen beschikt. De gewestelijke diensten van de bezetter zijn volledig afgestemd op de administratieve indeling van België, zodat elke Duitse dienst een Belgische tegenspeler van gelijk niveau heeft. Voor Reeder zijn dat de secretarissen-generaal, voor de Oberfeld- en Feldkommandanten de provinciegouverneurs, voor de Kreiskommandanten de arrondissementscommissarissen en voor de Ortskommandanten de burgemeesters. Deze structuur stelt de bezetter in staat om met een beperkt aantal manschappen het Belgische bestuur afdoend te controleren. Het Duitse militaire bestuur geeft overigens niet alleen richtlijnen aan de Belgische overheid; het kan ook via eigen verordeningen het beleid naar zijn hand zetten.

Op 18 juli 1944 wordt de Zivilverwaltung in de Senaat plechtig geïnstalleerd. Van links naar rechts: de aftredende generaal Alexander von Falkenhausen, de nieuwe rijkscommissaris Josef Grohé en generaal Martin Grase.

Onder andere wegens zijn twijfel over de rol die eventueel voor koning Leopold in het bezette land is weggelegd, gaat Hitler in België niet meteen na het beëindigen van de militaire acties over tot de vestiging van een Zivilverwaltung, een burgerlijk bestuur waarin de nazi-partij en de SS het voor het zeggen hebben en die de inlijving in het Duitse rijk voorbereidt. Dat belet niet dat het militaire bestuur in België, naarmate de oorlog vordert, steeds meer onder druk wordt gezet door SS-instanties die onder andere de zeer extreme vormen van collaboratie steunen en voorstander zijn van een harde repressie van elke vorm van verzet.

Na de deportatie van Leopold naar Duitsland begin juni 1944, is het lot van het militaire bestuur beslecht. Op 18 juli 1944 wordt het vervangen door een Zivilverwaltung onder leiding van Josef Grohé die voordien NSDAP-Gauleiter was voor Keulen-Aken. Richard Jungclaus die sinds 1942 Himmler in België vertegenwoordigde, wordt tot Höherer SS- und Polizeiführer benoemd. Voor de Belgische bevolking blijven de nadelige gevolgen van die Duitse machtswissel beperkt, aangezien het grondgebied enkele weken later wordt bevrijd.

De secretarissen-generaal naast, met en tegen de bezetter

De wet van 10 mei 1940 waarop de bevoegdheid van de secretarissen-generaal berust, was door de regering bewust vaag gehouden om in alle omstandigheden de continuïteit van het nationale leven te kunnen verzekeren. De hoogste ambtenaren voelen zich aanvankelijk dan ook erg onzeker over hun bevoegdheid. Uit adviezen die ze inwinnen bij juristen, politici en vertegenwoordigers van de industriële en de financiële wereld, blijkt dat het comité van de secretarissen-generaal zich weliswaar niet als de tegenhanger van de ministerraad mag beschouwen, maar dat elke secretaris-generaal afzonderlijk voor zijn bevoegdheidsdomein de ministeriële competentie kan uitoefenen via het uitvaardigen van besluiten.

Naarmate de bezetting vordert en de krijgskansen in het nadeel van Duitsland keren, vecht het Belgische gerecht steeds meer de decreterende bevoegdheid van de secretarissen-generaal aan. Als daardoor in 1942 de bestraffing van overtredingen van de reglementering van de voedselvoorziening in het gedrang komt, beroepen de secretarissen-generaal zich op de wet van 7 september 1939 die aan de ministerraad buitengewone bevoegdheid geeft om vitale belangen veilig te stellen. Dat is manifest een bevoegdheidsoverschrijding, aangezien het comité van de secretarissen-generaal de plaats van de ministerraad niet mag innemen, maar de hoogste ambtenaren zien geen ander middel om te voorkomen dat Duitse rechtbanken zich onder andere met het veilig stellen van de voedselbevoorrading zouden inlaten. De hoge magistratuur aanvaardt dat argument echter niet en voert in het verdere verloop van de bezetting oppositie tegen de secretarissen-generaal zodat hun wettelijke basis steeds smaller wordt en ze dreigen te vervallen in de feitelijke onmogelijkheid het land te besturen.

Na de militaire ineenstorting van het westen zijn de secretarissen-generaal er, net zoals de meeste Belgen, van overtuigd dat men met een langdurige Duitse heerschappij af te rekenen zal krijgen. Om de eigen bevolking zo veel mogelijk te beschermen tegen rechtstreekse ingrepen van de bezetter of zijn handlangers, proberen ze het Belgische bestuursapparaat in handen te houden. Daartoe sluiten zij op 12 juni 1940 een protocol af met de Militärverwaltung. Daarin verbinden ze zich ertoe de Duitse verordeningen die krachtens het internationaal erkende bezettingsrecht worden uitgevaardigd, als Belgische wetten uit te voeren. Ze aanvaarden de verantwoordelijkheid voor het bestuur van het bezette land, met uitzondering van politieke aangelegenheden. Van haar kant verzekert de Duitse overheid in het protocol dat de Belgische hoogste ambtenaren over een ruime autonomie zullen beschikken en dat de bezetter hun nationale gevoelens zal eerbiedigen. Maar in de

00064

Mijnheer de Chef van het Militair Bestuur,

De Secretarissen Generaal werden door de Belgische Regeering gelast het Land te besturen in het belang van de bevolking. Zij besturen het land met toepassing van de wetten en reglementen van België en in overeenstemming met de conventie van Den Haag.

Wij zijn gelukkig te hebben vernomen dat een medewerking mogelijk zal zijn vermits U ons niets zult vragen dat niet zou te vereenigen zijn met de trouw die wij aan het Vaderland verschuldigd zijn.

Wij hebben een zware taak te vervullen. België is een land met dichte bevolking, dat op zijn grondgebied slechts een gering gedeelte der noodige levensmiddelen kan produceeren en dat, onder normale verhoudingen leeft van het product van zijn arbeid onder een regieme van vrije economie. Het land kan niet leven onder een regieme van gesloten economie zooals datgene dat wij thans ondergaan, tenzij ten koste van harde opofferingen en wanneer het dan nog kan beschikken over zijn bestaande voorraden.

Deze moeilijkheid, een gevolg van de structuur zelf onzer nationale economie, is verergerd door de storing in het geldverkeer en door de belemmering der verkeersmiddelen.

Wij nemen onze taak met moed aan. Wij weten immers dat het gaat om het heil van onze bevolking.

Toespraak van Delmer, voorzitter van het comité van de secretarissen-generaal, tot generaal Reeder, hoofd van het militaire bestuur.

praktijk gaat het er heel anders toe. De secretarissen-generaal kunnen geen wettelijke voorschriften uitvaardigen zonder dat de bezetter daaraan, vooraf, zijn goedkeuring heeft gehecht. Bovendien zijn op alle sleutelposten Duitsers geplaatst om het reilen en zeilen van de Belgische overheidsinstellingen te controleren. De bewegingsruimte van de secretarissen-generaal is beperkt en toch slagen ze er vaak in de meest uiteenlopende aangelegenheden maatregelen van de bezetter te verzachten, uit te stellen of te negeren. Daardoor ziet de Duitse overheid zich vaak verplicht zelf voor de uitvoering van bepaalde verordeningen te zorgen en dit ondanks haar voortdurende inspanningen om de Belgische overheidsinstellingen volgzamer te maken.

Accommodatiepolitiek

Eén van de middelen die de bezetter gebruikt om de Belgische overheidsinstellingen meer naar zijn hand te zetten, is het introduceren van nieuwe-ordegezinde elementen in een aantal vrij gemaakte of nieuw ingestelde functies. Zo maakt het militaire bestuur in augustus 1940 bij de reïntegratie van ambtenaren die uit Frankrijk waren teruggekeerd, van zijn inspraakrecht gebruik om voor het belangrijke departement van Economische Zaken Victor Leemans als nieuwe secretaris-generaal voor te stellen. Leemans is geen mandataris van het VNV maar leunt nauw aan bij deze beweging. De benoeming van iemand van buiten de overheidsinstellingen, die bovendien Vlaams-nationalist is, vormt een eerste krachtmeting tussen de Militärverwaltung en het comité van de secretarissen-generaal. Als Reeder ermee dreigt terzake zélf een beslissing te zullen nemen, legt de meerderheid van de secretarissen-generaal zich bij Leemans' benoeming neer.

In het voorjaar van 1941 vaardigt de Duitse overheid een verordening uit waardoor de leeftijdsgrens voor ambtenaren op zestig jaar wordt gebracht. De bezetter maakt van die maatregel gebruik om drie secretarissen-generaal te verwijderen. Ondanks het verzet van het comité slaagt Reeder erin Gerard Romsée als nieuwe secretaris-generaal van Binnenlandse Zaken te laten benoemen. Romsée is een vooraanstaand VNV'er die in de zomer van 1940 tot gouverneur van Limburg was benoemd. In zijn nieuwe functie kan hij ingrijpen in het bestuur van de gemeenten en is hij bevoegd voor de politie. In de loop van de bezetting eigent Romsée zich een grotere bevoegdheid toe dan zijn voorganger en toont hij zich bereid op een aantal Duitse eisen in te gaan.

De benoemingen van Leemans en Romsée vormen echter een uitzondering. Doorgaans slaagt het comité erin hoge ambtenaren die de plaats moeten ruimen, via de normale administratieve procedure te vervangen door functionarissen van wie het beleid weinig verschilt van hun voorgangers. De

Duitse overheid beseft overigens dat ze omzichtig met benoemingen moet omspringen omdat de volgzaamheid van het hele overheidsapparaat in belangrijke mate afhangt van het 'Belgische' karakter van het comité. Een ander argument van Reeder om het comité te laten functioneren, is dat secretarissen-generaal op die manier mee de verantwoordelijkheid dragen voor onpopulaire maatregelen zoals de rantsoenering.

Bij het begin van de bezetting hebben de secretarissen-generaal veeleer zakelijke contacten met het Duitse bestuur en komen ze tot een weliswaar niet-probleemloze maar vanuit Belgisch standpunt verantwoorde samenwerking met de bezetter. Die 'accommodatie'-politiek komt erop neer dat ze het bestuur van het land aanpassen aan de bezettingsomstandigheden. In de zomer van 1940 overheerst in het comité de mening dat het allemaal best zal meevallen. Maar nog tijdens het eerste bezettingsjaar blijkt dit optimisme voorbarig. De Militärverwaltung vaardigt immers steeds meer dwangmaatregelen uit die onder andere tot doel hebben bepaalde facetten van de nazi-ideologie in het bezette land ten uitvoer te brengen. Een voorbeeld daarvan zijn de verordeningen waarmee de Duitse overheid de jodenvervolging op touw zet. In hun poging om zich tegen deze en soortgelijke maatregelen te verzetten, ondervinden de secretarissen-generaal hoe nadelig hun onderhandelingspositie is. Hun protestnota's waarin ze zich op principes uit de Belgische wetgeving of uit internationale conventies beroepen, hebben nauwelijks effect. Nazi-Duitsland aanvaardt die principes niet of heeft ze al lang afgezworen.

Verder wordt het actieve of het passieve verzet van het comité tegen bepaalde Duitse maatregelen vaak gebroken door de Militärverwaltung, die zich doeltreffend van chantagemiddelen weet te bedienen. Het militaire bestuur zal echter niet alleen slaan maar ook zalven. De Duitse officieren tonen vele malen begrip voor de noden van het bezette land, al is het maar om er beter de rust en de orde te kunnen handhaven.

Grote inspanningen voor de voedselvoorziening

Een van de sterkste troeven van de bezetter om de secretarissen-generaal tot volgzaamheid te dwingen, is het feit dat België voor zijn voedselvoorziening in ruime mate van Duitsland afhankelijk is. Het tekort op de Belgische voedingsbalans neemt tijdens de bezetting enorm toe, vooral omdat de Britse blokkade de omvangrijke overzeese voedselaanvoer heeft afgesneden. Ondanks het opdrijven van de binnenlandse landbouwproductie blijft België voor levensnoodzakelijke producten, zoals graan voor brood, van een volledig door Duitsland gecontroleerde invoer afhankelijk. In ruil voor voedselinvoer eisen de Duitsers niet alleen buitensporig grote industriële leveringen, ze misbruiken de afhankelijkheid ook om van de secretarissen-generaal omvangrijke toegevingen af te dwingen. De Duitse instanties in Berlijn baseren hun vaak overdreven eisen ten aanzien van België op het onbetwistbare recht van de overwinnaar. Zij vinden het volkomen normaal dat de Belgische rantsoenen aanzienlijk lager liggen dan de Duitse.

Een groot deel van de inspanningen van het comité is overigens op de voedselvoorziening gericht. Via een staatsgeleid systeem naar Duits model drijven ze de landbouwproductie op. Samen met een beperkte voedselinvoer kunnen ze daarmee de voedselbevoorrading verzekeren. In vergelijking met bezette landen met een veel gunstiger voedingsbalans halen de officiële rantsoenen die de Belgische bevolking krijgt toebedeeld, een behoorlijk niveau.

Populair zijn de secretarissen-generaal allerminst. Zij krijgen de schuld voor de tekorten die ondanks de inspanningen van het comité blijven bestaan. De bevolking maakt nauwelijks een onderscheid tussen het Belgische en het Duitse bestuur. Dat is niet zo verwonderlijk, want de secretarissen-generaal zijn haast permanent in onderhandeling met de Duitsers en bij officiële plechtigheden worden de hoogste ambtenaren veelvuldig gezien in het gezelschap van Duitse officieren van de Militärverwaltung. De slechte naam van de secretarissen-generaal wordt nog kracht bijgezet door de negatieve kritiek die de Belgische regering vanaf 1942 aan hun adres geregeld via de radio laat horen en door systematische beschuldigingen in de clandestiene pers. Het is niet te verwonderen dat tegen het einde van de bezetting slechts nog een beperkte kring van intellectuelen enig begrip en waardering kan opbrengen voor het moeizame werk dat het comité presteert.

De politiek van het minste kwaad

De secretarissen-generaal hebben in de ogen van velen dan wel alle schuld voor wat in België fout loopt tijdens de bezetting, in werkelijkheid dragen ze slechts een gedeelde verantwoordelijkheid voor wat er zich afspeelt. Ook de financiers en industriëlen die samen het comité-Galopin vormen, voeren immers een politiek van het minste kwaad. Om een tegenwaarde te kunnen bieden voor de voedselinvoer, om deportatie van arbeiders en ontmanteling van de industrie te voorkomen, beslist het comité-Galopin in juli 1940 de industriële productie te hervatten. Daarmee is een sociaal-economische context geschetst waarbij de secretarissen-generaal zich slechts kunnen neerleggen.

Bij het begin van de bezetting is de Belgische overheid voor de uitkering van de salarissen van het overheidspersoneel evenzeer aangewezen op de groep rond Galopin. Maar ook als de inning van de belastingen de secretarissen-generaal de nodige financiële zelfstandigheid geeft, blijft het gezag van Galopin op het Belgische bestuur doorwegen. Hij is niet alleen hun morele raadgever; bij vitale beslissingen zijn zijn argumenten doorslaggevend. Bij alle belangrijke onderhandelingen met Duitse instanties is Galopin aanwezig of vertegenwoordigd. De gouverneur van de Société Générale en zijn medestanders zijn de feitelijke machthebbers in bezet België. Die toestand verschilt wellicht niet wezenlijk van de situatie voor of na de oorlog, maar in de periode dat de traditionele politieke structuren van parlement en regering niet meer functioneren, komen de machtsstructuren meer op de voorgrond.

Ook het hof probeert druk uit te oefenen op de secretarissen-generaal. Begin juli 1940 legt de kabinetschef van de koning, Louis Frédéricq, een voorstel van Leopold aan het comité voor waardoor een vooraanstaand industrieel, Léon Bekaert, tot commissaris-generaal van het bestuur zou worden benoemd. De koning gaat er namelijk van uit dat de Duitse overheid de voorkeur zal geven aan een centraal ambtenarenapparaat dat door één persoon wordt geleid. De secretarissen-generaal verzetten zich tegen dit voorstel omdat het een vermindering van hun bevoegdheid inhoudt en elke rechtsgrond mist. Als het hof blijft aandringen, leggen ze zich bij het voorstel neer. Uiteindelijk komt er niets van terecht, omdat het Duitse militaire bestuur er niet in geïnteresseerd is. Het verdeel-en-heersprincipe is daar wellicht niet vreemd aan. De eerste poging van Leopold om de secretarissen-generaal onder leiding van een van zijn vertrouwelingen te plaatsen, is dan weliswaar mislukt, maar de vorst laat het er niet bij zitten. In dezelfde periode stelt hij voor Pierre van Zuylen tot secretaris-generaal van Buitenlandse Zaken te benoemen. Zijn taak zou erin bestaan om als onderhandelaar bij eventuele Belgisch-Duitse vredesonderhandelingen op te treden en namens de koning met Belgische diplomaten in het buitenland contacten te leggen. Tot januari 1941 wordt daarover met de Militärverwaltung en met Berlijn onderhandeld. De Duitsers wijzen ook dit voorstel af. Ze gaan ervan uit dat het bezette België niet meer bevoegd is inzake buitenlandse politiek.

De secretarissen-generaal voeren een politiek 'van het minste kwaad' om groter kwaad, namelijk een bewind dat uitsluitend in handen zou zijn van Duitsgezinde elementen, te voorkomen. Het comité blijft ervan uitgaan dat de Belgische bevolking het veel harder te verduren zou krijgen als collaborateurs het roer in handen zouden nemen. Bovendien zijn de secretarissen-generaal erop bedacht dat een harde oppositie tegen de Militärverwaltung de kans zou doen toenemen dat Berlijn voor een Zivilverwaltung zou kiezen met alle nadelige gevolgen van dien.

Deze politiek van het minste kwaad brengt een escalatie van toegevingen aan de bezetter mee, waarbij uiteindelijk het minste kwaad steeds grotere proporties aanneemt. De houding van de secretarissen-generaal tegenover de Duitse tewerkstellingspolitiek illustreert dat overduidelijk. Om bij het begin van de bezetting te voorkomen dat de Duitse overheid de grote werkloosheid in België zou aangrijpen om Belgische arbeiders naar Duitsland te deporteren, laten de secretarissen-generaal oogluikend toe dat ondergeschikte Belgische diensten propaganda maken voor de vrijwillige tewerkstelling in Duitsland. Als de bezetter in maart 1942 de verplichte tewerkstelling in België doorvoert, weigert het comité elke actieve medewerking aan die arbeidsinzet. Als echter in oktober van datzelfde jaar de verplichte tewerkstelling in Duitsland wordt opgelegd, vergemakkelijken de secretarissen-generaal zo veel mogelijk de verplichte tewerkstelling in België om het aantal deportaties te verminderen. Telkens als er op essentiële punten toegevingen moeten worden gedaan, stellen de secretarissen-generaal de aanwezigheidspolitiek aan de orde, maar elke keer opnieuw zijn ze van oordeel dat aanblijven beter is dan aftreden. Zo wordt de oorspronkelijk gestelde limiet inzake toegevingen aan de bezetter stelselmatig verlegd.

Vier jaar lang besturen de secretarissen-generaal België, naast, met en tegen de bezetter. Hun periode is uniek in de Belgische geschiedenis. Als men de balans opmaakt van hun beleid, staat aan de creditzijde dat zij door een verregaande meegaandheid de taak van de Militärverwaltung in belangrijke mate hebben verlicht. Door hun voortdurende onderhandelingen en afspraken met de Duitse instanties hebben ze bovendien niet de afstand tussen de bezetter en het bezette land kunnen bewaren die nodig is om zich ondubbelzinnig tegen de overweldiger af te zetten. Positief aan hun bestuur is dan weer dat zij het lot van de Belgische bevolking in hoge mate hebben verzacht door het land tegen het willekeurige optreden van de bezetter en zijn handlangers te behoeden. In die zin hebben zij de schade van vier jaar bezetting ongetwijfeld beperkt.

De koning, krijgsgevangen, koestert politieke ambities

Volgens Leopold III is er met de capitulatie feitelijk een einde gekomen aan de oorlog. Nu het land is bezet, valt België terug op zijn neutrale statuut. Als het zich daar strikt aan houdt, zullen noch de geallieerden noch de Duitsers België ook maar iets kunnen verwijten, wat ook de afloop van de oorlog zal zijn. Aanvankelijk denkt Leopold overigens dat de oorlog op het continent spoedig ten einde zal zijn en dat Duitsland wellicht voor lange tijd de hegemonie over Europa zal verwerven. De koning lijkt zich bij de Duitse suprematie neer te leggen. Als België een plaats wil krijgen in dat Duitse Europa, moet het een deel van zijn soevereiniteit en zijn onafhankelijkheid opofferen. Daarover maakt de koning zich geen illusies.

Op 30 mei 1940 laten de Duitsers koning Leopold III naar het kasteel van Laken overbrengen. Daar blijft hij krijgsgevangen tot zijn deportatie begin juni 1944. In Laken omringt de koning zich opnieuw met vroegere medewerkers, zoals zijn secretaris Robert Capelle en zijn kabinetschef Louis Frédéricq. Na de heftige kritiek van de Franse en de Belgische regering op de capitulatie wil Leopold zijn visie op de feiten geven. Hij doet daarvoor een beroep op kardinaal Van Roey, die in een herderlijke brief van 31 mei de Belgen oproept zich eensgezind rond de koning te scharen. De oproep versterkt nog de immense populariteit die de vorst geniet. De kardinaal neemt het op voor de koning, zet zich impliciet af tegen de regering-Pierlot en rept met geen woord over de Duitse agressie. Dat is een voorsmaak van de verregaande accommodatiepolitiek die Van Roey voert. Hij zal overigens bij alle gelegenheden politiek tussenbeide komen en de koning door dik en dun blijven verdedigen, ook bij de afwikkeling van de koningskwestie na de oorlog.

Uitgaand van de Belgische neutraliteit, vindt Leopold dat hij niet kan onderhandelen met Duitsland zolang het Belgische grondgebied als uitvalsbasis dient voor de strijd tegen Frankrijk en Groot-Brittannië. Als twee boodschappers uit Berlijn op 31 mei informeren of de koning bereid is Hitler te ontmoeten, antwoordt Leopold bevestigend maar stelt hij als voorwaarde dat die ontmoeting incognito zou gebeuren. Aangezien de strijd tussen Duitsland en de geallieerden niet ten einde is, vindt hij het aanbod van Hitler in feite voorbarig. Op 3 juni verheugt Hitler zich over de principiële aanvaarding van zijn aanbod, maar hij stelt het gesprek met Leopold uit aangezien de campagne tegen Frankrijk zijn aandacht opeist.

In het vooruitzicht van de Duitse overwinning op Frankrijk consulteert Leopold enkele advocaten van het Hof van cassatie. Die zijn van oordeel dat Leopold opnieuw aan de macht kan komen als de strijd op het westerse front is gestreden. Hij zou nieuwe ministers kunnen benoemen en zelfs afzonderlijke vredesonderhandelingen met Duitsland kunnen voeren. Leopold is door dit advies gesterkt in zijn mening dat hij voor en in zijn bezette land nog een belangrijke rol heeft te spelen. Hij is het eens met Hendrik De Man, een van zijn vertrouwelingen, dat het parlementaire systeem hoe dan ook heeft afgedaan en vervangen zal worden door een autoritair politiek stelsel met de koning als spilfiguur.

Om zijn onderhandelingen met de Führer in een goede sfeer te laten verlopen, laat de vorst de Belgische diplomaten adviseren hoffelijke betrekkingen met Duitsland te onderhouden. Als Frankrijk op 22 juni om een wapenstilstand vraagt, laat Hitler het zuidelijke deel van dat land onbezet. Maarschalk Pétain, een van de prominentere generaals uit de Eerste Wereldoorlog, wordt het autoritaire staatshoofd van dat onbezette gebied, met als hoofdstad Vichy.

Na de nederlaag van Frankrijk vraagt Leopold zelf een onderhoud met Hitler, maar die gaat daar niet op in. Het bewind van maarschalk Pétain in Zuid-Frankrijk inspireert de Belgische vorst ongetwijfeld, want op 29 juni laat Leopold via tussenpersonen aan Berlijn weten dat hij ofwel wil regeren over enkele provincies die de bezetter zou vrijgeven, ofwel het land wil verlaten. Als hij zijn aanwezigheid tegenover de Belgische bevolking niet uitdrukkelijk mag manifesteren, geeft hij er de voorkeur aan tijdelijk van het toneel te verdwijnen. Een Duitse reactie blijft echter uit. Hitler wil voorlopig geen beslissing nemen over wat er met België en zijn koning moet gebeuren. De Führer is alvast niet gediend van de politieke ambities van Leopold en het belgicistische establishment dat rond de koning een nationaal herstel voorbereidt. Leopold wordt teruggefloten; de Duitsers verbieden hem politieke activiteiten uit te oefenen.

Maar ook de Belgische regering krijgt alleen tegenwind van Hitler. Als de regering-Pierlot – in de nadagen van de Franse nederlaag ontredderd geraakt – naar België wenst terug te keren, stuit ze op een Duitse weigering. In de zomer van 1940 behoedt Hitler zowel de koning als de regering voor initiatieven die hun later zwaar zouden zijn aangerekend. Dat enkele ministers samen met Pierlot in het najaar een regering in ballingschap te Londen vestigen, is een streep door de rekening van Leopold. Heel de bezetting door wijst hij elke toenaderingspoging van de verzoeningsgezinde Belgische regering hooghartig van de hand.

Door de bemiddeling van zijn zus Marie-José, die getrouwd is met de Italiaanse kroonprins, krijgt Leopold op 19 november in Berchtesgaden uiteindelijk dan toch een onderhoud met Hitler. De koning dringt daarbij aan op de erkenning van de Belgische onafhankelijkheid. Hitler repliceert dat dit het geval zal zijn in die mate dat België met de Duitse suprematie rekening houdt. Leopold legt zich bij voorbaat neer bij de prijs die hij voor een beperkte soevereiniteit zou moeten betalen. De Führer beperkt zich veeleer tot enkele vage intentieverklaringen. Hij ziet voor België een plaats weggelegd in de economische en politieke samenwerking met Duitsland en beklemtoont dat aan de Belgische dynastie niet zal worden geraakt.

Leopold houdt een kater over aan dit dovemansgesprek en doet voorlopig geen pogingen meer om nog een actieve rol in de politiek te spelen. De Belgische koning belandt in een machteloze en compromitterende situatie.

Berchtesgaden, 20 november 1940. Van links naar rechts: Leopold III, adjudant Werner, Meissner en generaal Van Overstraeten die de Alpen bekijkt met een verrekijker.

Om zijn krediet bij de Duitsers niet al te zeer op het spel te zetten, protesteert hij niet openlijk tegen een aantal maatregelen. Hij wil voorkomen dat de Duitsers hem monddood zouden maken of dat hij zou worden weggevoerd.

In 1941 hoopt Leopold dat een compromisvrede tussen Duitsland en Groot-Brittannië hem de mogelijkheid zal geven voor België vooralsnog een plaats te verwerven in een federaal, door Duitsland overheerst Europa. In de overtuiging dat de Duitsers geen democratisch parlementair systeem aanvaarden – een systeem waaraan overigens ook de koning een hekel heeft – laat hij door zijn medewerkers en enkele juristen een nieuwe grondwet uitwerken. België wordt volgens dat ontwerp herschapen in een autoritaire staat: de invloed van het parlement wordt sterk aan banden gelegd, de koning kan decreten met kracht van wet uitvaardigen en zich via referenda rechtstreeks tot de bevolking richten. De ministers, door de koning te kiezen, zijn geen verantwoording verschuldigd aan het parlement.

Groot-Brittannië geeft de strijd echter niet op, zodat een compromisvrede uitblijft. De nieuwe grondwet treedt dus nooit in werking, maar ze weerspiegelt hoe dan ook perfect de autoritaire politieke ambities van Leopold III.

Koninklijk huwelijk veroorzaakt schokeffect

De Belgische bevolking weet niets af van waar Leopold III mee bezig is. Het enige wat de mensen in december 1941 via de kardinaal te weten komen is dat de koning met Lilian Baels is getrouwd. Het huwelijk van de 'krijgsgevangen' koning in volle bezetting brengt een ommekeer teweeg in de stemming onder de bevolking. De populariteit van Leopold bij het begin van de bezetting was grotendeels toe te schrijven aan de solidariteit van de vorst met zijn volk en zijn soldaten. Het grote en voor velen blinde vertrouwen in de koning gaat met het huwelijk verloren. Voor hen is nu duidelijk dat Leopold niet echt krijgsgevangen is en dat hij zijn eigen geluk laat primeren boven alles. Vooral bij de Franstalige landgenoten veroorzaakt het huwelijk een schokeffect; hún echtgenoten, vaders, zonen zijn immers nog krijgsgevangen. Leopold heeft hun vertrouwen geschonden. Hun ontgoocheling zal nog lang na de oorlog nazinderen en uiteindelijk ook een weerklank vinden in de volksraadpleging van 12 maart 1950, waar de Franstaligen een nadrukkelijke 'nee'-stem tegen de terugkeer van de koning uitbrengen.

Verblind door zijn eigen grote gelijk

Begin 1943 keren de krijgskansen in het nadeel van Duitsland. In het vooruitzicht van een Duitse nederlaag bereidt Leopold de vorming voor van een sterk overgangsregime. Concreet werkt hij aan een extraparlementair zakenkabinet, waarvan hij zelf de spilfiguur is. De koning houdt echter ook rekening met zijn eventuele wegvoering door de Duitsers. In dat perspectief geeft hij richtlijnen voor het besturen van het land in zijn afwezigheid. In dit document neemt Leopold de vooroorlogse instellingen op de korrel en vraagt hij genoegdoening van de ministers die in Frankrijk tegen hem hebben geageerd. De koning zet zich af tegen het Atlantische bondgenootschap waartoe de Belgische regering in Londen was toegetreden en hij eist het herstel van de integrale Belgische onafhankelijkheid. In die zin is het document ook geadresseerd aan de toekomstige bezettende geallieerde overheid. Leopold is bang dat een totale overwinning van de geallieerden evenzeer de Belgische soevereiniteit zou aantasten.

Dit politieke testament zal in september 1944 de uit Londen teruggekeerde Pierlot met verbijstering slaan. Hij zal er, om verder onheil voor de koning te voorkomen, geen ruchtbaarheid aan geven in het pas bevrijde land. In zijn politieke testament wil Leopold niet toegeven dat hij in de zomer van 1940 verkeerd had gegokt en hij houdt geen rekening met het feit dat de regering-Pierlot door een speling van het noodlot aan de zijde van de overwinnaars was beland. Leopold is verblind door zijn eigen grote gelijk.

Zelfs nadat de regering in Londen herhaaldelijk had benadrukt dat ze bij de bevrijding van het grondgebied onmiddellijk de monarchie zou herstellen, weigert Leopold ook maar iets te vergeven of te vergeten van de politieke verwijten die hem na de capitulatie door Belgische politici vanuit Frankrijk waren toegestuurd.

Kort na de geallieerde aanval op Normandië wordt Leopold met zijn familie in juni 1944 naar Duitsland gedeporteerd. Wegens de afwezigheid van de koning stellen regering en parlement in september 1944 prins Karel, de broer van Leopold, tot regent aan. Pas op 7 mei 1945 zal de koning door Amerikaanse troepen worden bevrijd. Tot augustus 1945 blijft de koning de gast van de Amerikaanse bezettingstroepen in Oostenrijk. Nadien vestigt hij zich in het neutrale Zwitserland.

DE REGERING IN BALLINGSCHAP

De regering-Pierlot wil vanuit Frankrijk de strijd tegen nazi-Duitsland voortzetten, maar raakt totaal ontredderd als het Franse front in elkaar stort. De ministers maken aanstalten om naar België terug te keren, maar dat wordt hun door een verordening van von Falkenhausen belet. Als duidelijk wordt dat Groot-Brittannië de strijd tegen Hitler wél voortzet, begeven vier ministers zich afzonderlijk naar Londen. Van oktober 1940 tot oktober 1942 vormen Pierlot, Spaak, Gutt en De Vleeschauwer daar de Belgische regering in ballingschap. Nadien wordt de ploeg uitgebreid met De Schryver, Delfosse en Balthazar. Vijf staatssecretarissen staan de zeven ministers bij.

Op 6 december 1940 bericht minister van Buitenlandse Zaken Spaak aan alle Belgische diplomaten dat de regering in Londen de strijd voortzet, naar een onafhankelijk België streeft en de koning wil vrij krijgen. De regering gaat in de loop van de oorlog volledig op in het geallieerde bondgenootschap. Zo verplicht zij zich in januari 1942 door de ondertekening van het Atlantisch Charter de strijd met de bondgenoten voort te zetten tot de onvoorwaardelijke nederlaag van Duitsland en Japan. Haar deelname aan de oorlogsinspanning is de inschakeling van Belgen in het Britse leger, maar vooral het ter beschikking stellen van de Kongolese rijkdommen. Zo levert de regering aan kostprijs uranium uit de kolonie aan de Verenigde Staten. Dat zal gebruikt worden voor de Amerikaanse atoombommen.

Om haar politieke geloofwaardigheid tegenover de geallieerden te bewijzen, is het voor de regering-Pierlot zeer belangrijk dat de verantwoordelijken in het bezette land geen dubbelzinnige houding tegenover de Duitsers aannemen. Aanvankelijk brengen de Belgische ministers vanuit Londen veel begrip op voor de aanwezigheidspolitiek van de secretarissen-generaal. Naar-

De Belgische regering in Londen. V.l.n.r. (zittend) de ministers Albert De Vleeschauwer (Koloniën), Hubert Pierlot (premier), Paul-Henri Spaak (Buitenlandse Zaken) en Camille Gutt (Financiën).

mate die ambtenaren echter steeds meer verstrikt raken in een aantal compromissen met de bezetter, zet de regering zich tegen hun beleid af. Als de secretarissen-generaal zich in 1942 op de wet van 7 september 1939 beroepen en als een equivalent van de ministerraad functioneren, verwijt de regering hun dat zij hun bevoegdheid te buiten gaan. Het komt tot een regelrechte veroordeling van de politiek van het minste kwaad, waarbij de regering in het vooruitzicht stelt dat de secretarissen-generaal zich na de oorlog zullen moeten verantwoorden.

Aanvankelijk staat de regering-Pierlot ook zeer positief tegenover de tewerkstellingspolitiek van het comité-Galopin. Minister van Financiën Gutt laat einde 1940 aan de bankiers en industriëlen weten dat hij volkomen begrijpt dat de Belgische industriële productie nodig is om deviezen te verwerven waarmee de voedselinvoer kan worden betaald. Tot in de zomer van 1942 staat de regering-Pierlot achter het beleid van Galopin. Als de Duitsers overgaan tot de deportatie van Belgische arbeiders, vervalt echter een belangrijk argument om de tewerkstellingspolitiek te verantwoorden. Vandaar dat de Belgische ministers in tweede instantie de economische samenwerking met Duitsland afkeuren. Dat belet Galopin niet op de ingeslagen weg voort te gaan. Hij is van oordeel dat hij vanuit Brussel beter de situatie kan inschatten dan de ministers vanuit Londen.

De Belgische regering en de Staatsveiligheid verzamelen vanuit Londen inlichtingen over het politieke en het economische leven in het bezette land. Tot in de herfst van 1941 gebeurt dat via een grote omweg en op beperkte schaal. In 1942 wordt op initiatief van de regering in bezet België het comité-Gilles opgericht. Het bestaat uit een aantal prominente juristen, academici en politici die de regering-Pierlot geregeld rapporteren over politieke, economische, financiële, juridische en administratieve kwesties van bezet België. In rapporten van 1943 vraagt het comité-Gilles de regering in ballingschap om het verzet te steunen. In samenwerking met diverse Britse diensten zorgt de regering hierop voor materiële en financiële steun aan de verzetsorganisaties in het bezette land. Aan die organisaties wordt maandelijks vijftien miljoen Belgische frank bezorgd, waarvan, via de Dienst-Socrates, tien miljoen voor de werkweigeraars is bestemd. Het contact tussen de regering en het verzet verloopt langs verbindingsofficieren. De regering maakt ook gebruik van Belgische radioboodschappen, uitgezonden door de BBC, om de bevolking aan te zetten tot verzet tegen de Duitsers en hun handlangers.

De regering-Pierlot legt er vanuit Londen herhaaldelijk de nadruk op dat ze bij de bevrijding van het vaderland de grondwettelijke orde, inclusief de monarchie, zal herstellen. Ze stelt zich van bij het begin bijzonder vergevingsgezind op tegenover Leopold III, maar die wenst niets meer te maken te hebben met zijn ministers. De regering geeft de moed niet op en probeert via geheime agenten het contact met het koninklijk paleis te herstellen. Ze dringt er bij de koning op aan een passieve houding aan te nemen. In 1941 en 1942 doet de regering pogingen om Leopold ertoe te bewegen naar Londen te komen. Elk voorstel in die zin wordt door de koning afgewezen. In december 1943 vraagt de regering via kardinaal Van Roey aan de koning dat hij bij de bevrijding een proclamatie tot het land zou richten. Daarin zou staan dat België altijd in oorlog is geweest met Duitsland, dat het land samen met de geallieerden de wederopbouw zou aanvatten, dat de collaborateurs zouden worden gestraft en de orde gehandhaafd. De regering vraagt tevens dat Leopold zijn entourage zou zuiveren. De koning wil van dit alles niets weten. Via de kardinaal bezorgt hij de regering een antwoord dat totaal naast de kwestie is. Dit belet Spaak niet tegenover de Britse regering te pretenderen dat de verzoening met de koning een feit is. In zijn politieke testament, dat pas in september 1944 aan Pierlot wordt overhandigd, stelt de koning zich categoriek tegen de politiek van de regering op.

De Belgische bewindsploeg in Londen bereidt de naoorlogse periode voor door onder andere maatregelen uit te vaardigen met het oog op een financiële sanering, de bestraffing van collaborateurs en de relaties met het geallіeerde opperbevel na de bevrijding van het grondgebied. De ministers willen dat bij de bevrijding van het Belgische grondgebied de wettelijke orde onmiddellijk zou worden hersteld. Vandaar dat ze in januari 1944 bepalen dat verzetsorganisaties geen rol mogen spelen bij de ordehandhaving tenzij wettige gezagsdragers een beroep op hen zouden doen.

Als de regering-Pierlot op 8 september 1944 naar België terugkeert, vat ze onmiddellijk het moeizame herstel aan. Spoedig zal echter blijken dat de Londense ministers vervreemd zijn van de Belgische situatie en van de geestesgesteldheid van diegenen die zich in het bezette land in vaak moeilijke omstandigheden hebben ingezet.

Bibliografie

De Jonghe, A., *Hitler en het politieke lot van België*, Antwerpen-Utrecht, 1972.

Idem, 'De strijd Himmler-Reeder om de benoeming van een Höhere SS- und Polizeiführer te Brussel (1942-1944)' in: *Bijdragen tot de Geschiedenis van de Tweede Wereldoorlog*, nr. 3 (1974) p. 9-81, nr. 4 (1976) p. 5-152, nr. 5 (1978) p. 5-178, nr. 7 (1982) p. 97-187 en nr. 8 (1984) p. 6-234.

Van den Wijngaert, M., *Het beleid van het Comité van de Secretarissen-generaal in België tijdens de Duitse bezetting (1940-1944)*, Brussel, 1975.

Idem, *Nood breekt wet. Economische collaboratie of accommodatie. Het beleid van Alexandre Galopin, gouverneur van de Société Générale tijdens de Duitse bezetting (1940-1944)*, Tielt, 1990.

Van den Wijngaert, M., M. Dumoulin & V. Dujardin, *Een koningsdrama. De biografie van Leopold* III, Antwerpen, 2001.

Velaers, J. & H. Vangoethem, *Leopold* III*, de Koning, het Land, de Oorlog*, Tielt, 1994.

Verhoeyen, E., *Het minste kwaad*, Kapellen, 1990.

HOOFDSTUK 3

HET SOCIALE EN ECONOMISCHE LEVEN

RANTSOENERING, ARBEIDSVERHOUDINGEN EN PRODUCTIE VOOR DE DUITSERS

De Tweede Wereldoorlog roept in de eerste plaats de associatie op met menselijke ellende, geweld, terreur, rassenvervolging, collaboratie en verzet. Behalve deze extreme aspecten heeft de oorlog ook een 'dagelijkse' kant. Het leven gaat verder, mensen moeten eten, wonen, werken. Kinderen moeten naar school. In dit hoofdstuk stellen we ons de vraag *of, hoe* en *in welke mate* de Tweede Wereldoorlog de maatschappelijke verhoudingen in België verandert en beïnvloedt en op welke wijze mensen, vooral dan de arbeiders, de best bestudeerde groep, proberen de oorlog te overleven.

Na de Blitzkrieg is de drang zeer sterk om het leven zijn gewone gang te laten gaan en het werk te hervatten – iets waar koning Leopold III ook op aandringt. Ondernemingen hervatten de productie. Mensen gaan weer aan het werk. Treinen en trams rijden weer. Allemaal tekenen van het herstel van de normaliteit. Het ligt immers voor de hand dat mensen proberen om de oorlog zonder al te veel kleerscheuren door te komen. Wat op het eerste gezicht 'normaal' is, wijkt echter op verschillende punten sterk af van de toestand van vóór de inval.

Na de capitulatie van het Belgische leger is de oorlog niet ten einde, na Frankrijk staat Groot-Brittannië nog op de Duitse veroveringslijst. In juni 1941 is het de beurt aan de Sovjet-Unie. De Verenigde Staten van Amerika werpen zich in de strijd. De oorlogssituatie zorgt voor een zeer specifieke economische context. De bezetter probeert België en de andere bezette gebieden zo veel mogelijk in te schakelen in de Duitse oorlogsinspanning. De Belgische economie wordt deel van een oorlogseconomie waar schaarste en het maximaliseren van de oorlogsproductie de kernwoorden zijn. Naarmate de oorlog vordert, stijgt de druk.

De Duitse bezetter heeft daarenboven een ideologisch gezicht. De sociaal-economische opvattingen van de nazi's die sinds 1933 aan de macht zijn, wijken sterk af van het economisch liberalisme met ruimte voor de arbeidersbeweging, dat in de westerse democratieën gangbaar is. Het Duitse sociaal-economische systeem ondergaat drastische wijzigingen en ook in België voert de Militärverwaltung door het nazisme geïnspireerde sociaal-economische hervormingen in: het economisch liberalisme wordt vervangen door een geleide economie. Ook van Belgische zijde worden pogingen gedaan om het vooroorlogse systeem aan te passen aan wat wordt aangevoeld als de 'nieuwe tijd'. De structuren die het dagelijkse leven vormgeven, wijzigen. Voor sociaal overleg over lonen en arbeidsvoorwaarden bijvoorbeeld is geen ruimte meer. Bovendien veranderen de verhoudingen tussen sociale groepen (boeren, arbeiders, werkgevers, middenstanders). Er zijn winnaars en verliezers.

Ten slotte heeft het keren van de oorlogskansen niet alleen een impact op de economie, het sociaal-economische beleid zelf wordt gepolitiseerd. Het meest sprekende voorbeeld hiervan is de invoering van de verplichte tewerkstelling in Duitsland in oktober 1942. De maatregel treft de weggevoerde arbeiders en hun gezinnen, maar doet ook de gelederen van het verzet aangroeien. Velen verkiezen onder te duiken en een onzeker bestaan te leiden boven tewerkstelling in Duitsland. Ook de legitimiteit van de ondernemers staat ter discussie: was de productie in de zomer van 1940 niet hervat om wegvoering van arbeiders zoals in de Eerste Wereldoorlog te voorkomen?

Dit korte overzicht maakt reeds duidelijk dat er tijdens de Tweede Wereldoorlog veel verschillende factoren ingrijpen in de economie en de maatschappelijke verhoudingen: de nazi-ideologie, de voedselschaarste, de oorlogsproductie, het verzet, de evolutie van de politieke en militaire verhoudingen, de behoefte mee te gaan met de 'nieuwe tijd' en de verplichte tewerkstelling in Duitsland zullen elk op hun manier een stempel drukken op de sociaal-economische geschiedenis tijdens de bezetting.

WERK EN BROOD

'...in de ogen van veel arbeiders bleef te midden van de algemene ineenstorting één instelling overeind: de fabriek, de mijn, de werkplaats, het kantoor'. Zo vat socioloog en historicus G. Jacquemyns de algemene gevoelens bij de industriearbeiders na de capitulatie samen. Jacquemyns baseert zich op een sociologische enquête die hij vanaf 1941 onder de beter betaalde industriearbeiders houdt.

Waarom willen de arbeiders zo snel mogelijk weer aan het werk gaan? Na de capitulatie heerst er een sociale crisis en een algemeen gevoel van verslagenheid. De bevolking voelt zich aan haar lot overgelaten, want in veel steden en gemeenten zijn de plaatselijke politici, notabelen en leiders van de arbeidersbeweging, van wie ze steun en richtlijnen verwacht, gevlucht, met in hun achterhoofd de herinnering aan de wreedheden van de Eerste Wereldoorlog. Ook de onderdrukking van de arbeidersbeweging door de nazi's speelt bij die vlucht een rol. De werkgever blijft vaak als enige autoriteit over.

De arbeiders hebben overigens nauwelijks een andere keuze dan zo vlug mogelijk opnieuw aan het werk te gaan. In een land dat de strijd gestaakt heeft, is een baan het beste alternatief om de oorlog te overleven. De tweede optie is werkloos blijven en van een uitkering leven. De werkloosheid is in augustus 1940 opgelopen tot 500.000, 350.000 meer dan in mei 1940. Een aantrekkelijk perspectief is dat niet. De vakbonden – voor de oorlog de spil van de werkloosheidsverzekering – mogen en kunnen de werklozen niet langer vergoeden.

Vanaf nu zijn werklozen aangewezen op een lage uitkering, die wordt betaald door de Commissies van Openbare Onderstand (COO), de voorloper van de huidige OCMW's. De werkloosheidsuitkering wordt laag gehouden en gebruikt om het economische leven zo snel mogelijk weer op gang te brengen. Niet alleen de bezetter dringt daarop aan, ook de banken die de steun financieren, willen dat werklozen worden gestimuleerd om aan de slag te gaan. Steuntrekkers moeten liever vandaag dan morgen aan het werk, onder meer in wederopbouwprogramma's.

De werkloosheidsuitkering wordt – eerst voorzichtig – aangewend om de arbeiders ertoe te bewegen vrijwillig in het land van de bezetter te gaan werken, het derde alternatief om de oorlog door te komen. Om te ontsnappen aan de werkloosheid, trekken tussen augustus 1940 en oktober 1942 naar schatting tweehonderdduizend arbeiders naar Duitsland. De meesten van hen worden aangetrokken door de hogere lonen – in België heeft de bezetter een loonstop ingevoerd – of laten zich verleiden door de propagandacampagne. Slechts een minderheid vertrekt om ideologische redenen. In de zomer van 1940 is van een principiële weigering om voor de vijand te werken, geen sprake.

Een baan hebben betekent echter niet het einde van de problemen. De oorlogseconomie is een schaarste-economie. Het marktmechanisme dat vóór de oorlog zorgde voor de distributie van goederen, wordt aan banden gelegd. De bevolking voelt dat het best in de voedselbevoorrading. Basisvoedsel is niet langer vrij te koop, maar gaat op de bon. Elke inwoner heeft recht op een basisrantsoen en krijgt daarvoor bonnen. Die bonnen moeten, samen met het geld, overhandigd worden aan de winkelier, slager of bakker die er de bij wet bepaalde voedingsmiddelen voor verstrekt. Rantsoenering moet ervoor zorgen dat iedereen, ook wie minder koopkrachtig is, het nodige voedsel krijgt.

Dat het voedsel schaars wordt, is onvermijdelijk, aangezien de Britse blokkade de overzeese aanvoer afsnijdt. België produceert slechts de helft van wat nodig is om de bevolking te voeden. De rest wordt ingevoerd. Voor graan loopt de import op tot 75 procent.

De eerste rantsoenbonnen waren al in november 1939 uitgedeeld, maar de overgrote meerderheid van de Belgen krijgt voor het eerst met bonnen te maken bij de Duitse inval. Per persoon moet men het stellen met 450 gram brood (iets meer dan een half groot brood) en 500 gram aardappelen per dag. Aardappelen en brood zijn het basisvoedsel. Na de capitulatie wordt het broodrantsoen gehalveerd tot 225 gram. Die inkrimping van het rantsoen heeft te maken met acute problemen in de landbouwproductie – door de gevechten zijn veel velden vernietigd en is oogsten vaak onmogelijk geworden –, met ongecoördineerde opeisingen door Duitse troepen en met de administratieve chaos die kenmerkend is voor de eerste weken na de capitulatie.

In juni 1940 dreigt een voedselcrisis, die door een interventie van de Duitsers wordt afgewend. De gevolgen van die Duitse ingreep zijn niet onbelangrijk: door de voedselbevoorrading weer op gang te krijgen, verschaffen de Duitsers zich legitimiteit bij de Belgische bevolking. Dit is een van de verklaringen voor het veeleer positieve imago dat de bezettingstroepen in de zomer van 1940 nog hebben.

De politieke betekenis van de ravitaillering komt ook tot uiting in de raciaal gekleurde rantsoeneringspolitiek in bezet West-Europa. Inwoners van de bezette gebieden worden doorgaans minder goed bedeeld dan de Duitsers. Er wordt een onderscheid gemaakt tussen verschillende landen. Zo zijn Nederlanders beter af dan Belgen, want Hitler stelde de Nederlanders voor de ravitaillering op één lijn met de Duitsers.

De Nationale Landbouw- en Voedingscorporatie

De rantsoenering vergt een strikte organisatie. De productiecapaciteit en de voorraden moeten worden gepland en in kaart gebracht. De hele voedselproductie moet worden gekanaliseerd en verdeeld volgens de voorschriften. Controle mag evenmin ontbreken, want waar schaarste en rantsoenering heersen, ontstaat zwarthandel. In die omstandigheden is meer staatstussenkomst onvermijdelijk.

In augustus 1940 wordt ervoor gekozen om het ministerie van Landbouw niet met deze taak te belasten, maar deze gigantische organisatie en controle over te dragen aan een nieuwe instelling, de Nationale Landbouw- en Voedingscorporatie (NLVC). Deze grote bureaucratie – ze stelt 12.000 mensen tewerk – leidt de voedselproductie en de voedseldistributie in goede banen. De gemeentebesturen bezorgen de rantsoenbonnen. De corporatie controleert de hele landbouwproductie en landbouwdistributie (of probeert dat tenminste) met het opstellen van teeltplannen, het opleggen van teelten, de registratie van het vee, leveringsplicht tegen vastgelegde prijzen, prijsbepalingen voor groot- en kleinhandel enzovoort.

De structuur van de NLVC is complex. Ze is onderverdeeld in tien hoofdgroepen. Elke productgroep, bijvoorbeeld aardappelen, graangewassen of veevoeders, omvat zowel producenten, verwerkers als verdelers van het product. In 1942 komt daar nog een horizontale structuur bij van respectievelijk Land- en Tuinbouw, Voedingsindustrie en Handel en Distributie. Elke producent, verwerker en verdeler is verplicht zich aan te sluiten.

De structuur van de NLVC lijkt sterk op die van de nazistische Reichsnährstand. In de eigen publicaties maakt de corporatie er geen geheim van dat ze de Nieuwe Orde genegen is en die mee vorm wil geven. Een allegorische prent uit

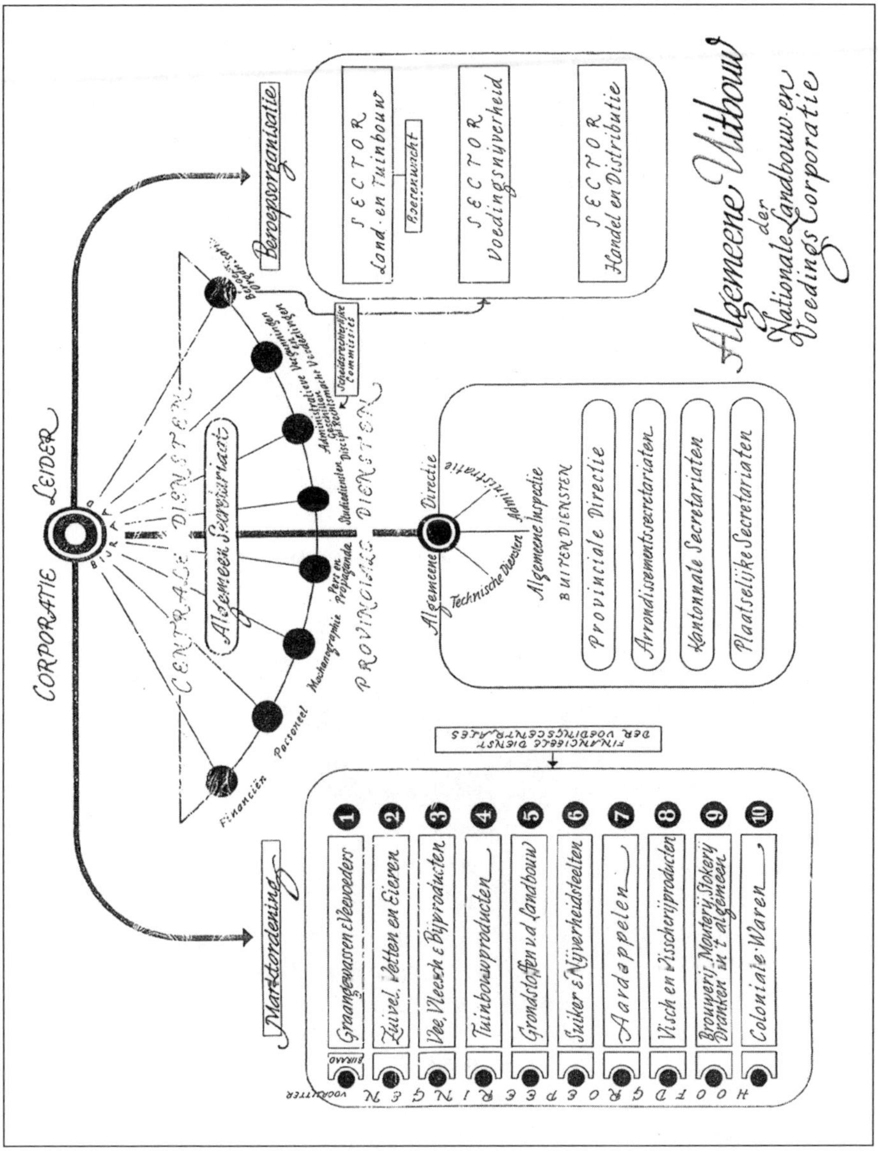
Algemeene Uitbouw
der
Nationale Landbouw- en
Voedings Corporatie
CORPORATIE LEIDER
Beroepsorganisatie
Marktordening
SECTOR
Land- en Tuinbouw
Boerenwacht
SECTOR
Voedingsnijverheid
SECTOR
Handel en Distributie
Scheidsrechterlijke Commissies
CENTRALE DIENSTEN
Algemeen Secretariaat
PROVINCIALE DIENSTEN
Financiën
Personeel
Mechanografie
Pers en Propaganda
Studiediensten
Algemeene Directie
Administratie
Technische Diensten
Algemeene Inspectie
BUITENDIENSTEN
Provinciale Directie
Arrondissementssecretariaten
Kantonnale Secretariaten
Plaatselijke Secretariaten
FINANCIEELE DIENST DER VOEDINGSCENTRALES
1 Graangewassen e. Veevoeders
2 Zuivel, Vetten en Eieren
3 Vee, Vleesch e. Bijproducten
4 Tuinbouwproducten
5 Grondstoffen v.d. Landbouw
6 Suiker e. Nijverheidsteelten
7 Aardappelen
8 Visch en Visscherijproducten
9 Brouwerij, Mouterij, Stokerij Dranken in 't algemeen
10 Coloniale Waren
VOORZITTER
HOOFDGROEPEERINGEN

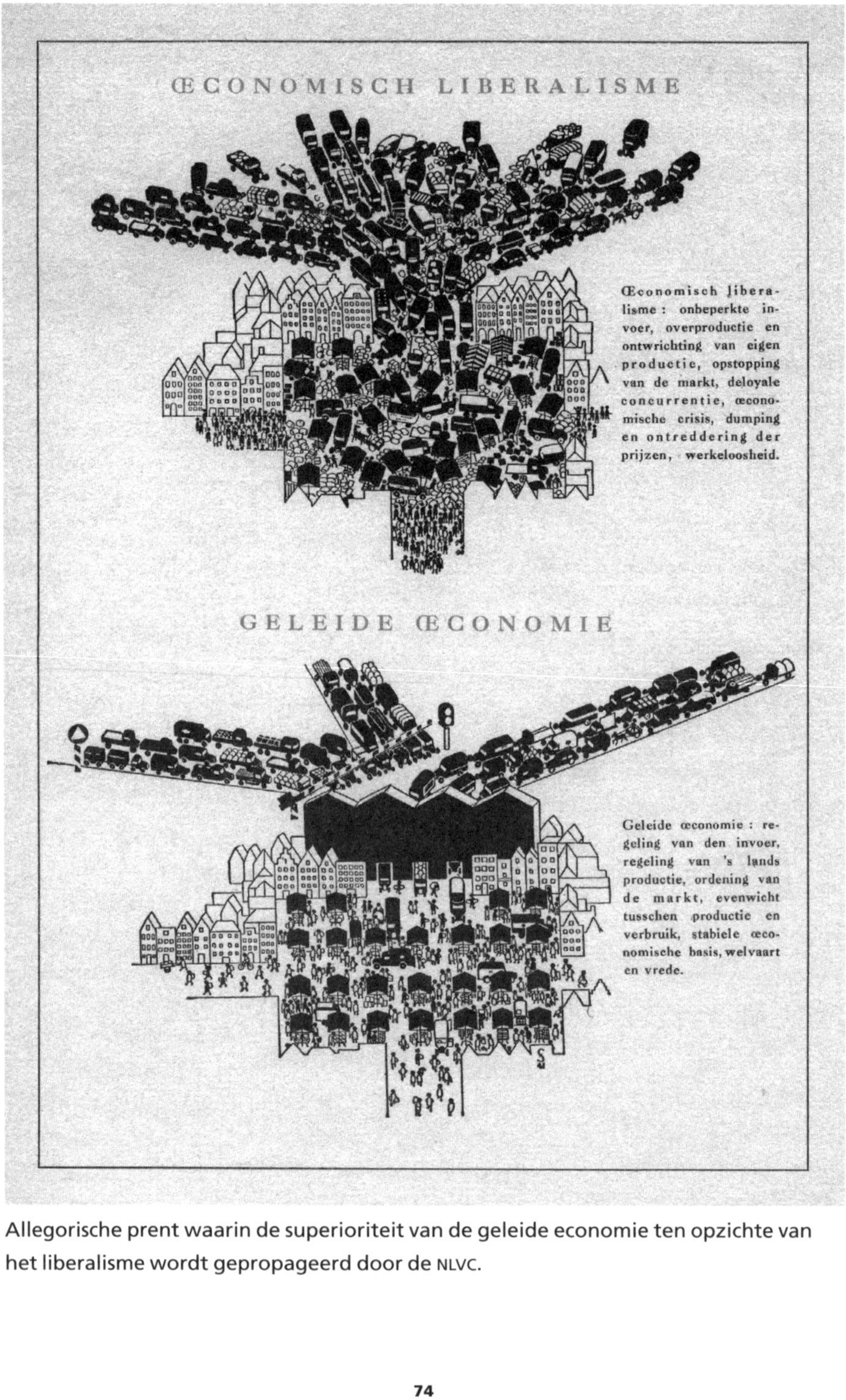

Allegorische prent waarin de superioriteit van de geleide economie ten opzichte van het liberalisme wordt gepropageerd door de NLVC.

1942 illustreert dit treffend: de landbouw zal niet meer door de vrije markt worden beheerst, maar door een dirigistisch stelsel waarvan de corporatie de spil is. Zo zal er een einde komen aan de vele plagen die de boeren en de bevolking voor de oorlog teisterden. Dirigisme komt in de plaats van liberalisme.

De Nieuwe Orde-inslag blijkt ook uit de leiding, die in handen is van de Vlaams-nationalist en Nieuwe Orde-aanhanger Piet Meuwissen, voor de oorlog secretaris van het Boerenfront, de radicale, door het Vlaams-nationalisme geïnspireerde concurrent van de Boerenbond. Leden van de Nieuwe Orde-bewegingen VNV, Verdinaso en Rex vinden gemakkelijk een baan in de NLVC. Opvallend en uitzonderlijk in het licht van de 'politiek van het minste kwaad', is de uitsluiting van de Boerenbond. De NLVC wordt als het ware uit het niets gecreëerd. Dat is een van de redenen waarom ze er maar moeilijk in zal slagen de ravitaillering in goede banen te leiden.

PRODUCEREN VOOR DE DUITSERS OF NIET?

België is in 1940 nog een industrieland bij uitstek. Steenkool, metaal, textiel en glas vormen de ruggengraat van de economie. De eerste drie sectoren zijn van grote betekenis voor de Duitse oorlogvoering. In tegenstelling tot hun Franse en Nederlandse collega's, hebben de Belgische industriëlen ervaring met een bezetting. In de Eerste Wereldoorlog heeft de industrie vanaf 1916 erg geleden onder de Duitse ontmantelingspolitiek. Toen werden machines gedemonteerd en geheel of gedeeltelijk naar Duitsland gebracht. Na de Eerste Wereldoorlog kampte de Belgische nijverheid met een ernstige concurrentiehandicap en kwam die slechts moeizaam te boven.

De negatieve ervaring van de Eerste Wereldoorlog tekent de economische elite die in 1940 met de nazi-bezetting wordt geconfronteerd. Het gaat om een kleine groep: van bij het begin van de industrialisatie in de negentiende eeuw zijn industrie en bankwereld sterk vervlochten. Een groot deel van de nijverheid is in 1940 nog in handen van de holdings. De Société Générale is de meest toonaangevende en controleert 40 procent van de Belgische industrie. Deze holdings spelen tijdens de bezetting niet alleen een economische, maar ook een politieke rol via het comité-Galopin. Dit comité is genoemd naar Alexandre Galopin, de gouverneur van de Société Générale en bestaat verder uit vooraanstaande figuren uit de wereld van de holdings, banken en industrie. Onder meer de Kortrijkse staaldraadproducent Léon Bekaert maakt er op een bepaald ogenblik deel van uit.

De oorsprong van het comité gaat terug tot 15 mei 1940. De Belgische regering heeft de hoofdstad verlaten en zich teruggetrokken aan de kust. Vijf dagen na de inval van de Duitsers nodigen de ministers van Financiën en

Buitenlandse Zaken, Camille Gutt en Paul-Henri Spaak, de financiers Alexandre Galopin, Max-Léo Gérard (Bank van Brussel) en Fernand Collin (Kredietbank) uit voor een belangrijk gesprek. De ministers vragen hen te zorgen voor de betaling van de ambtenaren en de pensioenen. Het comité-Galopin, dat geleidelijk wordt uitgebreid, zal echter veel méér doen en uitgroeien tot een coördinatieorgaan dat de economische politiek uitstippelt.

Het fundament van die politiek wordt gelegd in de maanden juni-juli 1940, wanneer het vraagstuk van de werkhervatting aan de orde is. Hoewel de ondernemingen geleidelijk weer van start gaan, stelt de hervatting van de productie een juridisch probleem. Artikel 115 van het Strafwetboek verbiedt productie voor de vijand. Na de Eerste Wereldoorlog werd een beperkt aantal ondernemers op basis van dit artikel veroordeeld wegens economische collaboratie. De rechters waren vrij streng. Ze oordeelden dat elke vorm van productie voor de vijand, en dus niet alleen voor het leger, strafbaar was.

Het comité-Galopin meent dat het stopzetten van de productie in 1940 geen optie is. Het comité wil de productie zo snel mogelijk hervatten, weliswaar met bepaalde beperkingen. Om die politiek te motiveren, zal het comité in een heuse doctrine, samengevat in een mededeling van 15 juli 1940, wijzen op een aantal tegenstellingen tussen de Eerste en de Tweede Wereldoorlog.

De Galopin-doctrine

In zijn eerste argument legt het comité-Galopin de nadruk op de belangen van de werkende bevolking. De hervatting van de productie is nodig omdat de bezetter in 1940 veel meer ideologisch geïnspireerd is dan in de Eerste Wereldoorlog. Arbeid is een basiswaarde in het nationaal-socialisme en de Duitsers zullen geen massale werkloosheid meer dulden, maar arbeiders verplichten in Duitsland te gaan werken. Productie in België is nodig om deportatie van de arbeiders te voorkomen.

Het tweede argument refereert aan de voedselbevoorrading van de bevolking. De pogingen om België van overzee te laten bevoorraden zoals in de Eerste Wereldoorlog, zijn op niets uitgelopen. De Britse blokkade blijft gehandhaafd. België is voor zijn voedselbehoeften niet zelfvoorzienend; invoer uit Duitsland of uit landen in de Duitse invloedssfeer is noodzakelijk. Om die import te kunnen betalen, moeten industriële producten worden uitgevoerd.

Het laatste argument verwijst naar de houding van de bevolking tegenover de bezettingstroepen. Anders dan in de Eerste Wereldoorlog is de bevolking niet bereid tot een principiële verzetshouding, maar veeleer verrast door de minder brutale opstelling van de Duitse bezetter. Ten slotte zal de bevolking niet begrijpen waarom de Belgen het werk níét mogen hervatten terwijl de Nederlanders en de Fransen dat wél doen.

Aan de productie voor Duitsland worden beperkingen gesteld. Levering van wapens en munitie is niet toegelaten. De productie voor Duitsland mag niet hoger zijn dan wat nodig is om voedsel en grondstoffen voor de industrie in te voeren. Verder is er een organisatorische drempel. Beslissingen over het al dan niet geoorloofd zijn van productie voor Duitsland, worden het best in gemeenschappelijk overleg genomen, in de schoot van de federaties, de werkgeversorganisaties in de verschillende sectoren. Op die manier wil het comité voorkomen dat individuele ondernemers in de verleiding zouden komen om uit concurrentieoverwegingen orders aan te nemen. Bovendien maakt deze manier van overleggen het mogelijk een gemeenschappelijke politiek te voeren, zodat de fabrikanten bij een eventuele vervolging voor economische collaboratie na de oorlog een betere uitgangspositie hebben.

Voor deze argumenten op zich valt iets te zeggen. De ravitaillering ís problematisch; de bezetter moedigt arbeid in Duitsland inderdaad aan en de wil om het werk te hervatten in eigen land is groot. De wijze waarop de argumenten in de mededeling worden gepresenteerd, is evenwel onevenwichtig. De beslissing om voor Duitsland te produceren, wordt verantwoord als zijnde in het belang van de bevolking in het algemeen en van de arbeiders in het bijzonder. Het standpunt van de ondernemers blijft onderbelicht. Er wordt nauwelijks of helemaal geen rekening gehouden met het belang van het hervatten van de productie voor de ondernemers zélf en met de noodzaak van het voortzetten van de bedrijfsactiviteit om de concurrentiepositie op lange termijn te handhaven, en zo te voorkomen dat de Belgische economie, net zoals na 1918, te maken krijgt met een concurrentiehandicap.

De manier van argumenteren in de mededeling van 15 juli verraadt tevens een *politieke* opstelling. Het comité-Galopin werpt zich op als spreekbuis van de bevolking, voelt zich verantwoordelijk voor haar overleven in oorlogstijd en kiest daarvoor de meest adequate weg. Om haar beleid te legitimeren, motiveert het haar economische politiek vanuit de behoeften van de bevolking, en stelt die politiek voor als de enige en/of de beste manier om aan de noden van de bevolking tegemoet te komen. In de praktijk gaat het comité-Galopin steeds meer een politieke rol spelen, niet alleen op economisch, maar ook op maatschappelijk vlak. De economische elite zal beslissingen nemen die diep ingrijpen in het leven van de arbeiders.

WERKGEVERS OP DE BRES VOOR WERKNEMERS

Aan de vooravond van de Tweede Wereldoorlog zijn de arbeidsverhoudingen sterk geïnstitutionaliseerd. Lonen en arbeidsvoorwaarden worden vastgelegd in CAO's met indexclausules die worden afgesloten in paritaire comités. In die comités zijn vakbonden en werkgevers vertegenwoordigd. De eerste comités ontstonden na de Eerste Wereldoorlog. Na de algemene staking van 1936 werden ze in alle sectoren ingevoerd. De bezetter maakt onmiddellijk een einde aan dit systeem. De paritaire comités worden stilgelegd, staken is verboden en de vakbonden moeten hun activiteiten stopzetten, in afwachting van de oprichting van een eenheidsvakbond, de Unie van Hand- en Geestesarbeiders (UHGA) die in november 1940 wordt gesticht. De werkgeversorganisaties mogen hun activiteiten wel voortzetten. Hierdoor zijn de verhoudingen tussen werkgevers en arbeiders scheefgetrokken.

De Unie van Hand- en Geestesarbeiders

Aan de vooravond van de Tweede Wereldoorlog is de Belgische vakbeweging uitgegroeid tot een massabeweging. De twee grootste organisaties zijn het socialistische Belgisch Vakverbond en het katholieke Algemeen Christelijk Vakverbond (ACV). De maatschappelijke rol van de vakbonden is sterk uitgebreid: ze betalen de werklozensteun uit en vertegenwoordigen de arbeiders in het sociaal overleg dat in 1936 in alle sectoren is ingevoerd. De bonden hebben toegang tot de besluitvorming via de politieke partijen van de zuil waarvan ze deel uitmaken en via de Nationale Arbeidsconferenties, een drieledig nationaal topoverleg tussen vakbonden, werkgevers en regering dat in 1936, 1939 en 1940 wordt georganiseerd.

Na de Duitse inval moeten de vakbonden hun activiteiten staken, in afwachting van een vakbondsreorganisatie die op 22 november 1940 zal uitmonden in de Unie van Hand- en Geestesarbeiders (UHGA), een eenheidsvakbond. De vooroorlogse vakbondsleiders ondergaan dit proces niet passief. De weg die leidt naar de UHGA vormt de inzet van een machtsstrijd en is voor de betrokkenen een onderdeel van een meer omvattend programma van sociale en politieke hervormingen.

De voorzitter van de BWP (Belgische Werklieden Partij) Hendrik De Man ontbindt zijn partij en richt een 'Nieuw Belgisch Vakverbond' op, het Nieuwe BVV, met een programma dat aangepast is aan de Nieuwe Orde. Een aantal socialistische vakbondssecretarissen volgt hem.

Aan katholieke zijde bereiden het ACV en de werkgeversorganisatie een corporatistische hervorming voor, waarvan de krachtlijnen worden vastgelegd in het 'Corporatief Manifest' van René Goris.

Vanuit het Hof wordt eveneens aangestuurd op een corporatistische hervorming. Begin november 1940 vormen het Nieuwe BVV, het ACV en de Liberale Vakbond de 'Syndicale Unie der Belgische Arbeiders'. Het is een losse koepelorganisatie met een royalistisch en corporatistisch programma. Dit model zint de Duitsers echter niet: het Vlaams-nationalistische 'Arbeidsorde' is niet bij de zaak betrokken; de organisatie is te weinig centralistisch en laat te veel ruimte voor de bestaande vakbonden. De Duitsers komen met een eigen model, de Unie van Hand- en Geestesarbeiders. Onder impuls van De Man treedt het Nieuwe BVV tot de UHGA toe. Bij het ACV is enkel in Vlaanderen een meerderheid ervoor gewonnen om met de Unie mee te werken.

De meest invloedrijke werkgeversorganisatie is het Comité Central Industriel (CCI). Deze centrale werkgeversvereniging vertegenwoordigt vooral de zware nijverheid. In de maanden juli-september 1940 pakt het CCI uit met een sociaal hervormingsplan: verlaging van de lonen tot het niveau van 1936 (van 40 frank naar 32 frank per dag voor een ongeschoolde arbeider), schorsing van de toepassing van de sociale wetgeving en een radicale wijziging van het stelsel van arbeidsverhoudingen. Dat laatste wordt mogelijk na het verdwijnen van wat de 'politieke vakbonden' wordt genoemd.

Met deze plannen keren we terug naar de negentiende-eeuwse verhoudingen waarbij de werkgever tegenover zijn arbeiders staat. De onderneming moet opnieuw de spil worden van de arbeidsverhoudingen, die voortaan zijn gebaseerd op klassensamenwerking. Fabrieksraden zijn daarvoor het meest geschikt. De arbeidersvertegenwoordigers worden verkozen of aangeduid door de werkgever. De fabrieksraden zullen de basis vormen van een getrapt overlegsysteem zonder vakbondsinmenging. Het CCI beveelt de leden aan een sociale politiek te voeren in het bedrijf en de arbeiders te omkaderen met fabrieksziekenfondsen en bedrijfsvakbonden.

Achter deze plannen schuilen verschillende motieven. Revanchisme is er een van. De algemene staking van 1936 heeft de werkgevers getraumatiseerd en doordrongen van het idee dat sociaal overleg geen waarborg blijkt voor sociale rust. De werkgevers kiezen voor een offensieve strategie en proberen de arbeidersbeweging in de fabrieken zélf concurrentie aan te doen met de oprichting van 'gele vakbonden' (vakbonden gecontroleerd door de werkgever), een fabrieksziekenfonds (ziekenfonds gecontroleerd door de werkgever) en werklozenkassen (een werkgeversalternatief voor de werkloosheidsuitkering betaald door de vakbonden en belangrijk voor de ledenwerving en ledenbinding).

Niet alleen de arbeidersbeweging, ook de administratie staat weigerachtig tegenover deze initiatieven. Ze spreken niettemin in een aantal grote bedrijven de arbeiders aan. De bezetting opent nieuwe perspectieven omdat de vakbeweging monddood is gemaakt en er na het stilleggen van de paritaire comités een vacuüm is ontstaan. De continuïteit met de initiatieven uit 1936 wordt door het CCI sterk beklemtoond.

Revanchisme is overigens niet de enige drijfveer, het gaat er eveneens om het nationaal inkomen op een specifieke manier te verdelen. De implicaties van de combinatie van de productiepolitiek en het einde van het vooroorlogse systeem waarbij de loonvorming en de arbeidsvoorwaarden waren vastgelegd in CAO's, zijn verregaand.

De productiepolitiek heeft niet alleen een economisch, maar ook een sociaal gezicht. De arbeiders zo veel mogelijk aan het werk houden in België is een middel om het nationaal inkomen te verdelen. Werk geeft loon en koopkracht, maakt het mogelijk te overleven en houdt tegelijk het productieapparaat, waarvan de gekwalificeerde arbeidskracht deel uitmaakt, in stand. De loonsverlaging en de schorsing van de toepassing van de sociale wetgeving worden voorgesteld als een solidariteitsmechanisme van werkenden naar werklozen. Het is niet meer dan billijk dat wie een job heeft, loon en sociale voordelen inlevert, stelt Georges Velter, werkgeversleider uit de sector van de metaalconstructie.

Volgens bepaalde werkgevers ten slotte had de vakbeweging voor de oorlog te veel macht en is een verlaging van de lonen om louter economische redenen noodzakelijk. De nieuwe sociale verhoudingen bij het begin van de bezetting maken die aanpassing mogelijk. De wens om de lonen te verlagen sluit aan bij de economische opvattingen van een groot deel van de Belgische economische elite, die ervan overtuigd is dat lage prijzen onontbeerlijk zijn om de Belgische economie concurrerend te houden. In een economie met overwegend arbeidsintensieve sectoren hangen lage lonen en lage prijzen nauw samen. Deze economische opvatting bepaalt de hele oorlog door het handelen van ondernemers als Galopin.

De meeste federaties van het CCI staan achter de voorgestelde loonsverlaging. De sectorale organisaties van de voeding, de chemie, de textiel en een deel van de bouw zijn er niet voor te vinden. De katholieke werkgeversorganisatie is meer algemeen gekant tegen de voorstellen van het CCI, die worden betiteld als 'omgekeerde klassenstrijd'. Dat betekent niet dat de katholieke werkgevers gewonnen zijn voor de handhaving van het status-quo. Voor hen lijken de oorlogsomstandigheden en het einde van het parlementaire regime een gelegenheid om de arbeidsverhoudingen op corporatistische leest te schoeien en zo ideeën die al in de jaren dertig leefden, in praktijk te brengen. Het hoofddoel is de macht van de georganiseerde arbeidersbeweging in te perken.

Corporatisme

'Corporatisme' vormt één onderdeel van de plannen die worden gesmeed om een Nieuwe Orde gestalte te geven. Ook in fascistische regimes wordt het sociaal-economisch leven op corporatistische leest geschoeid. Corporatisme, Nieuwe Orde en fascisme worden dan ook vaak in één adem genoemd. Hierdoor wordt het begrip echter verengd, omdat dit type van corporatisme alleen verwijst naar de autoritaire variant en corporatistische hervormingen ook denkbaar zijn in het kader van de parlementaire democratie.

In grote lijnen bestaan er drie types van corporatisme: het politieke, het sociale en het economische corporatisme. Corporatisme is erop gericht de klassenstrijd te neutraliseren en klassensamenwerking te institutionaliseren. Dit gebeurt door belangengroepen rechtstreeks of onrechtstreeks bij de politieke besluitvorming te betrekken en aan hen een deel van de staatsmacht over te dragen.
Politiek corporatisme gaat het verst. Hierbij liggen belangengroepen aan de basis van het kiesstelsel en moet het parlement – verkozen bij algemeen stemrecht – plaats maken voor corporatistische kamers. In zijn verst doorgedreven vorm zou het politieke corporatisme leiden tot een structurele verlamming van de arbeidersbeweging, waarvan wordt gevreesd dat ze een numerieke meerderheid in het parlement zal verwerven. In een afgezwakte vorm krijgen corporatistische raden slechts adviesrecht.

Sociaal corporatisme verwijst naar de institutionalisering van het sociaal overleg. Het overleg wordt veralgemeend; vakorganisaties krijgen rechtspersoonlijkheid en de cao krijgt een juridisch statuut, zodat de 'vredesplicht' juridisch afdwingbaar wordt. Stakingen worden verboden of erg bemoeilijkt. Het sociale corporatisme is erop gericht de sociale rust met andere technieken te handhaven.

Economisch corporatisme heeft betrekking op reglementering van het economische leven door of via economische organisaties of paritaire organen. Het maakt het mogelijk het economische leven te reglementeren, zonder die bevoegdheid over te dragen aan het parlement.

De opkomst van het corporatisme houdt verband met de politieke en maatschappelijke doorbraak van de arbeidersbeweging na de Eerste Wereldoorlog – invoering van het algemeen enkelvoudig mannenstemrecht, erkenning van de vakbonden, het niet meer strafbaar stellen van stakingen – en de crisis van het liberalisme.

Corporatisme wordt vooral bepleit in de katholieke wereld (katholieke werkgeversorganisatie, ACV). Bepaalde vormen van corporatisme kunnen ook de socialistische arbeidersbeweging bekoren, omdat de vakbeweging directe politieke of economische macht verwerft en het sociaal corporatisme het overleg – de geprefereerde vakbondsstrategie na de Eerste Wereldoorlog – institutionaliseert.

Het voorstel om de toepassing van de sociale wetgeving op te schorten, botst echter op secretaris-generaal van Arbeid en Sociale Voorzorg Charles Verwilghen. Niet alleen de inhoud van het voorstel gaat voor hem te ver, de economische elite vergroot met dit plan haar invloedssfeer tot ver buiten haar 'oorspronkelijke' bevoegdheden en wil de sociale politiek te veel naar zich toetrekken. Het comité van secretarissen-generaal voelt zich bedreigd op eigen terrein.

De pogingen om de lonen te verlagen stuiten op het verzet van de arbeiders. Mijnwerkers leggen in de zomer van 1940 uit protest het werk neer. De stakers worden, ondanks het stakingsverbod, niet gestraft en soms zelfs gesteund door de bezetter, die de Belgische werkgevers een reactionaire politiek verwijt. De interventie van de bezetter ten voordele van de arbeiders is niet zozeer een blijk van sociale bewogenheid, maar een poging om bij brede lagen van de bevolking aan populariteit te winnen, door arbeiders en werkgevers tegen elkaar uit te spelen.

HONGER EN LIEFDADIGHEID

De hoop op een 'normalisering' van het leven blijkt snel een illusie te zijn. Vooral in de steden en de industriegebieden heeft de bevolking eten te kort en lijdt ze zelfs honger. Het rantsoen is laag en de mensen krijgen niet waar ze volgens de rantsoenering recht op hebben. 'Tot juni 1941 werden aan geen enkel huishouden voor alle producten de hoeveelheden verstrekt voorzien in de officiële rantsoenering. Veel bonnen werden slechts voor de helft of zelfs helemaal niet gehonoreerd. Dat was het geval voor margarine en boter en vooral voor vlees en aardappelen' (G. Jacquemyns). Het psychologische effect van dit voedseltekort gaat veel verder dan de cijfers laten vermoeden. Om ons er een beeld van te kunnen vormen, vergezellen we een mijnwerker naar de ondergrond. Tijdens het interbellum is de levensstandaard van de arbeiders gestegen; ze eten meer vlees, boter, margarine en fruit. De gestegen levensstandaard is zichtbaar in het lunchpakket dat de mijnwerker in 1939 meeneemt. Behalve 700 gram brood bestaat het uit boter of margarine, eieren of kaas, vlees en fruit. Begin 1941 moet dezelfde mijnwerker het stellen met twee of drie sneetjes brood met confituur... Het demoraliserende effect laat zich raden.

Ook voor de vrouwen heeft het voedseltekort ingrijpende gevolgen. Ze moeten in de rij staan om aan het nodige te komen en in de gezinnen leidt het voedseltekort tot spanningen. Veel vrouwen moeten de voorraadkast op slot doen om te voorkomen dat hun man met het weinige eten dat ze nog hebben, aan de haal gaat. Koken is door gebrek aan gas en kolen een tijdrovend karwei geworden.

Het rantsoeneringssysteem functioneert niet naar behoren en om te overleven zijn alternatieven nodig. Het eerste alternatief is de liefdadigheid, die een nieuwe impuls krijgt met de oprichting van Winterhulp op 1 november 1940. Deze centrale organisatie verwerft al vlug een sleutelpositie in de samenleving. Alleen Winterhulp mag bijvoorbeeld loterijen organiseren. Hoewel de naam uit nazi-Duitsland wordt overgenomen, gaat het niet om een zuivere collaboratieorganisatie. De plaatselijke comités worden niet altijd geleid door aanhangers van de collaboratiebewegingen en in het nationale bestuur spelen ondernemers en de top van de katholieke hiërarchie een rol. De bankier Paul Heymans is voorzitter van Winterhulp en het CCI roept zijn leden op de organisatie financieel te steunen om het risico van sociale conflicten te verkleinen.

De liefdadigheid biedt een uitkomst voor de armste lagen van de bevolking. Alleen wie heel weinig verdient, kan bij Winterhulp terecht, en ook schoolkinderen en zwangere vrouwen. Voor veel behoeftigen is de stap naar liefdadigheid echter te groot. Pas in de tweede helft van de bezetting zetten arbeiders hun schaamtegevoel opzij en doen ze systematischer een beroep op de liefdadigheid. Behalve bij Winterhulp kunnen de allerarmsten ook terecht bij de plaatselijke COO's. Het aantal gezinnen dat een beroep doet op de openbare onderstand neemt spectaculair toe: bij de Luikse arbeidersgezinnen bijvoorbeeld stijgt het aantal ondersteunden van tweeduizendvijfhonderd in april 1940 tot negenduizend een jaar later.

Het tweede alternatief is de zwarte markt. Die 'zwarte markt' heeft verschillende gezichten. Veel kleinhandelaars houden bijvoorbeeld een deel van hun koopwaar achter om ze later 'in het zwart' tegen een hogere prijs te verkopen. Vanaf 1941 wordt de zwarte markt meer gestructureerd en komt ze in handen van 'smokkelaars', lieden die van zwarthandel hun (bij)beroep maken. Het meest sprekende voorbeeld is de Brusselse Radijsstraat, waar verschillende waren openlijk te koop worden aangeboden.

Maar ook op kleinere schaal tiert de zwarte markt welig. Vrouwen uit industriegebieden schuimen het omliggende platteland af om bij de boeren etenswaren te kopen. Een deel ervan dient om het eigen rantsoen aan te vullen; de rest wordt verkocht, om een deel van de kosten te recupereren. Ook mijnwerkers zijn actief op de zwarte markt, ze verkopen een deel van de kolen waarop ze als kompel recht hebben.

Sommige fabrieken geven hun arbeiders goederen die ze bij de boeren kunnen ruilen voor voedsel.

Toch mogen de mogelijkheden om de zwarte markt te gebruiken als aan-

De zwarte markt zoals die welig tierde in de Brusselse Radijsstraat.

vulling op het ontoereikende rantsoen niet worden overschat. De prijzen zijn veel te hoog, zodat de zwarte markt geen oplossing is voor de armere bevolking. Nemen we de prijs van twee basisproducten, aardappelen en brood. In juni 1940 kost een kilo aardappelen 0,95 frank op de zwarte markt, in december 1940 4,40 frank en in juni 1941 9,70 frank. In één jaar tijd is de broodprijs vertienvoudigd, en kost één brood ongeveer een kwart van het dagloon van een ongeschoolde arbeider. Als het spaargeld op is of 'overbodige' huisraad verkocht – zoals vaak wordt gedaan – biedt de zwarte markt al helemaal geen uitkomst meer. Alleen de fabriek blijft nog over.

De honger wordt een politiek probleem

Al in de herfst van 1940 is het duidelijk dat de lonen ontoereikend zijn om in de sterk gestegen kosten van het levensonderhoud te voorzien. Hoe dat probleem moet worden aangepakt, is een strijdpunt tussen verschillende Belgische groepen onderling en de bezetter, die van een loon- en prijsstop de hoeksteen van zijn loonpolitiek heeft gemaakt. De inzet van die strijd is materieel en ideologisch. De productiviteit van de Belgische arbeider moet op peil blijven, de sociale rust dient te worden gewaarborgd en elke groep probeert zijn legitimiteit te handhaven of te verwerven.

De eenheidsvakbond UHGA (Unie van Hand- en Geestesarbeiders), die in november 1940 is opgericht, voert pas in het voorjaar van 1941 een campagne voor loonsverhoging. De werkgevers zijn ertegen gekant, maar willen wel praten over hogere kinderbijslagen. Kostenoverwegingen op korte en lange termijn vormen het voornaamste bezwaar. Het is goedkoper de kinderbijslagen op te trekken dan de lonen. Een lineaire loonsverhoging zou de toekomst meer bezwaren, omdat het algemene loonniveau erdoor verhoogt. Om looneisen tegen te gaan, verstrekken veel werkgevers in navolging van een advies van het CCI in de fabriek extra voedsel (soep of volledige maaltijden, groenten, aardappelen of andere voedingswaren).

De parallelle ravitaillering wordt gecoördineerd door het CCI en past in de Galopin-doctrine: ruil van industriële producten voor voedsel. De bemoeienis van het CCI met de ravitaillering van de industriearbeiders neemt geleidelijk uitbreiding. De organisatie houdt zich bijvoorbeeld zelf met voedseldistributie bezig en treedt daarbij op als onderaannemer van de staat. In januari 1941 is het CCI betrokken bij de distributie van uit Nederland ingevoerde kaas. Vanaf april 1941 coördineert een speciale commissie alle inspanningen op het vlak van de ravitaillering.

De aanhoudende problemen met de voedseldistributie zetten het CCI er in de winter van 1941 toe aan direct tussenbeide te komen bij de politiek verantwoordelijken. Een delegatie van verschillende werkgeversorganisaties kaart bij de bezetter en de secretarissen-generaal de ontoereikende ravitaillering aan. Hoewel de accenten verschillend worden gelegd, presenteren de werkgeversorganisaties zich in beide gevallen als de tolk van de grieven van de arbeiders: 'Wanneer ze het zich veroorloven tussenbeide te komen, is dat in de eerste plaats omdat ze als werkgever een verantwoordelijkheid dragen die hen verplicht niets achterwege te laten om de zaak van de arbeiders en bedienden te bepleiten, op een moment dat de gezondheid en zelfs het leven van deze groepen op het spel staat.' Door te spreken namens de arbeiders – zonder mandaat weliswaar – treden de werkgevers in de plaats van de vooroorlogse vakorganisaties en nemen ze tegelijk afstand van de UHGA. Het optreden van de delegatie van de werkgeversorganisaties heeft resultaat: na het onderhoud met de secretarissen-generaal wordt het CCI betrokken bij de opstelling van een nieuwe rantsoeneringstabel.

De politieke ambities van de werkgevers reiken echter verder dan de onderneming op zich, ze vertegenwoordigen een nationaal belang. Voldoende voedsel in ruil voor de export van industriële producten is niet alleen noodzakelijk voor de industriearbeiders, maar voor de hele bevolking en voor het land in het algemeen. Ook die redenering sluit aan bij de opvattingen van het comité-Galopin. Had het comité zichzelf immers niet de taak opgelegd te zorgen voor de overleving van de bevolking? In die mate dat de overheid er niet in slaagt de ravitaillering te verzekeren, zijn de ondernemers genoodzaakt in de plaats van de staat op te treden. De legitimiteit van hun politiek hangt ervan af: de voedseltekorten ondermijnen de productiviteit en de slechte levensomstandigheden zijn een bron van sociale onrust.

Het antwoord van de Duitsers, die inzien dat de ravitaillering mank loopt en dat de sociale rust wordt bedreigd, bestaat er onder meer in de arbeiders die rechtstreeks voor de Duitse oorlogsindustrie werken, extra voedsel te geven. Zo worden de mijnwerkers bijvoorbeeld rechtstreeks bevoorraad met de 'Hulptrein Beieren'. Dit favoritisme leidt tot wrevel in de omliggende bedrijven die van de maatregel verstoken blijven en zaait onrust tussen werkgevers en werknemers. Het is immers moeilijk aanvaardbaar dat bedrijven die rechtstreeks produceren voor de Duitse oorlogseconomie worden bevoordeeld op het vlak van de ravitaillering.

De arbeiders zelf stellen meer sociale eisen en zetten ze kracht bij met stakingen. De steenkoolmijnen bijten in november-december 1940 de spits af. In januari 1941 neemt de beweging uitbreiding. Er worden stakersposten ingezet. 7200 mijnwerkers in achtentwintig mijnen leggen het werk neer. Zelfs de arbeiders van de onder Duits bestuur werkende wapenfabriek Fabrique National d'Armes de Guerre (FN) gaan in staking! De Gentse metaalindustrie volgt.

De arbeiders krijgen gehoor: er wordt extra voedsel bedeeld, maar aan de andere kant reageren de Duitsers ook repressiever om het stakingsverbod te handhaven. Daardoor krijgen de stakingen niet alleen een sociaal maar ook een patriottisch karakter. De communistische partij speelt een rol in een aantal van deze winterstakingen, wat mee het strengere Duitse optreden verklaart. De partij, die half clandestien werkt, mobiliseert ook vrouwen in protestbijeenkomsten tegen de ontoereikende ravitaillering. Deze stakingen culmineren in de Staking der 100.000, een mijlpaal in de sociale geschiedenis van de Tweede Wereldoorlog.

DE STAKING DER 100.000

De Staking der 100.000 is de grootste tijdens de bezetting. Ze breekt uit op de symbolische datums van 9 en 10 mei 1941 (een jaar na de Duitse inval), eerst in de steenkoolmijnen, vervolgens bij Cockerill, een van de toonaangevende metaalfabrieken in het Luikse bekken. In steeds meer bedrijven wordt het werk neergelegd en de staking slaat over naar het Kempens steenkolenbekken. Op het hoogtepunt van de zeven dagen durende staking leggen 70.000 arbeiders het werk neer. De lonen worden met 8 procent verhoogd – het is de eerste en enige algemene loonsverhoging tijdens de bezetting. Ze weegt niet op tegen de prijsstijging met 75 procent op de officiële markt.

Het gaat hier veeleer om een symbolische overwinning: de staking bewijst dat protest mogelijk is en – meer nog – lonend kan zijn en geeft het sociale imago van de bezetter een flinke deuk. Ook de legitimiteit van de UHGA krijgt een klap, want de Unie is er niet in geslaagd een loonsverhoging af te dwingen. De eenheidsvakbond krijgt bovendien een concurrent. De staking, die aan de basis wordt omkaderd door communistische militanten, is namelijk het startschot voor de uitbreiding van een clandestiene communistische vakbondsbeweging, de Syndicale Strijdcomités (SSC's). De arbeiders hebben opnieuw een eigen spreekbuis.

De staking verandert de verhouding tussen werkgevers en werknemers. Ze bekritiseert de bezetter, maar ook de werkgever, zowel direct – omdat de arbeiders een hoger loon eisen – als indirect – omdat het een protest is tegen het voedseltekort, wat de Galopin-doctrine aan de orde stelt.

De werkgevers reageren flexibel, ze steunen de eisen van de arbeiders bij de overheid en weigeren lijsten van stakingsleiders door te geven aan de Duitsers. Daarmee tonen ze zich solidair met hun arbeiders, stellen een grens aan de samenwerking met de Duitsers en bevestigen de wil hun autonomie in het bedrijf zo veel mogelijk te vrijwaren.

De politiek die wordt gevolgd sinds de inval geeft de werkgevers nog voldoende manoeuvreerruimte, maar de verhoudingen veranderen. De werkgevers gaan niet meer alleen de zaak van de arbeiders bepleiten bij de overheid, maar doen het samen met arbeidersvertegenwoordigers. Strategisch blijft het werkgeversoverwicht bestaan. De sociale politiek die is gevoerd vanaf de zomer van 1940 en die gericht is op het herstel van de werkgeversautonomie op sociaal vlak, blijkt succesvol: hij kan worden aangepast aan de evolutie van de verhoudingen in de praktijk.

Dat blijkt in augustus 1941, wanneer Luikse industriëlen opnieuw officieel contact zoeken met de leiders van de vooroorlogse socialistische vakbeweging. Die contacten zijn sinds de Duitse inval verbroken. Een van de resultaten is financiële steun van de industriëlen aan de vakbondsleiders, op nationaal vlak gecoördineerd door de Caisse d'Avances et de Prêts (Kas van Voorschotten en Leningen), een van de financiële instellingen die was opgericht op initiatief van het comité-Galopin. De hervatting van de contacten maakt deel uit van een bredere heroriëntering van de politiek van de economische elite, die in juni 1941 leidt tot de herformulering van de Galopin-doctrine.

DE ECONOMISCHE POLITIEK TER DISCUSSIE

De blijvende voedseltekorten en de steeds verder dalende levensstandaard van de arbeiders zijn Alexandre Galopin niet ontgaan. In februari 1941 vraagt hij aan socioloog en historicus G. Jacquemyns de levensomstandigheden van de industriearbeiders in kaart te brengen. De reden voor die vraag ligt voor de hand: de Galopin-doctrine wordt op de proef gesteld door de slechte levensomstandigheden en door de stakingen, die een kloof tussen werkgevers en arbeiders blootleggen.

Dat is niet het enige motief voor een bezinning op de doctrine. De krijgskansen zijn sinds de zomer van 1940 gekeerd; Groot-Brittannië is niet veroverd en in juni 1941 wordt ook de Sovjet-Unie aangevallen. Anders dan in de mededeling van juli 1940 wordt vastgesteld, heeft de bevolking zich niet neergelegd bij de bezetting. Het verzet heeft vorm gekregen.

Het derde motief houdt verband met de organisatie van de economie. Om de Belgische economie beter te controleren en op termijn in te passen in de door nazi-Duitsland geleide Grossraumwirtschaft, wordt ze op corporatistische leest geschoeid naar nazistisch model. In september 1940 komen 'warencentrales' tot stand. Ze zijn georganiseerd per product (textiel, steenkool enz.) en moeten erop toezien dat elk product zo rationeel mogelijk wordt verdeeld en aangewend. In principe kunnen die warencentrales het hele economische leven regelen. Ze functioneren volgens het nazistische leidersprincipe. De directeur van de centrale beslist en is alleen verantwoording verschuldigd aan zijn hiërarchische meerdere, de secretaris-generaal voor Economische Zaken. Elke centrale heeft wel een adviesraad, maar die heeft geen beslissingsmacht.

De centrales vormen een breuk met de liberale traditie. Toch besluiten de werkgeversorganisaties en het comité-Galopin mee te werken aan de ontwikkeling ervan. In bepaalde gevallen is zo'n centrale een doublure van de bestaande private werkgeversorganisatie. In de staalindustrie bijvoorbeeld wordt het vooroorlogse kartel omgevormd tot een verplichte vakbond (Sybelac). Dit verplichte lidmaatschap is één verklaring voor de deelname van de werkgeversorganisatie aan de warencentrales: ze kunnen hun invloedssfeer uitbreiden.

Een meer doorslaggevende verklaring voor de deelname van de werkgeversorganisaties is de Galopin-doctrine zelf, waarin gezamenlijk beslissen een sleutelelement is. Vanuit die optiek moeten de warencentrales in handen zijn van industriëlen die bereid zijn de Galopin-doctrine toe te passen. In de economische sleutelsectoren is dat, met uitzondering van de textielsector, het geval.

De ervaringen met de warencentrales zijn niet onverdeeld positief. Ze hebben niet altijd reële beslissingsmacht en de productie voor Duitsland gaat in stijgende lijn.

In februari 1941 buigt secretaris-generaal voor Economische Zaken Victor Leemans onder druk van de bezetter een nog ingrijpender hervorming ten uitvoer: de hele economie wordt op corporatistische leest geschoeid en ingepast in het stelsel van de 'groepen'. De groepen zijn georganiseerd per sector. Het zijn vakbondsorganisaties met verplicht lidmaatschap. Alleen zij mogen de belangen van de ondernemers behartigen en hen vertegenwoor-

Eerste van links: secretaris-generaal voor Economische Zaken Victor Leemans.

digen. De 'groepen' zijn een kopie van de Duitse Reichsgruppen. Voor de werkgeversorganisaties ligt in de eerder geschetste gewijzigde politiek-maatschappelijke context meewerken in deze structuur minder voor de hand. Bovendien vertoont het vakbondsfront barsten, want Gustave Joassart (FN), een van de leidende figuren van de organisatie van de metaalindustrie, is er niet voor te vinden.

Al deze elementen leiden in februari 1941 tot een bezinning op de economische politiek. Op 1 april 1941 roept Galopin een vergadering samen van ondernemers en experts, economen en juristen, om zich over de te volgen koers te bezinnen. Dit resulteert in de herformulering van de Galopin-doctrine in de tweede doctrinaire mededeling van juni 1941.

De mededeling is veel uitgebreider dan de eerste en heeft een meer expliciet politiek karakter en uitgangspunt: de oorlog zal lang duren en de uitkomst ligt niet vast. Behalve met een Duitse of een Britse overwinning wordt ook rekening gehouden met een compromisvrede. In de drie gevallen staat het behoud van de eenheid van het land voorop, want na de oorlog zal België alleen voor zijn wederopbouw moeten zorgen.

De politieke inslag blijkt tevens uit de doelstelling van het economische beleid. Het comité-Galopin neemt zich voor de eenheid van het land te vrijwaren en het voor te bereiden op de wederopbouw. Volgens het comité bedreigen verschillende factoren deze eenheid. De eerste is het gebrek aan voedsel. De economische elite moet ervoor zorgen dat de (arbeiders)-bevolking voldoende wordt gevoed. Hongersnood zal leiden tot een hoge mortaliteit en/of de gezondheid van de bevolking ondermijnen. Het land zal verzwakt zijn als de wederopbouw moet worden aangepakt.

De strijd tegen de wegvoering van arbeiders naar Duitsland wordt met soortgelijke argumenten ondersteund. Het behoud van het productieapparaat – essentieel voor de wederopbouw – is slechts mogelijk als de arbeiders in België worden gehouden. Bovendien blijven de arbeiders in eigen land onder leiding van hun 'natuurlijke leiders', de ondernemers, en komen ze niet in contact met de nationaal-socialistische opvattingen. Arbeid in Duitsland wordt voorgesteld als een voedingsbodem voor verdeeldheid na de oorlog. Het is dus het best om zo veel mogelijk arbeiders in België aan het werk te houden.

Een andere steunpilaar van de eenheid en de kracht van het land is de munt. De koopkracht van de frank moet op peil blijven en inflatie dient zoveel mogelijk te worden vermeden. Inflatie ondermijnt de kracht van de natie, zowel moreel als materieel: '...ze brengt een zodanige ontreddering in de geesten teweeg dat ze het zekerste middel is om de moraal van onze medeburgers te ondermijnen'. Inflatie kan worden tegengegaan door de geldcirculatie niet te hoog te laten oplopen en voldoende te produceren.

Het besluit is duidelijk: de productiepolitiek dient te worden voortgezet. Meer zelfs, de productie moet worden opgedreven. Om de koopkracht van de munt op peil te houden, moet de industrie op 80 procent van zijn vooroorlogse capaciteit draaien. Omdat veel arbeiders – vrijwillig of als krijgsgevangene – in Duitsland zijn en er in bepaalde sectoren een grondstoffentekort is, moet elke gelegenheid om te produceren te baat worden genomen. Wapens en munitie blijven evenwel uitgesloten.

De bekende argumenten voor de productiepolitiek worden in de nieuwe mededeling niet alleen uitgediept, er wordt ook een nieuw argument aangereikt: het behoud van de economische structuur van het land. Dit op het eerste gezicht cryptische begrip staat voor een heel programma, dat weer een politiek gezicht heeft. De basis van de economische structuur is het productieapparaat: de fabrieken, de steenkoolmijnen, het spoorwegnet enzovoort.

Maar de economische structuur is méér: België wordt gedefinieerd als een industrieland dat leeft van de export van halfafgewerkte producten. De prijsstructuur van de Belgische producten wordt echter bedreigd, de bezetter wil de Belgische prijzen optrekken tot het Duitse niveau. Dat moet worden vermeden, want sterke prijsstijgingen zetten het vertrouwen in de munt op het spel en vormen een risico voor de periode na de oorlog. Hoge prijzen ondermijnen het concurrentievermogen van de Belgische economie en zullen leiden tot een drastische verandering van de economische structuur; het gevolg daarvan zal een gedwongen emigratie zijn, het land zal verzwakken en zijn politieke positie zal worden ondermijnd. Daarom moet de prijsstructuur worden gevrijwaard: 'Laten we niet vergeten dat het er in een lange oorlog in de eerste plaats om gaat "stand te houden". We weten niet hoe de toekomst eruit zal zien, het ogenblik is dus bijzonder slecht gekozen om zich te engageren in een politiek die leidt tot een duurzame wijziging van onze economische structuur.' Dit citaat verduidelijkt de politieke positie van het comité-Galopin. Impliciet wordt de hoop uitgesproken dat Duitsland de oorlog zal verliezen. België is een exporteur van industriële producten met een lage toegevoegde waarde en concurreert op basis van lage prijzen. Dit gedijt het best in een stelsel van vrijhandel. Bij een Duitse eindoverwinning is een groot deel van de Belgische industrie gedoemd te verdwijnen.

Het scenario van een integratie van de Belgische economie in de Duitse Grossraumwirtschaft wordt onwenselijk geacht. Dat is de reden waarom de door de Militärverwaltung gewenste opheffing van de tolgrens tussen Duitsland en België op verzet stuit: 'De verlaging, zelfs de afschaffing van toltarieven, blijft een ideaal in vredestijd. Maar in de huidige omstandigheden zal deze maatregel een rampzalige weerslag hebben op de moraal van onze bevolking die er beslist een teken in zal zien van de wil van het Reich om België helemaal op te nemen in zijn economie, zelfs in zijn politieke systeem.'

Deze langetermijnvisie betekent volgens het comité-Galopin niet dat met de Duitsers geen zaken kunnen worden gedaan. De mededeling bepleit het tegendeel. We hebben al gewezen op de aanbeveling om de productie voor Duitsland op een hoog niveau te handhaven. De mededeling is echter vooral een legitimering van de deelname van de Belgische industriëlen in het systeem van de groepen. Economische organisatie wordt noodzakelijk geacht om het prijsniveau te handhaven en de aantrekkingskracht van de Duitse prijzen te weerstaan. De producten die in Duitsland tegen een hoge prijs worden gekocht, moeten op de Belgische markt tegen de normale (lagere) prijs worden verkocht. Het verlies moet worden gecompenseerd door de extra winst af te romen of, wanneer die onvoldoende is, een speciale heffing op te leggen aan alle consumenten. In beide gevallen moet de industrie voldoende produceren. Bovendien is een compensatie alleen mogelijk in een georganiseerde economie. Het antwoord op de vraag voor welk stelsel dan moet worden gekozen, is eenvoudig: het nationaal-socialistische, gezien de feitelijke toestand die de reden is dat de Belgische economie van de Duitse afhangt. Bovendien heeft de Duitse – lees nazistische – economische organisatie zijn deugdelijkheid bewezen.

Het stelsel van de groepen houdt echter een groot risico in omdat de organisatie het mogelijk maakt de hele economie te controleren en de greep van de bezetter vergroot. Om het gevaar te beperken moet de leiding van de groepen in handen komen van industriëlen, die 'zich zeer goed bewust zijn van de rol die ze moeten spelen in het algemeen landsbelang'. Dat algemeen belang kan alleen worden gevonden in de Galopin-doctrine. Door zelf de touwtjes in handen te nemen, kan ook worden vermeden dat aanhangers van de collaboratiebewegingen de leiding over de groepen krijgen.

De mededeling is niet alleen een pleidooi om de productiepolitiek voort te zetten en mee te werken aan de groepen; ze verdedigt de gevolgde politiek met het juridische begrip 'noodtoestand': een strafbaar feit is verschoonbaar wanneer het gepleegd wordt om een groter kwaad af te wenden. Produceren voor Duitsland is een kleiner kwaad dan de bevolking te laten verhongeren en de arbeiders bloot te stellen aan arbeid in Duitsland omdat de belangen van het land zo beter worden gediend. Om die verdediging sluitend te maken, mag winstbejag geen drijfveer zijn van de productie voor Duitsland. Dat is een nieuwe beperking aan arbeid voor Duitsland.

De strategie van het comité-Galopin om de leiding van de groepen in handen te houden van betrouwbare industriëlen slaagt in de sleutelsectoren van de economie. De groepen zijn doublures van de federaties of worden geleid door topindustriëlen. Van een elitewissel is nauwelijks sprake. Zo slaagt bijvoorbeeld het Vlaams Economisch Verbond (VEV) er slechts in beperkte mate in zijn vertrouwelingen te laten benoemen.

NAAR EEN NIEUWE SOCIALE ORDE

In de zomer van 1941 wordt de organisatorische omkadering van de economie voltooid met de comités van sociale experts. Ze vervangen de paritaire comités, maar verschillen er fundamenteel van. De paritaire comités zijn de emanatie van de werknemers en de werkgevers die worden vertegenwoordigd door hun organisaties. Beslissingen worden bij consensus genomen onder leiding van een voorzitter. De comités van sociale experts werken volgens het 'Führerprinzip'. De algemeen gevolmachtigde voor de arbeid, een ambtenaar van het in 1940 opgerichte Commissariaat voor Prijzen en Lonen, beslist over de lonen. In elke sector wordt hij bijgestaan door een expertencomité. De experts worden aangeduid door de algemeen gevolmachtigde op voordracht van de UHGA en de werkgeversorganisaties. In tegenstelling tot afgevaardigden in de paritaire comités vertegenwoordigen de experts geen belangengroep (werknemers of werkgevers), maar worden ze geacht zich op te stellen als raadgevers-technici.

Het besluit over de comités van sociale experts komt pas na lang touwtrekken tot stand. De oud-ACV'ers in de leiding van de UHGA, vooral August Cool, zien er een mogelijkheid in om hun vooroorlogse corporatistische opvattingen in de praktijk te brengen. Ze krijgen de steun van het ministerie van Arbeid, maar de Militärverwaltung is intern verdeeld en het CCI voelt er weinig voor met een niet-representatieve UHGA rond de tafel te gaan zitten. Na een cascade van voorstellen en tegenvoorstellen wordt in juni 1941 de knoop doorgehakt. De gematigde VNV'er Leo Wouters, een vertrouweling van het VEV en werkzaam op het Commissariaat voor Prijzen en Lonen wordt algemeen gevolmachtigde. Het VEV is daarom veeleer welwillend tegenover de nieuwe organisatie, die een einde zal maken aan de klassenstrijd en het opbod van de vakbonden. Het VEV hoopt eveneens dat Wouters zijn leden zal benoemen in de comités. De katholieke werkgeversorganisatie vindt dat de comités van sociale experts niet stroken met zijn corporatistische opvattingen, maar het stelsel is het enig mogelijke en haalbare. De kwestie van de erkenning van de UHGA, waarvoor de comités van sociale experts het vehikel zijn, zorgt voor discussie. Uiteindelijk blijkt dit voor de Vlaamse katholieke werkgevers geen struikelblok. Het feit dat het ACV in Vlaanderen nog sterk aanwezig is in de structuren van de UHGA, is hiervoor de verklaring.

Voor het CCI is de UHGA wel een onoverkomelijk bezwaar. De organisatie wil niet in zee gaan met een vakbond die het vertrouwen van de arbeiders niet heeft. Dit argument is al gebruikt om onderhandelingen met de UHGA over de hervorming van de paritaire comités af te wijzen. De benoeming van Leo Wouters in plaats van een magistraat die voor de oorlog al bij het sociaal overleg betrokken was, is een tweede struikelblok. Aanvankelijk wil het CCI de comités boycotten. Onder Duitse druk en om een ontbinding van de organisatie te voorkomen, geeft het CCI in december 1941 toe, maar houdt een slag om de arm. Vóór de oorlog stuurden de werkgeversorganisaties topfiguren naar het sociaal overleg. Van die lijn wordt nu afgeweken: het CCI geeft de federaties de raad minder prominente vertegenwoordigers af te vaardigen. Daarom spelen de comités geen rol van betekenis. De politiek die het CCI hier volgt, dient verschillende doelen. De organisatie neemt afstand van de UHGA en de bezetter door slechts onder druk mee te werken en geeft daarmee een algemeen politiek signaal, een signaal aan de arbeiders en aan de vakbonden.

In de zomer van 1941 knopen vertegenwoordigers van het CCI besprekingen aan met de vooroorlogse vakbondsleiders die in 1944 zullen uitmonden in het Sociaal Pact. Zo spelen de werkgevers in op de verschuivingen in de vakbondsverhoudingen.

Een radicale vakbondsbeweging

In november 1940 gaat de Unie van Hand- en Geestesarbeiders (UHGA) van start met 250.000 leden. Vóór de oorlog hadden de drie vakbonden samen vier keer meer leden. Het gaat snel bergaf met de Unie. In 1942 zijn er nauwelijks 110.000 leden over. De UHGA rekruteert vooral in Vlaanderen; in 1942 is 85 procent van de leden Vlaming. In het Waalse industriebekken stelt de UHGA weinig voor. Vakcentrales die tot de Unie zijn toegetreden, trekken zich één na één terug.

De metaalcentrales van het centrum en de Borinage bijten in november 1940 de spits af, andere volgen in 1941. De machtsbasis van het CCI ligt in Wallonië. De organisatie heeft een punt wanneer ze aanvoert dat de UHGA niet representatief is. Er afstand van nemen zal bovendien slechts weinig arbeiders voor het hoofd stoten. Omgekeerd houdt voor de Vlaamse katholieke werkgevers toenadering tot de UHGA minder risico's in.

De UHGA loopt niet alleen leeg, het verzet ertegen groeit. Aanvankelijk wordt het gedragen door vooroorlogse vakbondsleiders zoals Joz. Bondas en Louis Major. Ze zijn de emanatie van de vooroorlogse structuur. Het verzet van de vakbonden krijgt echter steeds meer vorm op de werkvloer. Dat sluit aan bij de algemene tendens in de arbeidsverhoudingen, waar het zwaartepunt verschuift van de sector naar de fabriek.

Nà de Staking der 100.000 maakt de communistische partij werk van de uitbreiding van de Syndicale Strijdcomités (SSC's). In het najaar worden in Wallonië en Brussel de eerste kernen opgericht. De SSC's dienen een dubbel doel. Het zijn verzetsorganisaties maar ook instrumenten om voormalige socialistische militanten en afgevaardigden van hun organisatie los te weken. Daar is ruimte voor, omdat de clandestiene socialistische vakbeweging geen leiding geeft aan de dagelijkse eisenstrijd, de risico's voor de militanten zijn te groot. De vooroorlogse leiders van de socialistische vakbond spitsen zich toe op het bekampen van de uhga, onder meer via de clandestiene pers. De SSC's bieden de vakbondsmilitanten en afgevaardigden in de bedrijven een alternatieve structuur die hen op termijn naar het communistische kamp kan brengen. De SSC's presenteren zich uitdrukkelijk als een eenheidsorganisatie, waar plaats is voor vakbondslui van alle gezindten.

De SSC's organiseren het verzet vanuit de directe noden van de arbeiders en schuwen het stakingswapen niet. In de clandestiene pers wordt die strategie kernachtig uiteengezet. De arbeiders hebben het werk hervat en produceren voor Duitsland, gedreven door honger en miserie. De enige juiste handelwijze bestaat er nu in zo weinig mogelijk te werken en de arbeid zo duur mogelijk te verkopen: 'Strijden voor een loonsverhoging met 50 procent, strijden voor de toepassing van maatregelen om de arbeidsveiligheid te verzekeren, staken, de productie vertragen door sabotage, door het materiaal niet te onderhouden, door grondstoffen te verspillen; dat alles is strijden tegen Hitler en de bevrijding van het land versnellen. Dat is de taak van het Syndicaal Strijdcomité.'

De SSC's werpen zich op als waakhond van de werkgever en sporen de arbeiders aan tot verzet: 'De eenheid tussen alle arbeiders tot stand brengen, stakingen uitlokken en leiden, de verraders aan de kaak stellen en straffen, zowel de collaborateurs als allen die ertoe aanzetten de productie op te voeren, ziedaar de rol van het Syndicaal Strijdcomité.' De werkgever moet het kader scheppen dat de arbeider de ruimte geeft om de productie voor Duitsland zo veel mogelijk te hinderen, al is het op een symbolische wijze: 'Jullie hebben allen een taak te vervullen, waar u ook werkt. Gebruik uw verbeelding om elke dag een zandkorrel te vinden die stokken in de wielen kan steken van de vijandelijke oorlogsmachine. Vergeet niet dat uw arbeid alleen de Mof ten goede komt. Bekommer u niet om het belang van uw patroon, om zijn machines. De ondernemers mogen niet op twee paarden wedden. Van twee dingen één: ofwel sluiten ze de ogen voor uw sabotagedaden en zijn ze voor de overwinning en voor de geallieerden, ofwel staan ze aan de kant van de aanhangers van Hitler en moeten ze na de oorlog rekenschap afleggen... Breng uw Syndicaal Strijdcomité op de hoogte van elke aangifte van een sabotagedaad van uzelf of van uw kameraad, door een ondernemer, een ingenieur, een meestergast of een aanhanger van de Nieuwe Orde bij de vijand of bij een superieur... Roep onmiddellijk solidariteitsstakingen uit tot uw kameraad terug in dienst genomen wordt... Staak maar verlaat de fabriek niet. Laat u bevoorraden door uw vrouwen.'

Het ontstaan van een radicale vakbondsbeweging schept voor de werkgevers en hun economische politiek een nieuwe situatie. Ze krijgen te maken met sociale verdeeldheid en de kans op sociale conflicten neemt toe. Bovendien werpen de SSC's zich op als het patriottisch geweten van de fabriek. De omslag in de Duitse arbeidspolitiek vanaf 1942 verscherpt de tegenstellingen nog meer.

DE VERPLICHTE TEWERKSTELLING IN DUITSLAND

Door ter plaatse te produceren of door de arbeiders van de bezette gebieden in Duitsland tewerk te stellen, willen de Duitsers de economie van de bezette gebieden zo veel mogelijk laten bijdragen aan de Duitse oorlogsinspanning. Intern woedt in nazi-Duitsland in verband hiermee een strijd over welke arbeidspolitiek dan het best zal worden gevoerd. Die strijd wordt in 1942 beslecht.

De militaire campagnes verlopen voor Duitsland minder gunstig dan verwacht. De oorlog slorpt steeds meer mensen en materieel op. Hitler verandert het geweer van schouder. Hij geeft de oude partijmilitant Fritz Sauckel, Gauleiter van Thüringen, de opdracht zo veel mogelijk arbeidskrachten uit de bezette gebieden in de Duitse industrie tewerk te stellen. De Militärverwaltung is er niet erg happig op om Belgen te verplichten in Duitsland te gaan werken. De ervaring van de Eerste Wereldoorlog ligt nog vers in het geheugen. Vanaf 1916 werden toen 120.000 Belgen verplicht in Duitsland tewerkgesteld. Velen waren bij hun terugkeer fysiek getekend. 2614 hadden het avontuur niet overleefd.

De Militärverwaltung geeft er de voorkeur aan de productie in België op te voeren. Dat lukt aardig. Het werkloosheidsprobleem van de zomer van 1940 is een jaar later bijna opgelost: van de 500.000 werklozen blijven er nog 100.000 over. Sectoren die van vitaal belang zijn voor de Duitse oorlogsindustrie kampen zelfs met een tekort aan werknemers. Het probleem is het scherpst in de steenkoolmijnen, het fundament van de hele industriële productie, want kolen zijn immers nog altijd de voornaamste energiebron. De directe aanleiding voor het personeelstekort is het vertrek van de buitenlandse arbeiders in het begin van de oorlog. Nieuwe mijnwerkers vinden is niet gemakkelijk, mijnarbeid is zwaar en onaantrekkelijk. In november 1940 zijn er mijnwerkers te kort. Het tekort op de arbeidsmarkt verklaart overigens ook het militantisme van deze groep; wie niet gemist kan worden, kan immers gemakkelijker eisen stellen en genoegdoening krijgen...

Aanvankelijk wordt mijnarbeid extra aantrekkelijk gemaakt. Wie in de mijn gaat werken krijgt vanaf november 1940 een eenmalige premie van 1000 frank (in de Limburgse mijnen is het gemiddelde dagloon 55 frank). In juni 1941 verandert men echter van politiek. De arbeidsmobiliteit van de mijnwerkers wordt beperkt. De arbeidsbureaus oefenen toezicht uit op ontslagen en de opzeggingstermijnen worden verlengd. De arbeidsduur wordt verlengd. Mijnwerkers worden bijvoorbeeld verplicht een aantal zondagen te werken. Een laatste redmiddel is de inzet van nieuwe krachten, zoals Russische krijgsgevangenen, die vooral in Limburg terechtkomen.

In 1942 wordt een radicaal andere arbeidspolitiek in de praktijk gebracht en krijgt werken in Duitsland prioriteit. Het terrein wordt voorbereid met de verordening van 6 maart 1942 die het mogelijk maakt mensen op te eisen voor 'werken met een bijzonder belang' in België en Noord-Frankrijk. Ondernemingen kunnen verplicht worden arbeiders af te staan. Zeven maanden later wordt de verordening verruimd en kunnen mannen tussen 18 en 50 jaar en vrouwen tussen 21 en 35 jaar verplicht worden in Duitsland te gaan werken.

De maatregel wordt in verschillende fasen ten uitvoer gebracht. Eerst wordt gewerkt met individuele oproepingen op basis van de bevolkingsregisters en rechtstreekse rekrutering in de ondernemingen met 'uitkammingsacties'. Duitse technische commissies bezoeken de fabriek en gaan na

Om de steenkoolproductie op te voeren, worden in de Limburgse mijnen Russische krijgsgevangenen tewerkgesteld.

hoe arbeiders kunnen worden uitgespaard. Vanaf februari 1943 worden hele 'jaarklassen' opgeroepen, zoals dat bij militaire dienst het geval is. Iedereen die geboren is in 1921, 1922, 1923 en 1924 moet zich aanmelden. De enige versoepeling die wordt toegestaan, geldt voor vrouwen. Vanaf 1943 worden er, als gevolg van protesten van verscheidene autoriteiten, onder meer van kardinaal Van Roey, geen vrouwen meer naar Duitsland gestuurd.

Begeleidende maatregelen moeten zo veel mogelijk werkkrachten vrijmaken. De arbeidsduur wordt verlengd: 8 uur per dag en 48 uur per week geldt voortaan als minimum en niet meer als maximum. Zo kunnen arbeiders ontslagen worden en komen ze beschikbaar voor de verplichte tewerkstelling. In dienst nemen en ontslaan van arbeiders komt steeds meer onder overheidscontrole. Om arbeiders in dienst te nemen is een toelating nodig en die wordt alleen gegeven voor mannen ouder dan 45 jaar.

De tweede reeks maatregelen werkt direct in op de productie. In augustus 1942 worden bouwactiviteiten verboden. Een verordening van maart 1942 verbiedt de uitbreiding of de oprichting van nieuwe bedrijven en maakt het mogelijk ondernemingen te sluiten. Dat moet het steenkolentekort opvangen. Door de productie te concentreren in de meest productieve bedrijven en de andere – vaak kleinere – stil te leggen, hoopt de bezetter grondstoffen en energie efficiënter te kunnen aanwenden. De concentratie heeft vooral gevolgen in de textielsector. Reeds einde 1941 worden hier ondernemingen stilgelegd. Het zijn vooral de grote bedrijven die kunnen blijven produceren. In de metaalsector gaat de concentratie gepaard met rationalisering en standaardisering van de productie. In mei 1942 worden de criteria voor de betaling van werkloosheidsuitkering verstrengd.

Crisis

De invoering van de verplichte tewerkstelling brengt op alle vlakken een crisissituatie teweeg. De onderduik geeft het verzet een nieuwe impuls, want werkweigeraars worden door de verzetsorganisaties geholpen. Het comité van secretarissen-generaal raakt in een crisis die Verwilghen ertoe brengt ontslag te nemen. Voor het comité-Galopin dreigt een legitimiteitsprobleem; het beletten van de wegvoering van de arbeiders is immers een van de pijlers van de doctrine.

Om de impact van de verplichte tewerkstelling in Duitsland op de Galopin-doctrine te kunnen inschatten, moeten we een stapje terugzetten in de tijd, naar juni 1942. Het comité-Galopin stelt dan zijn derde doctrinaire mededeling op. Zowel op economisch vlak als op het vlak van de ravitaillering is er sprake van een crisistoestand. De winter van 1941-1942 is een periode van rampspoed, de bevolking lijdt honger en koude. Van eind december 1941 tot maart 1942 is er ononderbroken vorst. De gemiddelde temperatuur komt in de eerste twee maanden van 1942 niet boven -3,5 graden uit, met -18 als laagste temperatuur. Die koude moet bestreden worden met drie kilo kolen per dag. Het kwantitatieve tekort aan voedsel wordt in die periode nog verergerd door een kwalitatieve achteruitgang van vooral het brood. De bloem heeft niet alleen broodgranen als basis, maar wordt aangevuld met surrogaten zoals aardappelmeel, groenten en zelfs gemalen stro. Ook wordt meer water toegevoegd, wat wel het gewicht maar niet de voedingswaarde ten goede komt. In de zomer van 1942 bereikt de voedselcrisis zijn dieptepunt.

Het is duidelijk geworden dat van voedselcompensaties in ruil voor industriële producten slechts in beperkte mate sprake is. De Belgische industrie produceert veel voor Duitsland en de bezettingskosten lopen hoog op ('bezettingskosten' zijn officieel de kosten voor het onderhoud van de bezettingstroepen, in de praktijk een manier om de Duitse oorlogvoering mee te financieren vanuit de staatskas van de bezette landen).

Tabel 4.5 *Duitse onttrekkingen aan bezet gebied tot en met maart 1944 in miljoenen Reichsmarken*

Land gebied	Totaal in miljoenen *RM*	Miljoenen inwoners in 1938	Onttrekkingen in *RM* per hoofd	BBP/hoofd Nederland 1938 = 100	BBP gemiddeld 1940-'44 1938 = 100	Onttrekkingen i.v.t. de welvaart Nederland = 100
Frankrijk	35063	42,0	966	86	66	109
Nederland	12027	8,7	1600	100	98	100
België	9293	8,4	1281	92	86	103
Denemarken	2534	3,8	771	109	90	52
Noorwegen	4901	2,9	1956	88	93	152
Totaal incl. overigen	85000 - 90000	238,1	357-378	–	–	–

Bronnen: Christoph Buchheim, 'Die besetzten Länder im Dienste der deutschen Kriegswirtschaft während des Zweiten Weltkriegs. Ein Bericht der Forschungsstelle für Weltwirtschaft.' In: *VJZG*, 1986, 117-147; Mark Harrison, 'The economics of World War II: an overview'. In: Mark Harrison, *The economics of World War II. Six great powers in international comparison* (Cambridge 1998) 1-42; Agnus Maddison, *Dynamic forces in capitalist development* (Oxford 1991); Per Hansen, 'Business as Usual? The Danish Economy and Business during the German Occupation', *Paper read at the conference, Enterprises in the period of Fascism in Europe, 26th/27th November 1998 Bibliothèque National Paris*; eigen berekeningen.

Duitse onttrekking aan bezet gebied tot en met maart 1944 in miljoenen Reichsmarken. Tabel overgenomen uit: Hein A.M. Klemann, *Nederland 1938-1948. Economie en samenleving in jaren van oorlog en bezetting*, Amsterdam, Boom, 2002, p. 114.

In maart 1942 reist een delegatie van topondernemers onder leiding van Galopin naar Berlijn, om de situatie aan te kaarten bij de hoogste instanties van het Derde Rijk en ervoor te pleiten het rantsoen te handhaven, want er wordt gevreesd dat de Duitsers van plan zijn de Belgen nóg minder voedsel ter beschikking te stellen. Vooral het broodrantsoen van 225 gram per persoon per dag lijkt bedreigd. Hoewel het rantsoen uiteindelijk gehandhaafd wordt, vindt de delegatie voor de andere grieven helemaal geen gehoor.

Dit is de achtergrond van de derde doctrinaire mededeling van het comité-Galopin. De doelstellingen van de politiek zijn nog grotendeels dezelfde als in juni 1941, maar er ligt nu meer nadruk op het behoud van de nationale eenheid, waarvoor de werkgevers garant staan. De werkgevers moeten blok vormen en meer dan ooit een gezamenlijke politiek voeren. De mededeling gaat grondiger in op de grenzen van de toelaatbare productie voor Duitsland. Alleen de productie van wapens en munitie *stricto sensu* wordt afgewezen. Bovendien mag de productie niet worden uitgebreid of aangepast om aan de vraag van de bezetter te voldoen. Voor alle andere producten moeten de ondernemers een gezamenlijke politiek voeren. Die berust op drie pijlers: winstbejag mag geen motief zijn om voor Duitsland te werken, beslissingen om een bestelling al dan niet te aanvaarden dienen collectief te worden getroffen, in het kader van de 'groepen'. Aanvaarding van een bestelling moet steeds gepaard gaan met het tonen van een geest van verzet; vooraleer toe te geven, moeten alle morele en technische argumenten die tegen de bestelling pleiten worden uitgeput.

De aanscherping van de gedragslijn van de industriëlen is een reactie op het groeiende verzet en de toenemende vijandigheid van de publieke opinie tegenover de Duitsers. De ommekeer bij de publieke opinie is concreet voelbaar in de bedrijven door sabotagedaden. Ook de bombardementen op fabrieken die voor Duitsland produceren, tasten de legitimiteit van de productiepolitiek aan.

De mededeling pleit voor voorzichtigheid om toe te geven aan bepaalde Duitse eisen, maar tegelijk moeten de industriëlen voorkomen dat de Duitsers geïrriteerd raken, omdat in dat geval het risico bestaat dat ondernemingen onder Duits beheer zullen worden geplaatst.

Het argument van het behoeden van de arbeiders voor deportatie, wordt in de derde mededeling enigszins genuanceerd. 300.000 arbeiders zijn bereid geweest in Duitsland te gaan werken, nog eens 50 à 60.000 zijn aan de slag voor Duitse opdrachtgevers in Noord-Frankrijk. Verhoudingsgewijs levert België veel vrijwillige arbeiders voor Duitsland. Het industriële karakter van het land is daarvoor een verklaring: werkloosheid wordt moeilijker opgeslorpt in de industrie dan in de landbouw.

Ook de taalverwantschap tussen het Nederlands en het Duits en de sterk gelijkende industriële structuur, die weinig aanpassingsproblemen stelt, worden als verklaring aangevoerd. De nuancering van het deportatieargument is een antwoord op de nieuwe Duitse arbeidspolitiek, die in maart en april 1942 vorm krijgt. Een verordening van 30 april 1942 verplicht de werkgevers personeelslijsten over te maken aan de arbeidsbureaus. Aanvankelijk vormen de werkgevers een front om dat niet te doen. Onder Duitse druk valt dat front echter na een tijdje uiteen.

De mededeling is een pleidooi om de productiepolitiek zeker voort te zetten, ondanks de dreiging van de verplichte tewerkstelling. Dat vloeit voort uit een eenvoudige economische logica: de Duitsers hebben nood aan meer productie omdat de oorlog zwaarder op de economie begint te wegen. Ofwel wordt die productie gehaald in de bezette gebieden, ofwel worden arbeiders in Duitsland ingezet. Om economische redenen kiest het comité-Galopin voor het eerste. Het behoud van het productieapparaat primeert. Dat komt in deze mededeling nog duidelijker naar voren. Behalve op de economische structuur wordt nu ook gewezen op het risico dat de Duitsers het beheer van de bedrijven zullen overnemen of machines naar Duitsland zullen overbrengen.

De keuze voor de productiepolitiek wordt ook verantwoord met sociale argumenten: de enige mogelijkheid om deportaties van arbeiders te voorkomen, bestaat erin de productie in België op peil te houden. De mededeling legt wel een nieuw accent. Het bewustzijn groeit dat de productiepolitiek, ondanks de economische en sociale argumenten die er volgens het comité-Galopin voor pleiten en de juridische fundering ervan, zal worden uitgelegd als collaboratie: 'We geven er ons goed rekenschap van dat de conclusie die het gevolg is van een objectief onderzoek van de feiten, schokkend zal zijn voor vele landgenoten.'

De ondernemers moeten daarop een antwoord vinden, want de eenheid van het land behouden, is een even nastrevenswaardig doel als de economische en sociale imperatieven die pleiten voor de productiepolitiek. Of toch ook weer niet, want ingaan op die groeiende tendens naar verzet wordt uitgelegd als 'voldoening geven aan de sentimenten van de massa'. De ondernemers krijgen een leidersrol toebedeeld en moeten ten dele tegemoetkomen aan de toenemende geest van verzet bij de bevolking, door temporisering of passief verzet, maar zonder de fundamenten van de productiepolitiek op te geven. Dit vage advies wordt op één punt concreet gemaakt, namelijk dat bestellingen die onrechtstreeks een verband hebben of zouden kunnen hebben met wapens en munitie, slechts mogen worden geaccepteerd wanneer alle argumenten om ze te weigeren, zijn uitgeput.

De mededeling van 1942 schetst een aangepast kader voor de politiek van de ondernemers, die er in het kort op neerkomt dat de productiepolitiek gehandhaafd moet blijven, maar dat tegelijk moet worden ingespeeld op veranderingen bij de publieke opinie en de algemene politiek-maatschappelijke toestand. Die zal de volgende maanden sterk worden beïnvloed door de invoering van de verplichte tewerkstelling, die sociaal protest uitlokt en de clandestiene vakbondsbeweging nieuwe groeikansen biedt.

GROEIEND SOCIAAL ONGENOEGEN

De clandestiene vakbeweging breidt in 1942-1943 uit. Het aantal Syndicale Strijdcomités groeit en er ontstaan andere clandestiene bonden. In de Luikse metaalindustrie richt de uit krijgsgevangenschap teruggekeerde André Renard de Mouvement Syndical Unifié (MSU) op. Het is een basisbeweging die steunt op militanten in de bedrijven. In 1943 groeit de beweging uit tot een meer gestructureerde organisatie. In Charleroi komt de Mouvement des délégués des usines métallurgiques de Charleroi het vakbondslandschap verrijken. Net als bij de MSU is de leiding afkomstig van de vooroorlogse socialistische vakbond. Dat is niet het geval voor de trotskistische Fédération de Lutte des Mineurs de Charleroi. De bewegingen hebben twee kenmerken gemeen: ze ijveren voor een radicaler en minder gebureaucratiseerd syndicalisme na de oorlog en geven leiding aan het sociale ongenoegen dat in de fabrieken leeft en dat hoe langer hoe meer een uitlaatklep vindt in stakingen.

De belangrijkste oorzaken van het groeiende sociale ongenoegen, zijn de verplichte tewerkstelling in Duitsland en de looneisen. In Henegouwen breekt begin 1943 een staking uit in de metaalsector. In het Luikse wordt in november 1942 gestaakt en opnieuw in januari-februari 1943. Mijnwerkers sluiten zich aan bij de acties van de metaalarbeiders. Het gaat om grote stakingen. In februari 1943 staken 60.000 arbeiders. De actie in Luik heeft effect, want de deportatie van arbeiders wordt enkele weken uitgesteld.

Voor de clandestiene vakbonden zijn de stakingen een leerschool en een gelegenheid om de acties van de verschillende comités op elkaar af te stemmen. De Duitsers reageren met een herbevestiging van het stakingsverbod in een verordening over de arbeidsvrede (december 1942) en een verscherping van de repressie. Maar de stakingen tonen vooral aan dat de arbeiders gekant zijn tegen de verplichte tewerkstelling en er actie tegen willen voeren, ook al brengt dit ernstige risico's mee.

Verder wordt ook gestaakt voor hogere lonen, vooral in 1943 en door de mijnwerkers in Henegouwen. De arbeiders laten zich niet meer paaien door voordelen in natura; het gaat nu steeds meer over zuivere looneisen. De door

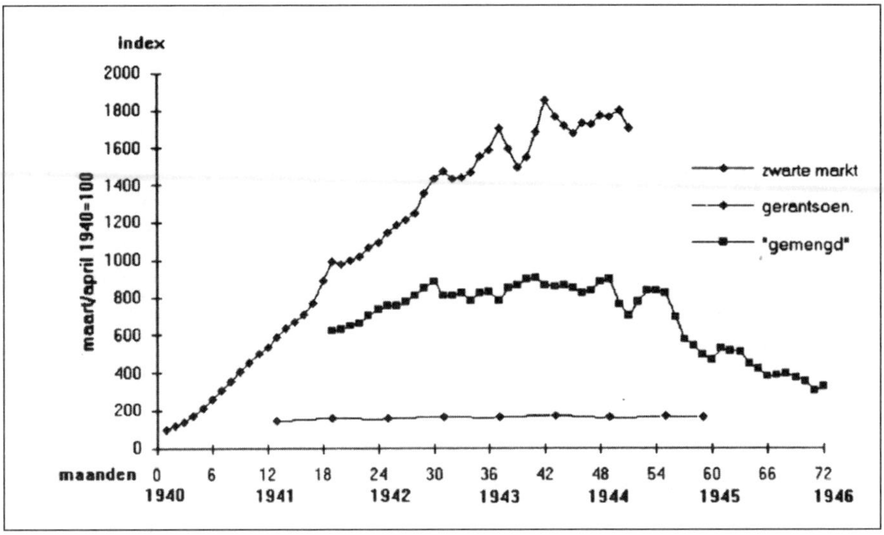

Indexcijfers van de kleinhandelsprijzen, 1940-1945 (april/mei 1940 = 100) overgenomen uit P. Scholliers, 'Strijd rond de koopkracht, 1939-1945' in: *België 1940, een maatschappij in crisis en oorlog. Belgique 1940. Une société en crise, un pays en guerre*, Brussel, 1993, p. 245-276; p. 267.

Peter Scholliers opgestelde gemengde index (zowel van de officiële als van de zwarte markt) van de kleinhandelsprijzen geeft een sterke klim te zien in 1942 en 1943. De winter van 1943-1944 breekt het duurterecord: de zwartemarktprijzen zijn in november 1943 achttienmaal hoger dan bij het begin van de bezetting! Daarmee vergeleken verzinkt de officiële loonstijging van 8 procent in het niets. Ook de beperkte verbeteringen in het ravitailleringssysteem, de alternatieven zoals 'aardappelcontracten' (die de bevolking toelaten rechtstreeks bij de boeren te kopen); de overvloedige haringvangst van 1942-1943, het toenemende aantal arbeiders dat een klein stuk grond bewerkt of konijnen kweekt, zijn slechts pleisters op een houten been. Alleen een hoger loon kan nog soelaas bieden.

In 1943 bereiken de spanningen tussen werkgevers en werknemers een hoogtepunt. De argumentatie voor de productiepolitiek staat op losse schroeven en met de verplichte tewerkstelling is de laatste dominosteen gevallen. De sociale rust is bedreigd en de werkgeverspolitiek wordt gecontesteerd door de clandestiene vakbeweging, die de arbeiders opnieuw een stem geeft. De werkgevers kunnen niet langer namens hen spreken.

Het Werk van den Akker

Om zelf groenten te kunnen kweken, gaan veel arbeiders kleine stukken land bewerken. Dit wordt aangemoedigd door het Werk van den Akker, een al langer bestaande vereniging die tijdens de Tweede Wereldoorlog een nieuwe bloeiperiode kent. Veel werkgevers steunen hun arbeiders door hun stukken grond ter beschikking te stellen of te verhuren. Hoewel de lusten niet altijd opwegen tegen de lasten, zien veel arbeiders de combinatie van fabrieksarbeid en kleinschalige landbouw wel zitten. Sommigen dromen er zelfs van een nieuw leven te beginnen op het platteland.

Een flexibele sociale politiek in de onderneming

Eén ding staat vast: de fabriek blijft nog altijd de voornaamste bron van inkomen voor de arbeiders en wordt door hen gezien als de beste bescherming tegen arbeid in Duitsland. 'Bijna iedereen wil "bezig" zijn omdat de risico's op deportatie een beetje minder groot zijn voor wie aan het werk is dan voor de anderen.' Na de Duitse inval hebben de werkgevers werk gemaakt van een sociale politiek in het bedrijf, die hen toelaat een flexibel antwoord te formuleren op de drie grootste uitdagingen waarmee ze vanaf de herfst van 1942 te maken krijgen, namelijk de verplichte tewerkstelling, de materiële eisen van de arbeiders en de groei van de clandestiene vakbeweging.

Aan het advies van het CCI uit 1940 om fabrieksraden op te richten is goed gevolg gegeven. Uit een in 1942 gehouden enquête blijkt dat ze zijn uitgegroeid tot de spil van de sociale politiek in de onderneming. De raden vervullen verschillende functies. Wanneer de vroegere vakbondsafgevaardigden nog voldoende legitimiteit hebben, blijven ze in functie. Anders moeten ze plaats maken voor afgevaardigden die het vertrouwen van de werkgever genieten. Sommige werkgevers kiezen voor een tussenoplossing waarbij zowel hun vertrouwelingen als vooroorlogse afgevaardigden in de raad zetelen. Na de Staking der 100.000 komen meer vooroorlogse afgevaardigden in de raden. Dit past in de politiek om opnieuw contacten te leggen met de vroegere vakbonden als tegenwicht voor de radicale clandestiene beweging.

De raden vormen ook een risico voor de werkgevers. De clandestiene vakbondsbeweging is een basisbeweging en in een aantal gevallen slaagt ze erin een plaats te veroveren in de fabrieksraden en zo mee te wegen op de sociale politiek. De fabrieksraden zijn intussen uitgegroeid tot draaischijf van de sociale politiek in de onderneming. Ze bespreken de arbeidsvoorwaarden en arbeidsveiligheid, de verdeling van voordelen in natura, sociale verzekeringen enzovoort. In de metaalconstructiebedrijven in het centrum (centre) beheren de raden een Kas voor Onderlinge Hulp (KOH), gefinancierd door werkgevers en arbeiders. De kas verstrekt supplementen bij het loon.

Behalve de fabrieksraden worden ook de sociale diensten in de onderneming sterk uitgebreid. Steeds meer bedrijven nemen maatschappelijk werkenden in dienst. De sociale dienst coördineert de sociale hulp, maar bekommert zich ook om de gezinnen van de arbeiders, vooral om hun kinderen. Die worden onder meer op vakantiekolonie gestuurd om aan te sterken. De voorkeur van de ondernemers gaat nog steeds naar hulp in natura, maar ze zijn hoe langer hoe meer bereid om ook de lonen te verhogen en daarbij zelfs met allerlei kunstgrepen de wet te omzeilen. Zo staan ze hun werknemers bijvoorbeeld 'leningen' toe, leningen die natuurlijk nooit moeten worden terugbetaald... Op die manier wordt de kloof met de gestegen prijzen een beetje kleiner. De tabel geeft de stijging aan van de weeklonen.

Deze soepeler loonpolitiek is een antwoord op de eisen van de clandestiene vakbeweging en de stakingen. Maar er spelen ook economische overwegingen mee. De materiële situatie van de arbeiders blijft slecht – ze zijn soms zo verzwakt of uitgeput, dat ze amper nog of zelfs niet meer kunnen werken. Hierdoor gaat de productiviteit achteruit. Zelfs hun aanwezigheid op het werk is niet altijd meer verzekerd. Ofwel blijven ze weg omdat ze uitgeput

	index	% verschil
1939	98.2	-
1940	100.0	+1.8 %
1941	107.9	+7.9 %
1942	120.3	+11.5 %
1943	127.8	+6.2 %
1944	148.8	+16.4 %
1945	204.8	+37.6 %

Indexcijfer van het weekloon in enkele sectoren (1940 =100) overgenomen uit : P. Scholliers, 'Strijd rond de koopkracht, 1939-1945' in: *België 1940, een maatschappij in crisis en oorlog – Belgique 1940. Une société en crise, un pays en guerre,* Brussel, 1993, p. 245-276; p. 254. De weeklonen stijgen het sterkst in 1942 en 1944. 'Zwarte lonen' zijn gemiddeld goed voor 15-25 procent van het loon.

zijn, ofwel geven ze er de voorkeur aan om in plaats van naar het werk te gaan het platteland af te schuimen op zoek naar voedsel. Een hoger loon kan de arbeiders ertoe aanzetten geregeld te komen werken. In de steenkoolmijnen worden om die reden speciale premies ingevoerd, die kunnen oplopen van 6 tot 15 procent van het loon. Een hoger loon is in sommige sectoren ook het gevolg van het normale spel van vraag en aanbod op de arbeidsmarkt, dat niet helemaal is uitgeschakeld. Zo valt het de secretaris-generaal van Openbare Werken in december 1943 op dat de ondernemers systematisch hogere lonen betalen wanneer ze iemand nieuw in dienst nemen.

Het derde motief voor de meer flexibele sociale politiek is het eigenbelang. Om de sociale spanning te doen wegebben en de sociale rust na de oorlog te bewaren, mag een prijs worden betaald. De looneisen bieden tenslotte voor de werkgevers ook mogelijkheden. In bepaalde bedrijven wordt werk gemaakt van de rationalisering van de arbeid door de invoering van het Bedaux-systeem, dat erop gericht is de arbeidsproductiviteit op te voeren, onder meer door niet alleen een basisloon maar ook nog premies te betalen, om de individuele arbeidsprestaties te stimuleren. Vóór de oorlog was dit vaak op verzet gestuit van de vakbonden en de arbeiders. De tegenstand van de vakbonden is niet alleen kleiner tijdens de bezetting, de arbeiders zijn soms geneigd dergelijke systemen te aanvaarden omdat ze er een hoger inkomen door kunnen verwerven. De productiviteitsstijging komt dan weer de werkgever ten goede.

HULP AAN WEGGEVOERDE ARBEIDERS

De houding van de werkgevers tegenover de verplichte tewerkstelling ligt in het verlengde van hun algemene sociale politiek. Ze denken er niet meer aan om publiekelijk te protesteren en van het opgeven van de productiepolitiek kan geen sprake zijn. Aanvankelijk hadden de ondernemers nog geprobeerd om een patronaal front te vormen tegen het verplicht overhandigen van de personeelslijsten, maar dat was met een sisser afgelopen.

Uiteindelijk geeft de meest invloedrijke werkgeversorganisatie CCI haar plan om publiek protest aan te tekenen tegen de verplichte tewerkstelling, definitief op omdat zo'n protest de Duitsers er weleens toe zou kunnen brengen om de organisatie op te heffen. Aan de productiepolitiek willen ze echter geen einde maken, omdat ze vrezen dat de Duitsers het beheer van de ondernemingen zullen overnemen. In een korte mededeling van Galopin uit oktober 1942 wordt dit standpunt van de ondernemers nog eens uitdrukkelijk bevestigd.

Dit betekent echter niet dat de arbeiders aan hun lot worden overgelaten. De patroons doen allerlei inspanningen. Ze proberen om zo weinig mogelijk arbeiders te laten vertrekken. Werkgevers en federaties doen demarches bij de bezetter, soms met het argument dat de arbeiders niet gemist kunnen worden om te produceren voor Duitsland.

Werkgevers proberen verder zoveel mogelijk arbeiders in dienst te houden door de productie van bepaalde goederen op te drijven, Duitse maatregelen zoals de vervanging van mannen door vrouwen tegen te werken, verdoken werkloosheid te organiseren of in sommige gevallen zelfs onderduikers opnieuw tewerk te stellen. Bepaalde bedrijven proberen in de eerste plaats de geschoolde arbeiders in het land te houden.

Wie toch moet vertrekken, kan rekenen op steun van de werkgevers. De Société Générale en de katholieke werkgeversorganisatie ondersteunen de actie van de Katholieke Arbeidersjeugd (KAJ) voor de weggevoerde arbeiders. Baron de Launoit financiert via Achiel Van Acker – een van de leiders van het socialistisch verzet en medeonderhandelaar van het Sociaal Pact die na de oorlog als minister van Arbeid de sociale zekerheid zal invoeren – initiatieven van de socialistische vakbond. De Dienst-Socrates, die geld ter beschikking stelt van verzetsorganisaties om onderduikers te helpen, wordt grotendeels gefinancierd door de industrie.

Bedrijven steunen hun getroffen arbeiders ook rechtstreeks. Bij hun vertrek naar Duitsland krijgen ze geld, levensmiddelen en kleren. Tijdens hun verblijf worden pakketten met levensmiddelen, kleren, zeep en tabak gestuurd. Deze vormen van hulp worden sterk aangemoedigd door de werkgeversorganisaties. Grote bedrijven kunnen meer geven dan kleine, omdat ze meer financiële armslag hebben. Om de kleinere bedrijven in staat te stellen hun arbeiders te helpen, worden in de schoot van de federaties compensatiesystemen opgezet.

De steun is niet alleen bedoeld om de materiële nood te lenigen, de werkgevers willen de band tussen arbeider en bedrijf instandhouden. Dit blijkt uit de praktijk om pensioenbijdragen en bijdragen voor het ziekenfonds door te betalen tijdens de periode van afwezigheid. De steun voor de familie – financieel, in natura, maar ook administratief – moet de blijvende band tussen arbeider en bedrijf eveneens benadrukken.

Bij die hulpverlening spelen behalve humanitaire motieven ook politieke en sociale overwegingen een rol. Het steunen van de gedeporteerde arbeiders is voor de werkgevers een manier om scherpe sociale spanningen na de oorlog te voorkomen. De werkgevers volgen nog een tweede spoor: financiële steun aan vooroorlogse vakbonden om onderduikers te helpen. Beide sporen lijken contradictorisch, maar zijn het niet. Wanneer de vakbonden opnieuw een sleutelrol spelen in de arbeidsverhoudingen, kan de sociale politiek in het bedrijf de positie van de werkgever tegenover de vakbonden versterken. Niet alleen de werkgevers bekommeren zich om de arbeiders die naar Duitsland worden gestuurd. Ook de eenheidsvakbond UHGA ziet er een kans in om zijn blazoen wat op te poetsen en zet initiatieven op ten voordele van de families van de verplicht tewerkgestelden. Duitsland zelf is moeilijk terrein voor de Unie en gereserveerd voor de DeVlag, de politieke concurrent van het VNV.

Vooral de KAJ ontpopt zich als steun en toeverlaat van de arbeiders in Duitsland. Dat is geen toeval, want de maatregel treft vooral jongeren en in tegenstelling tot de vakbonden, mag de KAJ zijn actie voortzetten. De KAJ wedt op verschillende paarden. Ze probeert zo veel mogelijk jongeren vrij te krijgen met individuele demarches. In de praktijk blijkt immers dat veel jongeren die worden opgeroepen voor werk in Duitsland, daarvoor volgens de regels niet in aanmerking komen. De KAJ moedigt die jongeren aan om onder te duiken en zorgt voor hen via de parochie of samenwerking met andere kerkelijke organisaties. Wie toch naar Duitsland moet, kan rekenen op morele en materiële steun van de KAJ. Militanten ter plaatse richten kernen op en enkele KAJ'ers vertrekken zelfs met dat doel naar Duitsland. Alles wordt vanuit België gecoördineerd en ondersteund, zij het dat het zwaartepunt in Vlaanderen ligt. Die acties ten voordele van de verplicht tewerkgestelden hebben bijgedragen aan het succes van de beweging, zoals blijkt uit de sterk gestegen ledenaantallen. Het aantal groeit van 23.319 in 1939 tot 38.141 in 1945.

De algemeen verspreide steun aan de weggevoerde arbeiders hoeft niet te zeer te verwonderen, de impact van de verplichte tewerkstelling is voor de betrokken arbeiders en hun gezinnen erg groot. In totaal worden 189.452 arbeiders verplicht in Duitsland tewerkgesteld. Ongeveer 3200 overleven het 'avontuur' niet. Het merendeel is slachtoffer van bombardementen.

Werken in Duitsland

Over de lonen, arbeidsvoorwaarden en verhoudingen met de Duitse werkgever zijn weinig klachten. Veel arbeiders zijn aangenaam verrast door de modern ingerichte fabrieken en voorzieningen, zoals douches en kantines. België is nog een land van lage lonen, zodat het niet uitzonderlijk is dat de verdiensten in Duitsland hoger zijn. Overuren worden extra betaald, wat ook verklaart waarom de arbeiders niet te veel klagen over de lange werkdagen (tien tot elf uur per dag). Van dat loon moeten wel allerlei premies worden afgetrokken. Een arbeider die 77,10 Reichsmark verdient per twee weken betaalt 14,45 procent belastingen, sociale premies en de verplichte bijdrage voor het Deutsche Arbeitsfront, zodat het nettoloon veel lager uitvalt. Van dat nettoloon moeten nog de kosten voor huisvesting en voedsel worden betaald. Een arbeider die netto 66,72 Reichsmark (= 834 frank tegen de officiële koers) overhoudt, betaalt daarvan 41,5 Reichsmark aan woonlasten en kantine. Een goed betaald arbeider verdient op dat moment in België ongeveer 1100 frank per twee weken.

Eten is ook in Duitsland een nijpend probleem. Klachten over onvoldoende en slecht voedsel en de moeilijkheid om te koken door een tekort aan brandstof zijn algemeen verspreid vanaf maart-april 1943. De arbeiders zijn aangewezen op de voedselpakketten die de familie, de ondernemers en de vroegere werkmakkers nasturen: 'Het land voedt ten dele zijn zonen die in Duitsland werken.' Even gegeerd als voedsel is tabak; het is een ruilmiddel waarmee men veel gedaan kan krijgen. Tabak die in België 750 frank kost brengt in Duitsland 3000 tot 4000 frank op. Arbeiders trekken naar het omliggende platteland om er voedsel te kopen of soms gewoon uit het veld te halen, of werken 's zondags bij de boer in ruil voor een maaltijd. Kleren wassen en verstellen slorpt veel tijd op.

Arbeid in Duitsland heeft ook een psychologisch effect: de arbeider is ver van huis in een vreemde omgeving. Dat geldt nog meer voor degenen die gescheiden worden van hun werkmakkers of gehuisvest worden in barakken. De meesten komen in die kazerneachtige toestand terecht. De hygiëne laat er te wensen over en door gebrek aan kolen lijden velen kou. Wie bij een Duitse familie onderdak vindt, heeft meer geluk. Verlof krijgen is een algemeen probleem. Wie het geluk heeft verlof te kunnen krijgen en daarna terugkeert naar het werk, heeft een nog groter gevoel van vervreemding.

Het meest levensbedreigend en uitputtend zijn echter de bombardementen. De fabrieken waar de weggevoerde arbeiders terechtkomen, zijn doelwitten van de geallieerde bommenwerpers. Wie na een bombardement alles kwijt is, schrijft vaak naar zijn vroegere werkgever om kleren op te sturen.

De wegvoeringen belasten de achtergebleven gezinnen en families. De meeste arbeiders zijn jong of hebben jonge kinderen. Het gezinsbudget wordt extra belast. Het geld dat uit Duitsland naar België wordt gestuurd, komt pas laat aan. Een arbeider in Duitsland heeft geen recht meer op rantsoenbonnen die voorheen door het hele gezin konden worden gebruikt. Bij hun vertrek moeten de arbeiders kleren, zeep en voedsel meenemen. De kosten daarvan komen overeen met twee weken loon. Tijdens het verblijf worden pakketten opgestuurd om de nood te lenigen en om contact te houden. Veel moet worden aangeschaft op de zwarte markt.

Om de kosten te kunnen dragen, gaat de vrouw aan het werk of probeert wat bij te verdienen op de zwarte markt. Sommigen keren terug naar hun ouders. Het gevolg is dat vrouwen meer verantwoordelijkheden dragen, wat soms tot spanningen leidt wanneer de man terugkeert. De banden met familie en buurt worden aangehaald. Brieven van weggevoerde arbeiders gaan in de buurt van hand tot hand. Arbeiders die nog niet gehuwd zijn, zetten die stap toch omdat ze als getrouwde man extra vakantie krijgen en hun vrouw zo recht heeft op een uitkering.

Omdat gaan werken in Duitsland geen aanlokkelijk vooruitzicht is, duiken tienduizenden liever onder. Ze worden geholpen door verzetsorganisaties, die steeds meer gemeentehuizen overvallen om aan ravitailleringszegels te komen (onderduikers krijgen er geen meer). De Duitsers maken jacht op de onderduikers, geholpen door een speciaal goed betaald korps van mensenjagers, de Zivilfahnders, meestal gerekruteerd uit de collaboratiebewegingen.

Een mogelijkheid om aan uitzending te ontsnappen, is tewerkstelling in een 'beschermde sector', een sector die onontbeerlijk is voor de Duitse oorlogvoering zodat de arbeiders er met rust worden gelaten. De steenkoolmijnen zijn bijvoorbeeld zo'n 'beschermde sector', ontslag nemen is er bijzonder moeilijk geworden.

De verplichte tewerkstelling in Duitsland heeft niet alleen een grote maatschappelijke impact, ze stelt ook de verhoudingen in de bedrijven op scherp. Veel arbeiders hopen dat de werkgever hen kan vrijwaren voor wegvoering naar Duitsland en verwachten dat hij daartoe alles in het werk zal stellen. Wie toch naar Duitsland moet, wijt dat soms aan zijn werkgever. Een algemeen gedeeld gevoel is dat de autoriteiten en de werkgever de plicht hebben zich om de weggevoerde arbeiders en hun gezin en eventueel ook familie te bekommeren. Sommige arbeiders schrijven zelfs brieven aan hun werkgever met een expliciete vraag daarover.

Hierbij speelt een opvatting over rechtvaardigheid mee: productie voor Duitsland levert hoge winsten op en het is niet meer dan billijk een deel ervan te gebruiken ten behoeve van de weggevoerde arbeiders. De verhoudingen tussen werkgever en werknemer zijn niet louter zakelijke verhoudingen, maar veel arbeiders zijn van oordeel dat de werkgevers morele plichten tegenover hen hebben die verder gaan dan wat op grond van het arbeidscontract kan worden verwacht. Bij de verplichte tewerkstelling gaat het om het verhinderen van de wegvoeringen en de herverdeling van de winst ten voordele van de ongelukkigen die naar Duitsland worden gestuurd.

Hier raken we een cruciale vraag: welke gevolgen heeft de oorlog voor de verhoudingen tussen de sociale groepen in de samenleving? Na de oorlog zal dit onder meer tot uiting komen in de bestraffing van ondernemers die voor Duitsland hebben gewerkt, de zogenaamde 'economische collaboratie'. In het maatschappelijk-politieke debat dat rond de economische collaboratie wordt gevoerd, staat de tegenstelling tussen arbeid en kapitaal centraal en wordt de legitimiteit van de ondernemers ter discussie gesteld. De vraag is of die invalshoek niet te eng is om alle maatschappelijke tegenstellingen die de oorlog oproept, te begrijpen.

DE ECONOMISCHE COLLABORATIE

Economische collaboratie vindt vooral plaats in de sfeer van de productie en gaat in de eerste plaats om levering van goederen aan Duitsland. Sociale tegenstellingen krijgen echter ook vorm in de sfeer van de distributie. Al dan niet voldoende te eten hebben en de zwarte markt fungeren daarbij als sociale scheidingslijn. Aan de ene kant van de barrière staan de 'bourgeois' en de bewoners van het platteland, aan de andere kant de 'arme arbeiders'. Handelaren – zowel gewone middenstanders als handelaren op de zwarte markt – zijn brugfiguren tussen de wereld van de 'bourgeois' en die van de 'arme arbeiders'. Bij de arbeidersfamilies overheersen haat en misprijzen voor handelaren, 'mercantis' (sjacheraars) en nieuwe rijken. Deze lieden kunnen onevenredig snel fortuin maken.

Productie voor Duitsland

Jaar	Uitvoer naar Duitsland	Belgisch contingent en handel met derdenlanden	Totale afzet	Export naar Duitsland als % van de totale afzet
1941	851	626	1479	57,53 %
1942	626	478	1104	56,70 %
1943	876	405	1280	68,43 %

Afzet staalproductie 1941-1943 (x 1000 ton)

Jaar	Uitvoer naar Duitsland	België	Totale afzet	Uitvoer naar Duitsland als % totale afzet
1941	96.659	19.488	116.147	83
1942	54.093	24.320	78.415	69
1943	45.046	15.133	60.205	75
1944	21.795	4.788	26.545	82

Afzet textielindustrie 1941-1944 (in ton)

Tabellen verkort overgenomen uit: P. Nefors, *De Galopin-doctrine, de Emissiebank en de 'industriële collaboratie' in de Tweede Wereldoorlog.* Leuven, KUL, doctoraatscriptie, 1999, resp. p. 299 en p. 340.

De 'mercantis' worden lager ingeschat dan de werkgevers: 'De "mercantis" zijn hautain, de patroons niet. De handelaars maken nog sneller fortuin dan de patroons. De rijken en de patroons "zijn goed gemanierd, ze zijn beleefd", de handelaren aarden meer naar de lagere klassen,' meent een arbeider.

Schaarste en zwarte markt fungeren als averechtse herverdeler; de arbeiders wordt tekortgedaan en wat van hen wordt afgenomen, komt ten goede aan de rijken. Een arbeider zegt het zo:

'De winkeliers en de leveranciers in het algemeen bestelen de armen en verkopen de achtergehouden goederen tegen een hoge prijs aan bepaalde bourgeois die altijd genoeg geld hebben om hun buikje rond te eten... De kinderen van de armen krijgen slechte melk zodat de bourgeois lekkere desserten kunnen bereiden met melk waar ze geen recht op hebben. Hoe zullen de duizenden uitgehongerde en verarmde arbeiders reageren wanneer ze vernemen dat tijdens de oorlog de bourgeoishuishoudens, man en vrouw, gemakkelijk vijf- tot zesduizend frank per maand uitgaven om zich te bevoorraden op de zwarte markt? Dat het ten voordele van die bourgeois was dat melkboeren slechte melk verkochten aan de armen en dat de bakkers knoeiden met de samenstelling van het brood van de arbeiders?'

In de driehoeksverhouding tussen arbeider, bourgeois en 'mercantis' wordt de 'mercanti' veel meer bekritiseerd dan de 'bourgeois'. Dat heeft veel te maken met sociale afstanden. De 'bourgeois' is geen concreet persoon, maar een abstracte categorie: de 'haute finance', de 'kapitalist', de 'oorlogsprofiteur'. De bourgeois leeft op de kap van de arbeiders en heeft dankzij de zwarte markt altijd goed en voldoende te eten. De woede van de arbeiders is niet zozeer gericht tegen de abstracte bourgeois, maar wel tegen degenen die ervoor zorgen dat de rijken worden bevoordeeld. 'Nu zijn de arbeiders machteloos, maar na de oorlog komt de afrekening: we zullen de ongemanierden en de te strenge controleurs op hun donder geven, we zullen van melkboer veranderen, we zullen de "rexisten" weten te vinden en ook het geld van de "dieven" (de handelaren).' Die controleurs, melkboeren en handelaren zijn geen abstracte categorieën maar mensen van vlees en bloed uit de directe omgeving van de arbeiders met wie ze vaak mee te maken krijgen. Dat is ook het geval voor de boeren, met wie ze tijdens de oorlog – in hun dagelijkse zoektocht naar voedsel – veel meer contact hebben dan voorheen. Die boeren worden over dezelfde kam geschoren als 'les bourgeois'. 'De boeren en de bourgeois overdrijven echt. De eersten vullen goed hun buik en hun beurs. Ze eten beter dan voor de oorlog. Ze hebben er een sluw plezier in om beter te eten omdat ze weten dat de stedelingen dat niet kunnen (...) Ze verdienen geld als slijk en weten niet wat ermee te doen.'

Ook de werkgevers worden tot de abstracte categorie van 'de bourgeois' gerekend, tot de uitbuiters van de arbeiders. Maar de eigen werkgever wordt in de regel niet met de vinger gewezen. De werkgever behoort weliswaar tot de bourgeoisie, maar tegelijk is hij diegene die ervoor zorgt dat de arbeider een inkomen heeft, extra voedsel krijgt, hem vrijwaart van arbeid in Duitsland en hem via zijn sociale politiek laat delen in de winst. Bovendien voelt diezelfde arbeider zich in zekere zin 'medeplichtig' aan de productie voor Duitsland, aan de economische collaboratie van de werkgever, zo wijst onderzoek in Frankrijk uit. De productie voor Duitsland wordt zelden principieel afgewezen. Wel leven bij de arbeiders en hun organisaties bepaalde verwachtingen tegenover de werkgever, verwachtingen die impliciet ook weergeven wat wordt beschouwd als laakbare economische collaboratie – aan economische relaties wordt een morele dimensie toegevoegd.

Een mooi voorbeeld hiervan vinden we in de bewaard gebleven verslagboeken van de semi-clandestiene vakbond Association des ouvriers métallurgistes et sidérurgistes de la région du Centre. Het is een basisbeweging die in de eerste plaats opkomt voor materiële eisen. De manier van actievoeren laat zien hoe een clandestiene vakbond werkt en geeft inzicht in de overlevingsstrategieën van de arbeiders.

De organisatie probeert afgevaardigden in zo veel mogelijk fabrieken te hebben en als gesprekspartner te worden erkend door de werkgevers. Het streefdoel is in alle bedrijven dezelfde voordelen af te dwingen. Wanneer één werkgever een toegeving doet, moeten alle andere volgen. De arbeiders menen dat het bedrijf de plicht heeft het ravitailleringsprobleem op te lossen door voedsel ter beschikking te stellen. Als de werkgever daar niet toe in staat is, moeten hij hogere lonen betalen om op de zwarte markt te kunnen kopen. Deze eisen worden verdedigd bij de werkgevers, bij de Duitsers en bij het Commissariaat voor Prijzen en Lonen. De werkgevers tonen begrip voor de eisen, maar voeren aan dat de loonstop hen belet iets te doen. De organisatie had al vergeefs om een onderhoud bij het Commissariaat voor Prijzen en Lonen verzocht. Daarom eisen ze dat de werkgevers een arbeidersdelegatie zouden vergezellen om de eisen te steunen. De werkgevers houden die boot af, maar de bond slaagt er toch in een onderhoud met het Commissariaat voor Prijzen en Lonen af te dwingen.

Het eerste punt van de eisenbundel slaat niet op lonen of ravitaillering, maar op het herstel van de vrijheid van arbeid (vanaf april 1941 moet elk ontslag gemeld worden bij het arbeidsbureau). De delegatie vraagt verder opheldering over de druk die op werklozen wordt uitgeoefend om in Duitsland te gaan werken en op vrijwillige arbeiders om hun contract te verlengen. Arbeid in Duitsland is duidelijk een brug te ver, maar werken voor de Duitsers in België is wel acceptabel. De sterke nadruk op de vrijheid van arbeid toont aan dat de arbeiders net zoals in vredestijd, arbeidsmobiliteit wensen te gebruiken om hun levensstandaard te verbeteren.

Het tweede punt dat op het onderhoud ter sprake komt, zijn de comités van sociale experts. Wanneer de ambtenaar tijdens het onderhoud laat uitschijnen dat de organisatie zal worden geraadpleegd en misschien afgevaardigden kan sturen, wordt dat gezien als een overwinning. Het is een officiële erkenning door de overheid en vooral een overwinning op de UHGA. De organisatie wil in de eerste plaats de arbeiders een stem geven.

De Association des ouvriers métallurgistes et sidérurgistes de la région du Centre heeft een bijzondere relatie met de werkgever, die zowel tegenpartij als medestander is. De werkgevers moeten de koopkracht op peil houden, mogen geen overuren doen presteren en moeten zorgen voor fatsoenlijke arbeidsomstandigheden. Tegelijk wordt van de werkgevers ook steun verwacht om de arbeidseisen kracht bij te zetten bij de Belgische overheid. Wanneer na talloze demarches geen resultaat wordt geboekt en de organisatie voelt dat de overheid beducht is voor stakingen, wordt tot de actie overgegaan. Nu wordt van de werkgever verwacht dat hij een kader schept waarin het risico dat aan een staking verbonden is, zo klein mogelijk is. Eerst wordt het arbeidstempo vertraagd, vervolgens wordt niet meer gewerkt en blijven de arbeiders in de fabriek, tot de werkgevers hen verplichten de onderneming te verlaten. Op dat moment is er sprake van een open conflict, en komen de Duitsers tussenbeide en nemen verschillende tientallen gijzelaars.

Hetzelfde verwachtingspatroon ten aanzien van de werkgevers is ook af te lezen in de clandestiene pers. In december 1943 roepen de Syndicale Strijdcomités van de regio Charleroi hun kameraden via een clandestien blad op tot actie. Het eerste doel van de actie is solidariteit te tonen met arbeiders die zijn opgeroepen om te gaan werken in Duitsland en deportaties te voorkomen. Met de actie wil men ook verkrijgen dat de werkgevers hun steentje bijdragen. Solidariteitskassen gefinancierd door arbeiders en werkgevers moeten zoveel mogelijk arbeiders in staat stellen onder te duiken.

Het clandestien pamflet stelt heel wat eisen, onder andere de 'patriottische plicht' die werkgevers hebben om te zorgen voor een fatsoenlijk loon. Dat betekent een stijging met 50 procent. De werkgevers mogen zich niet verschuilen achter de loonstop, want veel werkgevers hebben de lonen al verhoogd. De SSC's spelen verder handig in op de sociale politiek in de bedrijven. Werkgevers moeten regelmatig basisvoedsel tegen een sterk gereduceerde prijs ter beschikking stellen. Dat wordt gebruikt als vehikel voor de erkenning van de organisatie. De aankoop en de distributie van voedingswaren moeten gebeuren door een gekozen fabrieksraad. Er moeten niet alleen voldoende voedingswaren worden aangekocht, ook de kwaliteit ervan moet beter zijn dan wat de arbeiders tot nu toe werd voorgeschoteld – in plaats van smakeloze soep moet de fabriek elke dag een volledig maal serveren.

Nieuw zijn de eisen in verband met de arbeidsvoorwaarden en de arbeidstijd. Overuren en systemen om de productiviteit te verhogen, worden zeer beslist van de hand gewezen. De Duitsers sturen erop aan, maar werkgevers die eraan toegeven worden beschouwd als werkgevers die het belang van land en volk opofferen aan hun winsthonger. De nadruk op de overuren houdt niet alleen verband met het beperken van de productie voor Duitsland; het grote aantal overuren heeft vaak ook een invloed op de gezondheid van de arbeiders, die ondervoed zijn en steeds langere werkdagen moeten presteren. De werkgevers moeten waken over de fysieke integriteit van hun werknemers, hen afdoende beschermen tegen bombardementen en het loon doorbetalen tijdens bomalarmen. De arbeidsveiligheid en arbeidsbescherming in het algemeen moeten gevrijwaard blijven.

In een ander clandestien pamflet, gericht tot de mijnwerkers, worden enigszins andere accenten gelegd. Behalve hoger loon, betere ravitaillering en een strikte toepassing van de wetgeving op de arbeidsveiligheid en de hygiëne, staat 'het herstel van onze oude rechten en vrijheden' centraal. Dat is een verwijzing naar enerzijds het verbod om de mijnen te verlaten en anderzijds het premiestelsel dat was ingevoerd om de mijnwerkers ertoe aan te zetten elke dag te komen werken. De kompels moeten weer het recht krijgen 'het werk te verlaten wanneer ons belang of onze plicht tot solidariteit dat vereist'.

De SSC's sporen de mijnwerkers aan het arbeidstempo te verlagen, de productie te saboteren en te staken. Van de werkgever wordt verwacht dat hij de arbeiders daartoe de gelegenheid biedt. De strijd voor materiële lotsverbetering wordt gekoppeld aan een zo laag mogelijke productie voor Duitsland. De arbeiders moeten delegaties naar de werkgever sturen om concrete eisen te doen inwilligen. Om de eisen te ondersteunen, moeten de arbeiders ondertussen het werk neerleggen.

Meer dan bij de metaalbewerkers ligt bij de mijnwerkers het accent op het directe nut van de kolenproductie voor de Duitse oorlogsmachine. Van de Belgische kolen wordt synthetische brandstof gemaakt om Duitse tanks te laten rijden en Duitse vliegtuigen in de lucht te houden. Naarmate de mijnen in het Roergebied en de petroleumvelden in Roemenië meer lijden onder de geallieerde bombardementen, wordt de Belgische kolenproductie voor de Duitsers belangrijker. De reden waarom het verband tussen de mijnarbeid en de Duitse oorlogsinspanning sterk wordt benadrukt, heeft te maken met de aard van het product. Anders dan bijvoorbeeld locomotieven, zijn steenkolen direct bruikbaar voor de Belgische consument. Het clandestiene blad eist dan ook dat een groter deel van de kolenproductie de Belgische bevolking ten goede komt en roept de mijnwerkers op hun medeburgers te helpen: '...zich meester te maken van de stocks die wij geproduceerd hebben'. Precies omdat steenkool zo vitaal is voor de oorlogvoering, staan de mijnwerkers in een sterke positie en moeten ze minder angst hebben om gevolg te geven aan de oproep van de SSC's om actie te voeren, zo luidt de impliciete boodschap.

Beide clandestiene bladen zijn een specifieke interpellatie aan de werkgevers. Stopzetting van de productie wordt niet bepleit. Wel wordt van de werkgever verwacht dat hij een kader schept voor de clandestiene vakbondsactiviteit, de productie zo laag mogelijk houdt, de rechten van de arbeiders respecteert, hun fysieke integriteit beschermt, zorgt voor hun ravitaillering, hun koopkracht op peil houdt en hen behoedt voor deportatie. Wie zich daar niet aan houdt, wordt aan de schandpaal genageld. Dat overkomt de directeur van de mijn van Monceau-Fontaine. Hij is krenterig voor zijn arbeiders en legt hun een nadelig systeem van loonberekening op. Hiermee zondigt hij tegen zijn sociale verplichtingen – de arbeiders 'lijden honger en miserie' – en tegen zijn vaderlandse plicht. Het voor de arbeiders nadelige loonberekeningssysteem dwingt hen veel te werken om een behoorlijk inkomen te verwerven en hun productie komt de Duitsers ten goede. De werkgever werkt deportaties van arbeiders in de hand door bovengrondse arbeidsposten te schrappen. Hij schendt de rechten van de arbeiders door premies die al jaren bestaan, af te schaffen. Zijn perfiditeit moet vooral blijken uit het verbod om lokalen die gebruikt worden door de mijnwerkers, niet meer te verwarmen met kolen die ze zelf hebben opgedolven, maar uitsluitend met houtafval; produceren voor Duitsland primeert op de rechten van de mijnwerkers. De productie zélf wordt niet aan de orde gesteld, wel de modaliteiten ervan en de sociale opstelling van de werkgever.

Dit duidt erop dat economische collaboratie geen begrip is dat eenvoudig kan worden afgelijnd aan de hand van zuiver juridische criteria. De cijfers lijken nochtans voor zichzelf te spreken, welk criterium we ook nemen. We hebben al gewezen op de dalende werkloosheid, als gevolg van de stijgende productie en op de totale cijfers over de bijdrage van de Belgische economie aan de Duitse oorlogsinspanning. Een ander revelerend moment is de crisis rond de Emissiebank in het najaar van 1942.

De Emissiebank is een van de nieuwe economische instellingen die in 1940 wordt opgericht. Het is een 'doublure' van de Nationale Bank die zich met de clearing tussen België en Duitsland zal bezighouden. Betaling van buitenlandse handel gebeurt niet in geld, maar door compensatie – wat wordt ingevoerd wordt gecompenseerd door de waarde van de uitvoer. Belgische financiers, onder wie leden van het comité-Galopin, werken eraan mee omdat ze hopen op die manier controle te kunnen uitoefenen op de geldstromen tussen België en Duitsland. In de praktijk blijkt de clearing eenrichtingsverkeer te zijn ten voordele van Duitsland en een instrument om de bezette gebieden te plunderen. Dat wordt wel erg duidelijk in 1942, wanneer de Duitsers de bank gebruiken voor de betaling van niet-gespecificeerde orders. Van controle is geen sprake meer en het clearingtekort stijgt erg snel (van 7,8 miljard frank in december 1941 tot 11,8 miljard frank in juni 1942). De niet-gespecificeerde betalingen blijken betrekking te hebben op aankopen op de zwarte markt door de Duitsers en op de financiering van de activiteiten van de Reichsführer SS en de Sipo-SD in België, diensten die geassocieerd worden met brutale repressie en extreme collaboratie.

Daar komt nog bij dat in 1942 de bezettingskosten sterk oplopen. In het najaar van 1942 doen de leiding van de Nationale Bank en die van de Emissiebank een poging om een verantwoording te krijgen voor alle betalingen en de bezettingskosten te beperken. Het komt eerst tot een confrontatie met de bezetter en vervolgens tot een compromis dat weinig rekening houdt met de Belgische bezwaren, maar toch als een voldoende waarborg wordt gezien om de Belgische aanwezigheid in de leiding van de Emissiebank voort te zetten.

Een van de elementen die dit akkoord verantwoorden, is een memo van de jurist Charles De Visscher over de noodtoestand. Hij wijst erop dat het gebruik van de noodtoestand als verdediging niet zonder risico is. Het is geen precies afgelijnd concept, maar een afweging van belangen. 'Noodtoestand' kan alleen worden aanvaard wanneer aannemelijk kan worden gemaakt dat de overtreding die iemand begaat minder erg is dan het kwaad dat die persoon wil afwenden. Deze afweging van belangen is niet louter juridisch; maatschappelijk-politieke overwegingen spelen een even grote rol.

De Visscher raakt hier de kern van de zaak: economische collaboratie is voor een deel een sociale constructie, waarbij niet het principe van werk voor Duitsland ter discussie staat maar wel de modaliteiten, de grenzen, de verdeling van de baten en de inpassing ervan in de sociale politiek van de onderneming. Economische collaboratie is niet alleen een kwestie van feiten en cijfers. De sociale politiek van de werkgever is in die context van grote betekenis: sociale rust moet een centrale bekommernis zijn. Door tegemoet te komen aan de eisen van de werknemers, te zorgen voor extra ravitaillering, passief verzet te tolereren, zich bij sociale conflicten te desolidariseren van de Duitsers en steun te geven aan de weggevoerde arbeiders, wordt een solidariteit tussen werkgevers en arbeiders gecreëerd die bij de beoordeling van de economische collaboratie na de oorlog in het voordeel van de werkgevers kan spelen.

Dat deze sociale politiek erg paternalistisch is, doet aan deze constatering geen afbreuk. Veel arbeiders willen de oorlog zonder veel kleerscheuren doorkomen, wensen vooral in België te blijven en rekenen daarvoor in de eerste plaats op de werkgever. De clandestiene vakbondsbeweging mobiliseert slechts een deel van de arbeiders. De *naoorlog* wordt niet alleen op de werkvloer voorbereid. Vanaf 1942 worden zowel door de vakbonden als door de werkgeversorganisaties en door beide samen plannen gemaakt voor de periode na de oorlog. Sociale vrede is een centrale bekommernis.

HET EINDE VAN DE OORLOG BETEKENT SOCIALE VOORUITGANG

De economische crisis van de jaren dertig had ook in België een debat op gang gebracht over de hervorming van staat en economie. Het liberalisme werd gecontesteerd, zowel economisch als politiek. Hoewel de politieke hervormingsvoorstellen onderling sterk verschilden, wilde een meerderheid afstand nemen van het economische liberalisme om het sociaal-economische leven meer te reglementeren. Over hoe dat precies moest gebeuren, bestond minder eensgezindheid. De socialisten pleitten uiteraard voor meer staatstussenkomst en nationalisaties van de economische sleutelsectoren. De katholieken ijverden voor bedrijfsorganisatie, een ander woord voor corporatisme. Concreet wilden de katholieken het sociaal overleg veralgemenen, het stakingsrecht aan banden leggen en CAO's een juridisch statuut geven.

In de schoot van de regering werd in 1938 een compromis bereikt over een afgezwakte vorm van bedrijfsorganisatie. Het stakingsrecht bleef onder druk van de socialisten onaangetast. Liberaal verzet zorgde ervoor dat het ontwerp de parlementaire behandeling niet haalde. Ook het dossier van de verplichte werkloosheidsverzekering bleef geblokkeerd.

Wanneer vanaf 1942, in het perspectief van een geallieerde overwinning en het herstel van de democratie, plannen worden gemaakt om de sociaaleconomische wederopbouw aan te vatten, knopen de katholieken weer aan bij hun ideeën uit de jaren dertig. De katholieke vakbond ACV en de katholieke werkgeversorganisaties bereiken in 1944 een akkoord over een gemeenschappelijk corporatistisch programma dat na de oorlog snel in de praktijk kan worden gebracht, zo verwacht men althans. Sociale rust staat in dat programma centraal en zal worden afgedwongen met een veralgemeend stelsel van sociaal overleg en een verbod op staking en lock-out. In ruil krijgen de vakbonden adviesrecht over economische materies.

Bij de Franstalige katholieke werkgevers gaan stemmen op om ondernemingsraden in te voeren. Die zouden na de oorlog de rol krijgen van die van de fabrieksraden in de bezettingsperiode. Het ACV is daar echter tegen gekant omdat gevreesd wordt dat in de raden vooral communisten zullen worden verkozen. De Vlaamse katholieke werkgeversorganisatie treedt deze visie bij.

In Vlaanderen, dat voornamelijk kleine en middelgrote ondernemingen telt, is nog voldoende contact tussen werknemers en werkgevers zodat een speciaal orgaan overbodig is. Bovendien zijn de experimenten met fabrieksraden tijdens de bezetting niet onverdeeld geslaagd en stuiten ze op wantrouwen en achterdocht van de werknemers.

Alexandre Galopin en de Société Générale zitten nog vast in de traditionalistische economisch-sociale opvattingen: voor hen hebben de fabrieksraden nog niet afgedaan. In 1944 spoort de Generale de ondernemers er nog toe aan de raden verder te ontwikkelen en te stimuleren. Galopin zet zich sterk af tegen voorstellen die de vakbeweging economische macht geven zonder harde garanties voor het behoud van de sociale rust. Hij toont zich voorstander van een stakingsverbod en een magistratuur van de arbeid na de oorlog, zoals onder de fascistische regimes. Een terugkeer naar het vooroorlogse sociaal overleg is voor de gouverneur van de Generale uitgesloten: België moet blijven concurreren op basis van lage prijzen en lage lonen. Een loonopstoot moet na de bevrijding tot elke prijs vermeden worden, dus dienen de lonen te worden geblokkeerd. Om die loonstop te kunnen uitvoeren, moeten de vakbonden aan banden worden gelegd en stakingen worden verboden.

De modernistische werkgevers, van wie Léon Bekaert de woordvoerder is en die vooral te vinden zijn in de sector van de metaalconstructie, de chemie en de textielsector, hebben daarentegen economische groei met ruimte voor koopkrachtverhoging en een stelsel van sociale zekerheid voor ogen. Bekaert streeft naar integratie van de vakbeweging, waarvoor de bedrijfsorganisatie het instrument is. In ruil voor een betere sociale bescherming en hogere koopkracht moeten de bonden bereid zijn hun eisen te matigen en te streven naar sociale rust. De modernistische fractie van de werkgevers voert de gesprekken die leiden tot het Sociaal Pact.

We weten al dat de oorsprong van die gesprekken teruggaat tot de zomer van 1941 en dat de concrete aanleiding ervan de moeilijkheden rond de comités van sociale experts waren. De gesprekken worden voortgezet door een grotere groep, waartoe behalve werkgevers en vakbondsleiders ook ambtenaren behoren. De spilfiguur is de socialistische ambtenaar en werkloosheidsspecialist Henri Fuss. In april 1944 worden de besprekingen afgerond.

Het Sociaal Pact omvat drie delen. Het eerste heeft betrekking op de koopkracht en de arbeidsduur onmiddellijk na de oorlog. De reglementering over de arbeidsduur van vóór 1940 zal weer van kracht worden. Voor de lonen is het streefdoel het koopkrachtniveau van 1938-1939 zo snel mogelijk te herstellen door de lonen te verhogen, de prijzen te verlagen of de arbeiders subsidies te geven om hen toe te laten hun voorraad dagelijkse gebruiksvoorwerpen weer aan te vullen.

Het Sociaal Pact bepaalt ook hervormingen op middellange termijn, te beginnen met het sociaal overleg. De paritaire comités zullen hun activiteiten onmiddellijk hervatten. Op nationaal vlak voorziet het pact in verschillende adviesraden. De arbeiders worden steeds vertegenwoordigd door de vakbonden, die zowel door de overheid als door de werkgevers als gesprekspartner worden erkend. In bedrijven met twintig werknemers of meer wordt in een personeelsafvaardiging voorzien, een echo van de fabrieksraden uit de bezetting. Het meest vernieuwend is het Sociaal Pact op het vlak van de sociale zekerheid. In het pact wordt een gedetailleerd plan uitgetekend voor een verplicht stelsel van sociale zekerheid, gefinancierd door werkgevers, werknemers en overheid. Hiermee wordt het dossier van de verplichte werkloosheidsverzekering uit de jaren dertig gedeblokkeerd.

Het Sociaal Pact wordt vaak aangevoerd als het bewijs dat de oorlog heeft geleid tot een algemene consensus tussen werkgevers en werknemers, die de ontwikkeling van de welvaartsstaat mogelijk heeft gemaakt. Bij deze visie passen enkele kanttekeningen.

Het Sociaal Pact is niet de enige blauwdruk voor sociale hervorming na de oorlog. We hebben al gewezen op de corporatistische plannen aan katholieke zijde en de visie van Galopin. Beide waren een stuk conservatiever. Aan de linkerzijde, bij de clandestiene vakbondsbeweging, leefden radicalere ideeën. Zowel de Syndicale Strijdcomités als de Mouvement Syndical Unifié van André Renard wilden een alternatief bieden voor de traditionele, reformistische vakbeweging en het als bureaucratisch ervaren syndicalisme, waar de nadruk ligt op sectoraal overleg en sociale verzekeringen. De MSU, die een goed uitgewerkte doctrine heeft, legt veel meer de nadruk op de aanwezigheid van de vakbonden in het bedrijf en de democratisering van de onderneming. Renard heeft het over 'de halvering van de patronale macht'. Verder pleit de MSU voor een planeconomie met nationalisaties en een grotere autonomie van de vakbeweging tegenover de politieke partijen.

Het Sociaal Pact wordt daarenboven slechts door een fractie van de vakbeweging en een fractie van de werkgevers gedragen. Bij de werkgevers gaat het om de modernisten. Het CCI – de belangrijkste werkgeversorganisatie – heeft het pact nooit onderschreven. In april 1944 komt het nog tot een confrontatie binnen het bestuur van de organisatie en op de Nationale Arbeidsconferentie van september 1944 kan de voorzitter van het CCI zich alleen engageren om de directe maatregelen in verband met lonen en koopkracht uit te voeren.

Aan vakbondszijde is er een oververtegenwoordiging van klassieke socialistische vakbondsleiders (Joseph Bondas, Louis Major, Achiel Van Acker). Het ACV is bij de gesprekken betrokken via Henri Pauwels, de vooroorlogse Waalse voorzitter. Hij is tijdens de bezetting enigszins geïsoleerd geraakt binnen zijn organisatie.

In die context kan men stellen dat het Sociaal Pact weinig vernieuwend is en perfect kan worden ingepast in de reformistische vakbonds- en sociale politiek. Achiel Van Acker, minister van Arbeid en premier in de turbulente jaren net na de Bevrijding, is dat ook niet ontgaan. Als minister van Arbeid drukt hij heel snel de sociale zekerheid door (Besluitwet van 28 december 1944). De uitbreiding van het overleg in de onderneming laat veel langer op zich wachten.

Is het toeval dat het vooroorlogs Belgisch Vakverbond, dat in een machtsstrijd is verwikkeld met de Eenheidsvakbonden (de erfgenaam van de SSC's) en de MSU, meer profijt zal trekken uit de sociale zekerheid – vooral de werkloosheidsverzekering, die zoals voor de oorlog zal worden betaald door de vakbonden – dan uit de vakbondsvertegenwoordiging in de onderneming?

De basis voor het 'Belgisch mirakel'

De Tweede Wereldoorlog heeft ingrijpende gevolgen voor het dagelijkse leven van grote delen van de bevolking. De meeste mensen uit lagere sociale klassen verarmen en maken van dichtbij kennis met schaarste en tekorten.

Ook de verhoudingen tussen de verschillende sociale groepen wijzigt zich. De werknemers gaan er materieel op achteruit, maar voor anderen – vooral veel boeren, zwarthandelaren van allerlei slag en bepaalde categorieën ondernemers – betekent de oorlog economische vooruitgang. De nazi-bezetting verandert van bij het begin van de oorlog de verhoudingen tussen werknemers en werkgevers. De eersten verliezen hun organisaties en methodes om hun belangen te verdedigen die voor de oorlog gemeengoed geworden waren, zoals overleg en staking. De ondernemers kunnen hun invloed aanvankelijk handhaven en zelfs uitbreiden, de werkgeversorganisaties mogen hun activiteiten voortzetten en de economische elite verwerft met het comité-Galopin meer politieke macht. Dit alles leidt ertoe dat de ondernemers opnieuw meer greep krijgen op het leven van de werknemers. Dat uit zich concreet op het vlak van de ravitaillering (de werkgevers verstrekken extra voedsel in de fabriek) en de arbeidsverhoudingen (in het bedrijf worden sociale initiatieven genomen, met de fabrieksraad als spil). Van de Nieuwe Sociale Orde, waarvan de UHGA de kern vormt, nemen de werkgevers afstand.

Dit machtsoverwicht houdt voor de ondernemers echter ook risico's in. Vrij snel blijkt dat de uitgangspunten van de Galopin-doctrine niet houdbaar zijn. Van de verwachte ruil van voedsel voor industriële producten komt niet veel terecht, de productie voor Duitsland gaat desondanks in stijgende lijn en de invoering van de verplichte tewerkstelling in Duitsland in 1942 haalt de laatste pijler onder de doctrine onderuit. De Galopin-doctrine wordt evenwel niet verlaten omdat één doelstelling tot elke prijs moet worden gevrijwaard, namelijk het behoud van het productieapparaat en daaraan gekoppeld de naoorlogse concurrentiekracht. De ervaring van de Eerste Wereldoorlog speelt hierin een grote rol.

De politiek van de ondernemers is evenwel flexibel genoeg om in te spelen op nieuwe maatschappelijke en politieke evoluties, zoals de stakingen en de groei van een radicale clandestiene vakbeweging. Na de Staking der 100.000 worden opnieuw contacten gelegd met de vooroorlogse vakbonden. Die contacten monden uit in het Sociaal Pact. Naarmate de clandestiene vakbondsbeweging aan invloed wint, worden de contacten geïntensifieerd.

Ook op het vlak van de loonpolitiek is die flexibiliteit merkbaar. Aanvankelijk wordt extra ravitaillering ingezet om looneisen tegen te gaan, maar als antwoord op de groeiende sociale spanningen blijken steeds meer werkgevers bereid de loonstop met de voeten te treden en illegale loonsverhogingen toe te staan. Het antwoord op het probleem van de verplichte tewerkstelling in Duitsland wordt in dezelfde sociale politiek gevonden. Er worden inspanningen gedaan om zo weinig mogelijk arbeiders te laten vertrekken en wie toch naar Duitsland moet, kan rekenen op materiële, financiële en administratieve steun voor zichzelf en voor zijn gezin. Deze sociale politiek op bedrijfsniveau staat hernieuwde contacten met de vooroorlogse vakbondsleiders – met het oog op de periode na de bevrijding – geenszins in de weg.

Het bestaan van die contacten draagt ertoe bij dat heel snel na de bevrijding werk kan worden gemaakt van een programma van sociale vrede. Op 16 september 1944 roept de regering een Nationale Arbeidsconferentie bijeen, die onder meer beslist de lonen met 60 procent te verhogen, een op het eerste gezicht spectaculaire geste, ook al gaat het in veel gevallen om de regularisering van een tijdens de bezetting gegroeide feitelijke toestand. De conferentie herbevestigt de positie van de vooroorlogse vakbonden, want alleen zij worden uitgenodigd en alleen zij mogen voorlopig zetelen in de paritaire comités die hun activiteiten hervatten.

Ook de sociale zekerheid, die enkele maanden later wordt ingevoerd, gaat terug op de contacten tussen werkgevers en vakbonden tijdens de oorlog en ook hieruit zullen de vooroorlogse vakbondsorganisaties meer profijt kunnen trekken dan hun meer radicale concurrenten.

De Belgische economie herstelt snel. Dat heeft onder meer te maken met het feit dat de haven van Antwerpen relatief ongeschonden in geallieerde handen valt en met de politiek van de industriëlen tijdens de bezetting die erop gericht was het productieapparaat te vrijwaren. De Belgische industrie kan onmiddellijk op grote schaal produceren voor de geallieerde legers en later voor de wederopbouw. Dat gaat gepaard met een lonen- en prijzenpolitiek die leidt tot wat het 'Belgisch mirakel' wordt genoemd: snel economisch herstel gekoppeld aan stijgende koopkracht. De structurele zwakheden van de Belgische economie blijven daardoor verhuld en zullen pas in de loop van de jaren vijftig aan de oppervlakte komen.

Bibliografie

Baudhuin, F., *L'économie belge sous l'occupation 1940-1944,* Brussel, 1945.

Gérard-Libois, J. & J. Gotovitch, *L'an 40. La Belgique occupée,* Brussel, 1971.

Gotovitch, J., 'La grève des 100.000' in: *Jours de guerre/Jours de Lutte,* Brussel, 1992, p. 91-101.

Idem, *Du rouge au tricolore. Les Communistes belges de 1939 à 1944. Un aspect de l'histoire de la Résistance en Belgique,* Brussel, 1992.

Hemmerijckx, R., *Van Verzet tot Koude Oorlog, 1940-1949: machtsstrijd om het* ABVV, Brussel-Gent, 2003.

Henau, A. & M. Van den Wijngaert, *België op de bon. Rantsoenering en voedselvoorziening onder Duitse bezetting 1940-1944,* Leuven-Amersfoort, 1986.

Jacquemyns, G., *La société belge sous l'occupation allemande 1940-1944,* Brussel, 1950, 3 dln.

Idem, 'La Société belge sous l'occupation allemande (1940-1944). Privations et espoirs' in: J. Gotovitch (red.), *La Société belge sous l'occupation allemande (1940-1944),* Brussel, 2002, p. 292-434.

Klemann, Hein A.M., 'Waarom honger in Europa in de Tweede Wereldoorlog?' in: M. de Keizer e.a. (red.), *Thuisfront. Oorlog en economie in de twintigste eeuw,* Zutphen, 2003, p. 113-125.

Laloire, M., *Les relations sociales au sein des entreprises,* Gembloers, 1945.

Luyten, D., *Ideologie en praktijk van het corporatisme tijdens de Tweede Wereldoorlog in België,* Brussel, 1997.

Luyten, D. & G. Vanthemsche (red.), *Het Sociaal Pact van 1944. Oorsprong, betekenis, gevolgen,* Brussel, 1995.

Maerten, F., *Du Murmure au Grondement. La Résistance politique et idéologique dans la province du Hainaut pendant la Seconde Guerre mondiale (mai 1940-septembre 1944)*, Mons, 1999, 3 dln.

Nefors, P., *Industriële 'collaboratie' in België. De Galopindoctrine, de Emissiebank en de Belgische industrie*, Leuven, 2000.

Potargent, F., *La mise au travail de la main d'œuvre belge dans le pays et à l'étranger durant l'occupation*, Brussel, z.j.

Put, J., *Russische Krijgsgevangenen in Limburg, 1942-1945. Leven en werken in oorlogstijd*, Beringen-Leuven, 2002.

Scholliers, P., 'Strijd rond de koopkracht, 1939-1945' in: *Belgique 1940. Une société en crise, un pays en guerre – België 1940. Een maatschappij in crisis en oorlog*, Brussel, 1993, p. 245-276.

Van den Wijngaert, M., *Nood breekt wet. Economische collaboratie of accommodatie. Het beleid van Alexandre Galopin, gouverneur van de Société Générale tijdens de Duitse bezetting (1940-1944)*, Tielt, 1990.

Van Doorslaer, R., *De Kommunistische Partij van België en het sovjet-duits niet-aanvalspakt*, Brussel, 1975.

Van Molle, L., *Ieder voor allen. De Belgische Boerenbond 1890-1990*, Leuven 1990.

Verhoeyen, E., 'Résistances et résistants en Belgique occupée, 1940-1944' in: *Belgisch Tijdschrift voor Filologie en Geschiedenis*, 1992, lxx, p. 381-398.

X, *1940-1945. Het dagelijkse leven in België*, Brussel, 1984.

X, *De verplichte tewerkstelling in Duitsland / Le travail obligatoire en Allemagne, 1942-1945*, Brussel, 1993.

HOOFDSTUK 4

HET CULTUURLEVEN

EEN LATE TERUGKEER NAAR DE ROMANTIEK

'Cultuur eindigt waar racisme begint'. Met deze slogan waarschuwen ongeruste burgers na de 'Zwarte Zondag' van 1991 tegen de electorale groei van het xenofobe nationalisme in Vlaanderen. Indien deze uitspraak letterlijk zou worden genomen, zou daaruit automatisch moeten worden geconcludeerd dat tussen 10 mei 1940 en begin september 1944, wanneer België onder de directe voogdij van een racistisch regime staat, elke vorm van cultureel leven ontbreekt. In het licht van de historische realiteit houdt deze veronderstelling echter geen stand, zelfs indien alle uitingen van ideologisch geïnspireerd denken *a priori* uit het domein van de cultuur worden geweerd.

Zowel onder de oude en nieuwe politieke en culturele elites als onder de modale bevolking leeft tijdens de bezettingsperiode een ongemeen grote belangstelling voor cultuur. Iedereen heeft uiteraard zijn eigen redenen om geïnteresseerd te zijn in cultuur en ook de verwachtingen die in verband met cultuur worden gekoesterd, kunnen sterk uiteenlopen. De laatste jaren is dan ook meer dan ooit het besef gegroeid dat de geschiedschrijving over het cultuurleven tijdens de Duitse bezetting niet in het keurslijf van de politieke geschiedenis mag worden gedwongen. Hoewel het uiteraard een illusie is te denken dat de cultuur een volstrekt autonome realiteit is, mag er niet van uit worden gegaan dat elke cultuuruiting in dienst stond van een politiek project, of een min of meer verhulde politieke boodschap probeerde uit te dragen. De pogingen van de politieke gezagsdragers om het culturele veld te beheersen, stootten enerzijds op het gegeven dat de cultuur tot op zekere hoogte ook een economische markt is, waar vraag en aanbod op elkaar inspelen, en anderzijds op de constatering dat culturele tradities niet zomaar van de ene dag op de andere kunnen worden veranderd.

DE CULTUUR MOET DE EIGENHEID VAN HET VOLK WEERSPIEGELEN

Al van bij zijn intrede in Brussel op 31 mei 1940 acht het Duitse militaire bestuur een globale en samenhangende cultuurpolitiek noodzakelijk, méér dan de democratische Belgische overheden dat voor de oorlog hebben gedaan. Dat blijkt al meteen uit het feit dat binnen de staf van Volkstumsreferent Franz Thedieck twee referendarissen voor 'Volkstum und Kultur' worden aangesteld. Deze automatische associatie van cultuur met wat in hedendaags Nederlands waarschijnlijk het best als 'etniciteit' kan worden vertaald, is op zich al veelzeggend. Zoals de nationaal-socialistische ideologie – geheel in de lijn van het negentiende-eeuwse romantische nationalisme – het dicteert, dient voor de bezettende overheid cultuur een veruitwendiging te zijn van de eigenheid van 'het volk'. Of, in het geval van België, van de volkeren. Want binnen het bezettingsbestuur twijfelt niemand eraan dat er in dit op taalkundig vlak gespleten land twee verschillende volkeren wonen. Het staat dan ook vanaf het begin vast dat elke cultuurpolitiek met betrekking tot dit land een tweesporenbeleid moet volgen.

De twee referendarissen die met het uitstippelen van deze cultuurpolitiek worden belast, zijn uitstekend geplaatst om de complexiteit van de Belgische situatie te doorgronden: Franz Petri en Werner Reese zijn twee jonge en ambitieuze historici – allebei mediëvisten – die zich in hun vooroorlogse onderzoek hebben toegelegd op de geschiedenis van België en Nederland en dus ook lange onderzoeksverblijven in beide landen hebben doorgebracht. Met dat vooroorlogse onderzoek hebben ze zich dienstbaar gemaakt aan de Westforschung, een door de nationaal-socialistische overheden ondersteund onderzoeksoffensief dat het Germaanse karakter van de gebieden ten westen van Duitsland wetenschappelijk moest bewijzen.

In twee uitvoerige memoranda die ze tijdens de eerste bezettingsmaanden voor intern gebruik schrijven, leggen Petri en Reese uit dat de cultuur er in de eerste plaats voor moet zorgen dat België 'opnieuw deel kan gaan uitmaken van de Germaans-Duitse levensruimte' – en dus dient te worden onttrokken aan de Franse invloedssfeer. Ze beseffen daarbij zeer goed dat deze opdracht verschillend moet worden ingevuld voor Vlaanderen en voor Wallonië. Ze gaan er immers van uit dat Vlaanderen een 'volkse en natuurlijke verbondenheid' tegenover Duitsland kan doen gelden, terwijl de band van Wallonië met Duitsland slechts in 'een rijkspolitieke traditie en noodwendigheid' bestaat. Ze verhullen evenmin dat ze vanuit Wallonië veel meer weerstand tegen hun inspanningen voorzien dan in Vlaanderen.

Een groep Duitse officieren (onder wie Franz Petri) bewondert een portret van de Vlaamse primitieven in een schuilkelder (18 augustus 1941).

Een uitdrukkelijk engagement om op het vlak van de cultuur een nieuwe Flamenpolitik te voeren, is in dit document echter niet terug te vinden. Ook in de verdere loop van de bezetting zal hiervan geen sprake zijn. Veeleer integendeel, als ambtenaren in een militair bestuur dienen ook de cultuurpolitiek verantwoordelijken bij te dragen aan het behoud van de status-quo in België, die om strategische en economische redenen belangrijk wordt geacht.

Naarmate de bezetting vordert, ontplooit Petri – Reese sterft in juli 1941 – dan ook vooral cultuurpolitieke initiatieven die moeten voorkomen dat de Walen zich benadeeld voelen tegenover de Vlamingen. Reeds in mei 1942 constateert Petri's vooral in Waalse aangelegenheden gespecialiseerde medewerker Fritz Textor dan ook triomfantelijk: 'Het Militair Bestuur bereikte nu reeds dat het tot dusver in Wallonië wijdverbreide gevoel van benadeling en achteruitstelling ten opzichte van Vlaanderen sterk is verminderd.' Zowel in Vlaanderen als in Franstalig België zoekt Petri overigens steeds meer zijn feitelijke gesprekspartners onder de gematigde nationalisten, die het Belgische staatsverband niet zonder meer verwerpen.

De eigen cultuur- en bodemschatten beschermen

Ondanks de groots geformuleerde ambities valt in de praktijk vooral het weinig expliciet ideologische, ja zelfs vrijwel technocratische aspect van de cultuurpolitieke activiteiten van het militaire bestuur op. Er wordt zeer veel energie geïnvesteerd in maatregelen die de Belgische cultuur- en bodemschatten tegen oorlogsgevaar dienen te beschermen. De grote meerderheid van de mensen die de cultuurpolitieke diensten van het militaire bestuur bevolken, bestaat immers uit gevestigde – en politiek weinig uitgesproken – wetenschappers, die hun geloofwaardigheid ook als bezettingsambtenaren willen handhaven. Niet alleen om hun eigen reputatie veilig te stellen, maar ook om de geloofwaardigheid en dus de reële impact van de Duitse cultuurpolitiek te verhogen.

Het weinig spectaculaire karakter van de Duitse cultuurpolitiek heeft echter ook veel te maken met de geringe middelen waarover ze beschikken om hun grootse ambities waar te maken. Het militaire opperbevel waaronder ze ressorteren, heeft steeds meer kanonnenvoer nodig, en luistert dus steeds minder naar hun argument dat een krachtige cultuurpolitiek onontbeerlijk is om andere volkeren 'te overtuigen van de politieke noodzaak van een transnationale, biologisch gefundeerde eenheid van de Europese volkeren onder Duitslands geestelijke leiding'. In de loop van de bezetting worden verschillende cultuurpolitieke diensten opgeheven of gereduceerd tot eenmansondernemingen.

Veel grootse initiatieven die de culturele banden tussen Duitsland en België dienen te onderstrepen, kan het militaire bestuur dan ook niet nemen. Hooguit kan het zijn logistieke en inhoudelijke steun verlenen aan ondernemingen die met dat doel voor ogen door andere Duitse instanties op poten worden gezet; een voorbeeld hiervan is de rondreizende tentoonstelling van het Amt Rosenberg, 'Deutsche Grösse', die in april 1942 in een door Petri voor België bewerkte versie in het Brusselse Halfeeuwfeestpaleis te bewonderen is.

De pogingen om het Belgische cultuurleven op een eenduidige manier te heroriënteren, worden overigens gedwarsboomd door het polycratische karakter van het Duitse gezag. De cultuurafdeling van het militaire bestuur moet haar bevoegdheid over de organisatie van het culturele leven in België immers delen met allerlei andere Duitse instanties, zoals de cultuurpolitieke vleugels van de SS en de Einsatzstelle Rosenberg, die zich – ongestoord door internationale rechtsregels of strategische terughoudendheid – aan hun 'germaniseringsarbeid' kunnen wijden. Niettemin is het ongetwijfeld vooral door de tegenwind die ze vanuit het militaire bestuur krijgen, dat deze organisaties – veel minder dan bijvoorbeeld in Nederland – kunnen overgaan tot de niet-scrupuleuze roof van cultuurgoederen.

De Propaganda-Abteilung

De positie van de Propaganda-Abteilung, die wél deel uitmaakt van het officiële, militaire bezettingsapparaat maar bovendien verantwoording is verschuldigd aan Goebbels' Propaganda-Ministerium, is veel dubbelzinniger. Officieel heet het dat deze Propaganda-Abteilung een louter uitvoerend orgaan voor censuur en cultuurbevordering is, terwijl het militaire bestuur zichzelf het beslissingsrecht op het vlak van de cultuur-, wetenschaps- en onderwijspolitiek voorbehoudt. Deze terreinafbakening is echter grotendeels fictief, aangezien de Propaganda-Abteilung gedurende de hele bezetting eigengereide initiatieven neemt om het culturele leven in België fundamenteel om te vormen. Vooral haar pogingen om, zoals in Nederland, een Kultuurkamer op te richten waarbij alle actieve cultuurbeoefenaren zich zouden dienen aan te sluiten, baren het militaire bestuur zorgen.

Het meningsverschil tussen beide instanties betreft evenwel minder de inhoud dan de strategie van de cultuurpolitiek. Terwijl de Propaganda-Abteilung het Belgische cultuurleven op korte termijn wil 'gelijkschakelen', wenst het militaire bestuur daarmee te wachten tot na de oorlog, wanneer een vredesverdrag de politieke verhoudingen zal hebben verhelderd. Vooralsnog beperkt het militaire bestuur zich ertoe om, in de woorden van Militärverwaltungschef Reeder, 'de uit het land zelf komende aanzetten tot een herorganisatie en verdere ontwikkeling van het verenigingsleven te bevorderen'.

Zelfs dit strategische verschil tussen militair bestuur en Propaganda-Abteilung mag echter niet worden overroepen. Deze laatste instantie wordt immers, behalve door ideologische *hardliners* als Rolf Wilkening, ook bevolkt door wetenschappers en kunstenaars die Petri's drang naar het behoud van hun geloofwaardigheid delen. Aangezien ook zij bovendien slechts over beperkte middelen beschikt, blijft de slagkracht van de Propaganda-Abteilung beperkt. Op het vlak van de censuur concentreert ze zich hoofdzakelijk op de dagbladpers, zodat de controle van de literaire en artistieke producties veeleer wordt verwaarloosd.

Voor de 'reiniging' van boekhandels en bibliotheken rekent de Propaganda-Abteilung aanvankelijk op een netwerk van Belgische vertrouwenspersonen, maar hun oordeel blijkt zo weinig betrouwbaar dat de afdeling al in september 1941 zelf een lijst met verboden boeken moet publiceren. In deze lijst zijn voornamelijk werken opgenomen die van expliciet anti-Duitse gevoelens en gedachten getuigen. Met betrekking tot de manuscripten die haar door de Belgische uitgevers worden voorgelegd, legt de Propaganda-Abteilung een dermate geringe waakzaamheid aan den dag, dat de door de SS gedomineerde politionele diensten zich soms genoodzaakt voelen tot het in beslag nemen van gepubliceerde werken.

DE BELGISCHE REACTIE OP HET DUITSE CULTUURBELEID

Dat de bezetter met zijn cultuurpolitieke inspanningen in België zo weinig resultaat bereikt, heeft ook te maken met het feit dat hij bij de officiële Belgische instanties niet op de minste steun kan rekenen. In het Belgische ministerie van Openbaar Onderwijs – waaronder ook het domein van de cultuurpolitiek ressorteert – worden weliswaar enkele Duitsgezinde figuren op centrale posities benoemd, maar de Franstalige Brusselse vrijmetselaar Marcel Nyns blijft als secretaris-generaal fungeren. Nyns legt een ostentatieve apathie aan den dag wanneer het erop aankomt maatregelen uit te vaardigen die het Belgische cultuurleven grondig zouden wijzigen. Op door de bezetter georganiseerde plechtigheden blijft hij ook steevast afwezig; hij laat zijn departement vertegenwoordigen door zijn directeur-generaal voor het Hoger Onderwijs, Herman de Vleeschauwer, die bekendstaat als een notoir collaborateur.

Een van de concrete gevolgen van Nyns' lethargie is dat de 'communautarisering' van het cultuurbeleid, waartoe de eerste stappen al vóór de bezetting zijn gezet, tijdens de oorlog nauwelijks enige vooruitgang kan boeken. De secretaris-generaal moet weliswaar toestaan dat de leden van de in

1938 opgerichte Vlaamse cultuurraad worden vervangen door Duitsgezinde figuren – met aan het hoofd de Vlaams-nationalistische kapelaan en cultfiguur Cyriel Verschaeve –, maar hij kan verhinderen dat deze raad méér wordt dan het louter adviserende orgaan dat het al voor de oorlog was.

Ook de indrukwekkende poging van een aantal Vlaamsgezinde intellectuelen uit Mechelen om het hele circuit van cultuurproductie en cultuurverspreiding in één corporatief geheel samen te brengen, faalt omdat ze niet door de Belgische cultuurpolitieke instanties wordt bekrachtigd. De actieradius van Volk en Kunst, de 'werkgemeenschap' die de ambitie heeft alle Vlaamse cultuurverenigingen te overkoepelen, blijft beperkt tot het uitgeven van het tijdschrift *Volk en Kultuur.* Ook het Kunstenaarsgilde, de corporatistisch georganiseerde opvolger van de vlak voor de bezetting opgerichte Federatie van Vlaamse Kunstenaars, kan nooit uitgroeien tot de bindende factor en motor van het culturele leven in Vlaanderen. Toetreding tot deze gilde blijkt immers geen absolute voorwaarde om cultureel actief te kunnen blijven.

De Provinciale Kultuurdiensten

Om Nyns' weerbarstige houding te omzeilen, probeert het VNV zijn cultuurpolitieke aspiraties vanaf 1941 via de Vlaamse provinciebesturen te verwezenlijken. Binnen deze provinciebesturen, die allemaal in handen van VNV-gezinde gouverneurs zijn gekomen, worden Provinciale Kultuurdiensten opgericht die belast zijn met de coördinatie van het culturele leven binnen hun provincie. In juni 1942 worden deze provinciale diensten overkoepeld door één Interprovinciale Kultuurdienst onder leiding van de Limburgse VNV'er Theo Brouns. De Vlaams-nationalisten lijken er op dat ogenblik in geslaagd te zijn een Vlaams schaduwministerie van cultuur te creëren. Toch mondt ook deze triomf uit in een desillusie, want de nieuwe instelling verwerft nooit een officieel statuut, waardoor zij nooit zelfstandig subsidies kan ontvangen en steeds afhankelijk blijft van de Provinciale Kultuurdiensten. De (officieuze) bevoegdheid van deze nieuwe instelling strekt zich bovendien slechts zo ver uit als die van de provincies. De belangrijke structuren van het onderwijs en de universiteiten kunnen niet of nauwelijks worden beïnvloed en ook algemene lijnen voor een nieuw archief- of museumbeleid kunnen er niet worden uitgezet.

Toenemend wederzijds wantrouwen

Men kan zich de vraag stellen of deze verschillende Vlaamsgezinde pogingen om het cultuurleven te ordenen zonder meer als vormen van culturele collaboratie kunnen worden beschouwd. Het spreekt voor zich dat de initiatiefnemers gretig gebruik proberen te maken van de nieuwe mogelijkheden die de Duitse bezetting, door het terzijde schuiven van de democratische Belgische structuren, schijnt te creëren. Bovendien vertoont het etnische, vaak xenofoob getinte nationalisme dat deze initiatieven schraagt, de nodige overeenkomsten met de nationaal-socialistische ideologie. En toch gebruiken de Vlaamse 'cultuurvernieuwers' de geboden speelruimte op een manier die in sterke mate indruist tegen de wil van de bezetter. Vooral door hun streven naar een autonome Vlaamse of Groot-Nederlandse cultuurpolitieke ruimte, wekken Volk en Kunst, het Vlaamse Kunstenaarsgilde en de Provinciale Kultuurdiensten veel argwaan bij de bezettende instanties. Vanuit de Propaganda-Abteilung wordt er in 1943 om deze reden zelfs op aangedrongen de Provinciale Kultuurdiensten af te schaffen. Wegens de positieve aanknopingspunten die de cultuurdiensten bieden voor een verdergaande cultuurpolitiek, weigert het militaire bestuur op dit verzoek in te gaan. Maar de relatie van de Duitse cultuurpolitieke diensten met de architecten van de Vlaams-nationale cultuurpolitiek kan niettemin worden getypeerd als het verhaal van een toenemend wederzijds wantrouwen tussen partners die aanvankelijk veel hoop in elkaar hadden gesteld. De term 'culturele collaboratie' is in elk geval te eenzijdig om deze complexe relatie tot uitdrukking te brengen.

De 'ideale' collaborateur

In Franstalig België doet zich een tegengestelde evolutie voor. Het militaire bestuur vertoont aanvankelijk relatief weinig interesse voor de hervorming van het Franstalige cultuurleven en ondervindt ook relatief weinig druk om dergelijke hervormingen ten uitvoer te brengen. Dat heeft tot gevolg dat Nyns moeiteloos collaborateurs uit de – eveneens reeds in 1938 opgerichte – Franstalige cultuurraad kan weren en dat deze raad een machteloos overblijfsel uit het vooroorlogse bestel blijft. Dat belet echter niet dat algauw een bijzonder hartelijke vertrouwensband tussen de Duitse cultuurpolitieke verantwoordelijken en een klein segment van de Waalse culturele elite ontstaat. Vanaf februari 1941 verzamelen deze collaboratiegezinde artiesten en schrijvers zich in de Communauté Culturelle Wallonne, die vanaf de zomer van dat jaar wordt voorgezeten door de gewezen socialistische schrijver en volksvertegenwoordiger Pierre Hubermont. In de ogen van Franz Petri en van de verantwoordelijken voor Waalse aangelegenheden binnen het bezettingsbestuur is Hubermont zowat de ideale collaborateur. Aangezien hij is geworteld in de Waalse arbeidersbeweging en zich niet aan ideologisch fanatisme bezondigt, kan hij op een zekere geloofwaardigheid binnen de Waalse publieke opinie blijven rekenen. Anders dan iemand als Léon Degrelle, toont Hubermont zich genuanceerd over de 'Germaanse componenten' in de Waalse bevolking en bovendien groeit zijn verlangen naar een grotere Waalse autonomie nooit uit tot de anti-Belgische ressentimenten die zoveel Vlaamse intellectuelen bij het Duitse militaire bestuur verdacht maken.

Groepsfoto van kunstenaars die hebben deelgenomen aan de tentoonstelling van Waalse kunst in Brussel.

De vertrouwensband die zo ontstaat, zorgt er ongetwijfeld voor dat de bezettingsinstanties met hun cultuurpolitiek in Wallonië meer resultaat boeken dan in Vlaanderen. Met de interesse die ze voor Waalse kunst betonen – onder meer door er een retrospectieve tentoonstelling in Duitsland aan te wijden – helpen ze minstens een deel van de Waalse culturele elite over haar aanvankelijke scepsis heen, terwijl ze zich in Vlaanderen veeleer genoodzaakt zien de al te hooggespannen verwachtingen van potentiële handlangers te temperen. Al bij al is de bezettingsperiode echter zo kort dat de Duitse cultuurpolitieke inspanningen ook in Wallonië nooit veel verder reiken dan de kleine kring van de reeds overtuigden.

DE CULTURELE MARKT PAST ZICH AAN DE VERANDERENDE VRAAG AAN

Uitgerekend omdat er tijdens de bezetting zoveel actoren zijn die meer orde willen brengen in het Belgische culturele leven, ligt er vanaf het begin een zware hypotheek op deze pogingen tot vernieuwing. Hoewel de ambities van de cultuurvernieuwers in hoge mate gelijklopen, vertonen ze voldoende subtiele verschillen om ervoor te zorgen dat de cultuurpolitiek uitgroeit tot een domein van concurrentie, veeleer dan van homogenisering.

De nieuwe cultuurpolitiek slaagt er wél gedeeltelijk in bepaalde culturele actoren of culturele producten te weren, maar kan er in geen enkel opzicht aanspraak op maken ook werkelijk een nieuwe cultuur in het leven te roepen.

Door dit cultuurpolitieke falen blijft cultuur ook in bezettingstijd tot op grote hoogte een marktgebonden fenomeen, waarbij vraag- en aanbodfactoren elkaar in evenwicht houden en waarin de rol van 'cultuurmakelaars' minstens zo belangrijk is als die van de cultuurorganisatoren. Vanuit dit marktperspectief bekeken, vormt de bezettingsperiode – paradoxaal genoeg gedeeltelijk wegens de beperkende maatregelen die ze meebrengt – in België zelfs een bijzonder gunstige periode.

Nieuwe uitgevers

Het is bekend dat mensen in oorlogstijd een grote drang hebben om aan de grauwe oorlogsomstandigheden te ontsnappen. Dat fenomeen doet ook de cultuurconsumptie aanzienlijk stijgen. Het feit dat de reismogelijkheden beperkt blijven en velen tot werkloosheid zijn gedoemd, versterkt deze tendens nog.

Door de instelling van een uitgangsverbod na zonsondergang is deze evolutie vooral erg gunstig voor de literatuur. Behalve van een aanzienlijk gestegen leeshonger kan de Belgische literaire productie bovendien profiteren van de ernstige beperkingen die worden opgelegd aan de boekenimport uit Nederland en Frankrijk. Niet alleen voor de Belgische auteurs, maar veel meer nog voor de Belgische uitgevers schept dit onverhoopte mogelijkheden. Het is dan ook geen toeval dat tijdens de bezettingsperiode zowel in het Nederlandstalige als in het Franstalige landgedeelte verschillende nieuwe uitgevershuizen worden opgericht. Daaronder bevinden zich enkele ondernemingen die een rechtstreekse band hebben met collaborerende organisaties, zoals Ignis (gelinkt aan Rex), De Burcht en La Roue Solaire (allebei gelinkt aan de SS-organisatie Ahnenerbe). Deze uitgevers nemen in hun fonds vrijwel uitsluitend op ideologische indoctrinatie gerichte titels op.

Toch vertonen de meest succesvolle nieuwelingen in het Belgische uitgeverslandschap een heel ander beeld. Het zijn uitgeverijen van 'intellectuele ondernemers' die vanuit ideologisch oogpunt weliswaar aanvaardbaar zijn voor de bezetter, maar die deze positie niet in de eerste plaats aanwenden om intellectuele ondersteuning te bieden aan de bezettingspolitiek. Ze proberen veeleer maximaal de mogelijkheden te benutten die het gedeeltelijk wegvallen van de Nederlandse en Franse markt hun biedt. De politiek die ze als uitgever uitstippelen, laat zich dus zeer moeilijk duiden binnen het klassieke schema van collaboratie, accommodatie en verzet.

Aan Franstalige zijde doet vooral de in maart 1941 opgerichte Editions de la Toison d'Or zich opmerken. Aan de basis van deze onderneming ligt het zeer invloedrijke Brusselse echtpaar Didier, dat al vóór de bezetting de in belangrijke delen van het Belgische establishment levende verzuchting naar een antiparlementaire 'regeneratie' van de Belgische maatschappij en cultuur logistiek heeft ondersteund. Terwijl ze dat vóór 1940 uitsluitend konden betrachten door hun 'salon' open te stellen voor vrije gedachte-uitwisseling, biedt de bezetting hun de kans dit streven ook als uitgever te stimuleren. Het spreekt voor zich dat gelijkgezinden zoals Hendrik de Man, Robert Poulet, Raymond De Becker en de Franse auteur Robert Brasillach in het fonds van hun uitgeverij een relatief prominente plaats innemen. Wat echter vooral opvalt in dit fonds, is het overwicht dat de Franstalig-Belgische literatuur erin heeft. Dat joodse auteurs uit hun fonds uitgesloten worden, lijkt binnen deze kringen zonder meer aanvaard te zijn als een manier om de 'denationalisering' van de Belgische cultuur tegen te gaan. Een bijzondere voorkeur voor Duitse auteurs manifesteert zich niet. Expliciet nationaalsocialistische auteurs komen nauwelijks voor. Aan de andere kant blijkt deze uitgeverij wel bereid de expliciet Duitsgezinde roman *Hohenmoor* van de nobele onbekende Pierre Peyel, die in 1942 wordt bekroond met de literaire prijs van *Le Soir*, te publiceren.

De Lage Landen

Een van de aandeelhouders van deze nieuwe uitgeverij, de tweetalige Vlaams-Brusselse journalist Guido Eeckels, richt in hetzelfde jaar 1941 zelf ook de Nederlandstalige uitgeverij De Lage Landen op. De koers die deze uitgeverij vaart, vertoont enige verwantschap met die van Les Editions de la Toison d'Or, maar is nog eigenzinniger. In één opzicht betreft het hier zonder meer een collaborerende onderneming. Vanaf 1943 worden bij De Lage Landen immers de publicaties uitgegeven van het Deutsches Institut in Belgien, de wetenschappelijke spreekbuis van het militaire bestuur. Op een dermate directe band met het bezettingsbestuur kan geen enkele andere Belgische uitgever zich op dat ogenblik 'beroemen'. En toch bevat ook dit fonds hoegenaamd géén nationaal-socialistische titels. Zelfs Eeckels' voorkeur voor auteurs die tot de 'conservatieve revolutie' kunnen worden gerekend, heeft iets dubbelzinnigs. Zo neemt hij in 1942 een Nederlandse vertaling op van *Auf den Marmorklippen*, een allegorische novelle van Ernst Jünger, die zonder moeite als een aanklacht tegen Hitler kan worden gelezen.

Bovenal echter wordt de fondsopbouw van De Lage Landen beheerst door de wens om de Vlaamse cultuur op een hoger, Europees niveau te brengen. Daarvan getuigen enerzijds de vele vertalingen van Nederlandstalige literatuur, en anderzijds de vertalingen naar het Nederlands van Europese (ook Franse en Engelse!) klassiekers.

Het is betekenisvol dat de cultuurpolitiek verantwoordelijken binnen het militaire bestuur in de loop van de oorlog hun hoop veeleer gaan vestigen op een ambigue figuur als Eeckels dan op radicale Vlaams-nationalisten als Antoon Jacob en Wies Moens. Niet alleen vertrouwen ze aan zijn uitgeverij de publicatie van hun wetenschappelijke geschriften toe, ze proberen hem bovendien eventjes tot hoofdredacteur te benoemen van een nieuw cultuurpolitiek tijdschrift, dat evenwel nooit het licht zal mogen aanschouwen. In Eeckels vinden ze een intellectueel die door zijn tweetaligheid een belichaming is van de Belgische eenheid, en die bovendien niet van plan is zijn culturele standaard te laten zakken ten voordele van een ideologisch geïnspireerde wensdroom. Meer dan in wie ook zien ze in Eeckels iemand die de Duitse cultuurpolitiek een zekere geloofwaardigheid kan verschaffen.

De kunsthandel bloeit

Behalve de literaire markt profiteren ook de theaterproductie en de kunsthandel aanzienlijk van de oorlogsomstandigheden. De oprichting van verschillende (vooral Franstalige) Belgische toneelgezelschappen tijdens de bezetting kan worden verklaard vanuit het sluiten van de grenzen met de concurrerende buitenlanden. De bloei van de kunsthandel berust grotendeels op andere gronden. De onzekerheid over de stabiliteit van de munt draagt bij aan de aantrekkelijkheid van investeringen in 'veilige waarden'; de grootschalige Duitse aankooppolitiek – die ten dienste van Hitlers geplande museum in Linz staat – verhoogt bovendien aanzienlijk de beleggingswaarde van kunstvoorwerpen. Hoewel de hoogste prijzen uiteraard worden betaald voor werken van gevestigde internationale meesters (of voor imitaties van die werken, die onder meer door René Magritte worden vervaardigd), zien ook vele eigentijdse Belgische kunstenaars hun marktwaarde tijdens deze periode stijgen. Ook de kans dat hun werken in een van de prestigieuze musea of galerieën worden tentoongesteld, stijgt aanzienlijk tijdens de bezetting, aangezien de bestaande internationale kunstuitwisselingen (vooral die tussen Brussel en Parijs) wegens de repressieve politiek van de Propaganda-Abteilung en praktische belemmeringen vrijwel geheel tot stilstand komen.

BRONZEN SS'ER EN ODE AAN DE FÜHRER

Om het culturele leven van een periode te begrijpen, volstaat het uiteraard niet de cultuurpolitieke mechanismen of de werking van de culturele markt te bestuderen. Deze factoren kunnen grenzen aan het culturele leven stellen of tendensen stimuleren, maar de individuele creativiteit van kunstenaars en schrijvers kunnen ze nooit volledig bedwingen.

De 'SS-man' van beeldhouwer Tinel.

Alles in acht genomen blijft ook tijdens de bezetting de individuele vrijheid van de cultuurproducenten relatief groot. Zolang men niet van joodse afkomst is en geen expliciet anti-Duitse boodschap verkondigt, is nagenoeg alles mogelijk. Om cultureel aan de bak te komen, is het met andere woorden hoegenaamd niet nodig om, zoals de beeldhouwer Tinel, een bronzen beeld van een heroïsche SS'er te gieten. Of om, zoals de 'volksverbonden' dichters Ferdinand Vercnocke en Jozef de Belder, een ode aan de Führer te schrijven. Wanneer de 'culturele collaboratie' tot dergelijke expliciete, in artistieke of literaire vorm gevatte steunbetuigingen aan het nieuwe regime wordt beperkt, dan is ze binnen het Belgische culturele leven alvast erg marginaal gebleven.

De relatief geringe greep van de bezetter op de culturele praktijk verklaart onder meer het op het eerste gezicht onbegrijpelijke gegeven dat iemand als Louis-Paul Boon tijdens de bezettingsperiode kan debuteren met de miserabilistische en vanuit nationaal-socialistisch perspectief ontaarde romans *En de voorstad groeit* (1941) en *Abel Gholaerts* (1944). Voor de eerste mag hij zelfs de prestigieuze Leo J. Krynsprijs in ontvangst nemen. Ook het na de oorlog toonaangevende magisch realisme van auteurs als Johan Daisne en, aan Franstalige zijde, Paul Willems vindt zijn oorsprong grotendeels in de bezettingsperiode. Het feit dat dergelijke literaire vernieuwingen via de officieel erkende publicatiekanalen kunnen verschijnen – de boeken van Willems verschenen zelfs bij Les Editions de la Toison d'Or – is ongetwijfeld een van de verklaringen voor het feit dat er van een bloeiende clandestiene verzetsliteratuur in België nauwelijks sprake kan zijn. Er is gewoon geen behoefte aan.

Toch blijven deze literaire experimenten uitzonderingen. Wanneer we de Belgische literaire productie van de oorlogsjaren bekijken, valt het op hoe sterk die is gericht op en gehecht aan het nationale en literaire verleden. Wat stijl betreft is de oorlogsliteratuur weinig vernieuwend; inhoudelijk beleven streekromans en boeken met een historische thematiek een opmerkelijke hausse. Er worden meer historische romans dan ooit tevoren gepubliceerd. Verschillende uitgeverijen durven het tijdens de bezetting aan populariserende geschiedkundige reeksen te beginnen, waarvan *Notre Passé* en de *Collection Lebègue* ongetwijfeld de meest succesvolle zijn.

GEEN ARTISTIEKE BEPERKINGEN

In de beeldende kunsten manifesteert de gehechtheid aan tradities zich minder in de uitbeelding van historische thema's dan in een voorkeur voor enerzijds klassieke monumentaliteit en anderzijds een realistische weergave van landelijke taferelen.

Tot op zekere hoogte kan deze opvallende oriëntatie op verleden en tradities ongetwijfeld worden verklaard door te verwijzen naar de politieke context van de bezetting. De bezetter legt aan schrijvers en kunstenaars weliswaar nauwelijks artistieke beperkingen op, maar creëert evenmin een klimaat waarin een dynamische avant-garde tot ontwikkeling kan komen. De bezetter hoopt in cultureel opzicht vooral de status-quo te bewaren. Door het sluiten van de culturele grenzen met het buitenland verkleint hij bovendien aanzienlijk de mogelijkheid tot artistieke en literaire kruisbestuiving.

De actieve cultuurpolitiek van het militaire bestuur is overigens zélf – zoals eerder reeds bleek – heel sterk gericht op het bewaren van het cultureel erfgoed én op de introductie en veralgemening van een nieuw geschiedenisbeeld. Niet toevallig ontwikkelt zich uitgerekend op het vlak van de bescherming van materiële en immateriële cultuurgoederen de meest vruchtbare samenwerking tussen de Duitse en de Belgische culturele elite. Vooral de vele architecten, urbanisten, kunsthistorici en archeologen die bij het in 1940 in de schoot van het ministerie van Arbeid opgerichte Commissariaat-Generaal voor 's Lands Wederopbouw worden betrokken, zien in de bezettingsomstandigheden een gelegenheid om de nationale tradities te doen heropleven binnen een grootschalig, modern wederopbouwproject.

Hun ambities gaan overigens veel verder dan de materiële wederopbouw van woningen of stadswijken. Onder de esthetische supervisie van de wereldberoemde architect Henry Van de Velde wordt zelfs nadrukkelijk, en niet zonder succes, de heropleving van de oude kunstambachten nagestreefd. Het is opvallend dat de ambities van deze cultuurvernieuwers en het cultuurpolitieke streven van de bezetter sterk gelijklopend zijn.

Toch kan de hang naar tradities die zich tijdens de bezetting voordeed niet louter als een bijproduct van de Duitse cultuurpolitiek worden beschouwd. Het verleden dat in deze artistieke of literaire producten wordt geïdealiseerd, is immers zeer zelden het Germaanse verleden dat door de bezetter wordt gepromoot. Veeleer kan een zeer sterke gehechtheid aan *nationale* tradities of aan het *nationale* verleden worden vastgesteld – of dat nu Belgisch, Vlaams of Waals werd geduid.

Overigens wordt deze gerichtheid op het nationale verleden zowel gestimuleerd door collaborerende organisaties als de Communauté Culturelle Wallonne, als door verenigingen als het Vlaams-katholieke Davidsfonds, dat haar achterban uit de collaboratie wil weghouden. Beide organisaties reiken in deze periode immers prijzen uit aan literaire producten waarin het glorieuze – Waalse respectievelijk Vlaamse – verleden wordt geëvoceerd. Ook de ambitieuze historische tentoonstellingen die tijdens de laatste bezettingsjaren door Volk en Kunst worden geconcipieerd, zijn veeleer demonstraties van eigen, Vlaamse grootheid dan steunbetuigingen aan het Groot-Germaanse project.

Sporadisch kunnen de bezettende instanties een op het verleden gericht cultuurproduct als een nauwelijks verhulde oproep tot verzet ontmaskeren. Dat is in het bijzonder het geval met *Les cariatides*, de roman die de oude katholieke intellectueel en politicus Henry Carton de Wiart in 1942 laat verschijnen over het laat-achttiende-eeuwse verzet tegen de Franse revolutionaire legers. De roman zwemt probleemloos door de grote mazen van het net van de Propaganda-Abteilung, maar wordt wel opgemerkt door de Gestapo, die wellicht door haar Belgische informanten is gealarmeerd. De Gestapo laat de volledige oplage – of wat daarvan nog niet is verkocht – in beslag nemen.

DEMOCRATISERING VAN DE SMAAK

Het veelvuldige beroep op traditie en verleden in de 'bezettingscultuur' kan dus zeker niet eenduidig als een politiek fenomeen worden geduid. Kan de verklaring dan worden gezocht in de vraag van het publiek? Het is zonder meer duidelijk dat de hierboven beschreven uitbreiding van de culturele markt ook gepaard gaat met een 'democratisering van de smaak'. De talrijke nieuwe lezers, theater- en tentoonstellingsbezoekers en kunstkopers zijn uiteraard niet primair geïnteresseerd in avant-gardeproducten of vormelijke experimenten, maar veeleer in culturele artefacten die aansluiten bij het traditionele erfgoed. Het feit dat ze leven in een bijzonder verwoestend heden en slechts uitzicht hebben op een onzekere toekomst, draagt er ongetwijfeld aan bij dat zij zich meer dan ooit vastklampen aan de zekerheden van het verleden. De hoogconjunctuur die de genealogie in deze periode beleeft, wijst alvast in dezelfde richting.

Cultuurpolitieke factoren en de veranderde vraag naar cultuurproducten kunnen echter hooguit als begunstigende factoren, en dus niet als ultieme verklaring gelden voor het 'reactionaire' of 'rückwärtsgewandte' culturele klimaat van de bezettingsperiode. In wezen zet zich tijdens de bezetting immers een aantal tendensen door die zich al vanaf de jaren twintig in heel Europa hebben gemanifesteerd. Het driftig zoeken naar nieuwe vormen en expressiemiddelen dat tijdens de vroege jaren twintig stormachtige avantgardes in het leven heeft geroepen, heeft al snel plaats gemaakt voor een zoektocht naar orde en stabiliteit in een cultuur die onder invloed van democratisering en amerikanisering op drift geraakt lijkt.

Nagenoeg alle deelnemers van het culturele veld – cultuurpolitici, cultuurproducenten, cultuurverspreiders en cultuurconsumenten – delen deze cultuurpessimistische diagnose, die door de oorlogswaanzin slechts lijkt te worden bevestigd. De roep om versterking van de eigen tradities kan er alleen maar luider om weerklinken, zodat de cultuur van de bezettingstijd in vele opzichten als een soort terugkeer naar de negentiende-eeuwse romantiek kan worden beschouwd. Slechts over de vraag wát de eigen tradities zijn en tegen wélke vreemde moderniteit ze dienen te worden beschermd, woedt discussie. Sommigen stellen de Duitse bezetter voor als de beschermer van nationale tradities tegen het moderne kosmopolitisme. Voor anderen daarentegen is diezelfde bezetter de drager van een vernietigende moderniteit. Het lijdt echter weinig twijfel dat voor zeer vele cultuurproducenten en cultuurconsumenten deze vraag uiteindelijk van ondergeschikt belang is. Collaboratie en verzet zijn dan ook zeer gebrekkige concepten om het Belgische cultuurleven tijdens de bezettingsperiode te interpreteren.

Bibliografie

Aron, P. e.a., (red.) *Leurs Occupations. L'impact de la Seconde Guerre mondiale sur la littérature en Belgique,* Brussel, 1997.

Aron, P., '1942. Pierre Peyel remporte le concours littéraire du *Soir.* Les écrivains belges et l'Occupation: entre engagement et indifférence' in: J.-P. Bertrand e.a. (red.), *Histoire de la littérature belge francophone 1830-2000,* Parijs, 2003, p. 401-410.

Beyen, M., 'Nostalgie naar een nieuwe tijd. De Tweede Wereldoorlog en de roep om de traditie. België en Nederland' in: *Belgisch Tijdschrift voor Filologie en Geschiedenis,* 79, 2001, p. 535-577.

Beyen, M., *Oorlog en Verleden. Nationale geschiedenis in België en Nederland, 1938-1947,* Amsterdam, 2002.

Beyen, M., 'Wetenschap, politiek, nationaal-socialisme. De cultuurpolitiek van het nationaal-socialisme. De cultuurpolitiek van het Duits militair bezettingsbestuur in België, 1940-1944' in: *Bijdragen tot de eigentijdse geschiedenis,* 11, 2003, p. 47-70.

De Geest, D. e.a., *Collaboratie of cultuur? Een Vlaams tijdschrift in bezettingstijd 1941-1944,* Amsterdam-Antwerpen, 1997.

Devillez, V., *Kunst aan de orde. Kunst en politiek in België, 1918-1945,* Brussel-Gent, 2003.

Dietz, B., H. Gabel & U. Tiedau (red.), *Griff nach dem Westen. Die 'Westforschung' der völkisch-nationalen Wissenschaften zum nordwesteuropäischen Raum (1919-1960),* Münster, 2003.

Jespers, H.-F., 'Het cultureel leven tijdens de bezetting. Documentaire kanttekeningen' in: *Diogenes,* 6/5-6, 1993, p. 86-106 en 6/7, 1993, p. 50-60.

Laureyssens, L., *Cultuurleven en cultuurbeleid tijdens het Duitse bezettingsregime. Een verkennend onderzoek van de Antwerpse casus.* Niet-gepubliceerde licentiaatsverhandeling Gent, 1983.

Lust, J., *Beeldende kunst tijdens de Tweede Wereldoorlog in Vlaanderen. Een onderzoek naar de houding van de beeldende kunstenaars en de kunstrecensenten.* Niet-gepubliceerde licentiaatsverhandeling Gent, 1985.

Vandevijver, H., *België in de Tweede Wereldoorlog. Het cultureel leven tijdens de bezetting,* Kapellen, 1990, dl 8.

HOOFDSTUK 5

DE KATHOLIEKE KERK

AANWEZIGHEIDSPOLITIEK

Het verdwijnen van de traditionele politieke partijen en vakbonden na de nederlaag van 1940 zet de grote meerderheid van de katholieken ertoe aan zich nog meer dan in vredestijd te verlaten op het gezag van een van de weinige resterende machten van de 'oude' orde: de kerk. Hoewel die kerk door de bezetter wordt getolereerd, vreest ze toch haar bevoorrechte positie in het land te verliezen en daarmee ook dat wat ze beschouwt als 'de middelen om het koninkrijk Gods op aarde te realiseren'. Het is een feit dat ze volop profijt heeft gehad van de akkoorden die ze had getroffen met de staat die na de revolutie van 1830 werd gesticht en zo een uiterst hecht netwerk van instellingen tot ontwikkeling kon brengen. Hierdoor is de kerk diep geworteld in de bevolking en is haar invloed groot. Kardinaal Van Roey, aartsbisschop van Mechelen en primaat van België, is in het hart van de twintigste eeuw de belichaming van die politiek. Onder de bezetting is zijn macht niet te onderschatten: de bezetter beschouwt hem immers, net als zijn voorganger, kardinaal Mercier, als dé woordvoerder van katholiek België.

De Duitsers hebben in 1914-1918 veel last ondervonden van de kerk en zijn ook nu weer beducht voor haar macht. Dit keer gaan ze akkoord met een soort modus vivendi met de kerkelijke hiërarchie. Ze beloven zich niet te zullen mengen in morele en geestelijke aangelegenheden, op voorwaarde dat de kerk zich onthoudt van politieke activiteiten. Dat compromis schikt Van Roey uitstekend omdat hij beseft dat deze houding bijzonder mild is vergeleken bij de officiële nazi-doctrine die zeer vijandig staat tegenover het christendom. De kardinaal is vooral bezorgd over het instandhouden van de katholieke organisaties en het katholieke onderwijs.

In de praktijk worden de relaties tussen de kerkelijke hiërarchie en de Duitse machthebbers echter vooral na 1942 vertroebeld door talrijke schendingen van dat compromis. Enerzijds schreeuwen het leed en het onrecht waarmee de bezetter de bevolking kwelt om een reactie van de kerk die trouw wil zijn aan de principes van Christus en dus dicht bij haar kudde wil staan. Anderzijds beginnen de Duitsers, omdat ze steeds meer onder druk komen te staan, zich wél te bemoeien met morele en geestelijke zaken. Zo verplichten ze bijvoorbeeld bepaalde categorieën arbeiders op zondag te werken, ze vorderen kerkklokken en dwingen veel Belgen huis en haard te verlaten om voor het Derde Rijk in Duitsland te gaan werken. Vooral rond die Arbeitseinsatz lopen de spanningen hoog op. De protesten die al klinken in het voorjaar van 1942, verflauwen even tijdens de zomer, om dan weer hoog op te laaien naar aanleiding van de publicatie op 15 maart 1943 van een herderlijke brief van de bisschoppen van België dat uitdrukkelijk het regime veroordeelt dat een dergelijke maatregel oplegt en zich daarbij ook nog verlaagt tot de vordering van kerkklokken.

Toch weet men een breuk te voorkomen. Het militaire bestuur wil de Kerk niet te hard aanpakken om haar op die manier te neutraliseren. Ook wil de bezetter aanvaringen vermijden die zouden kunnen leiden tot een koerswijziging in Berlijn, dat het militaire bestuur in België onwelgevallig is – er woedt een onderhuidse strijd tussen de bezettingsmacht in België en de SS. Van Roey beseft wat er op het spel staat en probeert zo veel mogelijk elke confrontatie te voorkomen met de bezettingsmacht, wat hij beschouwt als het minste kwaad. Zo ziet hij af van protesten tegen de deportatie van joden en kijkt hij wel uit om niet openlijk het verzet te steunen; op aandringen van de bezetter zal Van Roey zelfs aanslagen tegen collaborateurs en het bezettingsleger veroordelen (januari 1943) en zijn afkeur uitspreken over de bombardementen van de geallieerden (mei 1944).

Duidelijke stellingname tegen REX en VNV

Hoewel de kerkelijke hiërarchie een tamelijk behoedzame houding aanneemt tegenover de bezetter, neemt ze vanaf oktober 1940 wél duidelijk stelling tegen de collaboratie.

Voor Van Roey, die zeer gehecht is aan de eenheid van het land, kan er geen sprake zijn van enig overleg met een separatistische partij als het VNV. Zijn positie is aanvankelijk wat genuanceerder ten aanzien van Rex, waarvan hij steun verwacht in zijn strijd om het behoud van de kerk van België. Maar daarin wordt Van Roey al vlug ontgoocheld. Ondanks hun verknochtheid aan de christelijke traditie, zijn zowel de rexisten als de VNV-kopstukken van mening dat de kerk organisaties en instellingen zal moeten afstaan aan de partij die het land bestuurt.

Omdat ze inzien dat de kerkelijke hiërarchie op dat punt geen duimbreed zal wijken, verklaren Rex en het VNV in december 1940 het kerkelijk instituut officieel de oorlog. Bij wijze van vergelding kondigt de kerkleiding in 1941 dwangmaatregelen af tegen de partijen van de Nieuwe Orde: leden van Nieuwe Orde-groeperingen kunnen voortaan geen kerkelijke uitvaart meer krijgen; als ze in uniform zijn wordt hun de communie geweigerd en in de katholieke colleges is er verbod op elke vorm van 'totalitaire' propaganda. Verder stelt Van Roey in juli 1941 dat het katholieken ten strengste verboden is mee te werken aan de vestiging van een regime dat de rechten van de kerk schendt en/of onderdrukt.

Woedend over deze verkettering gaan de voornaamste groeperingen van de Nieuwe Orde in hun pers over tot zeer vijandige verklaringen ten aanzien van de clerus. Ook in de dagelijkse praktijk komt het tot steeds meer wrijvingen, vooral bij begrafenissen van collaborateurs die zijn omgekomen aan het oostfront of door kogels van verzetsmensen. In de zomer van 1944 gaan de rexisten, die steeds meer in het nauw worden gedreven, bij wijze van vergelding zelfs over tot het executeren van priesters.

Steun aan de monarchie

Om het institutionele katholicisme en tegelijkertijd de eenheid van het land te behoeden, steunt Van Roey in het algemeen op een veel belangrijkere factor dan het rexisme, namelijk de monarchie. De betrekkingen tussen Leopold III en de primaat van België zijn zo hecht, dat de aartsbisschop vlak na de capitulatie van het Belgische leger niet aarzelt om het voor de vorst op te nemen. Het is ook Van Roey die eind 1941 's konings tweede huwelijk aankondigt en twee jaar later de bezetter de mantel zal uitvegen omdat hij de monarch naar Duitsland heeft afgevoerd.

In de zomer van 1940 kiest Van Roey eveneens de zijde van Leopold wanneer de onduidelijkheid over de toekomst van het land – bewust instandgehouden door Hitler – bij sommige katholieken het vermoeden doet rijzen dat er een kans bestaat een autonoom bestuur in België te vestigen, als dat zich tenminste schikt naar de nieuwe politieke orde. De kardinaal ziet in Leopold III de geknipte persoon om onder die omstandigheden het lot van het land in handen te nemen. Al die plannen vallen evenwel in duigen wanneer blijkt dat Hitler weigert ook maar de geringste macht af te staan aan om het even welk Belgisch gezag. Toch staat de aartsbisschop van Mechelen op 11 juli 1942 nog een audiëntie toe aan katholieke politici van kaliber, waarbij Van Roey duidelijk maakt dat hij zo'n autoritaire regering nog steeds niet uitsluit. Hij heeft het dan over het bestuur van het land ná de oorlog – wat krachtige protesten uitlokt bij een groot deel van zijn gasten. Bij wijze van alternatief voor die oplossing dringt Van Roey aan op de noodzaak om na de oorlog de katholieke partij opnieuw op te richten ter verdediging van de belangen van de kerk. We weten dat die wens in vervulling zal gaan.

Zoals gezegd is Van Roey vooral begaan met het handhaven van de katholieke zuil. Daarom vermijdt hij meestal om het verzet 'officieel' te steunen, ondanks zijn oprechte gehechtheid aan het Belgische vaderland. Vanaf de lente van 1944 stemt hij wel in met de aanstelling van aalmoezeniers bij het Geheim Leger, een door militairen geleide beweging die zich dan voornamelijk tot doel stelt hulp te verlenen bij de bevrijding van het land, zij het dat een 'vleugje' anticommunisme de organisatie niet vreemd is. Al met al kiest Van Roey, en met hem de meeste priesters en kloosterlingen van het land, voor een behoedzame aanwezigheidspolitiek die hem niet echt tot schipperen dwingt en die ervoor zorgt dat de wereldlijke structuren van de kerk in België ongeschonden uit de oorlog komen.

Cyriel Verschaeve en Jules Callewaert

Een minderheid van geestelijken is niettemin actiever betrokken bij het conflict. Sommigen van hen – twee tot drie procent, misschien iets meer als we de sympathisanten meetellen – spelen de kaart van de collaboratie, waarbij een anticommunistische reflex, Duitsgezindheid en/of afwijzing van de Belgische natie als eenheid excuses zijn. Dat geldt in het bijzonder voor de kapelaan van Alveringem, Vlaams-nationalist Cyriel Verschaeve, wiens duidelijk pro-Duitse standpunten snel leiden tot zijn verstoting door het gros van de flaminganten.

Cyriel Verschaeve vergezeld van Duitse officieren en een vertegenwoordiger van de DeVlag tijdens een bezoek aan Langemark op 21 augustus 1944.

De wederwaardigheden van de dominicaan Jules Callewaert, die tijdens de bezetting vooral in Gent vertoeft, komen meer overeen met die van een groot aantal aanhangers van de Vlaamse zaak. Aanvankelijk steunt hij het VNV in de hoop dat een Duitse zege de emancipatie van Vlaanderen zal bespoedigen. Maar in 1943 geeft hij publiekelijk zijn vergissing toe: de overheersing van nazi-Duitsland in Europa zou volgens hem het einde betekenen van het katholicisme in het hem zo dierbare gewest. In augustus 1943 pleit hij bij Leopold III voor een rechts-autoritaire, conservatief-katholieke Belgische staat. Wellicht dachten heel wat priesters en geestelijken in Vlaanderen zoals Callewaert.

In Franstalig België is er nog veel minder sprake van openlijke aansluiting bij de Duitse zaak. Het geval van pater Norbert Wallez geldt dan ook als een vrij opmerkelijke uitzondering. Deze antisemiet, anticommunist en tegenstander van de parlementaire democratie is al sinds 1923 bekoord door fascistisch Italië. Wallez, die sinds 1935 in semi-retraite verblijft in Aulne – daartoe gedwongen door zijn superieuren, die verbolgen zijn over zijn uitspraken – treedt in 1942 uit de anonimiteit om verscheidene malen een voordracht te houden waarin hij hamert op de Germaanse wortels van de Walen. Dat discours kan maar op zeer weinig bijval rekenen in het zuiden van het land.

Van Roey versus Kerkhofs

Een aanzienlijk groter aantal katholieke vrouwen en mannen kiest de zijde van het verzet. Hun instelling wordt weerspiegeld door de opvattingen van de bisschop van Luik, Louis-Joseph Kerkhofs, die een enigszins andere boodschap verkondigt dan de primaat van België. Terwijl Van Roey in zijn herderlijke brief van 31 mei 1940 het beleid van de koning steunt, zich baserend op de overtuiging dat niets de Duitse overwinning op het continent nog in de weg staat, publiceert Kerkhofs een paar dagen later een andere pastorale brief waarin hij verwijst naar de koning, naar de regering en vooral de plichten benadrukt van de bevolking ten opzichte van het vaderland dat in gevaar is. Een ander voorbeeld van het verschil in temperament en misschien ook in overtuiging tussen beide hoge clerici, is hun houding ten opzichte van het joodse vraagstuk. Terwijl Van Roey slechts mondjesmaat steun betuigt aan katholieken die joden helpen, is Kerkhofs de stimulator van die hulp in Luik. Dat komt doordat Kerkhofs, in tegenstelling tot Van Roey, al vroeg overtuigd is van de geallieerde overwinning. Daardoor primeert bij hem het verdedigen van humanitaire waarden op opportunistische overwegingen.

Geestelijken in de illegaliteit

Het aandeel van geestelijken in de illegaliteit is moeilijk te beoordelen, maar er zijn aanwijzingen dat minstens één op de tien priesters dat riskante pad kiest. In elk geval worden meer dan vijfhonderd van hen getroffen door de Duitse repressie. Net als Kerkhofs putten geestelijken en kloosterlingen kracht en motivatie uit gevoelens van naastenliefde en vooral uit een Duits-vijandig patriottisme. De betekenis van die laatste beweegreden verklaart waarom de deelname van geestelijken aan het verzet aan Franstalige zijde groter is dan in Vlaanderen. Het is in elk geval de drijfveer voor pater Georges Dropsy, leraar natuurwetenschappen aan het college van Kain bij Doornik, om zich in juni 1941 aan te sluiten bij het Geheim Leger. Als leider van de beweging in zijn regio vanaf eind 1942, coördineert hij in 1944 tal van sabotage-acties op verbindingswegen en voert hij zijn drieduizend manschappen aan bij de gevechten tijdens de bevrijding. Hij toont bij dit alles een discipline die men elders maar zelden ontmoet. Hij zet zich persoonlijk in voor het verspreiden van clandestiene kranten van katholieke strekking, voor ontsnappingslijnen, het verzamelen van inlichtingen en het bieden van hulp aan werkweigeraars. Met zijn onverzettelijke karakter is Dropsy in politiek opzicht nochtans een man van rechts. Hij zou zelfs enige sympathie opbrengen voor een zekere nationalistische ideologie van extreem-rechts.

Een priester bij het Geheim Leger in de Ardennen, 1944

Hoewel weinig geestelijken blijk geven van dergelijke uitgesproken overtuigingen, doet het merendeel van hen toch van zich spreken in bewegingen met een conservatief karakter. Voorts verkiezen ze, in tegenstelling tot Dropsy, meestal geweldloze verzetsvormen die naar hun oordeel beter stroken met hun rol als geestelijke. Veel gelovigen houden zich in het bijzonder bezig met hulp aan illegalen, een rol die te omschrijven is als een combinatie van patriottisme en caritas. Door de rijke infrastructuur van katholiek België – pastorieën, kloosters, scholen enzovoort – beschikken ze bovendien over talrijke tamelijk veilige schuilplaatsen voor mensen die door de bezetter worden vervolgd. Uit kampen ontsnapte soldaten, neergehaalde geallieerde piloten, vervolgde verzetsstrijders, mensen die onderduiken voor de verplichte tewerkstelling en joden kunnen hiervan gebruikmaken.

Zuster Marie-Xavier Van Keerberghen in een bootje op het meer van Heverlee. Links van haar een jonge joodse vrouw die zij in hun klooster in Zaventem een veilige schuilplaats bezorgde.

Ondanks een latent antisemitisme dat overigens in de hele Belgische samenleving bespeurbaar is, heeft de katholieke kerk, met de hulp van honderden priesters en kloosterlingen, ook deel aan de redding van duizenden joden. Sommigen zijn bijzonder actief op dat gebied, onder wie pater Bruno Reynders, een benedictijn van de abdij Keizersberg in Leuven, die er van begin 1943 tot de bevrijding in slaagt om in het hele land, vooral in religieuze instellingen, zo'n driehonderd vooral minderjarige joden te verbergen. In Namen organiseert pater Joseph André in juli 1942 bij hem thuis een clandestien doorvoercentrum. Ettelijke honderden kinderen worden bij hem ondergebracht alvorens te worden verspreid over kloosters en boerderijen op het Naamse en Luxemburgse platteland.

Ook als de kerk zich met haar 'politiek van het minste kwaad' op de vlakte houdt, aarzelen talloze gelovigen niet zich actief tegen de bezetter en voor hun medemensen in te zetten.

Bibliografie

Boudens, R., *Kardinaal Van Roey en de Tweede Wereldoorlog*, Averbode 1996.

Dantoing, A., *La 'collaboration' du Cardinal. L'Eglise de Belgique dans la guerre 40*, Brussel, 1991.

Maerten, F., F. Selleslagh & M. Van den Wijngaert, *Entre la peste et le choléra. Vie et attitudes des catholiques sous l'occupation*, Gerpinnes, 1999.

Vanlandschoot, R., *Kapelaan Verschaeve. Biografie*, Tielt, 1998.

X, *Résistance. Père Bruno Reynders. Juste des Nations*, Brussel, 1993.

HOOFDSTUK 6

REPRESSIE, TERREUR EN DEPORTATIE

HET RECHT VAN DE STERKSTE

Zodra België door nazi-Duitsland is ingepalmd, eindigt de democratische rechtsorde. Vrije meningsuiting is uit den boze; de pers wordt gecensureerd, er worden lijsten van verboden boeken opgesteld en schoolboeken worden gezuiverd van alles wat Duitsonvriendelijk is. Het parlement kan niet meer vergaderen en de traditionele politieke partijen worden verboden. Alleen formaties die tot collaboratie met de bezetter bereid zijn, hebben nog bestaansrecht. De grondwettelijke rechten en vrijheden worden opgedoekt. Al wie zich niet bij die nazi-orde, de Duitse overwinning en de bezetting neerlegt, begaat een politiek misdrijf en stelt zich bloot aan vervolging op basis van het nazi-strafrecht.

Onverdraagzaamheid wordt de regel. Duitse politiediensten, bijgestaan door collaborateurs, bestrijden elke vorm van dissidentie. Foltering, terreur, verklikking… alle middelen zijn goed om het verzet te breken. Wie in clandestiene bladen een afwijkende mening neerschrijft, wie geallieerde piloten helpt, wie inlichtingen verzamelt of zich actief verzet, komt voor een Duitse krijgsraad die de strengste straffen uitspreekt.

Terwijl in de democratische rechtsorde het gelijkheidsbeginsel primeert, gaat de nazi-ideologie uit van de organische ongelijkheid, die zowel voor individuen als voor volkeren geldt. De vernietiging van miljoenen joden is daarvan de afschuwelijke consequentie. Belgen die joden helpen, worden door de nazi's op dezelfde manier behandeld als joden. Bovenal geldt het recht van de sterkste: van de overwinnaar die de bezette gebieden genadeloos inschakelt in zijn oorlogvoering. Vanaf 1942 beginnen de deportaties van Belgische arbeiders naar Duitsland, een dwangmaatregel die brede lagen van de bevolking treft en velen naar het verzet doet overhellen.

Het Duitse militaire bestuur in Brussel, de Militärverwaltung, wil 'Ruhe und Ordnung', rust en orde in het bezette België, in eerste instantie om de bevolking en de industrie zo geruisloos en volledig mogelijk in de Duitse oorlogvoering te kunnen inschakelen. De belangrijkste bestaansreden van de Militärverwaltung is ordehandhaving. Daarop worden de bevelvoerende officieren ook beoordeeld door hun superieuren van het Oberkommando des Heeres (OKH), het oppercommando van de Duitse landmacht. Maatregelen zoals de jodenvervolging en de verplichte tewerkstelling, die door de nazi's vanuit Berlijn aan het bezette België worden opgedrongen, maken het de Militärverwaltung bijzonder moeilijk om de orde te handhaven. Het verzet neemt immers onder invloed van die ingrepen hand over hand toe. Als reactie daarop verscherpen de Duitse militairen de repressie. In hun activiteitsverslagen aan het OKH minimaliseren ze evenwel de omvang van het verzet, niet in het minst omdat ze hun comfortabele job in België veruit verkiezen boven een overplaatsing naar het oostfront.

Van bij het begin krijgen de militaire politiediensten in het bezette België concurrentie van de staatspolitie. Die ressorteert onder Heinrich Himmler, de Reichsführer van de SS. Hoe meer het verzet zich ontplooit en hoe moediger en driester het optreedt, des te meer en des te harder mengt de SS zich in de ordehandhaving. Dat hineinregieren culmineert in de benoeming van Richard Jungclaus, de vertegenwoordiger van Himmler in België, tot Höherer SS- und Polizeiführer. Dat gebeurt pas in juli 1944 als het militaire bestuur in Brussel de plaats heeft moeten ruimen voor de Zivilverwaltung. Veel schade zullen de Duitse partijfunctionarissen niet meer aanrichten, want enkele maanden later wordt het Belgische grondgebied bevrijd.

DE DUITSE POLITIEDIENSTEN EN HUN HANDLANGERS

Het politiewerk van de Militärverwaltung

Om België met zo weinig mogelijk manschappen te kunnen controleren, probeert de Militärverwaltung zich er zo veel mogelijk toe te beperken de Belgische bestuursorganen te controleren. Zo fungeert er binnen de Verwaltungsstab, die onder leiding van generaal Eggert Reeder voor het bestuur van het bezette land verantwoordelijk is, een administratieve politiedienst die toezicht houdt op de Belgische politie en rijkswacht en die nauwkeurig de gegevens verzamelt van personen die door de Belgische politie worden opgepakt of door het Belgische gerecht worden veroordeeld. De actieve ordehandhaving is echter niet de taak van Reeder, maar van zijn collega von Harbou, die aan het hoofd staat van de Kommandostab, de militaire vleugel van het bezettingsbestuur.

De Kommandostab beschikt over twee militaire politiediensten, de Feldgendarmerie (FG) en de Geheime Feldpolizei (GFP). Een duizendtal Feldgendarmen fungeert in België als militaire politie ten aanzien van de Duitse soldaten. Ze bestrijden echter ook de zwarte markt en maken tevens jacht op Belgische arbeiders die weigeren gevolg te geven aan het bevel van de bezetter om in Duitsland te gaan werken. De Feldgendarmen zijn gemakkelijk herkenbaar aan de metalen plaat die ze aan een ketting boven op hun uniform dragen. Als de Duitse legerleiding in de loop van 1941 beslist een groot aantal manschappen van de Feldgendarmerie voor het oostfront in te zetten, wordt een Hilfsgendarmerie opgericht die in belangrijke mate een beroep doet op collaborateurs. Belgen die hun karige rantsoen proberen aan te vullen door wat spek, boter of graan te smokkelen, krijgen het dus vaak aan de stok met landgenoten die in dienst van de Duitsers werken. Door toedoen van handlangers van de bezetter raken ze de voedingswaren kwijt waarvoor ze hun spaargeld hebben aangesproken. Dat maakt die collaborateurs bij-

Een Feldgendarm was gemakkelijk herkenbaar aan de koperen borstplaat.

zonder gehaat.

De GFP beschikt over een vijfhonderdtal militairen. Ze sporen burgers op die aanslagen plegen tegen het Duitse leger en pakken iedereen aan die als een gevaar voor de staatsorde wordt beschouwd. Het gaat daarbij om communisten, vrijmetselaars en joden, maar evenzeer om mensen die joden of andere slachtoffers van de nazi-terreur helpen. De GFP werkt met de gegevens die door de Abwehr, de militaire inlichtingendienst, worden verzameld.

Voor de contraspionage zet de Abwehr in hoofdzaak Belgische agenten in, die veel gemakkelijker dan Duitsers in verzetsorganisaties kunnen infiltreren. Deze mollen richten een ware ravage aan in het verzet. Ze spelen hun informatie door aan de GFP, die daarop de verzetsmensen oppakt en aan het Duitse krijgsgerecht uitlevert. De verliezen zijn haast niet te overzien als een lid van het verzet op een gegeven moment onder Duitse druk doorslaat: in juni 1942 kan de GFP tweehonderd verzetslui arresteren nadat 'Coco', een sleutelfiguur voor ontsnappingslijnen en inlichtingendiensten, wordt opgepakt en namen begint te noemen.

Belgen worden Abwehr-agent uit ideologische overtuiging, maar de meesten doen het voor het geld, voor materiële voordelen zoals het aanzienlijk hogere Duitse voedselrantsoen, voor het avontuur, en enkelen omdat ze na hun arrestatie door de GFP op die manier een veroordeling door het Duitse krijgsgerecht willen ontlopen.

Voor het oprollen van verzetsorganisaties beschikt de Abwehr in Brussel, Antwerpen, Luik, Gent, Charleroi en Bergen in totaal over 272 agenten van wie 52 vrouwen. De vrouwelijke agenten spelen een belangrijke rol bij het infiltreren en oprollen van ontsnappingslijnen. In het netwerk dat verzetsgroepen opbouwen om neergehaalde geallieerde piloten, mensen die door de nazi's worden opgejaagd of patriotten naar Groot-Brittannië over te brengen, zijn het immers vooral vrouwen die als koeriers optreden, zodat het voor vrouwelijke Abwehr-agenten gemakkelijker is hun diensten aan het verzet aan te bieden. De Abwehr schrikt er ook niet voor terug valse ontsnappingslijnen op te zetten. In dat verraderlijke spel spelen landgenoten als Prosper De Zitter en Annie Giralt een belangrijke rol. Hun voornaamste motief daarbij is dat de bezetter grof geld betaalt.

Een aparte afdeling van de Abwehr houdt zich bezig met de strijd tegen de inlichtingendiensten en sabotagegroepen van het verzet. De leiding ervan is in handen van twee Duitsers en drie Belgen. De Nebenstelle Antwerpen neemt een flink deel van het werk voor haar rekening. Daar slagen enkele Abwehr-mannen onder leiding van Jozef Vranken erin een 'Englandspiel' op te zetten. Radio-operateurs die vanuit Londen in België zijn gedropt, pakt men op en 'draait men om', zodat ze door de Duitsers opgestelde telegrammen naar Londen doorsturen in de hoop dat de Britse diensten de vervalsing niet opmerken. Het is een tactiek die door alle contraspionagediensten wordt gebruikt.

De Abwehr exploiteert minutieus en met veel geduld de berichten die Londen te goeder trouw aan de 'omgedraaide' agenten toestuurt en kan op basis daarvan tot december 1942 meer dan tweehonderd personen door de GFP doen arresteren. Vranken en zijn handlangers gaan bijzonder sluw te werk, maar de grote verliezen aan de kant van het verzet zijn ook te verklaren door een aanvankelijk gebrek aan interne controle bij het doorseinen van berichten. Daarin komt verandering in de loop van de oorlog, maar velen hebben ondertussen de onvolkomenheid van het transmissiesysteem met hun leven bekocht.

Het ingrijpen van de SS

Hoe efficiënt en genadeloos militaire organisaties als FG, GFP en Abwehr ook te werk gaan, in doortastendheid en brutaliteit moeten ze het afleggen tegen de nazi-politie onder leiding van Himmler. De oorspronkelijke overeenkomst was dat de Militärverwaltung zelf zou zorgen voor de ordehandhaving. Al in juni 1940 stellen von Falkenhausen en Reeder echter vast dat de getalsterkte van de FG en de GFP daartoe ontoereikend is. Als ze versterking vragen aan Berlijn, ziet de SS de kans schoon om haar eigen politiediensten in bezet België te introduceren.

Dat begint in juli 1940 met de oprichting van een Sipo-SD Dienststelle in Brussel. Theoretisch is deze 'Stelle' ondergeschikt aan het militaire bestuur, maar in de praktijk krijgt ze rechtstreeks haar richtlijnen van het Reichssicherheitshauptamt, het Duitse ministerie van Politie dat onder leiding staat van Himmler zelf. Dat ministerie omvat onder andere de Sicherheitspolizei (Sipo) waarvan de beruchte Geheime Staatspolizei (Gestapo) deel uitmaakt, en de Sicherheitsdienst (SD) die aanvankelijk voor de SS werkte. De Dienststelle in Brussel breidt snel uit tot een driehonderdtal manschappen, onder wie achtendertig Belgen. Ze zal binnen de kortste tijd repressieve acties uitvoeren die vrijwel geheel aan de controle van von Falkenhausen ontsnappen.

De Gestapo vervolgt communisten, rechtse verzetsgroepen, joden, vrijmetselaars en vreemdelingen. Ruim tweehonderd manschappen worden ingezet in de strijd tegen het communistisch verzet. De nazi's worden daarbij geholpen door collaborateurs als Emiel Van Thielen, die onder de naam 'Max Günther' sluw en brutaal het linkse verzet aanpakt. Via Van Thielen kan de Gestapo daarbij in Antwerpen gebruikmaken van de dossiers van de gerechtelijke politie. Dat is overigens geen uitzondering. Zolang het Duits-Russische niet-aanvalspact van 1939 overeind blijft, beschouwen het Belgische gerecht en de politie de communisten als binnenlandse vijand. Pas na de Duitse inval in de Sovjet-Unie in juni 1941 komt daar verandering in. Moskou wordt dan een bondgenoot van de Britten en dus ook van de Belgische regering in ballingschap en dus krijgen de parketten de mondelinge instructie geen communisten meer te vervolgen. Het kwaad is ondertussen geschied. Onder meer op basis van informatie verstrekt door de parketten van Luik en Antwerpen, lanceert de Sipo-SD onmiddellijk na de Duitse agressie tegen de Sovjet-Unie op bevel van Berlijn de operatie 'Sonnewende' tegen de Belgische communisten. Een zeer toepasselijke naam om aan te duiden dat Hitler zijn bestand met Stalin verbreekt. Vrijwel onmiddellijk daarna wordt de Belgische Kommunistische Partij (KP) verboden.

Groepsfoto van de medewerkers van de gevreesde Gestapo in Luik.

De operatie 'Sonnewende' is mee voorbereid door de beruchte Max Günther en resulteert in de arrestatie van ruim driehonderd communisten en verzetslieden. Ze worden opgesloten in de citadel van Hoei en in het kamp van Breendonk, waar in de gruwelbunker dezelfde Günther mee verantwoordelijk is voor de foltering van communistische leiders. Als vertrouwensman van Gestapo-chef Straub speelt Günther een hoofdrol in de Duitse repressie. Zo laat hij zich ook gelden bij de acties die het VNV aan het einde van de bezetting in Limburg uitvoert.

De Hel van Breendonk

De hel van Breendonk, Breendonk de dood, Breendonk. Het kamp van de sluipende dood – de titels van de memoires van oud-gevangenen liegen er niet om. Geen andere plek in België zal zo tot het symbool van de nazi-terreur uitgroeien als de rustige Klein-Brabantse gemeente Breendonk. In 1939 is de naam nochtans alleen maar bekend bij diegenen die hun militaire geschiedenis kennen. Fort Breendonk heeft in 1914 immers welgeteld tien dagen lang tegen de Duitse beschieting standgehouden. Tijdens de eerste dagen van de Achttiendaagse Veldtocht (1940) is Breendonk het Algemeen Hoofdkwartier van het Belgisch Leger. Vier maanden na de Belgische capitulatie komt SS-Sturmbannführer Philipp Schmitt met de eerste gevangenen in het fort aan. De Sipo-SD wil voortaan ook een eigen gevangenis voor 'haar' gevangenen. Alle andere gevangenissen waar de Duitsers hun tegenstanders of slachtoffers in opsluiten – de Citadel van Hoei of de gevangenis van Sint-Gillis – zijn immers in handen van de Wehrmacht.

Het verschil tussen een Wehrmacht-gevangenis en het kamp van de Sipo-SD zal al snel duidelijk worden. De Luikse historicus en verzetsman Léon Halkin, die de twee meemaakt, noemt Sint-Gillis een 'paradijs' in vergelijking met Breendonk. Voor wie in het oude, kille, klamme, lugubere fort opgesloten wordt, begint het proces van ontmenselijking immers vanaf de eerste dag. 'Vier Stück eingeliefert', 'vier stuk binnengeleverd', zijn de woorden waarmee Paul Lévy en drie medegevangenen het fort worden binnengebracht. De gevangenen worden er geregistreerd, geschoren en krijgen een oud uniform van het Belgische leger aangetrokken waarop hun nummer wordt genaaid. Voortaan worden ze nog enkel – in het Duits uiteraard – bij dat nummer toegeblaft. Meer nog, ze zijn alleen nog maar een nummer, geen mens meer. Ze moeten dwangarbeid verrichten. Met spaden, kruiwagens en met kipwagens die ze over een smalspoor moeten voortduwen, moeten ze de laag aarde afgraven die het fort bedekt en het tegen beschietingen beschermen moest. Het is slopend, afbeulend werk, bedoeld om hen fysiek en mentaal te breken. Ze moeten het uitvoeren met een hongerige maag, want per dag krijgen ze niet meer dan zo'n 225 gram brood, een paar koppen *ersatz*-koffie, een bord dunne magere soep en wat 'extra's' zoals een paar klontjes suiker of wat jam. De honger, de dwangarbeid en de mishandelingen – vanaf september 1941 ook door Vlamingen in SS-uniform – zullen hun effect niet missen en bijna honderd slachtoffers maken.

Wat zich buiten het kamp afspeelt, heeft zijn weerslag op de gebeurtenissen binnen het kamp. Aanvankelijk is van verzet in het bezette land nog niet zo veel sprake. De gevangenispopulatie van Breendonk bestaat in het eerste jaar voor de helft uit joden, slachtoffers van het antisemitische nazi-beleid. Bij de inval in de Sovjet-Unie lanceert de bezetter de operatie 'Sonnewende', waarbij ze zo veel mogelijk communisten en in België verblijvende Russen – doorgaans fel anticommunistisch – probeert op te pakken: velen zullen in Breendonk belanden. Als in de zomer van 1942 de Mechelse Dossin kazerne geopend wordt en het antisemitische bezettingsbeleid naar een hogere versnelling overschakelt, verdwijnen de meeste joden uit Breendonk, dat ondertussen meer en meer de gevangenis is waar leden van het Belgische verzet terechtkomen. Verbouwingswerken moeten het fort aan de nieuwe 'opdracht' aanpassen: er komt, in de zomer van 1942, een folterkamer, bedoeld om verzetsmensen tijdens een zogenaamd 'verscherpt verhoor' aan het praten te krijgen; er komen, in 1941-1942, isoleercellen om hen in afzondering te houden en te verhinderen hun verdediging op elkaar af te stemmen; er komt, vanaf november 1942, een executieterrein waar in minder dan twee jaar tijd minstens 164 gijzelaars op bevel van de Militärbefehlshaber gefusilleerd zullen worden als represaille voor aanslagen van het verzet. In mei 1943 ten slotte wordt op dit executieterrein ook een galg opgericht waaraan verzetslui worden opgeknoopt die feiten gepleegd hebben waarop de doodstraf staat: de moordenaars van Paul Colin – één van de kopstukken van de collaboratiepers – zijn de eerste drie; een twintigtal anderen volgt.

'Auffanglager Breendonk' is de officiële, neutraal klinkende benaming van dit kamp. De gevangenen worden er tijdelijk 'opgevangen' in afwachting van hun deportatie naar concentratiekampen of gevangenissen in het Reich: op 22 september 1941 vertrekt voor de eerste maal een konvooi met Breendonk-gevangenen naar het bij Hamburg gelegen concentratiekamp Neuengamme. Van de meer dan 3500 Breendonk-gevangenen zal zowat de helft de oorlog niet overleven: de meesten van hen vinden de dood ver van huis, in kampen als Neuengamme, Mauthausen of Buchenwald. (PN)

De Sipo-SD blijft tijdens het verdere verloop van de bezetting verbeten jacht maken op communisten. In 1943 volgt, na het doorslaan van enkele gevangen verzetslieden, een cascade van arrestaties. Daarbij worden ook drie Partizanenleiders opgepakt, zodat ook de gewapende vleugel van het communistische verzet wordt bedreigd. Met een bovenmenselijke moed weerstaan ze evenwel de folteringen van de nazi-beulen, zodat de Partizanenkaders deels verder kunnen werken.

Bij de Belgen die zich lenen voor de praktijken van de Sipo-SD, is het aantal overtuigde nazi's bijzonder groot. Catastrofaal is uiteraard de medewerking die de nazi's krijgen van gearresteerde verzetslieden die de *dance macabre* proberen te ontspringen. Om de schade te beperken, zullen verzetsgroepen ervoor zorgen dat de verzetsmannen alleen de medestanders kennen die rechtstreeks bij hun opdrachten betrokken zijn. Dat voorkomt niet dat de Sipo-SD er met de hulp van een aantal Belgen in slaagt duizenden en duizenden verzetslieden op te pakken, te martelen, te doden of te laten overbrengen naar Duitse kampen. Velen bekopen op die manier hun ultieme verzetsdaad met de dood.

DE EXECUTIE VAN GIJZELAARS

Naarmate het verzet toeneemt, voert de bezetter een steeds scherpere repressie. De politiediensten van het militaire bestuur in Brussel zijn al van bij het begin te weinig talrijk bemand om de orde te kunnen handhaven. Zodra de aanval tegen de Sovjet-Unie is ingezet, gaan veel communisten in het verzet. Duitse militairen en Belgische collaborateurs zijn daardoor steeds vaker het doelwit van aanslagen. Von Falkenhausen en Reeder hebben er veel voor over om bij hun hiërarchische oversten van het Duitse oppercommando geen 'slappe' indruk te maken. Ze beseffen bovendien maar al te goed dat de SS op het vinkentouw ligt om de ordehandhaving aan een falend militair bestuur te onttrekken. Om de situatie opnieuw onder controle te krijgen, gaat de Militärverwaltung over tot de executie van gijzelaars.

De weg daartoe is geëffend door een decreet van het Oberkommando der Wehrmacht (OKW) van 16 september 1941. Dit decreet bepaalt dat in alle bezette gebieden, als vergelding voor de dood van één Duitse militair, vijftig tot honderd gijzelaars mogen worden omgebracht. Hitler zelf had op zo'n hoge strafmaat aangedrongen. In de praktijk past de Duitse legerleiding een lagere verhouding toe. Het procédé wordt echter ook als vergelding voor de dood van collaborateurs gebruikt. Het gaat veelal om wraakoefeningen, maar met het neerschieten van gijzelaars worden in een aantal gevallen ook daders van aanslagen onder druk gezet om zich bij de Duitse politiediensten kenbaar te maken.

De gijzelaars die worden geëxecuteerd, zijn doorgaans politieke gevangenen die al door het Duitse krijgsgerecht ter dood zijn veroordeeld of zeer waarschijnlijk de doodstraf zullen krijgen. Toch worden ook gevangenen neergeschoten die duidelijk niet tot die categorie behoren. De Sipo-SD die de lijsten van de gijzelaars opstelt, neemt het niet al te nauw met de levens van gevangenen.

Een heel ander soort gijzelaars zijn Belgische prominenten die de bezetter als levend schild gebruikt voor militaire konvooien of die kortstondig worden opgepakt na sabotagedaden of aanslagen van het verzet. Ten slotte zijn er ook familieleden van opgespoorde verzetsmannen of werkweigeraars die als gijzelaars worden opgesloten om de betrokkenen onder druk te zetten. Gijzelaars van beide laatstgenoemde categorieën worden niet geëxecuteerd, maar in een aantal gevallen naar Duitsland weggevoerd. Velen van hen overleven de concentratiekampen niet.

In de tweede helft van 1942 neemt het verzet hand over hand toe. In oktober en november worden vijftien aanslagen uitgevoerd. Daarbij vallen evenveel doden. Von Falkenhausen heeft reeds tientallen gijzelaars doen neerschieten in Noord-Frankrijk, maar aarzelt nog om hetzelfde te doen in België. Als afschrikkingsmiddel laat hij via de pers bekendmaken dat de Sipo-SD als vergelding tweehonderd vijftig communisten naar Duitsland heeft gedeporteerd.

De golf van geweld gaat echter verder. Op 19 november wordt de rexistische burgemeester van Charleroi neergeschoten. Een week later tekent von Falkenhausen het bevel om acht Belgische gijzelaars te executeren. Het zijn de eersten van een lange reeks. Als op 7 juli 1944 de Militärverwaltung door een burgerlijk nazi-bestuur wordt vervangen, zijn er in totaal tweehonderd veertig Belgische gijzelaars geëxecuteerd. Onder de Höhere SS- und Polizeiführer worden in de maanden voorafgaand aan de bevrijding van het Belgische grondgebied nog vijfenzestig gijzelaars omgebracht.

Ondanks deze executies gaan de aanslagen van het verzet verder. Daarbij vormen steeds meer collaborateurs het doelwit. De bezetter zelf kan zijn handlangers niet voldoende beschermen en geeft de collaboratiebewegingen dan maar vrij spel om het recht in eigen hand te nemen en tot vergeldingsacties over te gaan.

VERGELDINGSACTIES VAN COLLABORATEURS

De collaboratie wordt uitvoerig toegelicht in het volgende hoofdstuk. In deze paragraaf komen alleen de wraakacties van de DeVlag, de Algemene SS-Vlaanderen, Rex en VNV als onderdeel van de repressie aan bod.

Naar aanleiding van een dodelijke aanslag op een Vlaamse SS'er einde 1942, organiseert Sturmbannleiter Robert Verbelen een vergeldingscommando in de schoot van de Algemene SS-Vlaanderen. Zijn doelwit is niet in de eerste plaats het verzet, maar veeleer het Belgische establishment. Verbelen laat lijsten opstellen van politici, bedrijfsleiders, magistraten en intellectuelen die door hun prominente aanwezigheid landgenoten impliciet tot een vaderlandslievende houding inspireren. Zo vermoorden de doodseskaders van Verbelen begin 1943 vier notoire vrijmetselaars, die ze moreel verantwoordelijk achten voor het verzet.

In een volgend stadium werkt Verbelen met een wachtkorps van de DeVlag dat in samenspraak met de Sipo-SD lijsten aanlegt van zogenaamde terroristen en anti-Duitse elementen. Ook in die functie maakt hij vooral slachtoffers in belgicistische kringen. Van november 1943 tot en met februari 1944 liquideren zijn vertrouwensmannen in koelen bloede dertien tegenstanders. Het bloedige hoogtepunt van de acties vormt een reeks aanslagen in de nacht van 28 februari 1944, die Verbelen samen met Tony Van Dijck, de pasbenoemde Standaardleider van de Algemene SS-Vlaanderen, beraamt. De doodseskaders laten zes doden en meer dan dertig gewonden achter. Hun eerste slachtoffer die nacht is Alexandre Galopin, de gouverneur van de Société Générale. Verbelen kiest hem uit omdat Galopin in schijn met de bezetter onderhandelt maar materieel en moreel het verzet steunt en het boegbeeld vormt van de belgicistische industriële kringen. Op 1 maart brengt Verbelen over de aanslagen verslag uit bij SS-Gruppenführer Jungclaus, die hem ermee feliciteert, mede namens Himmler.

Het militaire bestuur is echter allerminst gediend met aanslagen op figuren als Galopin, die de hoeksteen vormen van de tewerkstellingspolitiek. Als Verbelen door von Falkenhausen op het matje wordt geroepen, houdt de SS hem de hand boven het hoofd. Om de acties van Verbelen en consorten van hun semi-clandestiniteit te ontdoen, richt Jef Van de Wiele, leider van de DeVlag, in mei 1944 een Veiligheidskorps op. Verbelen krijgt samen met Van Dijck de leiding over tweeduizend manschappen. Op die manier worden de acties van de doodseskaders volgens SS-normen gelegaliseerd.

Het Veiligheidskorps ontketent in de zomer van 1944 als vergelding voor talloze aanslagen op collaborateurs massaal razzia's in Vlaanderen en Wallonië, waarbij tientallen doden vallen en honderden verzetslui, onderduikers en onschuldige burgers worden opgepakt en naar de Duitse kampen afgevoerd. Het absolute hoogtepunt van de nietsontziende wraakacties is de aanval op Meensel-Kiezegem, waar een honderdtal bewoners worden opgepakt van wie er drie ter plaatse worden neergeschoten en één levend in zijn hoeve verbrand. Van alle anderen zullen er slechts acht de martelgang van de Duitse kampen overleven.

Eind 1942 krijgt het VNV voor het eerst met aanslagen af te rekenen. Tot en met februari 1944 worden ruim vijftig VNV'ers door het verzet uitgeschakeld, van wie de helft in Limburg. De leiding van het VNV vraagt aan de Militärverwaltung de prominenten van de partij wapens te geven, gijzelaars te nemen in de geterroriseerde regio's en de Hilfsgendarmerie in heel Vlaanderen in te zetten. Einde 1943 worden honderd vijftig Antwerpse VNV'ers die deel uitmaken van dat korps, in Limburg ingezet.

In diezelfde periode stuurt Gestapo-chef Straub de beruchte Max Günther naar Limburg. Die slaagt erin bij een klopjacht ruim tachtig Partizanen op te pakken. Vierentwintig van hen worden op 11 april 1944 in Hasselt geëxecuteerd. Het verzet reageert op die terechtstelling met een nieuwe golf van aanslagen in Limburg, waarbij op vijf maanden tijd ruim vijftig collaborateurs worden geliquideerd. Einde juli 1944 krijgt het VNV-Limburg van de Zivilverwaltung en van Jungclaus de toelating om met leden van de Zwarte Brigade politiegroepen te vormen. Met de technische bijstand van Max Günther doden de vijftig vrijwilligers acht Partizanen en worden er talloze arrestaties verricht.

Rex laat zich ook niet onbetuigd. In 1942 valt een vijftiental rexisten onder de kogels van het verzet. Als reactie daarop richt Rex in maart 1943 het Département de Sécurité et d'Information (DSI) op. Deze groep heeft als hoofdopdracht aanhangers tegen aanslagen te beschermen en krijgt in het voorjaar van 1944 de volledige steun van de Sipo-SD. Ondertussen heeft de Rex-leiding van de SS de toelating gekregen om bovendien de Formation B op te richten, de Waalse tegenhanger van het wachtcommando van Verbelen. De vergeldingsacties van Rex blijven beperkt tot begin juli 1944 de broer van Léon Degrelle wordt neergekogeld. Dan ontketenen het DSI en de Formation B een reeks represailleaanslagen waarbij op zes weken tijd vijfenveertig doden vallen. Het gaat om notabelen, verzetslieden maar evenzeer om mensen die joden onderdak hebben geboden. Het hoogtepunt van de rexistische contraterreur – te vergelijken met de blinde wraakoefening van het Veiligheidskorps op Meensel-Kiezegem – is het bloedbad dat de doodseskaders in Courcelles aanrichten. Daarbij worden zevenentwintig mensen vermoord.

Na de installatie van de Zivilverwaltung door de nazi's staat er overduidelijk geen rem meer op de represailles van de collaboratiegroepen. Het wordt hun na de bevrijding van het Belgische grondgebied zeer zwaar aangerekend.

DE JODENVERVOLGING

Vijanden en dissidenten worden door de nazi's brutaal en genadeloos aangepakt. Het Duitse racistische hypernationalisme treft in zijn gruwelijke consequentie echter ook onschuldigen. Overtuigd van hun eigen superioriteit en almacht, organiseren de nazi's de industriële vernietiging van joden en andere volkeren die ze minderwaardig achten aan het arische ras. De genocide wordt van bij het begin systematisch en op dezelfde cynische manier voorbereid in alle bezette Westgebieden. De volkerenmoord, de misdaad tegen de menselijkheid, wordt met voorbedachten rade gepleegd. Tussen oktober 1940 en september 1942 vaardigt de Militärverwaltung achttien verordeningen uit die de Sipo-SD in staat stellen joden te identificeren, af te zonderen, te arresteren en naar de vernietigingskampen af te voeren.

In oktober 1940 verplicht de bezetter de joden zich in een apart register in hun gemeente te laten registreren. Op hun identiteitskaart wordt later de letter J aangebracht, het brandmerk dat staat voor 'Jood-Juif'. In totaal laten 42.642 joden ouder dan vijftien jaar zich in hun gemeente in het jodenregister inschrijven; kinderen worden op de steekkaart van hun ouders genoteerd. In 1942 beschikt de SS-politie over de gegevens van 56.186 joden. Joodse bedrijven moeten zich bekendmaken en krijgen het drietalige opschrift 'JOODSCHE ONDERNEMING – ENTREPRISE JUIVE – JUDISCHES UNTERNEHMEN' aangeplakt.

Joden worden niet alleen gestigmatiseerd, ze worden ook gebroodroofd. De bezetter spreekt een beroepsverbod tegen joden uit voor openbare functies in het bestuur, het onderwijs, de balie en de pers. Anti-joodse collaboratiegroepen zien de verordeningen van oktober 1940 als een eerste stap in de richting van het vertrek van de joden. Ze organiseren de antisemitische hetze, waarbij in Antwerpen twee synagogen in brand worden gestoken.

In mei 1941 verbiedt de bezetter elke joodse economische bedrijvigheid. Enkele maanden later verplicht hij de joden te verblijven of zich te vestigen in Luik, Charleroi, Antwerpen of Brussel. De concentratie van de joodse bevolking vergemakkelijkt de latere razzia's. In november wordt de Vereniging der Joden opgericht. De leiding wordt toevertrouwd aan israëlitische notabelen. De Vereniging krijgt een officieel karakter omdat de statuten ervan door de Belgische regering worden erkend. Daardoor krijgen de joden volkomen ten onrechte de indruk dat ze enige bescherming genieten en dat ze voor zichzelf kunnen opkomen. De jodenhaat is onder andere verantwoordelijk voor het onderwijs en de sociale voorzorg van de eigen gemeenschap. Joden moeten zich bij de Vereniging laten inschrijven zodat de SS-politie de gegevens uit het jodenregister kan controleren en aanvullen. Joden die te goeder trouw taken in de jodenraad opnemen, beseffen veel te laat dat ze in feite mee de deportaties door de nazi's voorbereiden. Een voorteken daarvan vormen de opeisingen van joden om in dienst van de Organisation Todt aan de Atlantikwall in Noord-Frankrijk te gaan werken.

De maatregelen tegen de joden verlopen verder vrij geruisloos. De meeste Belgen hebben er nauwelijks weet van. Dat verandert met de verordening van 27 mei 1942, waarmee de Militärverwaltung de joden verplicht de gele davidster te dragen. De discriminatie wordt daarmee in het straatbeeld zichtbaar. De onverschilligheid van de publieke opinie ten aanzien van de joden maakt plaats voor medeleven en solidariteit. In de daaropvolgende maanden worden de joodse bezittingen in beslag genomen en de joodse bedrijven definitief uitgeschakeld. In de zomer van 1942 zijn de joden klaar

In de Dossin-kazerne van Mechelen werden de joden verzameld voor transport naar Duitse kampen.

voor deportatie. Ze zijn geïdentificeerd, gebrandmerkt, verplicht thuis te blijven, geïsoleerd van de rest van de bevolking en, beroofd van hun bezittingen. Reichsführer-SS Himmler hoeft alleen nog maar het bevel voor het 'Abtransport nach dem Osten' te geven.

Op 22 juli 1942 worden door de SS en haar Vlaamse aanhangers de eerste razzia's in Brussel en Antwerpen georganiseerd. De Gestapo voert vooral 's nachts acties uit. Het eerste konvooi van duizend joden verlaat op 4 augustus de Dossin-kazerne in Mechelen met bestemming Auschwitz. In totaal ondergaan 25.257 joden hetzelfde lot, van wie 4179 kinderen. Slechts 1291 joden die uit België worden weggevoerd, overleven de kampen; 95 procent van hen wordt vermoord of komt om van honger, ziekte of ontbering. Ruim de helft van de joden die in België resideren, kan onderduiken en ontsnapt aan de holocaust dankzij het verzet en de solidariteit van organisaties en particulieren.

Zigeuners die in België verblijven, worden ook opgepakt. In 1943 beginnen de deportaties naar Birkenau. In januari 1944 worden vanuit de Dossin-kazerne 315 zigeuners op transport gezet naar Auschwitz; slechts twaalf van hen overleven de oorlog.

Niet alleen rassenhaat stimuleert de jodenvervolging, er is ook een flinke dosis hebzucht en gewin mee gemoeid. De SS-politie liquideert ruim zevenduizend joodse bedrijven uit de textiel-, de diamant- en de huidensector en neemt hun voorraden in beslag. Slechts een klein percentage van de bedrijven wordt in leven gehouden en komt onder Duitse controle of wordt aan collaborateurs toevertrouwd. Joden geven op Duits bevel hun bezittingen aan voor een totaal van bijna drie miljard frank. Het grootste deel wordt door de bezetter in beslag genomen. Dat gebeurt ook met de meubels van joden die gedeporteerd of ondergedoken zijn. Het gros ervan gaat naar slachtoffers van geallieerde bombardementen in Duitsland.

DE DEPORTATIE VAN BELGISCHE ARBEIDERS NAAR DUITSLAND

De Tweede Wereldoorlog groeit uit tot een langdurig conflict, een uitputtingsslag. De nazi's schakelen van bij het begin de economie van de bezette gebieden in hun oorlogvoering in. Naarmate meer Duitsers als soldaat aan het oostfront worden ingezet om de verliezen aan te vullen, beschikken Duitse bedrijven over steeds minder arbeiders. Hitler besluit daarom in 1942 de arbeidsreserves van de bezette Westgebieden aan te boren. Fritz Sauckel, de Generalbevollmächtigter für den Arbeitseinsatz, krijgt de opdracht twintig miljoen buitenlandse arbeiders verplicht in Duitse bedrijven te doen werken. Hij slaagt er niet eens in ook maar de helft van dat aantal te bereiken, maar voor bijna 200.000 Belgische arbeiders betekent die operatie het gedwongen vertrek naar Duitsland.

Op 6 oktober 1942 vaardigt de Militärverwaltung een verordening uit waardoor mannen van 18 tot 50 jaar en ongehuwde vrouwen van 21 tot 35 jaar verplicht kunnen worden in Duitsland te gaan werken. Protesten uit diverse Belgische kringen doen de bezetter uiteindelijk afzien van de deportatie van vrouwen, maar ondertussen waren reeds enkele duizenden vrouwen in Duitsland tewerkgesteld. Op zoek naar geschikte kandidaten voor de arbeidsinzet kammen Duitsers de gemeentelijke bevolkingsregisters uit of eisen ze personeelslijsten op van bedrijven die geen producten maken die dienstbaar zijn voor de oorlogvoering. De Duitse arbeidsbureaus, de Werbestelle, verzamelen die gegevens op steekkaarten en selecteren de arbeiders die voor deportatie in aanmerking komen; doorgaans zijn dat vrijgezellen, gehuwde mannen zonder kinderen of niet-gespecialiseerde arbeiders. Na een geneeskundig onderzoek krijgen ze het bevel zich in een Belgisch spoorwegstation aan te melden om naar Duitsland te vertrekken.

De opgeroepenen ervaren de deportatie naar Duitsland als een verschrikking. Ze gebruiken dan ook alle middelen om aan de verplichte tewerkstelling te ontsnappen: doktersattesten, getuigschriften van onmisbaarheid in het gezin, voorspraak van prominenten of van collaborateurs. Het ultieme middel is uiteraard geen gevolg geven aan het marsbevel en onderduiken. Uiteraard lijdt de rekrutering daaronder. Alleen bij het begin van de opeisingen slaagt de Militärverwaltung erin het door Sauckel vooropgestelde getal te halen. In het voorjaar van 1943 loopt het echter al mis. Steeds minder opgeroepenen melden zich voor het vertrek. De Feldgendarmerie heeft manschappen te kort om de werkweigeraars op te sporen en rekruteert hulpgendarmen in collaboratiekringen. Velen die zich onttrekken aan de arbeidsinzet komen in het verzet terecht, dat daardoor zijn effectieven spectaculair ziet toenemen.

Vanaf juni 1943 probeert het militaire bestuur zijn getalsmatige doelstelling te halen via de jaarklassenactie. Alle mannen geboren in 1920 of 1921 worden opgeroepen tenzij ze zijn vrijgesteld. Tot de vrijgestelde categorieën behoren onder andere collaborateurs die van een militaire of paramilitaire formatie deel uitmaken, mijnwerkers, arbeiders uit bedrijven die voor de oorlogsindustrie werken, spoorweg- en postpersoneel, leden van de ordestrijdkrachten en studenten. Studenten zijn wel verplicht zes maanden in België te werken, anders mogen ze geen examens afleggen. Ook met de eerste jaarklassenactie blijft de bezetter ver onder de norm die door Sauckel is opgelegd. Om de ontduiking van de arbeidsinzet tegen te gaan, wordt de Zivilfahndungsdienst opgericht, die zijn manschappen rekruteert bij de DeVlag en Rex. Vooral in de weekends worden klopjachten gehouden tijdens sportwedstrijden, kermissen en bals die door veel jongeren en ook door onvoorzichtige werkweigeraars worden bijgewoond.

De resultaten van de arbeidsinzet blijven echter ondermaats, zodat in april 1944 de jaarklassen 1922 tot 1924 voor verplichte tewerkstelling in Duitsland in aanmerking worden genomen. Ook die acties mislukken grotendeels. Zo worden in mei 1944 32.000 jonge mannen opgeroepen, maar er melden er zich slechts 24.000 aan op de Werbestelle. Ten gevolge van allerlei vrijstellingen, houdt men er uiteindelijk maar tweeduizend over, van wie er amper zevenhonderd vijftig daadwerkelijk vertrekken. De tegenvallende resultaten beletten niet dat voor de hele periode van de arbeidsinzet 189.542 Belgische arbeiders in Duitsland verplicht tewerk worden gesteld.

Van alle Duitse dwangmaatregelen treft de verplichte tewerkstelling het meest de Belgen en ze lokt tegelijkertijd het meeste verzet uit. De verplicht tewerkgestelde arbeiders leven in Duitsland vaak in penibele omstandigheden. Bij hun familie leeft de voortdurende bekommernis om hun lot. Het gemis, de onrust en de angst blijven in het collectieve geheugen verankerd, zoals dat ook het geval is bij de families van de 65.000 krijgsgevangenen die heel de bezetting lang in Duitse kampen vastzitten. Tegen de bepalingen van het oorlogsrecht in, dwingen de nazi's ook een groot deel van de krijgsgevangenen voor de Duitse oorlogsindustrie te werken. De Duitse fabrieken vormen cynisch genoeg het doelwit van geallieerde bombardementen, zodat ruim 3200 Belgische arbeiders en krijgsgevangenen in Duitsland omkomen in de 'bevrijding'.

Bibliografie

De Backer, A., *Het proces von Falkenhausen en Reeder*, niet-gepubliceerde licentiaatsverhandeling, Leuven, 1990.

Jacquemyns, H., *Een bezet land*, Kapellen, 1982.

Konings, J., *De terechtstelling van gijzelaars tijdens de Duitse bezetting van België onder het bestuur van de Militärbefehlshaber von Falkenhausen (1940-1944)*, niet-gepubliceerde licentiaatsverhandeling, Leuven, 1982.

Saerens, L., *Het vijfde ras: de houding van Antwerpen tegenover zijn joodse bevolking (1880-1944)*, Brussel, 2001.

Steinberg, M., *L'étoile et le fusil. La traque des Juifs 1942-1944*, Brussel, 1986, 2 dln.

Van de Vijver, H., R. Van Doorslaer & E. Verhoeyen, *Het verzet*, Antwerpen-Amsterdam, 1988.

Verhoeyen, E., *België bezet 1940-1944*, Brussel, 1993.

X, *De Verplichte Tewerkstelling in Duitsland. Le travail obligatoire en Allemagne 1942-1945*, Brussel, 1993.
X, *Les Juifs de Belgique. De l'immigration au génocide*, Brussel, 1994.

HOOFDSTUK 7

DE COLLABORATIE

BEWUSTE STEUN AAN HET DERDE RIJK

COLLABORATIE

Bij wijze van boutade wordt wel eens gezegd dat een vreemde bezetter binnen de kortste tijd zijn biezen moet pakken als de bevolking van het bezette land elke samenwerking weigert door systematisch het openbare leven lam te leggen. Als niemand gaat werken, als geen enkele publieke of private dienst nog wordt verzekerd, als de bevoorrading stilvalt, zou het vrijwel onmogelijk zijn een stabiel bezettingsbestuur te vestigen. Het is een theoretische denkoefening, want de geschiedenis leert dat dergelijke scenario's zich zelden of nooit afspelen. Een algemene burgerlijke ongehoorzaamheid blijkt geen reële optie te zijn, omdat de bezetter zijn wil met geweld oplegt. Na de schok van de invasie gaat de bezette bevolking meestal over tot de orde van de dag. De bakker gaat opnieuw brood bakken, de treinen rijden weer, er komt opnieuw water uit de kraan. Het dagelijkse leven wordt min of meer weer normaal doordat de bevolking zich aanpast aan de nieuwe omstandigheden. Dat impliceert ook een zekere mate van gehoorzaamheid aan de regels en wetten van de nieuwe machthebbers.

De Duitse bezetting van België tijdens de Tweede Wereldoorlog vormt geen uitzondering op dit patroon. De bezetter verheft vanuit de nationaalsocialistische staatsideologie het geweldsprincipe tot politieke norm. Elke vorm van verzet wordt genadeloos vervolgd. De bezette bevolking wordt economisch ingeschakeld in de Duitse oorlogvoering. Dat impliceert economische plundering en de gedwongen inzet van arbeidskrachten in de Duitse industrie.

Hoewel het overgrote deel van de Belgen de nieuwe machthebbers en hun maatregelen totaal niet 'waardeert', zien we dat slechts enkele honderdduizenden zich actief verzetten. Miljoenen anderen werken min of meer normaal mee, weliswaar met zeer grote tegenzin, maar toch voldoende actief om Duitse repressie te vermijden.

Accommodatie en collaboratie

Dezelfde houding als hiervoor geduid treft men aan bij de meeste gezagsdragers en de gevestigde instellingen zoals de kerk, het hof, het bedrijfsleven en de openbare besturen. De heersende opvatting luidt dat samenwerking geboden is om erger te voorkomen. Deze 'politiek van het minste kwaad' vindt aansluiting bij de belangen van de bezetter, die het land met een minimum aan troepen wil controleren en daarom bereid is compromissen te sluiten om Ruhe und Ordnung te bewaren.

Doordat in de loop van de bezettingsjaren het bezette land en zijn bevolking steeds *rücksichtsloser* worden ingezet in de Duitse oorlogvoering, wordt de evenwichtsoefening tussen de Duitse en de Belgische gezagsdragers steeds moeilijker. Ook de langdurige bezetting en het slinken van de kansen op een Duitse militaire zege maken de cohabitatie steeds problematischer. Toch houdt het systeem stand tot in de zomer van 1944 de bevrijding nakend is en de Duitse macht ineenstort.

De *condition humaine* van het gros van de Belgische bevolking en gezagsdragers wordt gedurende de hele bezettingsperiode gekenmerkt door 'accommodatie'. Voor een heldere analyse moet een onderscheid worden gemaakt tussen deze 'normale' aanpassing en het maatschappelijke fenomeen van de collaboratie. Collaboratie is de samenwerking met de bezetter vanuit de wil om diens politiek-ideologische project mee te realiseren. De samenwerking is vrijwillig en gemotiveerd en – in tegenstelling tot de accommodatie – geen negatieve keuze die door de omstandigheden totstandkomt. Vanuit een moreel standpunt is er een duidelijk onderscheid. Dat neemt niet weg dat ook de aanpassingspolitiek onvermijdelijk medewerking met de bezetter impliceert en dus een graduele medeverantwoordelijkheid voor de gevolgen van de bezetting inhoudt. Het onderscheid tussen accommodatie en collaboratie betekent niet dat de aanpassingspolitiek helemaal on-ideologisch zou zijn. De mate waarin vooral gezagsdragers zich aanpassen, houdt ook verband met hun gehechtheid aan de democratische instellingen. Hoe moeilijk ook, om verantwoordelijkheden te bepalen is het noodzakelijk een onderscheid te maken tussen aanpassingspolitiek en actieve steun aan het nationaal-socialistische project. Enkele honderdduizenden Belgen zijn tot dat laatste bereid, een groep die ongeveer even groot is als de Belgen die actief in het verzet gingen tegen de bezetter.

Zwart en wit

Zo ontstaat het beeld van twee minderheden die collaboreren met of zich verzetten tegen de bezetter – zwart en wit – met daartussenin een grote grijze zone. Het toeval wil dat die kleuren ook in de werkelijkheid symbool staan voor de verschillende kampen. De meeste paramilitaire collaborerende formaties dragen zwarte of donkere uniformen, waardoor in de volksmond elke collaborateur als een 'zwarte' wordt betiteld. Van de weeromstuit wordt de andere kant 'wit'.

Tijdens de bevrijdingsdagen, als het verzet eindelijk uit de clandestiniteit kan treden, dragen verzetslui vaak witte overals. Een van de verzetsgroepen noemt zich de 'Witte Brigade', een naam die in de volksmond al vlug gebruikt wordt voor het hele verzet. De kleurmetafoor is vanuit analytisch oogpunt niet bijzonder helder, om verschillende redenen. Ten eerste wordt de sug-

Collaborateurs droegen vaak zwarte of donkere uniformen, waardoor ze in de volksmond 'zwarten' werden genoemd. Hier bezoekt Hendrik Elias – in een uniform van de VNV-leiding – een kazerne van de Vlaamse Wacht, een van de gewapende paramilitaire formaties van de Vlaamse collaboratie.

gestie gewekt dat de houding van het gros van de bevolking een mengeling is van daden van verzet en collaboratie, terwijl verzet en collaboratie zich precies kenmerken door uitzonderlijk gedrag. Ten tweede worden er duidelijke grenzen getrokken tussen de verschillende 'kleuren'. In werkelijkheid zijn de grenzen tussen de verschillende basishoudingen niet altijd duidelijk te trekken, onder andere doordat ze evolueren in de tijd als gevolg van de oorlogsontwikkelingen. Gedragingen en standpunten die in de zomer van 1940, als velen de Duitse eindoverwinning verwachtten, als 'normale' aanpassing worden beschouwd, kunnen in de zomer van 1944 als collaboratie worden gebrandmerkt. De maatschappelijke omstandigheden en de evoluerende publieke opinie bepalen de grenzen. Ten derde suggereren de symbolen 'wit' en 'zwart' homogene groepen, terwijl er in werkelijkheid heel wat gradaties bestaan. De mate waarin en de wijze waarop mensen in verzet gaan tegen of collaboreren met de bezetter, is zeer verschillend. Ook in de grijze tussenzone zijn er veel schakeringen te onderscheiden. De 'politiek van het minste kwaad' blijkt bovendien een hellend vlak waarlangs organisaties en mensen in gezagsdragende functies afglijden naar en zelfs over de grens van de collaboratie.

Vormen van collaboratie

Het trekken van precieze grenzen is niet mogelijk, maar het is wel noodzakelijk om een analyse van gedrag in oorlogstijd mogelijk te maken. De naoorlogse militaire krijgsraden en gerechtshoven, waaraan de zuiveringsrechtspraak wordt toevertrouwd, zijn daartoe in elk geval verplicht. Zij moeten immers vaststellen of iemand de Belgische wet heeft overtreden. Het Belgisch Strafwetboek (SWB) is dan ook een instrument om collaboratie te definiëren en in zijn verschillende vormen te onderscheiden. Het SWB definieert vier belangrijke vormen van strafbare samenwerking met de vijand: politieke collaboratie (artikel 118bis), militaire collaboratie (artikel 113), economische collaboratie (artikel 115) en verklikking (artikel 121bis). Ongeveer 55.000 Belgen worden veroordeeld op basis van één of meer van deze artikels.

Politieke collaboratie wordt in het artikel 118bis als volgt omschreven:

'Het dienen van de politiek of de plannen van de vijand, het deelnemen aan de vervorming van wettelijke instellingen, het aan het wankelen brengen van de trouw van de burgers jegens de Koning en de staat en het voeren van propaganda gericht tegen de weerstand.'

Het is een zeer brede en vage omschrijving, waarmee gewone leden van collaborerende politieke organisaties kunnen worden bestraft, maar ook mensen die functies hebben bekleed in instellingen die steun hebben verleend aan de bezetter, bekleders van bestuursposten die onwettige daden hebben gesteld enzovoort. De enige voorziene strafmaat is de doodstraf.

De rechtsprekende instanties beseffen al heel snel dat deze strafmaat totaal onrealistisch is en dat zelfs het uitspreken van een gevangenisstraf onredelijk is voor een groot deel van de vervolgden, van wie het enige misdrijf erin bestond dat ze lid waren van een incivieke organisatie of een politieke overtuiging hadden geuit die niet was aanvaard. Bovendien is het trekken van de grens tussen accommodatie en collaboratie in deze categorie bijzonder moeilijk. Het is dan ook geen toeval dat veel politieke collaborateurs niet door de strafrechter maar door de burgerlijke epuratie worden bestraft. Ongeveer 10.000 Belgen worden louter wegens politieke collaboratie veroordeeld, terwijl ongeveer 18.000 Belgen om die reden worden geëpureerd. Verder zijn er nog minstens 10.000 veroordelingen wegens politieke collaboratie in combinatie met andere vormen van collaboratie (vooral militaire).

Bij de militaire collaboratie liggen de verhoudingen heel anders. 18.000 Belgen worden strafrechtelijk veroordeeld, louter wegens militaire collaboratie, en nog eens ongeveer 15.000 wegens militaire collaboratie in combinatie met andere vormen van samenwerking met de vijand. Slechts vierduizend militaire collaborateurs komen ervan af met een burgerlijke sanctie. Militaire collaboratie is dan ook niet alleen een vorm van samenwerking met de vijand die als zeer erg wordt ervaren, ze is ook zeer goed zichtbaar en dus vaststelbaar. Het gaat om leden van paramilitaire of militaire formaties die aan of achter de Duitse fronten hebben geopereerd en/of in het bezette land. De leden hebben zich in uniform en gewapend in het openbaar vertoond. Niet alle militaire collaborateurs dragen echter een wapen, en ze dragen ook niet allemaal een uniform. Leden van sommige ongewapende formaties, zoals het Duitse Rode Kruis, worden als militaire collaborateurs veroordeeld.

Ook Belgen die als burger wapens hebben gedragen en hun medewerking hebben verleend aan de bezetter, worden veroordeeld op grond van artikel 113 van het SWB dat 'wapendracht tegen België' met de doodstraf bestraft. Deze draconische straf wordt zeer zelden toegepast. Militaire collaborateurs krijgen meestal gevangenisstraffen waarvan de hoogte afhangt van de formaties waarin ze hebben gediend. De zwaarste categorie is het lidmaatschap van de Waffen-SS, de zogenaamde oostfronters, die na gemiddeld ongeveer vijf jaar weer op vrije voeten staan.

Meer dan 30.000 Belgen worden beticht van collaboratie door verklikking, terwijl er minder dan zesduizend daadwerkelijk worden vervolgd. Verklikking is dan ook vaak zeer moeilijk bewijsbaar. Ze neemt ook zeer verschillende vormen aan. Vaak is ze het gevolg van een louter persoonlijke afrekening, soms hangt ze samen met de uitgeoefende functie. Zo is het voor de hand liggend dat leden van Duitse inlichtingendiensten structurele verklikkers zijn. Minder voor de hand liggend en heel wat complexer is de rol van bestuurders, bijvoorbeeld oorlogsburgemeesters, die door de 'normale' uitoefening van hun functie over bepaalde informatie beschikken en die soms rechtstreeks of onrechtstreeks doorgeven aan de bezettende overheid. Soms ligt deze informatie onmiddellijk aan de basis van Duitse repressie tegen personen. Bestuurders die lid zijn van collaborerende politieke groeperingen krijgen daarenboven langs politieke weg de opdracht systematisch inlichtingen door te geven over politieke tegenstanders en velen doen dat ook.

Economische collaborateurs zijn het kleinst in aantal met ongeveer vijftienhonderd veroordelingen. De noodzakelijkheid van de bedrijven om zich aan te passen aan de bezettingsomstandigheden en dus om binnen bepaalde grenzen de productie te handhaven door te leveren aan de bezetter, wordt door de magistratuur en de naoorlogse politieke machthebbers de facto erkend. Dat neemt niet weg dat wel degelijk een vervolgingsbeleid wordt gevoerd tegen bedrijfsleiders die buitensporige oorlogswinsten hebben gemaakt en/of leveringen aan de bezetter hebben gedaan die voor onmiddellijke oorlogsdoeleinden konden worden ingezet. De juridische beoordeling van economische collaboratie is veel complexer dan de andere vormen van collaboratie door de aard van de zaak zelf.

De vervolging van de economische collaboratie

Artikel 115 van het Strafwetboek bestraft met de dood 'hij die hen *(de vijanden van de staat)* helpt door het verschaffen van soldaten, manschappen, geld, levensmiddelen, wapens of munitie.' Het artikel stamt uit de napoleontische periode maar werd in België pas na de Eerste Wereldoorlog toegepast. De rechters interpreteerden het artikel ruim: een moderne oorlog heeft een totaalkarakter, zodat nagenoeg elke levering van goederen aan de vijand of diens onderdanen nuttig is voor de oorlogvoering en dus strafbaar is. Artikel 115 werd tussen 1918 en 1944 niet aangepast. De rechterlijke macht moest in 1944 aan de slag met dit artikel en de strenge rechtspraak uit de periode na de Eerste Wereldoorlog. Artikel 115 op dezelfde manier toepassen als kort na de Eerste Wereldoorlog was onmogelijk, omdat dan bijna alle industriëlen en handelaren moesten worden gestraft. Had het comité-Galopin er niet voor gekozen de economische activiteit voort te zetten? Artikel 115 onverkort toepassen was niet alleen onmogelijk, er bestond een ruime politieke en maatschappelijke consensus dat een zekere mate van economische activiteit tijdens de bezetting geoorloofd was – het ging erom criteria voor vervolging en bestraffing af te bakenen en te bepalen waar de grens van de toelaatbare economische activiteit lag. Dat was de inzet van politieke strijd, waarbij auditeur-generaal W.J. Ganshof van der Meersch een sleutelrol speelde en meermaals in conflict kwam met de regering. In mei 1945 werd artikel 115 aangepast en beperkend geïnterpreteerd.

Het eindresultaat was dat vooral middelgrote industriëlen uit de bouw-, hout-, textiel- en metaalsector en handelaren vervolgd werden. Het ging vaak om leveringen met een militair karakter, zwartemarktactiviteiten of om ondernemingen die, omdat ze voor Duitsland konden werken, hun activiteiten aanzienlijk hadden kunnen uitbreiden. Vaak hadden ze ook grote winsten gemaakt. Ze konden moeilijk aannemelijk maken dat ze voor de Duitsers gewerkt hadden enkel en alleen om hun onderneming in stand te houden (ze hadden ze uitgebreid, soms zelfs nieuwe activiteiten ontplooid) of om hun arbeiders tegen wegvoering te beschermen (ze hadden er nieuwe aangenomen).

Op enkele uitzonderingen na werden de grote ondernemingen niet bestraft. De reden was *niet* dat bij het gerecht de wil ertoe ontbrak. De verklaring moet eerder worden gezocht in de Galopin-doctrine, die vooral bij de grote ondernemers weerklank had gevonden. Binnen elke sector werd een gemeenschappelijke politiek gevoerd conform de Galopin-richtlijnen. Beslissingen werden gemeenschappelijk genomen. Wanneer het ging om een bestelling die dicht in de buurt kwam van wapentuig of munitie, werden allerlei argumenten uitgespeeld om het order niet te moeten aanvaarden, ook al gaf men toe als de Duitse druk te groot werd. In een aantal gevallen werd de uitvoering van de bestelling vertraagd of sabotage of traag werken door het personeel getolereerd. Bovendien werd, zoals elders uiteengezet, een sociale politiek gevoerd in het bedrijf. Er werd met andere woorden een dubbele solidariteit gecreëerd: onder industriëlen en tussen industriëlen en arbeiders. Hiertegen optornen werd voor het gerecht steeds moeilijker naarmate de tijd vorderde en voor de publieke opinie een strenge bestraffing van de collaboratie steeds minder een prioriteit was. De politiek van het comité-Galopin was er de oorzaak van dat de opstelling van deze industriëlen, die tot de elite behoorden, niet eenduidig was en een lang vooronderzoek nodig was. Dit alles leidde ertoe dat vanaf de zomer van 1947 bestraffing van de economische collaboratie geleidelijk uitdoofde. (DL)

In dit hoofdstuk beperken we ons tot de politieke en militaire collaboratie, die samen meer dan negentig procent van alle veroordelingen uitmaken en die bovendien sterk met elkaar verweven zijn, zo zal ook blijken. We zullen vooral aandacht hebben voor de politieke partijen en de facties in de collaboratie. Daarmee is niet gezegd dat alle collaborateurs politiek-ideologisch zijn gemotiveerd. Persoonlijke ambitie, winstbejag, broodwinning, avonturisme, querulantisme… zelfs de liefde beweegt mensen tot samenwerking met de bezetter. In de beeldvorming van het 'verraad' drijven vaak collaborateurs boven die uit persoonlijke motieven bereid blijken tot de laagste en gemeenste daden en die ook vaak bloed aan de handen hebben. Ze worden tot 'de donkere kern' van de collaboratie gerekend en velen krijgen na de oorlog de zwaarste straf. Ze worden soms ook aangeduid als 'criminele collaborateurs', een notie die tegelijk verwarrend en revelerend is. Ze is verwarrend omdat elke daad van collaboratie door het SWB met een 'criminele' straf (meer dan vijf jaar gevangenis) wordt bedacht, revelerend omdat het erop duidt dat het gros van de veroordeelde collaborateurs niet als 'crimineel' kan worden betiteld.

De politiek-ideologische collaboratie ligt aan de basis van de meeste initiatieven, organisaties en structuren waarin Belgen collaboreren. Met politiek-ideologische collaboratie wordt de samenwerking met de bezetter bedoeld die gemotiveerd wordt vanuit een maatschappelijke bekommernis, een begrip dat in deze context vreemd overkomt. Nochtans mag men ervan uitgaan dat in België – zoals overal elders in bezet Europa – individuen en groepen samenwerken met de bezetter om de maatschappij te veranderen of om de maatschappelijke veranderingen die het gevolg zijn van de bezetting te bestendigen of uit te diepen. Het is deze collaborateurs te doen om de maatschappij. Hun motieven zijn van politiek-ideële aard, al is het voor de hand liggend dat dit soort van motieven nooit helemaal te scheiden is van persoonlijke motieven. Politiek-ideëel gemotiveerde collaborateurs kunnen door hun gedrag in de 'criminele' collaboratie belanden. Bovendien verleent elke politiek-ideologische collaborateur steun aan het nationaal-socialisme, een ideologie die vanuit de maatstaven van de democratische rechtsstaat als crimineel kan worden betiteld.

De politiek-ideologische collaboratie kan zeer verschillende vormen aannemen. De vorm die voor de hand ligt en waarmee politieke collaboratie meestal wordt geassocieerd, is die van het politiek militantisme en/of lidmaatschap van een collaborerende politieke groepering of het openlijk verkondigen van welbepaalde politieke meningen. In ruimere zin neemt de politiek-ideologische collaboratie ook vormen aan van administratieve, culturele, paramilitaire, militaire en politionele collaboratie. Vaak vloeien deze vormen van collaboratie voort uit de politiek-ideologische collaboratie en niet zelden worden ze verenigd in één persoon.

DE POLITIEKE COLLABORATIE

Antidemocratie en nationalisme

De politiek-ideologische collaboratie in België heeft twee oorzaken in de vooroorlogse maatschappij: de antidemocratie en het nationalisme. De eerste oorzaak was aanwezig in heel Europa en heeft overal collaboratiebewegingen voortgebracht, ook in Vlaanderen, Brussel en Wallonië. De tweede oorzaak is op het eerste gezicht een Vlaams fenomeen bij uitstek. Nochtans zijn veel collaboratiebewegingen in bezet Europa nationalistisch van aard, zodat ook dit aspect niet helemaal typisch Vlaams mag worden genoemd. Antidemocratie en nationalisme leiden tijdens de Duitse bezetting niet vanzelfsprekend tot collaboratie: ze zetten soms zelfs aan tot verzet tegen de bezetter. Het is dus noodzakelijk de specifieke omstandigheden te onderzoeken waarin in Vlaanderen de twee genoemde maatschappelijke stromingen tot collaboratie hebben geleid.

De antidemocratie is ouder dan de democratie zelf. Ze gaat terug naar een maatschappij waarin soevereiniteit en instellingen waarmee het volk zichzelf bestuurt niet bestonden, het zogeheten Ancien Régime. Het Ancien Régime kwam in West-Europa aan zijn eind door burgerlijke en sociale (r)evoluties die hebben geleid tot parlementaire democratieën en de emancipatie van de civiele maatschappij. Deze fundamentele ontwikkeling gaat nog steeds verder. Ze heeft voortdurend – en nog steeds – tegenkrachten opgeroepen die veel verschillende vormen kunnen aannemen.

Tijdens het interbellum tussen beide wereldoorlogen en vooral tijdens de jaren dertig richtte de antidemocratie zich in hoofdzaak tegen het algemeen enkelvoudig stemrecht (voor mannen), in België ingevoerd in 1919. Het algemeen enkelvoudig stemrecht en de ermee gepaard gaande institutionele veranderingen, onder meer de toegenomen betekenis van politieke partijen en de geleidelijke machtstoename van de arbeidersbeweging, wordt door de antidemocratische krachten beschouwd als een opstand van de massa's die de samenleving ten gronde zal richten. De crisis van het kapitalisme en de turbulente internationale politiek in de jaren dertig sterkte de antidemocraten in hun oordeel. Al in de jaren twintig ontstonden in kringen van Franstalige Belgisch-nationalistische kringen van oud-strijders uit de Eerste Wereldoorlog uitgesproken fascistische organisaties. De belangrijkste exponent was het Nationaal Legioen, met ongeveer achtduizend leden.

De belangrijkste politieke exponent van de antidemocratie in de jaren dertig evenwel is Rex, de partij van de fundamentalistische katholiek Léon Degrelle, die in 1936 meer dan 270.000 kiezers (11,5 procent) kon bekoren, voornamelijk in Wallonië (15,1 procent) en Brussel (18,1 procent). De partij telt in die periode meer dan 100.000 betalende leden, zodat ze een ernstige bedreiging betekent voor het democratische bestel. De traditionele partijen slagen erin Rex in te dijken en terug te dringen. Ze worden daarbij geholpen door de strategische blunders van Degrelle. Gedreven door een grenzeloze ambitie sluit hij na de verkiezingen van 1936 een coalitie met het VNV in de veronderstelling dat hij het regime zo in een crisis kan meesleuren die hem uiteindelijk aan de macht zal brengen.

Veel Belgisch-patriottische aanhangers beschouwen samenwerking met Vlaams-nationalisten, onder wie heel wat oud-collaborateurs uit de Eerste Wereldoorlog, als een monsterpact en laten de partij in de steek. Wat overblijft van Rex drijft verder af naar het fascisme. In Franstalig België behaalt Rex in 1939 gemiddeld nog 6 à 7 procent van de stemmen. Er is dus een potentieel aanwezig om een ideologische collaboratie op te enten. Wel schiet er aan de vooravond van de bezetting nog nauwelijks iets over van het kader van Rex.

Bij de antidemocratische krachten in Vlaanderen is het heel anders gesteld. Het Vlaams-nationalisme vindt zijn oorsprong in de Vlaamse beweging, die op haar beurt deel uitmaakt van een emancipatiebeweging van de civiele maatschappij in Vlaanderen. Een maatschappij van hoofdzakelijk Nederlandstaligen die zich in groeiende mate bevoogd voelen door een Franstalige staat. De Vlaamse beweging eist de wettelijke en feitelijke gelijkberechtiging van de Vlamingen, het Vlaams-nationalisme eist een Vlaamse staat. De eerste eis wordt voor de Tweede Wereldoorlog gedragen door een steeds groeiende meerderheid van de civiele maatschappij in Vlaanderen, de tweede eis door een belangrijke minderheid.

Het is deze minderheid die in de jaren dertig de eis tot een Vlaamse staat verbindt met de antidemocratie. Door de verstrengeling met de antidemocratie vervreemdt het Vlaams-nationalisme van de Vlaamse civiele maatschappij, terwijl op hetzelfde moment nochtans belangrijke taalwetten de Nederlandstaligheid van de Vlaamse civiele maatschappij binnen de Belgische staat beveiligen. Voor het Vlaams-nationalisme is België echter inmiddels uitgegroeid tot een existentiële vijand die moet worden vernietigd om de Vlaamse staat te verwezenlijken.

Die onverzoenlijkheid zit al van meet af aan in het Vlaams-nationalisme, onder andere doordat het ontstond in de gepolariseerde context van de Eerste Wereldoorlog en vooral onder meer in een faliekant afgelopen collaboratie – het zogeheten 'activisme' – met een strafrechtelijke nasleep. De onverzoenlijkheid krijgt groeikansen door de houding van een Franstalig Belgisch establishment dat zijn eigen belangen boven die van de Vlaamse civiele maatschappij plaatst, onder meer door taalwetten tegen te werken. Maar het keerpunt naar de antidemocratie wordt genomen op het moment dat het Vlaams-nationalisme zich van de Vlaamse civiele maatschappij afkeert door zichzelf soeverein te verklaren. De politieke leiders van het Vlaams-nationalisme verklaren dat ze de enige legitieme vertegenwoordigers van het Vlaamse volk zijn. Het Vlaams Nationaal Verbond (VNV), de partij waarmee ze België én de Vlaamse civiele maatschappij bevechten, haalt in de verkiezingen van 1939 15 procent in Vlaanderen, goed voor een kleine 200.000 stemmen. Ongeveer 30.000 Vlamingen zijn lid van het VNV.

De antidemocratische krachten blijven niet beperkt tot de hierboven genoemde organisaties. Ook in de traditionele politieke families, en vooral bij de katholieke, zijn er conservatieve groeperingen, stromingen en individuen die gekant zijn tegen de democratisering van de samenleving. Sommigen smeden radicale plannen. Ook internationaal zit de democratie in het defensief en sommige rechts-autoritaire regimes genieten veel aanzien bij de misnoegden. De ervaringen van de Eerste Wereldoorlog en het Belgischenationalisme maken de meeste Franstaligen immuun voor de invloed van het nazi-regime van 'les boches'.

Als Degrelle na 1936 openingen zoekt naar Berlijn, vergroot dat alleen maar zijn isolement. In Vlaanderen spelen de anti-Duitse gevoelens eveneens een rol, nog versterkt door het katholieke wantrouwen tegen een regime dat in de clinch is gegaan met Rome. Alleen bij het Vlaams-nationalisme bestaat er één voorzichtig positieve houding tegenover 'het nieuwe Duitsland', onder andere door de activistische collaboratie tijdens de Eerste Wereldoorlog. Naar Duitsland uitgeweken activisten zijn soms *go-betweens.* Zij leggen contacten tussen VNV-leider Staf De Clercq en de Abwehr, de Duitse militaire geheime dienst. De Clercq speelt met het idee bij een mogelijke nieuwe oorlog steun te verlenen aan Duitsland en dus met hoogverraad. De plannen zijn vaag en uiteindelijk worden ze ingehaald door de feiten, vooral door het bliksemsnelle verloop van de invasie.

Een goed ontwikkelde 'Vijfde Colonne' is er niet in België, al zijn er natuurlijk wel heel wat Duitse agenten actief in het inlichtingenwerk en bij sabotageacties. De Belgen die daarbij zijn betrokken, zijn dat meestal ten individuelen titel. Enkele bestaande Vlaams-nazistische *groupuscules* worden niet ernstig genomen door Berlijn. De Belgische overheid neemt echter geen risico's en arresteert in de meidagen van 1940 vele duizenden verdachten onder wie Rex- en VNV-leiders. Dat neemt bij hun volgelingen echter remmingen weg om samen te werken met de nieuwe heersers.

Het VNV leidt de collaboratiedans

Het VNV zet in Vlaanderen de collaboratie al in de zomer van 1940 op de rails. Voorzitter Staf De Clercq biedt tijdens besprekingen met de bezettende overheid de medewerking van zijn partij aan. Hij is ervan overtuigd dat het VNV zijn nationalistische project zal kunnen verwezenlijken door met de bezetter samen te werken. Hoewel elke concrete toezegging achterwege blijft, heeft de VNV-leider er alle vertrouwen in. Hij vindt daarvoor bevestiging in de Flamenpolitik van de Militärverwaltung die als gevolg van een bevel van Adolf Hitler (14 juli 1940), de Vlamingen bevoordeelt ten opzichte van de Franstaligen. Het VNV kan hierdoor enkele belangrijke bestuursposten bezetten, onder meer twee gouverneurszetels.

Dat de partij desondanks netjes binnen de lijnen moet blijven van wat Berlijn voorschrijft, blijkt al in de nazomer van 1940 als het VNV verplicht wordt zijn Dietse aspiraties in te slikken. Het weerhoudt De Clercq er niet van om op 10 november 1940 de collaboratie van zijn partij te proclameren en zijn lot te verbinden aan dat van Hitler. Hij maakt duidelijk dat hij een blind vertrouwen heeft in de Führer om te beschikken over de toekomst van Vlaanderen. De Clercq blijkt op zijn beurt te kunnen rekenen op het vertrouwen van het overgrote deel van zijn 'rank and file' die hem enthousiast volgen. Weifelende VNV'ers worden meegezogen, ook door de machtsposities die in het verschiet komen.

De diepere oorzaken van de snelle opmars van het VNV in de collaboratie liggen in het vooroorlogse karakter van het VNV als een antidemocratische, anti-Belgische, Vlaams-nationalistische partij. Elk van de genoemde karakteristieken op zich verklaart niet de collaboratie, wel de combinatie van factoren. Het antidemocratische karakter zorgt ervoor dat De Clercq en de andere architecten van de collaboratie ervan overtuigd zijn dat ze alleen aan zichzelf verantwoording moeten afleggen. Je zou het de no-feedbackfactor kunnen noemen. Het anti-Belgische karakter is er de oorzaak van dat de partij niet verankerd is in de Belgische machtsstructuren, waardoor ze zeer vatbaar is voor de belofte van machtsverwerving door samenwerking met de nieuwe machthebbers, wat we als de pullfactor kunnen omschrijven. Het Vlaams-nationalisme geeft de partij een doel dat wervend is in een ruimere Vlaamse beweging en aldus in de Vlaamse samenleving. Dit is de pushfactor.

Deze drie factoren zijn al aanwezig vóór 1940. De context van een nationaal-socialistische bezetting verklaart de ontwikkeling van de drie factoren waarbij de ene factor de andere versterkt. Het VNV zal zijn antidemocratisch gedachtegoed snel integreren in de nationaal-socialistische ideologie, wat de no-feedbackfactor nog belangrijker maakt. Het VNV proclameert zichzelf in mei 1941 als de Eenheidsbeweging-VNV, nadat het met steun van de bezetter de Vlaamse afdelingen van Rex en de overblijfselen van het Verbond van Dietse Nationaal Solidaristen (Verdinaso) heeft opgeslorpt.

Het Verdinaso was in 1931 ontstaan als een Vlaams-nationalistische en fascistische organisatie. Vanaf 1934 evolueert het Verbond naar een Belgisch-patriottisme en treden ook Franstalige Belgen toe. Aan de vooravond van de bezetting telt het enkele duizenden aanhangers. Verdinaso-leider Joris Van Severen wordt als staatsgevaarlijk persoon door de Belgische overheid gearresteerd en naar Frankrijk gevoerd. Daar wordt hij vermoord door Franse militairen. Beroofd van zijn leider verkeert het Verdinaso in een verscheurende crisis. De Belgisch-patriottische vleugel wordt lamgelegd door de bezetter, waardoor sommige dinaso's toetreden tot het verzet, terwijl de oude Vlaams-nationalistische aanhang gedwongen wordt toe te treden tot de Eenheidsbeweging-VNV.

In de propaganda wordt de gedwongen fusie voorgesteld als een voorbode van een Vlaamse nationaal-socialistische eenheidspartij, die – met het lichtend voorbeeld van de NSDAP (Nationalsozialistische Deutsche Arbeiterpartei) voor ogen – de Vlamingen zal begiftigen met een eigen nationaal-socialistische staat. Hoewel steeds meer Vlamingen steeds duidelijker signalen geven dat die toekomst hun niet bevalt, leidt dat niet tot bezinning of bijsturing. Het nationaal-socialisme biedt immers een antwoord op dit probleem, namelijk het volk moet worden opgevoed tot het nationaal-socialisme en de elite die deze taak op zich neemt, onderscheidt zich door haar machtswil. Hoe groter de tegenstand, hoe belangrijker de machtswil. De no -feedbackfactor kan op die manier maximaal effect sorteren.

Dat de Vlamingen vrij vlug – reeds in november 1940 – en vrij massaal signalen geven dat de beloofde nationaal-socialistische heilsstaat hun niet bevalt, heeft te maken met het feit dat die zogenaamde heilsstaat de totale vernietiging impliceert van de civiele maatschappij, gedefinieerd als een maatschappij van vrije burgers die soeverein hun lot bepalen. Maar ook burgers met een laag ontwikkeld politiek bewustzijn voelen aan den lijve dat de nationaal-socialistische bezettingspolitiek hun belangen niet zal dienen. De hoofdopdracht van het bezettingsbestuur is immers de maximale exploitatie van het bezette land voor de Duitse oorlogvoering. Dat impliceert economische plundering en de massale inzet van de bevolking in de Duitse oorlogsindustrie, maatregelen die voor onrust zorgen en daarom haaks staan op de tweede hoofdopdracht van het bezettingsbestuur, namelijk het bewaren van de rust en de orde in het bezette land met zo weinig mogelijk middelen.

Dat laatste staat in verband met de pullfactor. Het bezettingsbestuur vindt in het VNV een geschikte partner om de Ruhe und Ordnung te bewaren en forceert daartoe de inbraak van het VNV in de Belgische machtsstructuren. Duizenden VNV'ers bemannen Belgische bestuursorganen van het hoogste tot het laagste niveau. De partij kan er nieuwe leden mee aantrekken, waardoor ze groeit tot 50.000 leden in 1941. Het feit dat het VNV kan beschikken over een potentieel van bekwame en inzetbare bestuurders, wordt door het militaire bezettingsbestuur gewaardeerd. Zeer belangrijk is de aanwezigheid van het VNV in de colleges van burgemeester en schepenen. In 1943 bestuurt de partij één op twee Vlaamse gemeenten. Dat wordt mogelijk gemaakt door de benoeming van de VNV'er Gerard Romsée tot secretaris-generaal van Binnenlandse Zaken in april 1941. VNV'ers zijn ook massaal aanwezig in de nieuwe, op Duitse leest geschoeide structuren en organisaties die verantwoordelijk zijn voor de controle op de economie, de tewerkstelling en de ravitaillering. Zo bestuurt het VNV gedeeltelijk mee de Belgische staat die het wil vernietigen en is het een belangrijke uitvoerder van de onpopulaire bezettingspolitiek. En dat is niet de enige paradox.

GROOT-DUITSE RIVALEN

Het militaire bezettingsbestuur heeft geen politiek mandaat, wat impliceert dat het geen beslissingen mag nemen over het politieke lot van België. Aangezien het VNV zijn lot verbonden heeft aan de wil en dus de beslissing van Hitler, kan het niet anders dan afwachten en aandringen op een duidelijke uitspraak ten gunste van een Vlaamse staat.

Al in de eerste bezettingsmaanden ontstaat in Vlaanderen nochtans naast het VNV een collaboratiebeweging die het Vlaams-nationalisme bestrijdt met een Duits-nationalistisch project, namelijk de zogenaamde terugkeer van Vlaanderen in het Duits-Germaanse Rijk. De Vlaamse SS (Algemene of – van oktober 1942 af – Germaanse SS-Vlaanderen) is een zwart geüniformeerde militie naar het model van de Duitse Algemeine SS. De organisatie wordt gepatroneerd door Heinrich Himmler, die als Reichsführer-SS und Chef der deutschen Polizei de feitelijke nummer twee is in Berlijn. Niet zozeer de aanhang, die beperkt blijft tot enkele duizenden leden, maar wel deze machtige steun, maakt de Vlaamse ss tot een ernstige bedreiging voor het VNV. De Vlaamse SS rekruteert uit de bestaande kleine Vlaamse nazi-groeperingen en kan ook een beperkt aantal VNV-dissidenten aantrekken, maar mist formaat en coherentie om het VNV in het veld te kunnen beconcurreren. Daarom beslist de SS-leiding in 1942 de Duits-Vlaamse Arbeidsgemeenschap (DeVlag) als politieke concurrent te lanceren.

De DeVlag bestond al vóór de bezetting als een Duits-Vlaamse culturele vereniging met enkele honderden leden, vooral actief in de letteren en aan de universiteiten. Onder impuls van de Vlaamse voorzitter Jef Van de Wiele en enkele Duitse leden die actief zijn in de SS, wordt de DeVlag in de lente van 1941 in het geheim een onderdeel van het SS-complex. De DeVlag wordt een politieke mantelorganisatie met als opdracht een Duits-nationalistisch alternatief te vormen voor het VNV. De Vlaamse SS blijft bestaan als de officieuze militie van de DeVlag. Beide organisaties worden geleid door de Duitse vertegenwoordiger van Himmler in Brussel. Een van de Duitse toplui van de SS wordt bovendien Präsident van de DeVlag, waarmee meteen de band met de SS officiëel wordt gemaakt. Door die steun kan de DeVlag over zeer veel middelen beschikken. Van 1942 af toont de DeVlag zijn ware bedoelingen.

De twee nationalistische projecten in de Vlaamse collaboratie komen al snel met elkaar in botsing. Het VNV, dat aanvankelijk steun verleent aan de 'culturele' DeVlag, verbiedt eerst zijn kaderleden (juni 1943) en vervolgens zijn leden (oktober 1943) er nog lid van te zijn. In eerste instantie versterkt het de pushfactor. Het VNV definieert zichzelf als een dam tegen verduitsing en als

Jef Van de Wiele was als leider van de Duits-Vlaamse Arbeidsgemeenschap de belangrijkste Vlaamse collaborateur van de Groot-Duitse strekking. Zijn beweging werd gepatroneerd door de SS en kreeg de opdracht het Vlaams-nationalistische Vlaams Nationaal Verbond politiek te bestrijden.

verdediger van het Vlaamse belang. Dat zorgt voor een zeer grote verwarring in de geesten. De verdediging van het Vlaamse belang bestaat namelijk concreet in een opbod aan dienstvaardigheid tegenover de bezetter. Met andere woorden in een nog grotere ijver bij het vernietigen van de Vlaamse civiele maatschappij en de exploitatie van de Vlamingen voor de Duitse oorlogsdoeleinden. Daartoe behoren ook de eigen volgelingen, die de hoogste prijs betalen aan de Duitse fronten, zij aan zij met de volgelingen van de Duitsnationalistische tegenstander in de collaboratie.

VNV'ers worden onder druk gezet om zich aan te melden voor militaire dienst, omdat hun engagement een uiting zou zijn van de machtswil van het VNV en dus – in de nationaal-socialistische logica – van vitaal belang voor de veiligstelling van de Vlaamse staat. Voorts probeert het VNV zo veel mogelijk volgelingen in de Dietse Militie/Zwarte Brigade (DM/ZB), zijn geüniformeerde militie, in te lijven, zodat in massamanifestaties de macht van de partij zichtbaar kan worden gemaakt. Het toppunt van machtsontplooiing is een herdenkingsmars, op 12 juli 1942, voor Reimond Tollenaere, de aan het oostfront gesneuvelde leider van de VNV-militie. Het VNV mobiliseert hiervoor 12.000 mensen, van wie zowat de helft het uniform van de militie draagt.

Al spoedig worden de paradoxen echter te groot, waardoor het VNV elke expansiekracht verliest. De kritiek op een onmachtige leiding neemt hand over hand toe en verzwakt de partij intern. De VNV-leiding zit immers zelf vast in de logica van het opbod. Om het politieke pleit te winnen – lees de gunst van Hitler te krijgen –, moet het VNV zich dienstbaar opstellen. Berlijn doet nochtans geen enkele politieke toezegging. Hendrik Elias – die na de dood van Staf De Clercq in oktober 1942 de nummer één van het VNV is geworden – probeert tevergeefs via onderhandelingen en dreiging het pleit te winnen. In augustus 1943 staakt hij elke samenwerking met de SS, inclusief de werving voor de Waffen-SS, maar hij laat er geen twijfel over bestaan dat het VNV zijn collaboratiepolitiek op alle terreinen zal voortzetten. Op dat punt is er geen onderhandelingsruimte, want het zou de geprivilegieerde relaties tussen het VNV en het militaire bestuur in Brussel opblazen. De bezettende overheid verleent het VNV macht in ruil voor de inzetbaarheid van zijn leden.

Het tactische bondgenootschap stoelt ook op de strijd die de militairen met de SS-leiding voeren om de controle over het bezette gebied. De strijd tussen het VNV en de DeVlag maakt deel uit van de machtsstrijd die in het Derde Rijk op hoog niveau wordt gevoerd tussen het leger en de partij. Het ontbreken van een politiek mandaat komt de militairen in Brussel niet slecht uit. Zo kunnen ze voorwenden dat ze het streven naar politieke autonomie niet ongenegen zijn, terwijl ze in feite evengoed de annexatie van de bezette gebieden nastreven.

De Vlaams-nationalistische collaboratie raakt langzaam maar zeker vast in het politieke drijfzand. De partij telt aan de vooravond van de bevrijding nog een tienduizendtal leden, meestal functionarissen en leden van (para)-militaire formaties.

De DeVlag heeft zich inmiddels met Duitse steun opgepompt tot een zelfverklaard alternatief. De organisatie telt in 1943 naar eigen zeggen 50.000 leden, wat een grove overdrijving is. Het militaire bezettingsbestuur acht DeVlag in elk geval niet geschikt voor het bestuur van het land. Pas aan de vooravond van de bevrijding wordt de DeVlag op bevel van Hitler zelf uitgeroepen tot de partij van de Vlaamse nationaal-socialisten in de Reichsgau Flandern.

Aan de vooravond van de bevrijding is het VNV samen met zijn Duits-nationalistische tegen-/medestander – het is maar hoe men het wil bekijken – verworden tot een kleine, gehate en belaagde minderheid die de schuld van de hele oorlogsellende in de schoenen geschoven krijgt. De collaborateurs raken steeds meer in oorlog met de civiele maatschappij in Vlaanderen. Vele honderden militanten of vermeende aanhangers worden vermoord door het verzet. Vooral de VNV'ers op bestuursposten of collaborateurs in geüniformeerde dienst vormen een doelwit voor politieke moordaanslagen en andere terreuracties van het verzet. Van 1942 af zijn Vlaamse SS'ers betrokken bij gewelddadige acties tegen Belgen die ervan worden verdacht deel uit te maken van of steun te verlenen aan het verzet. Tijdens de laatste maanden van de bezetting raakt het VNV verwikkeld in de contraterreur.

Het project van Léon Degrelle

In Franstalig België is Rex aan de vooravond van de bezetting de belangrijkste emanatie van de antidemocratie. De partij staat zeer zwak, heeft nog nauwelijks een ontwikkeld kader en beschikt niet over de push- en pullfactoren die het VNV kan uitspelen. Franstaligen zijn stevig verankerd in het vaderland waar ze nog steeds ruim oververtegenwoordigd zijn in de machtsstructuren. Velen die Rex in 1936 actief hebben gesteund, vinden hun weg terug naar de traditionele machtscircuits. Sommige gewezen rexisten en andere antidemocratisch gezinde Franstaligen, zoals leden van het Nationaal Front, komen vanuit hun anti-Duitse gezindheid terecht in het verzet tegen de bezetter. Slechts een beperkt aantal keert in de zomer en het najaar 1940 terug naar Rex. Ook in de traditionele Belgische machtscenakels vindt Degrelle, ondanks de accommodatiesfeer tijdens de zomer van 1940, geen gehoor.

In het najaar van 1940 begint Degrelle het partijkader van Rex te ontwikkelen naar fascistisch model. Hij maakt er steeds minder een geheim van dat hij de kaart van de bezetter wenst te spelen. Er wordt vooral energie gestoken in de ontwikkeling van een Rex-militie, de Formations de Combat, waarvan eind 1940 ongeveer vierduizend zwart geüniformeerde militanten lid zijn. Op nieuwjaarsdag 1941 wordt de collaboratiebereidheid van Rex symbolisch beklonken: Degrelle beëindigt in het partijdagblad een pro-Duits artikel met 'Heil Hitler'. Net als VNV-leider Staf De Clercq anderhalve maand eerder, legt hij zijn lot in handen van de Führer. Zijn volgelingen slikken dit minder vlot dan De Clercqs troepen. Veel rexisten verlaten (opnieuw) de partij.

De Belgienpolitik van de bezetter biedt voorlopig geen aanknopingspunt voor Rex. Hitlers actieve Flamenpolitik, vastgelegd in de instructie van 14 juli 1940, heeft immers ook een keerzijde: de 'Walen' – wellicht rekende Hitler daar alle Franstalige Belgen onder – mogen 'keinerlei Begünstigungen' te beurt vallen. Het militaire bezettingsbestuur heeft daarenboven geen hoge pet op van Léon Degrelle, dat hem als een politieke charlatan beschouwt. Een infiltratie in het bestuur van het land wordt Rex in tegenstelling tot het VNV in 1940 en 1941 niet gegund. De bezetter steunt liever op de conservatieve Belgische elite en op de enkele Franstalige aanhangers van het Verdinaso, die daardoor kunnen doorstoten naar machtsposities.

Als Degrelle na het uitbreken van de oorlog tussen Duitsland en de Sovjet-Unie de toelating krijgt een Franstalig Belgisch antibolsjewistisch legioen op te richten, ziet de Rex-leider zijn kans schoon om zijn politieke marktwaarde te doen stijgen. Voortaan zet hij alles in op zijn militaire dienstbaarheid in de vooronderstelling dat dit de kortste weg is naar Duitse erkenning. Degrelle treedt toe tot het Duitse leger als gewoon soldaat en laat de leiding van Rex ad interim over aan Victor Matthijs. Die kan de aanhang van Rex opvoeren tot een vijftienduizendtal leden in 1942, onder andere doordat rexisten nu toch in aanmerking komen voor bestuursposten. De inzet van rexisten aan het Oostfront en vooral de propagandistische exploitatie van de frontexploten van de Degrelle zelf, hebben in de ogen van de Duitse machthebbers de politieke geloofwaardigheid van Rex doen toenemen. Ook de verhoudingen tussen Rex en de secretaris-generaal van Binnenlandse Zaken, de VNV'er Gerard Romsée, verbeteren, waardoor de partij mee aan de hendels van de benoemingspolitiek kan trekken.

De partij slaagt er echter maar moeizaam in om geschikte kandidaten te vinden. Dat komt doordat Rex, anders dan het VNV, door de sociale samenstelling van zijn achterban veel minder potentieel bekwame bestuurders in zijn gelederen telt. Bovendien wordt het door de evolutie van de oorlogskansen ook steeds moeilijker om kandidaten bereid te vinden. Veel meer dan in Vlaanderen, lopen rexistische gezagsdragers het risico vermoord te worden door het verzet. Vanaf 1943 slaagt de partij er niet meer in de 'vacatures' in te vullen. De leegloop is begonnen. Eind 1943 telt Rex nog achtduizend leden, van wie er minder dan duizend lid zijn van de Formations de Combat. Wie overblijft, zit vaak in een beleidsfunctie of is gebonden aan een dienstcontract in een militaire organisatie.

Voor Degrelle telt nu alleen nog de militaire inzet, waardoor de druk op jonge rexistische militanten om zich te engageren in de militaire collaboratie zeer groot wordt. Zo is hij zelf medeverantwoordelijk voor de verzwakking van de rexistische kaders in België. Daar komt bij dat hij de politieke lijn van Rex volledig in het teken plaatst van zijn persoonlijke carrière, ook al verliest hij daarmee de laatste aanhangers met enig politiek gewicht.

Al in de herfst van 1942 bereidt Degrelle een toenadering tot de SS voor. De ontwikkelingen in Vlaanderen waar de DeVlag zich aandient als Groot-Duitse partij, zijn daar wellicht niet vreemd aan. Voorts wenst hij het Waals Legioen over te hevelen van de Wehrmacht naar de Waffen-SS om meer prestige te verwerven. Op 25 oktober 1942 verklaart Victor Matthijs op een rexistische meeting in Brussel dat de Walen een Germaans volk zijn. Hitler, wellicht op de hoogte van recente historische theorieën die de Waalse bevol-

Léon Degrelle wordt ontvangen door Reichsführer-SS Heinrich Himmler bij wie de Rexleider vanaf einde 1942 politiek onderdak vond. De Walen werden voortaan door Hitler beschouwd als een Germaans volk voorbestemd om bij een Groot-Duitsland te worden aangehecht. Het Waals Legioen waarmee Degrelle aan het oostfront streed, werd in 1943 alvast opgenomen in de Waffen-SS.

king een Germaanse oorsprong toewijzen, noemt Degrelle enkele dagen later '*der einzig wirklich brauchbare Belgier*' (de enige Belg met wie we echt iets kunnen aanvangen). Eind 1942 zit Degrelle aan tafel met de SS-top om de integratie van Rex in de SS te bespreken. Op 17 januari 1943 verkondigt Degrelle zelf in het Brusselse sportpaleis en voor duizenden aanhangers dat Wallonië 'thuiskomt in het Germaanse rijk'. Het is de zoveelste bocht.

De gematigde rexistische aanhangers, die een Belgisch fascistische regime nastreven, verlaten de partij. De enkele Groot-Duitse *groupuscules* die in deze periode in Wallonië bestaan, zoals de Amis du Grand Reich Allemand en de Communauté Culturelle Wallonne, zijn letterlijk en figuurlijk *quantité négligeable* en betekenen dus nauwelijks een versterking voor Rex.

Degrelle laat de ineenstorting van Rex op het thuisfront echter niet aan zijn hart komen. De voorwaarden om 'zijn' legioen in de Waffen-SS te integreren, zijn vervuld. Medio 1943 wordt de SS-Sturmbrigade Wallonien opgericht. De eenheid forceert aan het einde van dat jaar een spectaculaire ontsnapping uit een omsingeling van het Rode Leger. Die ontsnapping eist een zeer hoge tol aan mensenlevens, maar propagandistisch is het voor Degrelle, die ook persoonlijk heeft deelgenomen aan de gevechten, een geschenk uit de hemel. Hij ontvangt op 20 februari 1944 een hoge militaire onderscheiding uit de handen van Hitler en wordt zo de enige belangrijke Belgische collaborateur die zich heeft mogen verheugen in een ontvangst door de Führer zelf, iets waarop de VNV-leiding herhaaldelijk en tevergeefs heeft aangedrongen. Degrelle, inmiddels opgeklommen tot SS-Sturmbannführer (majoor), krijgt bovendien de toelating om aan het hoofd van 'zijn' brigade een parademars door Brussel te houden. In de rexistische en Duitse propaganda wordt hij als een held opgehemeld. De chef van Rex begrijpt zeer goed dat hij deze status in een nationaal-socialistisch universum, waarin oorlog als hoogste cultuurgoed geldt, politiek kan verzilveren.

DE MILITAIRE COLLABORATIE

Vlamingen in het Vlaams Legioen en de Waffen-SS

Reeds op 25 mei 1940, nog vóór de capitulatie van het Belgische leger, wordt de SS-Standarte Westland opgericht, waarin Vlaamse vrijwilligers voor de Waffen-SS kunnen worden opgenomen. Reichsführer-SS Himmler ziet de werving van Germaanse Waffen-SS'ers als een onderdeel van een politiek die een Groot-Germaans Rijk als einddoel heeft. De vrijwilligers moeten de spits van een Heim-ins-Reich-beweging vormen, samen met plaatselijke Vlaamse politieke SS-afdelingen.

De VNV-leiding ziet zich geconfronteerd met het feit dat de Vlaamse SS na zijn oprichting in augustus 1940, een wervingscampagne begint voor de Standarte Westland. Op minder dan een maand tijd melden zich 455 kandidaten, van wie er na selectie slechts 45 kunnen vertrekken. De VNV-leiding wordt onder druk gezet om ook vrijwilligers te leveren. Zo wordt ze voor een dilemma geplaatst. Werven voor de SS-Standarte Westland speelt in de kaart van de Groot-Duitse tegenstander. Militaire collaboratie is evenwel noodzakelijk om politieke geloofwaardigheid te verwerven. De VNV-leiding richt zich begin 1941 tot het Oberkommando der Wehrmacht (OKW) om VNV-eenheden op te richten die in het kader van de Wehrmacht de Belgische kust kunnen verdedigen. Het OKW wijst het aanbod af met de mededeling dat niet-Duitse Germanen zich alleen voor de Waffen-SS kunnen melden. Op 20 april 1941 besluit de VNV-leiding de stap te wagen, omdat ze – ten onrechte overigens – van mening is daardoor de Vlaamse SS onder controle te kunnen krijgen. De werving voor de speciaal voor Vlaamse en Nederlandse vrijwilligers opgerichte SS-Standarte Nordwest gaat van start. De werving levert slechts een vierhonderdtal vrijwilligers op. Veel VNV'ers koesteren een diep wantrouwen ten opzichte van de SS.

Operatie Barbarossa, de aanval van Duitsland op de Sovjet-Unie op 22 juni 1941, verandert de situatie. Aan Duitse zijde wordt het element mankracht belangrijker. Dit leidt tot meer en soepeler mogelijkheden voor militaire collaboratie in de bezette landen. De Wehrmacht krijgt in april 1941, als de inval in de Sovjet-Unie al vaststaat, groen licht om niet-Duitsers in te schakelen. In België worden paramilitaire eenheden opgericht die de taak van de Duitse bezettingstroepen gedeeltelijk kunnen overnemen. Zo worden in april 1941 de eerste initiatieven genomen tot de oprichting van twee Vlaamse wachteenheden. Voorts worden in de zomer in heel bezet Europa antibolsjewistische vrijwilligerseenheden opgericht, ook in Vlaanderen.

De VNV-leiding verkeert in de overtuiging dat de oprichting van een Vlaams Legioen een gelegenheid is om buiten de Waffen-SS een volwaardige militaire eenheid op te richten. Ze hoopt zo de VNV-inspanningen op militair gebied zichtbaar te maken. Bovendien rekent ze erop met de strijd tegen het bolsjewisme de sympathie te winnen van de anticommunistische opinie. In de propaganda wordt ingespeeld op dat motief. Voor de oorlog werd door de kerk en vele andere katholieke en/of rechtse groeperingen een virulent anticommunistische campagne gevoerd, zodat er zeker aanknopingspunten bestaan voor een handige propaganda. De kerk en vooraanstaande katholieke politici en instanties wijken echter niet af van hun accommodatiehouding. Ze voeren geen propaganda voor het oostfront. De enkele priesters en geestelijken die dat wel doen, zijn meestal verbonden met het VNV of andere collaborerende groeperingen.

Ook de veronderstelling dat het Vlaams Legioen onder de controle van het VNV zal vallen, blijkt een misrekening. De VNV-leiding wordt al onmiddellijk met de neus op de feiten gedrukt door de richtlijnen van het OKW, die de omkadering van het Vlaams Legioen aan de Waffen-SS toewijzen. Voor Himmler blijft het politieke motief primeren. Hij laat zich de Germaanse vrijwilligers niet ontglippen. Ondanks tijdens onderhandelingen toegezegde beloften, wordt het Vlaams Legioen in de Waffen-SS ingelijfd als het SS-Freiwilligen Legion Flandern. Van de politieke controle van het VNV, een eigen beveltaal, een eigen officierenkorps, een katholieke aalmoezenier enzovoort blijft niets over. De vrijwilligers worden integendeel onderworpen aan een Groot-Duitse en antikatholieke indoctrinatie. Dat leidt tot blijvende spanningen met een belangrijke groep VNV-gezinde vrijwilligers en met de VNV-leiding.

De werving wordt niettemin met alle middelen voortgezet. Tot medio 1943 melden zich ongeveer vierduizend vrijwilligers aan. Het merendeel komt terecht in het Vlaams Legioen, maar ook in reguliere Waffen-SS-eenheden zoals de 5. SS-Division Wiking waarin de SS-Standarte Westland is ondergebracht. Medio 1943 wordt de laatste schijn van zelfstandigheid opgeheven als het Vlaams Legioen wordt omgevormd tot de 6. SS-Freiwilligen Sturmbrigade Langemarck. De vrijwilligers worden verplicht de SS-eed af te leggen. Enkele honderden weigeren, ondanks zware druk.

Voor de VNV-leiding is de afschaffing van het Vlaams Legioen de druppel die de emmer doet overlopen. Op 14 augustus 1943 wordt de werving voor de Waffen-SS gestaakt. De vele vrijwilligers die de partij heeft geworven, kunnen niet meer terug omdat ze een dienstcontract voor *Kriegsdauer* hebben getekend. Het VNV blijft de Duitse oorlogsinspanning steunen door de werving voor andere paramilitaire en militaire formaties voort te zetten en zelfs een nieuwe werving voor de Kriegsmarine op de starten. Vijfhonderd rekruten melden zich hiervoor aan.

De werving voor de Waffen-SS komt nu volledig in handen van de Vlaamse SS en de DeVlag. In totaal melden zich tot september 1944 ongeveer 6400 Vlamingen voor de Waffen-SS aan. Ze zijn zeker niet allemaal politiek geëngageerd in het VNV of de DeVlag/SS. Uit een statistiek van het Belgische Ersatzkommando der Waffen-SS, waarin een vijfduizendtal vrijwilligers worden gerangschikt volgens Parteizugehörigkeit, blijkt zelfs dat tweederde van hen '*ohne Partei*' (zonder partij) opgeeft. Iets meer dan achthonderd bekennen zich tot het VNV, een vijfhonderdtal tot de Vlaamse SS of de DeVlag. Het lijdt echter weinig twijfel dat heel wat méér vrijwilligers sympathiseren met een van beide bewegingen.

Walen in het Waals Legioen en de Waffen-SS

Degrelle doet reeds begin 1941 voorstellen om met Rex militair te collaboreren. In maart 1941 start hij een wervingsactie voor de NSKK (Nationalsozialistisches Kraftfahrkorps). Dat verandert weinig aan Degrelles politieke machteloosheid. Daarin komt pas verandering met operatie Barbarossa. Vrijwel onmiddellijk zet hij stappen om een Belgische antibolsjewistische eenheid op te richten. Het militaire bestuur geeft groen licht, zij het slechts voor één Waals Legioen, waarin uitsluitend Franstalige Belgen dienst kunnen nemen. In 1941 wordt de oprichting van het Légion Wallonie aangekondigd en Degrelle verklaart dat hijzelf als gewoon soldaat mee zal vertrekken. Samen met achthonderd anderen, voor het overgrote deel rexisten, arriveert hij in augustus 1940 in een opleidingskazerne van de Wehrmacht met een contract voor *Kriegsdauer*. Doordat de niet als Germaans beschouwde Walen door de Wehrmacht omkaderd worden, zijn de vrijwilligers minder onderhevig aan Duitse indoctrinatie dan hun Vlaamse collega's in de Waffen-SS. Het Waals Legioen heeft een aalmoezenier, de interne beveltaal is Frans en het heeft gedeeltelijk eigen officieren. Degrelle zet al zijn troeven op het Légion Wallonie. Heel Rex staat er ten dienste van. Op 22 februari 1942 krijgen alle nationale en lokale rexistische leiders het bevel zich aan te melden. Adolescenten uit de rexistische jeugdbeweging worden ingelijfd en een deel van de manschappen van de Garde Wallonne wordt overgeheveld. Zo vertrekt op 10 maart 1942 opnieuw een contingent van vierhonderd vijftig rexisten.

Degrelle begrijpt al snel dat de steun van Himmler zijn politieke opgang kan versnellen. In september 1942 richt hij zich tot de SS-top in Berlijn met het verzoek het Légion Wallonie op te nemen in de Waffen-SS. Op 17 januari 1943 houdt hij zijn opgemerkte 'Germaanse' redevoering in Brussel. Achter de schermen manoeuvreert hij zich aan de onderhandelingstafel met de Reichsführer-SS, van wie hij op 23 mei 1943 de overheveling van het Waals Legioen verkrijgt. Zo ontstaat op 1 juni 1943 de 5. SS-Freiwilligen Sturmbrigade 'Wallonien' met op dat moment zo'n zestienhonderd vrijwilligers. De eenheid behoudt haar aalmoezenier en wordt intern in het Frans gecommandeerd.

De Vlaamse en Waalse 'wachteenheden'

Aan de vooravond van operatie Barbarossa worden in Vlaanderen twee verschillende wachteenheden opgericht: de Vlaamse Wacht en de Vlaamse Fabriekswacht. Hun geschiedenis vertoont vele parallellen.

De oprichting van de Vlaamse Wacht gaat uit van het militaire bestuur en de Wehrmacht-Kommandostab. Zij zoeken contact met het bij het VNV aanleunende Verbond van Vlaamse Oud-strijders (VOS), dat Vlaams-nationalistische oud-militairen groepeert. De Vlaamse Wacht wordt geconcipieerd als Hilfstruppe voor de Duitse bezettingstroepen met het statuut van *Wehrmachtsgefolge*. De werving gebeurt uitsluitend door het VOS en voor de omkadering wordt geworven bij Vlaamsgezinde beroepsofficieren in Duitse krijgsgevangenschap. De vrijwilligers wordt een carrière in de Belgische rijkswacht (een nationaal politiekorps) voorgespiegeld. De werving heeft onmiddellijk groot succes. In de eerste weken melden zich al duizenden kandidaten aan. De werkelijke getalsterkte wordt geleidelijk aan opgevoerd tot een maximum van ongeveer 2500 wachters in 1943. Doordat de vrijwilligers kortlopende contracten kunnen sluiten, is er een relatief groot verloop. Ongeveer 5000 vrijwilligers nemen dienst tussen 1941 en 1944.

In de Vlaamse Wacht komt het vrijwel onmiddellijk tot politieke spanningen. Het militaire bestuur wenst de politieke invloed van het VNV te beperken en krijgt daarbij steun van een deel van het Vlaamse officierenkorps. Het VNV, dat via het VOS het merendeel van de vrijwilligers heeft geleverd, ziet de Vlaamse Wacht als een gewapend verlengstuk van de partij en wil zo veel mogelijk medezeggenschap. In de propaganda stelt de VNV-leiding de Vlaamse Wacht voor als de kern van een toekomstige Vlaamse 'Weermacht'. De realiteit is echter heel anders. De vrijwilligers worden feitelijk bevolen door Duitse officieren van de bezettingstroepen die hen naar goeddunken inzetten, meestal voor het bewaken van Duitse militaire installaties en strategische punten zoals havens, bruggen en spoorwegen.

De invloed van het VNV is zeer beperkt. Niettemin wordt in SS-rapporten gewezen op de grote VNV-invloed die onder meer verantwoordelijk wordt gesteld voor de boycot van de Waffen-SS-werving bij de Vlaamse Wachters. Het militaire bestuur spreekt dat met klem tegen. Het beklemtoont dat de Vlaamse Wacht een instrument in zijn handen is en dat de vrijwilligers ter beschikking staan van de Duitse oorlogvoering. Dat blijkt ook zo te zijn.

In mei 1942 verliest het VOS het monopolie op de rekrutering. Voortaan zorgt de Vlaamse Wacht zelf voor de werving van nieuwe vrijwilligers. Met het oog op een dreigende invasie vanuit Groot-Brittannië worden de Vlaamse Wachters in 1944 für Kriegsdauer beëdigd, waarbij ze trouw moeten zweren aan Hitler. Hun statuut wijzigt van Wehrmachtsgefolge tot Wehrmachtsangehörige: daardoor worden ze reguliere soldaten, gebonden door de Duitse krijgswetten. Officieren en onderofficieren hebben dat statuut al van meet af aan.

De Vlaamse Fabriekswacht ontstaat door toedoen van Christian Turcksin, een VNV'er die een café uitbaat in de buurt van enkele vliegvelden van de Duitse Luftwaffe. Hij bemiddelt bij het zoeken naar betrouwbare Belgische burgers voor het bewaken van de vliegvelden. Zo ontstaat in april 1941 een organisatie geleid door Turcksin, die bewakingsopdrachten voor de Luftwaffe (het Luftgaukommando Belgien und Nordfrankreich) in heel België en Noord-Frankrijk aanvaardt. Vanaf oktober 1941 opereert de organisatie met geüniformeerde en lichtgewapende eenheden die de Vlaamse Fabriekswacht wordt gedoopt, een *Tarnbezeichnung* (schuilnaam), aangezien er allerminst fabrieken worden bewaakt.

Een groep Vlaamse Fabriekswachters in een uniform van de Dietse Militie/Zwarte Brigade (DM/ZB), de militie van het VNV. De Vlaamse Fabriekswacht was een van de gewapende paramilitaire formaties van collaborateurs. Aanvankelijk had het VNV er een grote invloed op, maar in 1943 verloor de partij de controle toen de tot Vlaamse Wachtbrigade omgevormde organisatie geïntegreerd werd in het Duitse leger.

De Vlaamse Fabriekswacht staat in dienst van de Luftwaffe en is zodoende onafhankelijk van het militaire bestuur; dat heeft immers geen zeggenschap over de actieve militaire eenheden die in zijn ambtsgebied opereren. Turcksin van zijn kant werkt nauw samen met het VNV, dat hem een ruime rekruteringsbasis verschaft. Doordat de Fabriekswachters het uniform van de DM/ZB (Dietse Militie/Zwarte Brigade) dragen, spaart Turcksin bovendien kosten uit. Want dat het hem vooral om winstbejag te doen is, staat buiten kijf. Op 26 april 1942 komt het tot een officiële samenwerking, die onder meer inhoudt dat Vlaamse Fabriekswachters automatisch lid zijn van het VNV. De Luftwaffe ziet daar geen been in. Het VNV waarborgt betrouwbare wachters en zorgt voor de aanwerving. De behoefte aan mankracht wordt steeds groter. Tot mei 1942 telt de organisatie ongeveer tweehonderdvijftig leden. De volgende maanden worden ongeveer duizend nieuwe wachters in dienst genomen. De Luftwaffe leidt onderofficieren en officieren op.

Het VNV beschouwt de Vlaamse Fabriekswacht openlijk als een gewapend verlengstuk. Op 15 januari 1943 wordt de Vlaamse Fabriekswacht zelfs omgevormd tot de Dietse Militie/Wachtbrigade en zo ingelijfd als een formeel onderdeel van de VNV-militie. Er komen moeilijkheden als de VNV-leiding probeert Turcksin financieel te kortwieken. Hij zoekt steun bij het Luftgaukommando dat na samenspraak met het militaire bestuur maatregelen tot Entpolitisierung neemt.

In mei 1943 wordt de Dietse Militie/Wachtbrigade omgevormd tot de Vlaamse Wachtbrigade. Het statuut van de wachters verandert. Terwijl ze tot dan toe gewoon burgers waren op de betaallijst van de Wehrmacht, worden ze nu militarisierte Wehrmachtsgefolge. Ondanks tegenwerking van het VNV stelt het Luftgaukommando Turcksin aan als brigadecommandant en wordt het lidmaatschap van het VNV niet langer verplicht gesteld. De VNV-leiding constateert dat ze ondanks al de inspanningen die ze heeft geleverd, buitenspel wordt gezet. Het gros van de vrijwilligers sympathiseert met het VNV. Als medio 1944 de éénjarige contracten aflopen, is de leegloop massaal. De officieren kunnen niet terug, want ze hebben een contract voor *Kriegsdauer* ondertekend. Samen met enkele honderden wachters vluchten ze in september 1944 naar Duitsland waar ze worden ingelijfd in een Vlaamse Flakbrigade.

Parallel met de oprichting van de Vlaamse Wacht wordt in mei 1941 ook de principiële beslissing genomen om een Garde Wallonne met een identieke functie op te richten. Degrelle wordt aangezocht om de werving te organiseren. De Rex-leider kondigt de oprichting van de Garde Wallonne pas aan op 6 juli 1941, samen met die van het Légion Wallonie. De werkelijke rekrutering begint pas in september 1941 omdat Rex een onvoldoende brede basis heeft om de twee rekruteringscampagnes tegelijk te verwerken én omdat, om propagandistische redenen, de prioriteit uitgaat naar het Légion Wallonie. De Garde Wallonne is dan ook een permanent wervingsreservoir voor het Légion Wallonie en vanaf 1 juni 1943 voor de SS-Sturmbrigade Wallonien. Veel wachters verkiezen het thuisfront boven het oostfront. De Garde Wallonne groeit in 1943 en 1944 aan tot ongeveer vijftienhonderd man. De manschappen worden vooral ingezet tegen het verzet en sommige eenheden raken betrokken bij de contraterreur.

In Vlaanderen en in Wallonië opereren ten slotte kleine paramilitaire bewakingseenheden van belangrijke fabrieken, zoals de Erlawacht bij de Erla-vliegtuigmotorenfabriek in Mortsel (Antwerpen) en de Marine-Überwachungsstelle Cockerill bij de Cockerill-scheepswerven in Hoboken (Antwerpen). In Wallonië is er een Fabrique Nationale (FN)-Garde bij de wapenfabriek in Herstal. De enkele honderden vrijwilligers zijn grotendeels leden van collaborerende politieke organisaties.

Het Nationalsozialistisches Kraftfahrkorps en de Organisation Todt

De wervingsactie voor het Nationalsozialistisches Kraftfahrkorps (NSKK – een transporteenheid) en de Organisation Todt (OT – een frontbouweenheid) komt al begin 1941 op gang. Aanvankelijk is ze gewoon opgezet als werkverschaffing, waarbij gunstige arbeidsvoorwaarden een lokmiddel zijn. Belgische NSKK'ers en OT'ers worden aanvankelijk vooral ingezet met kortlopende arbeidscontracten in België en Frankrijk, bij de bouwwerken aan de Atlantikwall. Na de inval in de Sovjet-Unie worden de vrijwilligers vooral aan het oostfront ingezet, al kunnen ze in principe worden ingezet aan en achter alle Duitse fronten.

Enkele Vlaamse NSKK'ers in opleiding (Vilvoorde, 1944). Vlaamse en Waalse NSKK'ers zorgden aan het oostfront voor transport en bevoorrading.

Later wordt de werving meer gepolitiseerd. Rex en VNV maken propaganda en vooral het VNV probeert de werving als politieke pasmunt te gebruiken. Bij de NSKK-werving lukt dat gedeeltelijk. Met de NSKK-leiding wordt overeengekomen dat alle vrijwilligers lid moeten zijn van het VNV. Op papier vormden ze de Dietse Militie/Motorbrigade, een onderdeel van de VNV-militie. In ruil voert het VNV de wervingsinspanningen op en neemt het de betalingsadministratie op zich. Aan de zijde van Rex zien we een soortgelijke ontwikkeling. Er wordt een Brigade Motorisée Rexiste opgericht waarvan onmiddellijk een driehonderdtal rexisten deel uitmaakt. In 1943 start de DeVlag een aparte werving voor OT en NSKK. DeVlag-gezinde vrijwilligers worden in aparte eenheden ondergebracht.

Het totale aantal Belgen dat dienst neemt is niet bekend. Na de oorlog worden ongeveer drieduizend OT'ers en ongeveer vierduizend NSKK'ers door Belgische rechtbanken veroordeeld. Vooral bij de groep OT'ers is er slechts een beperkte groep die daadwerkelijk gewapend is, namelijk het OT-Schutzkorps. Medio 1943 zijn daarin een zevenhonderdtal Vlamingen en Walen geëngageerd. De Militärverwaltung beschouwt alleen deze groep van de OT in *unmittelbaren* (onmiddellijke) *Wehrmachtdienst.*

Belgen in Duitse politiediensten

Voor politionele activiteiten beschikt het militaire bestuur over de Feldpolizei (FP) en de Geheime Feldpolizei (GFP). Daarnaast opereert de politie- en de inlichtingendienst van de SS, de Sicherheitspolizei/Sicherheidsdienst (Sipo-SD) in België.

Begin 1942 beslist het militaire bestuur dat betrouwbare Vlamingen en Walen deel kunnen uitmaken van een op te richten Hilfsfeldgendarmerie. De rexistische leiding verleent haar medewerking door de reeds eerder gestarte militaire vooropleiding van rexistische militieleden eraan te koppelen. Op die manier raken enkele honderden leden van de Formations de Combat geëngageerd in de Hilfsfeldgendarmerie. Ook de VNV-leiding beslist haar militieleden in te zetten, zij het dat bepaalde opdrachten, zoals het opsporen van werkweigeraars, worden uitgesloten. Begin juli 1943 treden de eerste VNV'ers toe. Ze krijgen een contract voor een jaar. In totaal treden zo'n dertienhonderd Belgen toe tot de Hilfsfeldgendarmerie, behalve VNV'ers en rexisten ook heel wat apolitieke elementen.

Op 1 november 1943 richt het militaire bestuur nog de Zivilfahndungsdienst op, een speurdienst die de FP moet helpen met het opsporen van werkweigeraars. Aan de Nieuwe Orde-bewegingen wordt gevraagd er vrijwilligers voor te leveren. Rex en de DeVlag zeggen toe, het VNV weigert. Enkele honderden Belgen doen dienst als Zivilfahnder.

De Sipo-SD werkt samen met de Vlaamse SS en de DeVlag en vanaf 1943 ook met Rex. Enkele Vlaamse SS'ers werken op eigen initiatief al van meet af aan voor de Sipo-SD. Meestal worden ze aangetrokken voor administratieve en ondersteunende taken en zo raken ze gaandeweg betrokken bij het eigenlijke politiewerk. De samenwerking tussen de Vlaamse SS en de Sipo-SD wordt meer systematisch georganiseerd, als de Reichsführer-SS op 1 april 1942 een gevolmachtigde voor Volkstumsfragen in België kan installeren. Die wordt belast met de coördinatie van alle initiatieven van de SS in België. Een vijftigtal Vlaamse SS'ers vormen rond de jaarwisseling van 1942-1943 een Polizeizug Verbelen – genoemd naar de leider van de groep – die terreuracties onderneemt tegen Belgen die ervan worden verdacht het verzet te steunen.

Eenheden van Vlaamse SS'ers worden ook ingezet bij razzia's tegen joden. Voorts wordt een kleine SS-Wacht gevormd voor de bescherming van een vliegveld in Sint-Truiden. Operationeel werkt deze wacht voor de Luftwaffe. Dat moet worden beschouwd als een mislukte poging om een tegenhanger voor de bij het VNV aanleunende Vlaamse Fabriekswacht te vormen. De wacht, die hooguit vijftig vrijwilligers telt, smelt in 1943 samen met een Vlaamse SD-Wacht die verantwoordelijk is voor de bewaking van het kamp van Breendonk en het jodenverzamelpunt in Mechelen in de Dossin-kazerne.

Naarmate de oorlog vordert en de confrontaties met het verzet toenemen, worden steeds meer Vlaamse SS'ers ingeschakeld in de Sipo-SD. Ze treden onder meer op als politietroepen voor de DeVlag. Robert Verbelen vormt in mei 1943 het zogeheten Veiligheidskorps van de DeVlag, dat tientallen bloedige aanslagen pleegt, gedekt door de SS.

Na de integratie van Rex in de SS wordt einde 1943 met steun van de Sipo-SD een organisatie opgericht om rexisten te beschermen tegen aanslagen van het verzet. Deze Formations B tellen een vierhonderdtal leden. Voorts wordt in maart 1943 het Département de Sécurité et d'Information (DSI) opgericht, een rexistische inlichtingendienst met de Brigade Z als executieve eenheid. Het DSI probeert zich op te werpen als een reguliere politiedienst. Medio 1944 komt er een akkoord met de Sipo-SD, waardoor het DSI er een verlengstuk van wordt.

Al de genoemde politiediensten raken betrokken bij de bloedige spiraal van terreur en tegenterreur. De Vlaamse SS en Rex, gesteund en gedekt door de Sipo-SD, gaan al in 1943 over tot terreurdaden tegen Belgen die ervan worden verdacht het verzet te steunen. Ook het VNV raakt ten slotte betrokken bij terreurdaden. Begin 1944 worden de Hilfsfeldgendarmen van het VNV ingezet tegen het verzet in de Belgische provincie Limburg. Daar komt het in de laatste maanden van de oorlog tot een situatie van burgeroorlog waarin, ondanks alle onderlinge rivaliteiten, eenheden van de Vlaamse Wacht en de Vlaamse Wachtbrigade, samen met de Hilfsfeldgendarmerie en Vlaamse Sipo-SD'ers, het Belgische verzet proberen te vernietigen. Hetzelfde gebeurt op nog grotere schaal in Wallonië, waar de rexistische politie-eenheden en de Garde Wallonne, zij aan zij met Duitse eenheden, hun criminele reputatie verdienen.

Vlaamse en Waalse collaboratieregeringen in ballingschap werven voor de Waffen-SS

Tijdens de laatste weken van de bezetting, op 12 juli 1944, installeert Hitler in België een Zivilverwaltung met een Reichsgau Flandern en een Reichsgau Wallonien onder leiding van een Duitse Reichskommissar. De Groot-Duitse organisaties DeVlag en Rex worden erkend als de nationaal-socialistische eenheidsorganisaties van respectievelijk Vlamingen en Walen. Het Vlaams-nationalistische VNV wordt uitgerangeerd.

Een maand later komt de exodus van de collaboratiebewegingen op gang ten gevolge van de nakende bevrijding van België door de geallieerde troepen. Vijftienduizend Vlaamse en tienduizend Waalse collaborateurs en familieleden vluchten naar het Reich, waarmee ze hun politieke lot hebben verbonden. In de herfst van 1944 vormen de DeVlag en Rex elk een zogeheten 'Landsleiding', die moet doorgaan voor een 'regering in ballingschap' van respectievelijk Vlamingen en Walen.

In december 1944 worden Jef Van de Wiele en Léon Degrelle, leiders van respectievelijk de DeVlag en Rex, apart ontvangen door de Duitse minister van Buitenlandse Zaken. De Duitse pers verkondigt dat zij de leiders zijn van het Vlaamse en Waalse 'bevrijdingscomité'. VNV-leider Hendrik Elias daarentegen wordt rond dezelfde tijd geïnterneerd omdat hij geweigerd heeft mee te spelen. Vooral het feit dat onder de VNV'ers in Duitsland het devies werd verspreid zich niet aan te melden voor de Waffen- SS, is de reden om de VNV-leider definitief af te schrijven.

De enige bestaansreden van de twee regeringen in ballingschap is op dat ogenblik nog de werving van soldaten. Ze moeten hun uitgeweken volgelingen én de in Duitsland verblijvende Belgen inschakelen in de totale oorlogvoering. Op mannen wordt druk uitgeoefend om dienst te nemen in de Waffen-SS. Leden van gemilitariseerde organisaties worden collectief ingelijfd. De Vlamingen komen in de 27. SS-Freiwilligen Grenadier-Division Langemarck terecht, de Walen in de 28. SS Freiwilligen Grenadier-Division Wallonien. Ook wordt geprobeerd met groots opgezette rekruteringscampagnes vrijwilligers te werven bij de honderdduizenden tewerkgestelde Belgen in Duitsland, zonder noemenswaardig succes.

Op 12 september 1944 beveelt Himmler de omvorming van de Sturmbrigade Langemarck tot een divisie. Daarvoor zijn verse rekruten noodzakelijk. De rekrutering komt volledig in handen van de DeVlag. Het VNV werkt niet mee en probeert te voorkomen dat zijn volgelingen worden gerekruteerd. De DeVlag-leiding kondigt onmiddellijk een jeugddienstplicht af, waardoor Vlaamse jongens geboren in 1926 en 1927 zich uiterlijk op 20 november 1944 moeten aanmelden voor een opleiding in een *Wehrertüchtigungslager*. Daar worden ze onder druk gezet om zich aan te melden bij de Waffen-SS.

In december 1944 wordt een Jugend-Bataillon in de Division Langemarck opgericht. In november 1944 worden de manschappen van de Vlaamse Wacht ingelijfd in de Waffen-SS. Hoewel er sterke druk wordt uitgeoefend, kan een driehonderdtal protesterende wachters het korps verlaten om te gaan werken in de Duitse industrie. Zevenhonderd anderen stappen over. Een klein aantal wachters stapt over naar een Vlaamse Flakbrigade die in september 1944 uit de Vlaamse Wachtbrigade is ontstaan. Turcksin slaagt erin, gesteund door de Luftwaffe, ondanks zware druk van de SS, zijn korps uit de Waffen-SS te houden. De meeste vrijwilligers uit de Kriegsmarine worden verplicht overgeplaatst naar de Division Langemarck, evenals een tweehonderdtal NSKK'ers, al lijkt daar geen dwang te zijn geweest. Vlaamse Sipo-SD'ers worden in blok ingelijfd. Samen met enkele honderden vrijwilligers uit de Vlaamse SS vormen ze een SS-Polizei-Bataillon dat toegevoegd wordt aan de Division Langemarck.

Tussen september 1944 en mei 1945 worden nog drie- tot vierduizend Vlamingen in de Waffen-SS ingelijfd. Samen met de 6400 Vlamingen die zich in bezet België voor september 1944 hebben aangemeld, maakt dat ongeveer tienduizend Vlaamse Waffen-SS'ers. De werkelijke sterkte van de Division Langemarck is ongeveer zesduizend man.

Op 17 september beveelt Himmler de omvorming van de Sturmbrigade Wallonien tot een divisie. Léon Degrelle wordt er de Kommandeur (gezagvoerder) van met de rang van SS-Obersturmbannführer (luitenant-kolonel). Om de Division Wallonien van manschappen te voorzien, kondigt Léon Degrelle, in zijn politieke hoedanigheid van Volksführer der Wallonen, begin oktober 1944 de algemene dienstplicht af voor alle Waalse mannen tussen 17 en 55 jaar. Het bevel heeft ook betrekking op de Waalse arbeiders die vrijwillig of verplicht in de Duitse oorlogsindustrie tewerkgesteld zijn. Degrelle heeft slechts een reële impact op het milieu van de Waalse collaborateurs. Negenhonderd van hen worden ingelijfd. De Garde Wallonne en Waalse vrijwilligers in de NSKK en de Kriegsmarine worden in blok ingelijfd, wat respectievelijk 400, 600 en 150 man oplevert. Er wordt tevens een jeugddienstplicht afgekondigd. De rexistische jongeren zijn al sedert 20 maart 1943 georganiseerd in de Jeunesse Légionnaire. Deze jeugdorganisatie wordt nu een onderdeel van de Division en de jongeren worden in een Wehrertüchtigungslager klaargestoomd voor het front. Uiteindelijk komt slechts een honderdtal jongeren daadwerkelijk in de Division terecht. Samen met de 4500 Walen die zich voor september 1944 hebben aangemeld, maakt dat ongeveer 6700 Waalse Waffen-SS'ers. De effectieve sterkte van de Division Wallonien was ongeveer vierduizend man.

De twee 'Belgische' Waffen-SS-divisies worden ingezet in de laatste afweergevechten van het zieltogende Reich, waarmee de vrijwilligers en hun politieke leiders zich hebben verbonden. De totale ineenstorting van dat Reich is onvermijdelijk, al blijven velen tot het bittere eind geloven dat een ommekeer nog mogelijk is. Met het einde van het Derde Rijk verdwijnen ook de politieke luchtkastelen van de Belgen – Vlamingen en Walen – die ermee hebben gecollaboreerd. Hun wacht nog slechts een veroordeling wegens landverraad.

Bibliografie

Conway, M., *Collaboratie in België. Léon Degrelle en het Rexisme, 1940-1944*, Groot-Bijgaarden, 1994, 378 p.

De Wever, B., *Greep naar de macht. Vlaams-nationalisme en Nieuwe Orde: het VNV, 1933-1945*, Tielt, 1994.

Idem, 'Collaboratie' in: *Nieuwe Encyclopedie van de Vlaamse Beweging*, Tielt, 1998, p. 760-775.

Idem, 'Militaire collaboratie in België tijdens de Tweede Wereldoorlog' in: *Bijdragen en Mededelingen betreffende de Geschiedenis der Nederlanden*, jg. 18, 2003, p. 22-40.

Gerard, E., 'Omstreden democratie' in: *De massa in verleiding: de jaren '30 in België*, 1994, p. 75-123

Gotovitch, J. & Ch. Kesteloot (red.), *Het gewicht van het oorlogsverleden*, Gent, 2002.

Huyse, L., S. Dhondt e.a., *Onverwerkt verleden. Collaboratie en repressie 1942-1952*, Leuven, 1991.

Seberechts, F., *Geschiedenis van DeVlag: van cultuurbeweging tot politieke partij 1933-1945*, Gent, 1991.

Idem, *Tussen Schelde en Wolchow. Vlaanderen en het Oostfront*, Brussel-Antwerpen, 2002.

HOOFDSTUK 8

HET VERZET

ANTIFASCISME EN PATRIOTTISME

Juni 1940. Na de Franse nederlaag is het grootste deel van West-Europa in Duitse handen. Alleen Groot-Brittannië slaagt erin het Duitse machtsvertoon te weerstaan. In het inmiddels bezette België probeert de bevolking te bekomen van de vreselijke gebeurtenissen van de maand mei. Een kleine minderheid – in Vlaanderen voornamelijk extreem-rechtse nationalisten en aan Franstalige zijde de aanhangers van het rexisme – is tevreden met de vestiging van het nieuwe regime van de bezetter. De overgrote meerderheid ziet de situatie met lede ogen aan, maar legt zich erbij neer: een echt geloofwaardig alternatief lijkt er immers niet te zijn.

Toch zijn er van meet af aan vrouwen en mannen, weliswaar aanvankelijk vrij gering in aantal, die weigeren zich te onderwerpen aan de wet van de sterkste. Die houding, die van lieverlede steeds meer mensen doet deelnemen aan het georganiseerde verzet tegen de bezetters en tegen degenen die hen ondersteunen, is – zoals in alle landen die bezet zijn door het Duitse Rijk – in eerste instantie gebaseerd op twee waarden: antifascisme en vooral patriottisme. Maar geloof in die waarden is op zich niet genoeg om over te gaan tot actie. Alleen als nog andere elementen deze basiswaarden versterken, zien we dat mensen echt in het verzet gaan, uit sympathie voor het communisme, door hun pro-Engelse gezindheid, door het verlangen naar vrijheid en gerechtigheid, de hang naar democratie, wegens gevoelens van solidariteit en vooral uit vijandigheid tegenover alles wat Duits is.

DIVERSE WEGEN NAAR DIVERSE DOELEINDEN

De Franstalige hogere middenklasse

Aan de hand van de schematische voorstelling van zaken zoals geschetst in de inleiding van dit hoofdstuk, valt beter te begrijpen waarom het verzet zich in bepaalde kringen kennelijk gemakkelijker kan ontwikkelen dan in andere. Zo zien we dat er in de Franstalige hogere middenklasse – een bevolkingsgroep die nauw verbonden is met de oud-strijders van 1914-1918 – al vóór de invasie een patriottisme met een sterk anti-Duitse inslag heerst. Die houding, die nog wordt versterkt door de vrees van deze groep om zijn betrekkelijk bevoorrechte positie in de Belgische staat te verliezen, verklaart dat alleen al het *zien* van de vijand en de wetenschap dat Groot-Brittannië vooralsnog standhoudt, voor een beperkt aantal leden van deze klasse volstaat om de ondergrondse strijd reeds in de herfst van 1940 aan te gaan. Deze eerste verzetskernen houden zich voornamelijk bezig met de hulp aan Britse soldaten die willen terugkeren naar Groot-Brittannië, het opzetten van inlichtingendiensten en de oprichting van verschillende clandestiene bladen. Maar het meest tastbare bewijs van hun optreden is wel de vooral in

Brussel geslaagde campagne die aan de herdenking van 11 november 1918 voorafgaat. Ondanks het verbod van de bezetter, zullen talloze burgers de overwinning op Duitsland gedenken.

Ondanks het Duitse verbod brengen honderden burgers in Brussel hulde aan De Onbekende Soldaat (10 november 1940).

Wat een tweede samenbundelende kern had kunnen zijn – namelijk de antifascisten uit de tweede helft van de jaren dertig – is aan diggelen gegaan onder de druk van de gebeurtenissen. De gematigd-linkse kopstukken van het antifascisme – christen-democraten, maar vooral liberalen en socialisten – zijn danig uit het veld geslagen door de ineenstorting van de westerse democratieën. De regering-Pierlot, gedesoriënteerd na de Franse nederlaag, probeert in Londen moeizaam de klap te boven te komen en kan moeilijk als voorbeeld dienen voor het verzet. Zij zijn niet bereid te collaboreren met de bezetter, maar bij gebrek aan alternatief is het verleidelijk zich inschikkelijk te tonen tegenover het bewind, temeer ook omdat het militaire bestuur zich op dat ogenblik veeleer gematigd opstelt en niet onwelwillend tegenover compromissen lijkt te staan. Slechts enkele splintergroepjes – vooral in Antwerpen, Brussel en Luik – proberen zo goed en zo kwaad als het kan de algehele apathie te doorbreken. Deze clubjes zijn echter te geïsoleerd om een grote achterban te kunnen verzamelen.

Extreem-links

Extreem-linkse communisten hebben op hun beurt de strijd tegen het fascisme nog niet opgegeven, maar zien zich door toedoen van het Duits-Russische niet-aanvalspact van augustus 1939 genoodzaakt een afwachtende houding aan te nemen. Het verbrokkelen van de socialistische structuren biedt hun echter snel de kans zich meester te maken van het braakliggende sociale speelveld waar met het verslechteren van de levensomstandigheden de onvrede langzamerhand toeneemt. De ontevredenheid komt al in september 1940 tot uiting in sporadische werkonderbrekingen in de grote industriezones in Wallonië (waarover u meer kunt lezen in hoofdstuk 3 over het economische en maatschappelijke leven). Deze acties, aanvankelijk meestal spontaan, worden snel ondersteund door de Belgische Kommunistische Partij (KP), die hoopt de socialisten op deze manier de loef te kunnen afsteken.

Vanaf het ogenblik dat Duitsland op 22 juni 1941 de Sovjet-Unie binnenvalt, komen de kaarten voor de KP volledig anders te liggen. De partij is nu bevrijd van de door het niet-aanvalspact opgelegde tweeslachtige positie, maar staat voor een andere dualiteit: ze wordt vervolgd door de bezetter, maar tegelijk door het Kremlin opgeroepen de vijand in de rug aan te vallen. Daarom maakt ze van haar strijd om de bevrijding van België haar absolute prioriteit. De KP beseft echter dat ze wegens haar marginale rol in het politieke landschap van België – alleen in Brussel en in de Waalse industriegebieden beschikt de partij over een min of meer belangrijke achterban – de toenemende massa tegenstanders van het bezettingsregime niet onder eigen vaandel zal kunnen scharen.

Daarom richt de KP in de herfst van 1941 het Onafhankelijkheidsfront (OF) op. De beweging, die zich hult in een patriottische mantel in de hoop alle verzetsinitiatieven te kunnen samenbundelen, slaagt maar gedeeltelijk in haar opzet. Door toedoen van het vóór de oorlog ontwikkelde samenwerkingsnetwerk in de strijd tegen het fascisme, en ook door de opportunistische en populistische trekjes van de organisatie, slaagt men er wel in zich te verzekeren van de nodige steun en welwillendheid van gematigd-linkse zijde, maar de georganiseerde socialisten en patriottisch rechts houden zich angstvallig afzijdig.

Rond diezelfde periode – eind 1941, begin 1942 – zwicht een deel van deze rechtse patriotten voor de verleiding van het Belgisch Legioen, een nationalistische groepering die haar oorsprong vindt in bepaalde militaire kringen. Toen het Belgisch Legioen in de herfst van 1940 werd opgericht, was het nochtans niet zijn doel de bezetter te bestrijden. De organisatie, die doortrokken is van autoritaire opvattingen, beschouwde zich aanvankelijk als een elitestructuur die tot taak had de koning te beschermen tegen aanvallen van communisten, rexisten en Vlaams-nationalisten indien België van het Duitse Rijk een zekere autonomie gekregen zou hebben. De onwaarschijnlijkheid van een dergelijk vooruitzicht en de toenemende irritatie ten opzichte van het bezettingsregime zorgen ervoor dat het Belgisch Legioen in 1941 geleidelijk aan wordt omgevormd tot een verzetsbeweging die zich tot doel stelt de geallieerden te ondersteunen met het oog op de bevrijding van het land.

De verzetsbasis wordt breder

Vanaf dat moment zijn de voornaamste onderdelen van het verzet aanwezig. In 1942 gaat het om een paar honderd verzetsgroepjes die vooral zijn geconcentreerd in de steden en in de industriezones in het zuiden van het land. Beetje bij beetje wordt het net fijnmaziger, totdat in de zomer van 1944 het hele grondgebied wordt bestreken door honderd- tot honderd vijftigduizend verzetsmensen.

Er zijn verschillende, zeer uiteenlopende factoren die bijdragen aan deze ontwikkeling. Een van die elementen is de jodenvervolging: er komt reactie op de verplichting tot het dragen van de davidster en op de eerste optransportstellingen van joden in de zomer van 1942. Het feit echter dat de joden hoofdzakelijk zijn geconcentreerd in vier steden in het land (Antwerpen, Brussel, Charleroi en Luik) en vooral hun marginale rol in de Belgische samenleving, zijn er de oorzaaak van dat er geen breed opgezet verzet daartegen totstandkomt.

De invoering in oktober 1942 van de verplichte tewerkstelling in Duitsland, de Arbeitseinsatz, brengt een schokgolf van geheel andere omvang teweeg. Wanneer men na enkele maanden van de eerste schrik bekomen is, komt er een brede beweging van burgerlijk verzet op gang die wordt georkestreerd door de grote verzetsorganisaties, in het bijzonder het Onafhankelijkheidsfront, maar ook door enkele traditionele maatschappelijke groeperingen zoals de Katholieke Arbeidersjeugd (KAJ). Het doel van deze burgerlijke verzetsbeweging is om vanaf dc lente van 1943 de voornaamste slachtoffers van de verplichte tewerkstelling in Duitsland – jonge mannen dus – aan te sporen onder te duiken en hen in materiële zin te steunen. Het toetreden van een groot aantal werkweigeraars tot de ondergrondse structuren en vooral de vele heimelijke contacten die nodig zijn om de tienduizenden onderduikers te helpen, zorgen voor een aanzienlijke verbreding van de verzetsbasis.

Dat men steeds vaker actief gaat deelnemen aan het verzet, hangt ook nauw samen met de algehele toename van de Duitsvijandigheid en met de wrok tegenover collaborateurs. De verharding van het militaire bewind komt tot uiting in steeds meer materiële tekorten, maar ook in een fellere Duitse repressie, gesteund door collaborerende Belgen. Dat drijft vele patriotten en/of antifascisten ertoe zich te mengen in de strijd.

Tot slot spreekt het vanzelf dat ook het verloop van de internationale situatie vanaf eind 1942, in het bijzonder de gebeurtenissen die het einde van het Derde Rijk aankondigen – de Russische zege bij Stalingrad begin 1943, de Italiaanse capitulatie in de zomer van 1943 en vooral de landing in Normandië in juni 1944 – deelname aan de illegaliteit aanmoedigt.

De komst van vers bloed verandert de krachtsverhoudingen tussen de genoemde grote verzetsclusters echter niet wezenlijk. Tot het einde van de bezetting blijft er een reeks structuren bestaan die worden beheerst door de Franstalige middenklasse (vooral ontsnappingslijnen, de meeste inlichtingendiensten en de Belgische Nationale Beweging), een conglomeraat van organisaties rond het Onafhankelijkheidsfront (OF) en het nog altijd even machtige Geheim Leger (GL), de erfopvolger van het voormalige Belgisch Legioen. OF en GL zijn, gezien hun aanzienlijke achterban, aanmerkelijk representatiever voor de publieke opinie.

Minder verzet in Vlaanderen

In Vlaanderen komt het verzet later op gang en is het ook minder heftig dan elders in België en de Belgische geheime diensten in Londen beklagen zich daar zelfs ook over. Een snelle blik op de lijst van 674 verzetskranten die tot op heden in kaart zijn gebracht, bevestigt die wanverhouding: in Vlaanderen verschijnt slechts 25,5 procent van dergelijke publicaties, tegen 42,7 procent in Wallonië en 31,8 procent in Brussel. Het verschil is des te frappanter als men kijkt naar de verdeling van de bevolking in 1947, namelijk 54,2 procent in Vlaanderen, 34,5 procent in Wallonië en 11,3 procent in Brussel. Deze cijfers benadrukken ook de belangrijke rol van de hoofdstad als epicentrum van het Belgische patriottisme met een hoge concentratie intellectuelen. De verschillen worden nog groter als men kijkt naar de voertaal van die kranten: slechts 25,7 procent is in het Nederlands tegen 71,5 procent in het Frans (1,8 procent is tweetalig). Dit feit getuigt van een nog aanzienlijker discrepantie wanneer men kijkt naar de verdeling van de bevolking op taalgebied in 1947: circa 53 procent van de Belgen spreekt dan uitsluitend of voornamelijk Nederlands en slechts 42 procent Frans.

De verschillen in betrokkenheid bij het verzet tussen de twee grote gemeenschappen in België lijken veel verder te strekken dan de clandestiene pers.

Zo blijkt uit zeer recente cijfers – verzameld in het kader van een uitvoerig sociografisch onderzoek naar de origine van inlichtingenagenten – dat minstens 79,3 procent van hen Franstalig was. Overigens brengt een andere analyse aan het licht dat 35,1 procent van de arrestaties van verzetslieden plaatsvindt in Vlaanderen, tegen 21,9 procent in Brussel en 43 procent in Wallonië. Voorts is ruim 71 procent van de dossiers van politieke gevangenen behandeld in het Frans, tegen slechts 29 procent in het Nederlands. Uit dit alles komt naar voren dat de Vlaamse inbreng in het verzet vermoedelijk anderhalf tot tweemaal minder was dan conform het demografische gewicht van de Vlamingen verwacht had mogen worden.

Dat is niet echt verbazingwekkend als men de waarden in beschouwing neemt die aan de basis liggen van het verzet. Zo zien we enerzijds dat het antifascisme onmiskenbaar minder wijdverbreid is in Vlaanderen dan in Wallonië. Zowel de socialistische als de communistische partij, de felste pleitbezorgers van de strijd tegen het fascisme, behalen bij de parlementsverkiezingen van 1939 slechts 27,7 procent van de stemmen in het noorden van het land, tegen 32 procent in Brussel en bijna 48 procent in Wallonië. Ook lijkt de Franstalige vleugel van de Belgische Werklieden Partij zich in de jaren dertig feller te weren in de strijd tegen het fascisme dan zijn Nederlandstalige evenknie. Maar het verschil tekent zich nog scherper af bij een analyse van het patriottische gevoel. Op dat punt speelt de herinnering aan 1914-1918 ontegenzeggelijk een aanzienlijke rol en valt aan de hand daarvan het verschil in houding tussen Vlamingen en Franstaligen goeddeels te verklaren. In Brussel en Wallonië zien we dat het anti-Duitse ressentiment – ontstaan bij de eerste bezetting die de bevolking zeer veel leed heeft berokkend – tijdens het interbellum door de overheid wordt uitgebuit voor het aankweken van een vaderlandslievendheid waarvan vóór 1914 nauwelijks sprake is. Overigens komt dat laatste zeer goed van pas bij het pareren van Vlaamse aanspraken, die door veel Franstaligen worden beschouwd als een bedreiging voor het land, waar nog vooral elites aan de macht zijn die de taal van Voltaire spreken. Het is dan ook begrijpelijk dat veel Franstaligen van rechts en zelfs van extreem-rechts geen seconde aarzelen tussen collaboratie en verzet. In Vlaanderen daarentegen ontstaat na 1918 een zekere wrevel ten aanzien van een staat waarvoor men offers heeft gebracht, terwijl die staat van zijn kant legitieme Vlaamse eisen weigert in te willigen.

Tot slot is er ook de welwillende houding van het militaire bestuur tegenover de Vlamingen, die al in 1940 tot uiting komt in de strenge toepassing van de taalwetten, de benoeming van Vlaams-nationalisten in bestuursinstanties en vooral in de snelle vrijlating van Nederlandstalige krijgsgevangenen. Deze maatregelen zijn een niet verwaarloosbaar gedeelte van de Vlaamse publieke opinie niet onwelgevallig. Omgekeerd leidt het ontslag van veel Franstalige ambtenaren en het in krijgsgevangenschap houden van Waalse militairen tot verbolgenheid in Brussel en Wallonië. Daaraan moet nog worden toegevoegd dat de Nieuwe Orde die de autoriteiten in Berlijn propageren, op meer sympathie kan rekenen in Vlaanderen.

In dat licht kan het verbazing wekken dat de Vlamingen toch nog goed waren voor zo'n 30 procent van de Belgische verzetsstrijders. Al vrij snel – in elk geval reeds in 1941 – beseffen de Vlamingen dat de belangen van de bezetter fundamenteel verschillen van de hunne. De anti-Duitse gevoelens ontwikkelen zich in sterkere mate wanneer ook zij, net als hun Franstalige landgenoten, te kampen krijgen met ontberingen, strafmaatregelen en deportaties. Het zijn uiteindelijk het minder uitgesproken antifascisme en een lauwer patriottisme die de Vlamingen beletten zich in grotere aantallen naast de Franstaligen te scharen in de gelederen van het verzet.

Hoe dan ook blijft het verzet de aangelegenheid van een kleine minderheid, zelfs wanneer de illegaliteit in 1943 en vooral in 1944 mag rekenen op grote sympathie van een bevolking die steeds dieper gebukt gaat onder de beproevingen van de bezetting. Het verzet blijft een zaak waarbij hooguit 2 tot 3 procent van de bevolking tussen ruwweg 16 en 65 jaar is betrokken. Dat komt doordat de risico's die men loopt een mate van moed vereisen – sommigen spreken van onverschrokkenheid – die niet iedereen is gegeven. De illegaliteit waarin verzetsmensen zich veelvuldig begeven, dwingt hen voorts tot een pijnlijk breken met werk en familie. Het is dus te begrijpen dat het verzet vooral een zaak is van mannen van 20 tot 40 jaar, die meer geneigd zijn zich te onderscheiden, meer doordrongen zijn van hang naar het avontuur en ook impulsiever zijn. Bovendien zijn ze ook minder dan hun vrouwelijke leeftijdgenoten gebonden aan taken die het overleven van het gezin moeten waarborgen, als ze al in zo'n gezinsverband leven.

Onder de verzetsstrijders vinden we een niet te verwaarlozen aantal buitenlanders, vooral in de organisaties met een duidelijk antifascistische inslag. Overigens lijkt het erop dat de hogere middenklasse oververtegenwoordigd is, wat mogelijk te verklaren valt door haar grote betrokkenheid in het democratische leven. Zo lijken ook ambtenaren zich meer te engageren dan andere beroepsgroepen, die zich – misschien – minder rechtstreeks bedreigd voelen door de vestiging van een Nieuwe Orde. Verder valt op dat in de ondernemingen de sociale strijd doorgaans belangrijker wordt geacht dan de strijd voor het vaderland. De boeren tot slot beginnen pas in 1943 een echte rol te spelen. In dat jaar verlaten vele illegalen – geallieerde piloten, Russische gevangenen, joden, gesignaleerde verzetsmensen en vooral werkweigeraars – de stedelijke gebieden, omdat het daar wemelt van verklikkers die in de menigte moeilijk herkenbaar zijn. Maar ze ontvluchten vooral hun uiterst penibele levensomstandigheden en zoeken hun heil op het platteland, dat veiliger is en ruimer voorzien van de eerste levensbehoeften.

Zeker in de eerste bezettingsjaren ziet de grote meerderheid van de Belgen niet in hoe het verzamelen van inlichtingen voor eventuele bevrijders of het verspreiden van ondergrondse bladen zou kunnen bijdragen aan de gunstige afloop van het conflict. Toch achten duizenden mensen de actie van de verzetsbewegingen nuttig genoeg om het risico te nemen eraan deel te nemen. Algeheel erkende nuttigheid geldt dus niet als een absolute waarde. Politieke culturen bepalen de voorwaarden waaronder actie plaatsvindt. Zo zijn de communisten sinds het interbellum vertrouwd geraakt met verschillende vormen van strijd (propaganda, solidariteitsacties en zelfs zekere vormen van geweld zoals botsingen op straat) om blijk te geven van hun onvrede met de gevestigde orde. Het spreekt dan ook vanzelf dat ze gebruikmaken van diezelfde middelen in hun pogingen de bevolking te verenigen in de strijd tegen de Duitsers en de bezetter te destabiliseren. Zulke actiemiddelen liggen de gebruikelijke hoeders van recht en orde – katholieken, socialisten en liberalen – veel minder goed. De militairen van hun kant – voorzover ze niet uit het veld zijn geslagen door de passieve houding van hun opperbevelhebber, koning Leopold III – kunnen vaak alleen denken in termen van grootschalige plannen, en dat is in de ondergrondse strijd een gevaarlijke werkwijze, die hun dan ook duur zal komen te staan.

Een individuele strijd

Wat hiervoor is gesteld gaat ook op voor de individuen die zich – elk op hun eigen niveau – in een strijd gooien die ze nuttig achten. Dat zoveel Belgen joden, geallieerde piloten of werkweigeraars helpen, heeft waarschijnlijk te maken met het feit dat deze manier om actie te voeren vertrouwde waarden, zoals solidariteit en naastenliefde, aanwakkert en direct waarneembaar resultaat oplevert. Soms worden de wil en de bereidheid om zich actief in te spannen aangemoedigd door de omstandigheden. Zo zien we dat velen het na de landing in Normandië wél nuttig achten om de wapens op te nemen, teneinde de geallieerden te helpen de bezetter te verjagen. De slagkracht van de vijand, de bevolkingsdichtheid en het gebrek aan materiële middelen dwingen de meeste kopstukken van de verzetsbewegingen er echter toe nieuwelingen in de ondergrondse strijd aan te manen een afwachtende houding aan te nemen.

Maar hoe gaat het er nu concreet aan toe als men wil toetreden tot het verzet? Het engagement komt meestal tussen twee personen tot stand, op basis van wederzijds vertrouwen: ofwel laat de betrokkene een bekende weten zich te willen aansluiten bij de organisatie, ofwel wordt hij door die bekende uitgenodigd bij de beweging te komen. De banden tussen de hoofdpersonages in dat proces kunnen familiebanden zijn of een relatie die is gegroeid op het werk, in het verenigingsleven, politieke partij, kerkgemeenschap, vakbond of gewoon omdat men buren is. Dan volgt meestal een 'proefperiode' waarin het nieuwe lid kleine taken krijgt toebedeeld om zijn geschiktheid voor het verzetswerk te bewijzen. Als die tests met goed gevolg zijn afgelegd – men let vooral op eigenschappen als organisatietalent, zelfredzaamheid, moed, koelbloedigheid, discretie en behoedzaamheid – en als de persoon bereid is grotere risico's te nemen, dan worden hem omvangrijker opdrachten toevertrouwd.

Eenzaam en gevaarlijk

Een vrij groot aantal verzetsmensen slaagt erin een betrekkelijk normaal leven te leiden, ofwel omdat ze hun betrokkenheid in de strijd sterk beperken, ofwel omdat ze handelen op of vanaf hun werkplek, zoals werknemers van de spoorwegen, de posterijen of overheidsinstellingen. Voor anderen zijn de dagen vaak slopend: of ze doen verzetswerk naast hun gewone werk; of – als ze ondergronds zijn gegaan uit vrees te worden gevangengenomen door de vijand – besteden ze al hun tijd en energie aan het verzet en hebben ze een zwaar programma. De mensen die vanuit het verborgene opereren, leiden doorgaans geen spectaculair leven. Om veiligheidsredenen zijn ze vrijwel genoodzaakt om het merendeel van hun dagen en nachten alleen door te brengen. Daar komt bij dat er veel tijd gemoeid is met heikele verplaatsingen – te voet of met vervoermiddelen die toevallig voorhanden zijn (fiets, tram, trein) – en met een enorme papierwinkel, voorzorgsmaatregelen die noodzakelijk zijn door een vijand die op de loer ligt om het fijne te weten van elke afspraak die in zijn ogen verdacht is.

Over het algemeen hoeven verzetsmensen zich geen zorgen te maken over vitale behoeften – die worden geleverd door de structuur waarin ze actief zijn – maar de eenzaamheid valt hun vaak zwaar. Bij wijze van compensatie komen die vaak jonge mannen en vrouwen vaak in de verleiding om onderlinge relaties aan te gaan, temeer omdat ze in dezelfde levensomstandigheden verkeren en hetzelfde besef van de kwetsbaarheid van het bestaan delen. Zulke verhoudingen leiden soms tot fatale onvoorzichtigheid. Toch behoeft het geen betoog dat al die verzetslui vóór alles mensen zijn, mensen die blijk kunnen geven van moed, grootsheid, zelfopoffering en heldhaftigheid, maar ook van ijdelheid, afgunst, inhaligheid en lafheid.

De angst waarin alle verzetsmensen leven – van de vrouw die een piloot verbergt tot de leider van een netwerk – om te worden opgepakt, gemarteld of gedood door de bezetter of door hen die met de vijand heulen, is ten zeerste reëel. Want gemiddeld wordt één op de vier verzetslieden geconfronteerd met repressiemaatregelen en bijna één op de tien vindt de dood – soms door executie, meestal door uitputting of ziekte in een kamp. In absolute cijfers komt het erop neer dat ruim 30.000 ondergrondse strijders in handen van de vijand vallen en dat haast 15.000 van hen niet meer de vreugde zullen beleven van de herwonnen vrede en vrijheid.

Het chronologische verloop van de arrestaties bevestigt de trage start van de ondergrondse strijd – minder dan 5 procent van alle tijdens de bezetting gearresteerde verzetsmensen wordt voor het einde van 1941 opgepakt – en de intensivering van die strijd vanaf 1942 – het aantal verzetslui dat in de loop van dat jaar gevangen wordt genomen is vijf keer zo groot als in 1941. Het verloop van de arrestaties duidt vooral op de verbetenheid van de strijd in 1944: meer dan de helft van alle arrestaties doet zich voor in de loop van de laatste acht bezettingsmaanden. Deze *boom* in het aantal gevangennemingen houdt niet alleen verband met het toenemende aantal confrontaties, maar ook met de aard van die botsingen. Geweldloze vormen van verzet – propaganda, hulp aan onderduikers, inlichtingenwerk – blijven zich weliswaar ontwikkelen, maar die verbreding staat in geen enkele verhouding tot de toename van het aantal gewapende acties die er in 1942 ook al waren, maar op betrekkelijk geringe schaal. Dit type activiteiten is veel riskanter, aangezien ze veel strenger worden vergolden door een vijand die zich steeds meer in het nauw gedreven weet.

De arbeidersklasse sluit zich weliswaar in mindere mate en ook pas later aan bij het verzet dan de middenklasse, maar de neiging van de arbeiders om vooral de openlijke strijd te verkiezen, is de reden waarom ze verhoudingsgewijs met een veel meedogenlozere repressie te kampen krijgen. Omgekeerd zien we dat de vrouwen, van wie de taken in het verzet zich voornamelijk beperken tot koerierswerk en ravitaillering, minder vaak worden opgepakt dan mannen (één op vijf vrouwen tegenover één op vier mannen). Opvallender is echter het aanzienlijk lagere dodental bij verzetsstrijdsters: 2 tot 3 procent tegen ongeveer 10 procent voor hun mannelijke collega's.

In een staat met democratische tradities als België zijn noch de mentaliteit noch de structuren voorbereid op een ondergrondse strijd volgend op een militaire nederlaag. Vandaar ook dat het maanden duurt vooraleer er sprake is van een overgang van geïsoleerd en ongeorganiseerd verzet naar een ondergronds apparaat dat in staat is acties te ondernemen waarvan de vijand daadwerkelijk veel hinder ondervindt. De ongelijke krachtsverhoudingen zorgen er trouwens voor dat elk initiatief een bijzonder hachelijke zaak is. Het is dus begrijpelijk dat het voor de verzetsmensen van vitaal belang is te kunnen rekenen op logistieke ondersteuning van degenen die het aan de andere kant van het Kanaal opnemen tegen dezelfde vijand.

De steun van de geallieerden in Londen

Al in de zomer van 1940 beginnen de Britten, zich bewust van de voordelen van samenwerking met krachten in bezet gebied, contacten te leggen met de eerste verzetsgroepen. Daartoe beschikken ze over een aantal speciaal voor dat doel opgerichte organisaties: de Secret Intelligence Service (SIS), belast met het verzamelen van inlichtingen; de Military Intelligence 9 of MI9, die zich vooral bezighoudt met het repatriëren van geallieerde soldaten en piloten die zijn kunnen vluchten of niet in handen zijn gevallen van de vijand; de Special Operations Executive (SOE), die tot taak heeft sabotageacties te ondernemen en geheime eenheden samen te stellen die zich ondergronds paraat houden tot het moment van de landing; en tot slot is er vanaf augustus 1941 de Political Warfare Executive (PWE) die tot taak heeft propagandacampagnes op te zetten in bezet gebied.

Aan Belgische zijde duurt het veel langer vooraleer dergelijke structuren gestalte krijgen. De Staatsveiligheid, die een essentiële rol moet spelen bij de verbindingen met het bezette land, wordt pas in november 1940 opgericht in Londen. Zelfs dan duurt het tot juni 1941 vooraleer de eerste agent naar België wordt gestuurd. Overigens slaagt de Staatsveiligheid er pas aan het einde van dat jaar in om bestendige contacten te leggen met de netwerken in België. Het betrekkelijk zwakke optreden van de Staatsveiligheid in het begin van de bezetting is grotendeels te wijten aan de geringe belangstelling die de Belgische regering op dat moment voor het verzet heeft. Het bewijs dat daar in de winter van 1941-1942 verandering in komt, is de nauwere samenwerking die dan groeit tussen de Belgische diensten in Londense ballingschap – die dan eindelijk met alle kracht de verzetsmensen willen steunen – en de Britse structuren, die blij zijn zich voortaan te kunnen verlaten op vrouwen en mannen die het terrein perfect kennen.

De resultaten van die krachtenbundeling laten niet lang op zich wachten: niet alleen neemt het aantal missies hand over hand toe, ze winnen vooral ook aan doeltreffendheid. Helaas gaan diverse diensten elkaar onderling beconcurreren. In de zomer van 1942 komt namelijk de Staatsveiligheid, gesteund door de voornaamste bewindslieden van de Belgische regering en gelieerd met de SIS, te staan tegenover de Tweede Sectie van het ministerie van Landsverdediging, verantwoordelijk voor het inwinnen van militaire inlichtingen, en de SOE. Staan de SIS en de SOE tegenover elkaar om strategische redenen – wat gaat voor: inlichtingen of actie? –, het conflict tussen de Staatsveiligheid en de Tweede Sectie – anders gezegd tussen burgers en militairen – is van politieke aard. De Staatsveiligheid wil namelijk toezicht uitoefenen op alle missies waartoe de militairen opdracht geven, uit schrik dat die steun zullen verlenen aan het extreem-rechtse verzet, dus aan voorstanders van een verregaande macht van de koning.

De gevolgen van dat wantrouwen zijn rampzalig. Van augustus tot november 1942 verbreekt de Belgische regering alle relaties met de SOE, wat ertoe leidt dat grote aantallen agenten in bezet België opeens niet meer in verbinding staan met Londen. Het toekomstige Geheime Leger staat op het punt te verdwijnen. Uiteindelijk komt de Staatsveiligheid als winnaar uit deze krachtmeting en herstelt de noodzakelijke contacten tussen de Britten en de netwerken en bewegingen in bezet gebied. De Tweede Sectie, inmiddels omgedoopt tot Tweede Directie, zal voortaan genoegen moeten nemen met het verwerken van via de Staatsveiligheid verkregen inlichtingen en met het opzetten van missies in verband met militaire acties, het domein waarvoor ze verantwoordelijk is. Dat betekent dat de Tweede Directie alleen nog controle heeft over het Geheim Leger.

In 1943 zien we een consolidatie van de ontsnappingslijnen en zeker van de inlichtingendiensten – dankzij de komst van diverse organisatoren en veel radio-operatoren voorzien van zendapparatuur – maar dat jaar markeert vooral het begin van bestendige contacten en logistieke hulp aan de voornaamste verzetsbewegingen die in het land actief zijn. Vanaf de zomer van 1943 krijgen die namelijk van door Londen gezonden agenten precieze instructies, rechtstreekse verbindingen en geld. Diezelfde agenten maken in de lente en de zomer van 1944 tientallen droppings van sabotagemateriaal en wapens mogelijk.

Enkelen van hen proberen de acties van de grote organisaties te coördineren door middel van de oprichting van een Nationaal Coördinatiecomité van het Verzet, maar door de polarisatie tussen het Geheime Leger en het Onafhankelijkheidsfront gaan die plannen in rook op. Tot slot maakt een ander onderdeel van de missies van SOE, PWE en Staatsveiligheid, dat in de zomer van 1943 aan de basis ligt van de verbindingen met de voornaamste groepen van het burgerlijke en gewapende verzet, het ontstaan mogelijk van de Dienst-Socrates, een organisatie die hulp biedt aan mensen die proberen aan de Arbeitseinsatz te ontsnappen. Zo zullen de geallieerden vanuit Londen en vooral de bijna driehonderd agenten die naar bezet België worden gezonden, ondanks hun soms schreeuwende tekortkomingen vooral na 1942 een waardevolle steun zijn voor de mensen die te velde hun krachten bundelen in hun strijd tegen de bezetter.

De KP, motor van de strijd

De structurering van het verzet is gebaseerd op twee types organisaties: groepen met een voornamelijk patriottische inslag die tijdens de bezetting worden gevormd, en groepen met een in eerste aanleg politiek karakter die hun belangrijkste traditionele doelen trouw blijven, maar hun denken en handelen geheel of gedeeltelijk toespitsen op de strijd tegen wat ze als 'de vijand' beschouwen.

De Kommunistische Partij (KP) van België behoort tot de laatstgenoemde groep. Na in het begin van de zomer van 1941 ondergronds te zijn gegaan, is de KP verreweg de meest geduchte politieke tegenstander voor het militaire bestuur in ons land. De KP, sinds 1937 in het geheim geleid door een afgevaardigde van de Communistische Internationale, de Hongaar Andor Berei, wacht overigens niet op de Duitse invasie in de Sovjet-Unie om blijk te geven van haar afkeer van het regime van de bezetter. Al in de winter van 1940-1941 moedigt de KP niet alleen werkonderbrekingen aan, ze spoort ook aan tot betogingen op straat voor een betere ravitaillering en de terugkeer van gevangenen. Daar komt bij dat de partij al vanaf september 1940 clandestiene bladen publiceert en dat in februari 1941 het eerste nummer verschijnt van haar landelijke organen *Le Drapeau rouge* en *De Roode Vaan*. Aan de andere kant luidt het voornaamste parool van de partij aanvankelijk: 'Noch Londen, noch Berlijn.'

Eind juni 1941 wordt die dubbelzinnige houding opgegeven. Vanaf dan wendt de KP al haar energie aan voor de strijd tegen de bezetter. Om dat beleid gestalte te geven, wordt er vanaf de herfst van 1941 een reeks initiatieven ontwikkeld vanuit het communistische partijkader. Op die manier komt er een guerrillaleger op de been, de Belgische Partizanen. In bedrijven zetten de communisten Syndicale Strijdcomités (SSC'S) op. Het belangrijkste initiatief is echter de oprichting van het Onafhankelijkheidsfront (OF) eveneens in het najaar van 1941. Dit OF mag er dan niet in geslaagd zijn alle initiatieven op verzetsgebied te bundelen, toch groeit het in 1943 uit tot de massabeweging waarop de stichters hun hoop hebben gevestigd. Het OF is voornamelijk actief op het gebied van propaganda en hulp aan illegalen. In de lente van 1944, richt de KP de Patriottische Milities (PM) van het OF op, een soort reservetroepen van Partizanen die zouden moeten optreden bij het uitbreken van een eventueel nationaal volksoproer. Dat wordt in het vooruitzicht gesteld als de daverende finale van de ondergrondse strijd, maar zover zal het echter nooit komen.

Het opzetten van structuren verloopt nogal ongelijkmatig in de verschillende gewesten. Het OF, de Partizanen en de SSC's zijn stevig geworteld in

Brussel en in de industriële gebieden in Wallonië, van oudsher centra van communistische sympathieën. Op het Waalse platteland en vooral in Vlaanderen is dat veel minder het geval; de partij heeft het hier vooral buiten de grote steden moeilijk om voet aan de grond te krijgen.

Later wordt de partij in zekere zin het slachtoffer van haar eigen succes. De vervanging van kaderleden, die vaak worden getroffen door de Duitse repressie, gebeurt namelijk niet snel genoeg om een strakke controle te behouden op de verzetsgroepen. Dit geldt vooral vanaf de lente van 1943, in de periode waarin het OF meer vrouwen en mannen van vrij verschillende achtergronden aantrekt en waarin de KP ettelijke keren door herhaalde arrestatiegolven aan het wankelen wordt gebracht. De voornaamste *raid* is die van juli 1943, die zowel de Partizanen als het OF zwaar treft en waarbij zelfs de nationale partijleiding wordt opgepakt, met inbegrip van de Brusselaar Xavier Relecom, de voornaamste Belgische voorman.

Het resultaat van een sabotageactie van de Partizanen in de streek van Leuven.

Hoewel het Andor Berei, die aan de razzia weet te ontkomen, lukt om een nieuw centraal bestuur op poten te zetten, nu onder leiding van ex-zakenman en later partijkaderlid, de Antwerpenaar Edgar Lalmand, en hoewel er ondanks alles in de hoofdstad en in Wallonië sprake is van een zekere heropleving, toch blijft de situatie penibel in Vlaanderen en dan vooral in Antwerpen, waar de Vlaamsche Kommunistische Partij in het voorjaar van 1943 frontaal wordt getroffen door de Duitse repressie. De wijze waarop de partijleden over het land zijn verspreid in maart 1944 schetst een duidelijk beeld van die wanverhouding: van de 11.308 leden woont 82,9 procent (9370 personen) in Wallonië, 7,2 procent (815) in Brussel en 9,9 procent (1123) in Vlaanderen. Dat neemt niet weg dat de KP, ondanks de zwakkere inplanting in het Vlaamse land, door toedoen van haar strakke en doeltreffende organisatie, door het enthousiasme van zijn militanten en door de vastberadenheid om bezetter en collaborateurs met alle mogelijke middelen te bestrijden, een van de voornaamste dragers van de ondergrondse strijd in bezet België is.

De aanwezigheidspolitiek van socialisten en katholieken

De grote socialistische broer – bij de parlementsverkiezingen van 1939 wint de Belgische Werklieden Partij (BWP) 30,2 procent van de stemmen tegen slechts 5,4 procent voor de communisten – beschikt ook over een verzetsapparaat. Maar dat komt pas laat in actie, want het duurt tot september 1941 vooraleer die structuur aan Franstalige zijde is geconsolideerd. Pas in maart 1942 komt er een nationaal partijbureau tot stand, dat weldra zal worden geleid door de Bruggeling en toekomstig premier Achiel Van Acker.

Het is vooral opvallend dat de strijd tegen de bezetter maar één facet is van het socialistische optreden; wel een belangrijk aspect, maar geen topprioriteit. De politieke organisatie is veeleer afgestemd op de voorname rol die de partij na de oorlog wil spelen. Vandaar dat men veel tijd en energie besteedt aan onderhandelingen tussen de hoofdrolspelers in het sociale debat en aan de voorbereidingen van een hervormingsprogramma.

Met die toekomst in gedachten wil de BWP – begin 1942 omgedoopt tot Belgische Socialistische Partij (BSP) – niet te veel actieve leden verliezen en levert ze vooral strijd tegen het nazi-regime in de vorm van de productie en de verspreiding van ondergrondse bladen, zowel Nederlandstalige (*Bevrijding* in Leuven, *Morgenrood* in Vilvoorde en *De Werker* in Antwerpen) als Franstalige (*L'espoir* en *Le Peuple* in Brussel, *Le Monde du Travail* in Luik). Op die manier probeert de partij vooral het contact te behouden met de basis en poogt ze te voorkomen dat een deel daarvan belandt in de collaboratie – een risico dat vooral geldt voor Vlaanderen in 1940-1941 – of overstapt naar de communisten – tegen het einde van de bezetting is dat gevaar reëel in Wallonië. Dezelfde bekommernis om de bevolking niet van zich te vervreemden beweegt de BSP ertoe zich vanaf medio 1943 sterk te maken voor de steun aan werkweigeraars via de Dienst-Socrates.

Daar komt bij dat de vakbondsstrijd evenmin wordt verwaarloosd. Weer is dat uit vrees een gedeelte van de structuren van het oude Belgisch Vakverbond (BVV) te zien overstappen naar de Unie van Hand- en Geestesarbeiders (UHGA), een vakorganisatie van het corporatistische type die in november

1940 met steun van de bezetter wordt opgericht en die een aantal militanten al in de eerste maanden van de bezetting aanzet om ondergronds te gaan. In Wallonië wordt de oppositie aangevoerd door de voormalige secretaris-generaal van het ABVV, de Luikenaar Joseph Bondas, die vanaf maart 1941 in zijn geboortestad, een bolwerk van het verzet, de clandestiene kranten *Combattre*, en later ook *Vaincre* uitgeeft. In Vlaanderen is de Antwerpse vakbondsleider Louis Major niet minder actief. De strijd tegen de UHGA wordt in de winter van 1941-1942 gewonnen, maar de arrestaties die de socialistische vakbondsbeweging treffen in de vroege zomer van 1942 en die Bondas noodzaken uit te wijken naar Londen, leiden ertoe dat de organisatie nagenoeg uitgedoofd is tot de bevrijding. In Wallonië is de weg dan vrij voor de ontwikkeling van de SSC's, maar ook van dissidente groepen uit de socialistische wereld, waarvan we vooral de vakbondsbeweging Mouvement Syndical Unifié (MSU) van de Luikse vakbondsman André Renard vermelden.

Als katholieke beweging die zich hoofdzakelijk als doel stelt de arbeidersklasse, die zich steeds meer had afgewend van de kerk, opnieuw voor het katholicisme te winnen, is de Katholieke Arbeidersjeugd (KAJ) niet echt een politieke groepering te noemen. Maar het spreekt vanzelf dat die organisatie op ideologisch vlak dicht bij de katholieke partij aanleunt. Haar succes in de jaren dertig – aan de vooravond van de bezetting telt de organisatie zo'n 75.000 leden, van wie 58.000 Vlamingen – maakt de KAJ tot een belangrijk raamwerk voor de jeugd tijdens de oorlogsjaren.

Net als de stichter en nationaal aalmoezenier van de KAJ, de Brusselse priester Jozef Cardijn, stelt de beweging zich vijandig op tegen het nazisme en verwerpt ze reeds in 1940 elk idee van een collaborerende jeugdorganisatie. Maar hoewel ze duidelijk afstand neemt van de Nieuwe Orde, onthoudt de KAJ zich tot oktober 1942 van rechtstreekse deelname aan de strijd tegen de bezetter: ze wil niet het slachtoffer worden van represailles en wenst zich op volle getalsterkte voor te bereiden op de periode na de oorlog.

De zaken veranderen met de invoering van de verplichte tewerkstelling in Duitsland. Al heel snel verspreiden KAJ'ers pamfletten waarin ze jongeren aansporen ondergronds te gaan. Aan die oproep wordt stilaan meer gevolg gegeven, zeker wanneer de beweging, gesteund door het aartsbisdom en vooraanstaande katholieke politici, al snel concrete hulp kan bieden aan werkweigeraars en hun voorziet van onderduikadressen, valse identiteitspapieren, voedselbonnen en levensmiddelen. Om die hulp in goede banen te leiden, komt er een clandestiene dienst 'Hulp aan Werkweigeraars'. Vanaf de winter van 1943-1944 helpt deze dienst bij de verdeling van gelden die zijn ingezameld in het kader van de Dienst-Socrates. Van eind 1942 tot aan de bevrijding biedt de KAJ hulp aan circa achtduizend werkweigeraars.

Extreem-rechtse splintergroepjes in actie

Groepen van rechts – autoritair van opzet, Franstalig en Belgisch-nationalistisch – spelen vanaf de zomer van 1940 een betekenisvolle rol bij de oprichting van paramilitaire organisaties, die zich van lieverlede zullen ontpoppen tot instrumenten in de strijd tegen de bezetter en die zich in die mate zullen ontwikkelen dat ze tegen het einde van de bezetting zelfs een aanzienlijk tegenwicht vormen voor het Onafhankelijkheidsfront.

Aanvankelijk zijn de oogmerken van de aanhangers van extreem-rechts heel anders. De invasie in mei 1940 heeft hen gesterkt in hun opvatting dat het parlementaire bestel heeft afgedaan en dat het vervangen dient te worden door een krachtdadig gezag dat in handen moet komen van een executieve onder leiding van de koning. In dit scenario, dat Hitler, naar ze hopen, zal toestaan, achten ze het onontbeerlijk een soort pretoriaanse wacht te vormen ter ondersteuning van de koning. De aanhangers van die ideologie knopen met dat doel nauwe contacten aan in kringen van militairen en oud-strijders, en ook met bepaalde industriëlen die net als zij gehecht zijn aan de persoon van koning Leopold III en die door de nederlaag ontvankelijker zijn geworden voor dergelijke opvattingen. Onder hen doen vooral de Leuvense hoogleraren Charles Terlinden en Eugène Mertens de Wilmars van zich spreken, evenals de Luikse advocaat Paul Hoornaert, die als leider van het Légion Nationale – een resoluut Belgisch-nationalistische en fascistische groepering – een groot deel van zijn aanhangers zal betrekken in de verzetsstrijd.

Het samengaan van de hierboven genoemde belangen leidt tot de consolidering, van medio 1940 tot de lente van 1941, van de eerste kernen van een toekomstig militair verzet. De versmelting van de splintergroepering La Phalange met de paramilitaire hergroeperingen van het Belgisch leger en met het Belgisch Legioen, markeren de totstandkoming in de vroege zomer van 1941 van een organisatie die de naam zal aannemen van de laatstgenoemde structuur. De beweegredenen van de kopstukken van het nieuwe Belgisch Legioen (BL) staan echter mijlenver af van de motieven van zijn pioniers in 1940. De militairen, die nu praktisch de onverdeelde controle op de beweging hebben, behouden weliswaar hun royalistische overtuigingen, maar hebben afstand genomen van de plannen van de burgers voor een autoritair geleide staat. Dat komt doordat in hun optiek het verloop van de internationale gebeurtenissen een scenario met een zekere autonomie voor België in bezet Europa steeds onwaarschijnlijker maakt. Daarom achten ze het beter in te zetten op een Britse overwinning en alles in het werk te stellen om die te bespoedigen. Hun keuze voor die optie verplicht hen overigens wel om hun rechtse aspiraties te verzwijgen, willen ze op een goed blaadje komen te staan bij de Belgische regering in Londen. Want haar steun hebben ze hard nodig om hun optreden te doen slagen.

Die koerswijziging bij het Belgisch Legioen wordt nog versneld door de bezetter, die deze verschuiving heeft voorvoeld en overgaat tot arrestaties, waardoor meteen het anti-Duitse sentiment onder de leden toeneemt. Overigens, door zich vooral te richten op het Luikse Légion Nationale – dat zich in de vroeger zomer van 1941 aansluit bij het project van het BL en waarvan alle leiders worden opgepakt in september van datzelfde jaar – verzwakt de bezetter de civiele, strikt politieke component van de nieuwe groepering.

Binnen het Belgisch Legioen bekleden de extreem-rechtse Partizanen een zwakke positie, maar vanaf 1942 zijn ze beter vertegenwoordigd in een beweging die meer aansluit bij hun ideologische opvattingen: de Nationale Koninklijke Beweging (NKB). De NKB is begin 1941 opgericht door ex-rexisten en bepleit een corporatistisch en dictatoriaal bewind rond de persoon van de koning. Het oorlogsverloop en het zware juk van de bezetting leiden tot een afzwakking van dit programma en tot deelname aan de gewapende strijd. En hoewel het NKB in wezen de spreekbuis blijft van een politieke groepering die bereid is steun te verlenen aan een vergroting van de macht van de koning, heeft ze eigenlijk geen plaats in deze analyse, aangezien extreem-rechts er niet meer als zodanig deel van uitmaakt, zoals aanvankelijk het geval was in het Belgisch Legioen.

Waalse militanten en trotskisten: twee atypische strijdvormen

Hoewel ook zij in de illegaliteit actief zijn, voeren de Partizanen van een vrij Wallonië en de revolutionaire socialisten elk voor zich een eigensoortige strijd. De eerste groep, die vooral actief is in Brussel en Luik, heeft het in haar clandestiene bladen voornamelijk op Vlaanderen gemunt, dat het ervan beschuldigt steeds meer sleutelposten in het landsbestuur in te palmen. De tweede groep, die is gereduceerd tot enkele kernen, wil vanaf 1942 een arbeidersrevolutie bevorderen. Een aantal van die Waalse militanten levert extreem fel strijd tegen de bezetter, getuige de oprichting in Luik in september 1941 van een Front Wallon pour la Libération, een voorloper van het Onafhankelijkheidsfront.

HET GEWAPEND VERZET

De bewegingen met patriottische inslag zijn onder te verdelen in twee grote categorieën. De bewegingen die los van Londen ontstonden en groeiden, worden vaak gekenmerkt door actie in zeer uiteenlopende vormen. De netwerken daarentegen danken hun bestaan en/of hun doeltreffendheid aan de nauwe banden die in de meeste gevallen bestaan met de Belgische en Engelse diensten in de Britse hoofdstad. Ze belasten zichzelf ook met meer specifieke missies.

Tijdens de bezetting ziet een grote hoeveelheid groepen het licht. In een streven naar meer doeltreffendheid of naar aanleiding van toevalligheden die de Duitse repressie meebrengt, gaan verscheidene van die groepen op in grotere gehelen. Na de oorlog zullen uiteindelijk vijftien organisaties onder de noemer 'gewapend verzet' worden erkend. Het beeld dat daardoor ontstaat, is dus een gebrekkige weergave van de overvloed aan bewegingen die worden opgericht om de vijand te bestrijden. Overigens zegt het aantal mensen dat zich per erkende organisatie bezighoudt met gewapend verzet misschien wel iets over de betekenis van elk van die groepen, maar aan de andere kant dient men behoedzaam om te gaan met dergelijke cijfers, aangezien de dossiers met het oog op erkenning zijn opgesteld zonder streng toezicht, wat heeft geleid tot een aanzienlijk aantal gevallen van fraude. In het beste geval vertellen die cijfers ons iets over de krachtsverhoudingen tussen de vijftien structuren die aan de vooravond van de bevrijding worden erkend, terwijl dit overzicht de gehele bezettingsperiode bestrijkt. Tot slot is het belangrijk op te merken dat menige verzetsstrijder gelijktijdig of achtereenvolgens deel heeft uitgemaakt van diverse bewegingen en dat hun keuze om erkenning te verkrijgen als lid van groep X en niet van groep Y vaak verband houdt met bijkomstigheden van materiële of ideologische aard, die niets of weinig te maken hebben met de realiteit van het verzet.

Niettemin helpen de cijfers ons een onderscheid te maken tussen organisaties met een veeleer beperkte ontwikkeling en groepen die voor de bezetter een bedreiging vormen op landelijk of toch ten minste regionaal niveau. In de eerste categorie (minder dan vierduizend erkende leden) vinden we twee kleine bewegingen die zich hoofdzakelijk bezighouden met het saboteren van de Duitse oorlogsmachine: de groep Nola en de beweging L100, een Luikse groep die zich toelegt op het onderscheppen van 'klikbrieven' aan het adres van de Duitse autoriteiten, de Service D, en daarnaast vijf groepen – de Affranchis, het Kempens Legioen, de Insoumis, de Organisation Militaire Belge de Résistance en de Witte Brigade – die een breder actieterrein kiezen, maar die een te late of te zeer door arrestaties gehinderde ontwikkeling kennen, waardoor ze niet in staat zijn echt een vuist te maken tegen de bezetter.

De Witte Brigade zou zo'n factor van betekenis geworden zijn als deze groep vanaf november 1943 niet zo zwaar zou zijn getroffen door de Duitse repressie. Ze werd in de vroege zomer van 1940 opgericht door een reserveluitenant en onderwijzer van liberale signatuur, de Antwerpenaar Marcel

Louette. De beweging groeit dan ook eerst in de metropool. Vervolgens breidt haar invloed zich uit over de hele provincie en over Oost-Vlaanderen, maar ze slaagt er niet in zich echt te ontwikkelen in de rest van het land. De organisatie, die vooral actief blijft in Antwerpen, produceert en verspreidt drie ondergrondse bladen, waarvan vooral *Steeds Verenigd-Unis Toujours*. Ze verzamelt voor de geallieerden inlichtingen en geeft die door, helpt werkweigeraars en joden, en neemt deel aan ontsnappingslijnen voor Angelsaksische piloten. De slagen die ze van eind 1943 tot begin 1944 te verduren krijgt van de Duitse politiediensten, verhinderen echter dat ze grootschalige sabotageacties kan ondernemen of veel gewicht in de schaal kan leggen tijdens de gevechten om de bevrijding van de stad en de haven.

Omgekeerd vervullen zeven organisaties – het Geheim Leger, de Patriottische Milities, het Belgisch Partizanenleger, de Belgische Nationale Beweging en in mindere mate de Nationale Koninklijke Beweging, het Armée de la Libération en de Groep G – zeker tegen het einde van de bezetting een sleutelrol in de strijd om de bevrijding van het land.

Het Geheim Leger: de aantrekkingskracht van de militairen

Aan de vooravond van de landing van de geallieerden telt het Geheim Leger meer dan 54.000 erkende leden, en is het – als men alleen die getalsterkte in aanmerking neemt – de krachtigste verzetsbeweging binnen het gewapende verzet. Die getalsterkte is echter waarschijnlijk grotendeels gebaseerd op de

Leden van het Geheim Leger leggen de eed af.

situatie vlak voor de bevrijding en ze gaat beslist niet op voor de hele bezettingsperiode.

De groepering beleeft een sterk fluctuerende ontwikkeling. De wil om bij te dragen aan de bevrijding van het land, die vanaf de zomer van 1941 duidelijk tot uiting komt bij monde van de militairen in de top van de organisatie, en de kwaliteit van de bevelsstructuren die dan gestalte krijgen, zorgen ervoor dat de beweging een steile groei beleeft tussen eind 1941 en begin 1942. Maar het feit dat de bezetter steeds scherper het potentiële gevaar inziet dat de groepering vertegenwoordigt en het gebrek aan ervaring met de ondergrondse strijd, leiden tot massale arrestaties die bijna het einde van de beweging betekenen. Het risico van arrestaties is in de herfst van 1942 des te groter omdat de groep, die zich inmiddels het Belgisch Legioen noemt, is afgesneden van elk contact met Londen: in de zomer van 1942 immers is zijn leider, kapitein-commandant Charles Claser uit Aalst, uit Groot-Brittannië teruggekeerd. Deze plotselinge verbreking van alle contacten is te wijten aan een grondig onderling wantrouwen tussen Claser en de voornaamste leden van de Belgische regering. Claser, een royalist die zich argwanend opstelt tegenover de regeringsleden die twee jaar tevoren Leopold III hebben gedesavoueerd, krijgt van die ministers – waarschijnlijk onterecht – verwijten dat hij van zijn beweging een instrument wil maken ter versterking van de macht van de koning.

Met kolonel Jules Bastin uit Charleroi, die de in november gearresteerde Claser vervangt, kan de dialoog worden hervat. Begin 1943 verloopt de communicatie met Londen echter nog erg stroef. De vijand profiteert van de naïviteit, de onvoorzichtigheid en het ongeduld van de leiders van wat inmiddels het Belgisch Leger is gaan heten, om eind april 1943 een val te zetten waar veel kopstukken van de organisatie inlopen, onder wie Bastin. De beweging, die zich had opgemaakt om in actie te komen met het oog op een voor de lente van 1943 aangekondigde landing, raakt daardoor volledig gedesorganiseerd.

Sommige kaderleden weten echter te ontkomen aan de Duitse politiediensten en herstellen geduldig het net van groeperingen in de diverse regio's. Hun inspanningen en vooral die van de opvolger van Bastin, de Luikse kolonel Yvan Gérard, worden aangemoedigd door de regering in Londen, die de beweging in de zomer van 1943 voorziet van instructies maar ook van geld met de hulp van een agent die uit Groot-Brittannië is gekomen. Vanaf maart 1944 mag de organisatie rekenen op grotere bedragen. Verder krijgt de organisatie ook materiële hulp. In totaal worden er tussen begin 1943 en de bevrijding 1789 containers met militaire goederen ten gunste van het Geheim Leger geparachuteerd.

Leden van het Geheim Leger bekijken een Duitse auto die ze in een hinderlaag hebben gelokt.

Wanneer er een einde komt aan de financiële problemen (er worden ook in België zelf grote sommen geld vergaard met de hulp van hoge ambtenaren) en de beweging beschikt over een relatief grote wapenvoorraad, is het Geheim Leger – dat vanaf mei 1944 ook permanente radioverbindingen heeft met Londen – begin juni 1944 klaar om in actie te treden tegen de bezetter, op basis van de instructies die het heeft ontvangen van de Belgische regering. De troepen, die dan verspreid zijn over het hele grondgebied, beginnen vanaf dat moment met de sabotage van verbindingen en communicatiemiddelen waarvan het Duitse leger zich bedient. Bij het naderen van de bevrijding bestoken ze de vijand met gerichte guerrilla-acties. In de eerste helft van september ten slotte geven ze de geallieerden waardevolle steun door veel missies uit te voeren op logistiek vlak en door het 'opruimen' van verspreide haarden van Duits verzet.

Al deze operaties worden geleid door kolonel Jules Pire uit Hannut, die sinds het terugtreden – voorafgaand aan het vertrek naar Engeland – van kolonel Gérard in februari 1944 aan het hoofd staat van het Geheim Leger. Tijdens deze laatste bezettingsmaanden voert hij een solide organisatie aan, die is opgebouwd rond een militair kader maar leden werft in praktisch alle geledingen van de samenleving, zij het dat de arbeiders er verhoudingsgewijs minder sterk in zijn vertegenwoordigd dan in het Onafhankelijkheidsfront. Ook de betrokkenheid van vrouwen is geringer. Niettemin doen vrouwen belangrijk verbindingswerk en verzorgen ze de ravitaillering voor onderduikers en voor veel mensen die proberen te ontkomen aan de verplichte tewerkstelling in Duitsland. Die activiteiten zijn bepaald niet zonder risico: zo'n vierduizend leden van het Geheim Leger vinden de dood, al komen ze voor een belangrijk deel om het leven wegens betrokkenheid bij de clandestiene pers, bij ontsnappingslijnen, inlichtingennetwerken of zelfs bij andere gewapende verzetsgroepen.

Het Onafhankelijkheidsfront: de grote civiele verzetsbeweging

De Patriottische Milities en het Belgisch Partizanenleger (respectievelijk 22.000 en 13.000 erkende leden) zijn bij de bevrijding de meest zichtbare exponenten van het Onafhankelijkheidsfront. De Partizanen vormen feitelijk de gewapende tak van de Belgische Kommunistische Partij (KP). De Patriottische Milities, die gestalte beginnen te krijgen vanaf de late zomer van 1941, behouden een aanzienlijke mate van autonomie ten opzichte van het OF, al sluiten ze zich er in de herfst van 1942 officieel bij aan.

De Partizanen vernietigden het lokaal van Rex in Laken; daarbij werd een rexist gedood.

De Partizanen zijn opgericht door Joseph Leemans, een ex-vakbondsman uit Verviers die lid is van het partijkader. Leemans heeft nog met de Internationale Brigades in Spanje gestreden en onderhoudt nauwe banden met de

Communistische Internationale. Zij richten zich uitsluitend op de logistiek van het Duitse leger, met kleine sabotageacties. Vanaf het voorjaar van 1942 nemen die acties grotere vormen aan. Ook begint in die tijd de reeks van aanslagen tegen collaborateurs die tot aan de bevrijding alleen maar in hevigheid toenemen. Het is de Partizanen erom te doen elke neiging om te zwichten voor de verleiding van de Nieuwe Orde in de kiem te smoren.

In de herfst van 1942 neemt de meedogenloze strijd tussen de Partizanen en de bezetter en diens handlangers een nieuwe wending. Als reactie op de terechtstelling van een groot aantal communisten richten de stoottroepen van de KP het vizier op de voornaamste exponenten van de collaboratie. Wat in de ogen van het Duitse bewind nog erger is, zijn de aanslagen die worden gepleegd op leden van het bezettingsleger. De Duitsers kunnen een dergelijke escalatie niet over hun kant laten gaan. Vanaf dat moment groeit het aantal executies van gijzelaars, die worden geselecteerd uit opgepakte verzetsmensen die worden verdacht van communistische sympathieën. Om te voorkomen dat de KP wordt beroofd van haar actiefste militanten, neemt de partijleiding snel het besluit om aanslagen tegen de bezetter op te schorten. In ruil daarvoor vertragen de Duitsers het ritme van de terechtstellingen. Maar de jacht op de Partizanen gaat door. 'Gespierde' onderzoeken van de Sipo-SD leiden tussen het voorjaar en de zomer van 1943 tot een grootschalige vergeldingsactie, waarvan de effecten voelbaar zijn tot in de top van het apparaat van de Partizanen.

Aan het einde van de zomer van 1943 komt er een nieuw topkader met aan het hoofd de Luikse advocaat Jean Terfve. Vanaf dat moment neemt het aantal sabotageacties en aanslagen hand over hand toe in het hele land – in Vlaanderen zijn de acties vooral talrijk in Limburg en in de Leuvense regio – en dit ondanks de voortdurende repressie en het gebrek aan materiële steun uit Londen. Toch vormen de Partizanen niet echt een massabeweging: zelfs bij het naderen van de bevrijding blijven ze een elitekorps met als centrale taak het schragen van een structuur die het gewapende burgerverzet vertegenwoordigt: de Patriottische Milities.

Die laatste groepering is een late creatie van de KP, aangezien ze pas als zodanig aan den dag treedt in juni 1944. Maar de voorgeschiedenis van de PM is zo mogelijk belangwekkender dan het relaas over haar feitelijke bestaan, omdat de beweging wortels heeft in het Onafhankelijkheidsfront en het merendeel van haar leden ook daaruit rekruteert. De stichting van het OF in de herfst van 1941 is immers ook bedoeld om de massa's te verzamelen in de strijd tegen de bezetter. In maart 1942 groeit het plan om ook daadwerkelijk de wapens op te nemen tegen de Duitsers. Maar de stichters van het OF – we noemen in het bijzonder de Brusselse journalisten Pierre Joye, een oudgediende van de partij, en Fernand Demany, een nieuwkomeling – kiezen in het begin voor verzetsacties op bredere schaal en in diverse vormen.

De beweging, die in 1942 nog de hoop koestert weldra te zullen optreden als koepel voor de vele verzetsinitiatieven die op dat moment worden uitgewerkt, steunt dus vanaf dat moment de operaties van de Partizanen. Maar het OF staat ook in voor geweldloze verzetsvormen, wat impliceert dat het in brede lagen van de bevolking aanhangers kan werven. Zo mag de gedachte om binnen het OF een hulpstructuur op te zetten voor de gezinnen van slachtoffers van de repressie, zoals die ook bestaat binnen de KP sinds de zomer van 1941, op grote bijval rekenen. Deze instelling, de Dienst-Solidariteit, schaart zich in november 1942 officieel onder de OF-vlag. Vanaf dat moment wijden duizenden mannen en vooral vrouwen – het mag geen toeval heten dat het orgaan in 1944 wordt geleid door Rosy Holender, een communistische advocate van Luikse origine – zich onverdroten aan het inzamelen en verdelen van gelden ten bate van de naasten van OF-verzetsmensen die in handen van de vijand zijn gevallen.

Propaganda is een andere actievorm waarvan de beweging zich op grote schaal bedient. Duizenden agenten of sympathisanten van de organisatie bundelen hun krachten om de circa honderdvijftig bladen te schrijven, te produceren en te verspreiden die rechtstreeks of zijdelings verband houden met het OF. Verder zien we ook nog een honderdtal periodieken van de SSC's en aanverwante organisaties. *Front*, een nationaal verspreid blad dat vanaf oktober 1943 uitkomt, heeft een oplage van 25.000 exemplaren. Overigens zien we dat betekenisvolle gebaren zoals het neerleggen van bloemen bij monumenten voor gevallenen, het uithangen van vlaggen en werkonderbrekingen, plaatshebben op de zeer symbolische datums 10 mei, 21 juli en 11 november, teneinde te getuigen van de kracht van de beweging en de tegenstander te intimideren.

Ook zien we dat het OF zich vanaf eind 1942 sterk maakt in de strijd tegen de deportaties. Een felle en grootscheepse campagne roept mensen op geen gevolg te geven aan de oproepen voor de Arbeitseinsatz en niet naar Duitsland te gaan. Werkweigeraars komen echter zonder bronnen van inkomsten te zitten en het OF besluit hen te steunen door in het voorjaar van 1942 specifieke hulpcomités op te zetten. In de zomer van hetzelfde jaar gaan die comités deel uitmaken van de Dienst-Socrates, een grootschalig actieprogramma ten bate van illegalen georganiseerd door de regering in Londen. Hoewel het OF van plan is die actie te orkestreren, ziet het zich door de geldschieters van het project – vooraanstaande burgers die in België zijn gebleven – genoodzaakt om op dat vlak een veeleer ondergeschikte rol te vervullen.

Om zijn identiteit te behouden en de ontoereikende geldstromen vanuit de Dienst-Socrates te compenseren, houdt het OF trouwens een eigen kanaal voor fondsenwerving en -verspreiding in stand. Dat gebeurt ook uit andere overwegingen. De KP weet dat het OF na de Duitse nederlaag pas echt gezag zal kunnen laten gelden als het zich actief inzet om de bezetter uit het land te verjagen. In die context kunnen de werkweigeraars, voor het merendeel jonge mannen, een formidabele troef zijn. Ze kunnen zelfs een van de voornaamste bestanddelen vormen van een op te zetten gewapende massabeweging met het oog op een landelijk volksoproer. Om die werkweigeraars en andere potentiële vrijwilligers aan te trekken, vertrouwt de KP de leiding van de Patriottische Milities in wording toe aan mensen die niet behoren tot communistische kringen en die beschikken over een zekere militaire ervaring. Zo wordt Maurice Quinet, onderwijzer uit Charleroi en partijloze reservekapitein, de nationale bevelhebber.

Deze argumenten volstaan echter niet om de Patriottische Milities te doen uitgroeien tot de grote organisatie waarvan men droomt. Om te beginnen vertikken veel werkweigeraars het om zich in de actie te storten; vervolgens zijn er bepaalde bewegingen, vooral het Geheim Leger, die over betere troeven beschikken wat betreft kader en materieel om jongeren en minder jonge mensen aan te trekken die het willen opnemen tegen de bezetter. Al met al bestaat het merendeel van de PM uit OF-leden die eerder actief zijn geweest in het geweldloze verzet. Het gebrek aan middelen en mankracht, het manen tot voorzichtigheid door Londen en de snelle bevrijding van het land beperken overigens in grote mate de betrokkenheid van de PM in de gewapende strijd en beroven de KP zo van haar politieke betekenis wanneer de Belgische autoriteiten het landsbestuur weer in handen nemen.

De inzet van de KP om het OF tot een overkoepelende massaorganisatie te maken, drijft de partij ertoe andere substructuren te vormen die zich op welbepaalde 'doelgroepen' richten. Maar of het nu gaat om structuren die proberen jongeren, vrouwen, boeren, artsen, gerechtelijk personeel of onderwijsmensen voor zich te winnen, écht succes blijft achterwege. De enige grote zege van de KP op dat front wordt geboekt door de SSC's die aan het einde van de bezetting worden geleid door de Luikse vakbondsman Théo Dejace. Deze comités, die begin 1942 in hun uiteindelijke vorm worden opgericht, sporen arbeiders en bedienden aan betere arbeidsomstandigheden te eisen maar ook om de strijd tegen de bezetter aan te gaan. Hun protest- en verzetsacties kunnen rekenen op de sympathie van veel werknemers die gebukt gaan onder de bezetting en verstoken zijn van contact met de tekortschietende socialistische vakbondsorganisatie. In de Waalse industriegebieden bedreigen de SSC's zelfs de hegemonie van de socialisten. Hoewel ze de enige winst vertegenwoordigen die na de oorlog in klinkende munt had kunnen worden omgezet, zullen ze verdwijnen in de woelingen waarin de KP wordt meegezogen zodra de vrede is weergekeerd.

Anna Hubertina Aretz (1893-1973) was een Duitse, week uit eerst naar Nederland en later naar België. Gearresteerd in maart 1944 door de Antwerpse Gestapo omdat ze hulp bood aan joden.

Uit haar oorlogsdagboek:

In het lazaret waar ik werkte ontmoette ik een soldaat uit Berlijn. Een zeer braaf man. Hij heeft mij verteld over de gruwelijke behandeling van de joden in Breendonk. Individuen lijk Weiss (in '46 gefusilјeerd) en consoorten dronken dikwijls cognac om zichzelf op te zwepen. Joden werden in het water van de grachten gejaagd. Wanneer zij er terug uitkwamen werden zij er weer ingeschopt tot ze dood waren. Bij andere gelegenheden moeten joden zich ingraven zodat alleen het hoofd boven de grond stak. Met hun zware benagelde "stiefel" speelden de bewakers "voetbal" tegen hun hoofden. Wat de joden geleden hebben is met geen pen te beschrijven, daarom heb ik mij voor de joden opgeofferd. Zelf heb ik door mijn nationaliteit veel geleden. Uitgestoten en gebrandmerkt geweest. Wie is verantwoordelijk voor zijn geboorte en afstamming? Wie is schuldig omdat hij tot een bepaald ras behoort? Dat weerloze joodse volk? Zij hadden niemand meer om hen te verdedigen. Bijna iedereen was vies van hen behalve dan van hun geld. Daarom heb ik de joden geholpen met alle middelen die ik zelf had en zelf honger geleden.

Na zovele jaren alleen gewerkt te hebben werd ik in 1943 opgemerkt door de weerstand. Ik aanvaardde lid te worden van een geheime organisatie: nl. het "Komitee ter verdediging van de Joden". Tot dit komitee behoorden Prof. Flamm van de universiteit van Brussel, Mevr. Castermans, een weduwe die vroeger een kribbe leidde van het Nationaal Werk voor Kinderwelzijn, te Mortsel, en Emile Cools uit Kiel en Mevr. Van Beylen, Antwerpen. Dit komitee kreeg geld van het OF (Onafhankelijkheidsfront). Toen ik vernam dat dit geld van Rusland kwam schrok ik heftig. Maar mevr. Castermans sloeg met de vuist op tafel en zei: "Al moest het geld van de duivel komen, wij hebben het nodig om mensen te helpen". Ik heb mij er bij neergelegd. Het Rode kruis en ook de andere instanties bezorgden pakjes van 2 kg voor elk joods echtpaar, en dit elke maand. De joden moesten dus in het geheim opgespoord en bezocht worden. Rantsoenzegels werden nagemaakt. Het was een zware verantwoordelijkheid. Op mij viel het oog van het Ministerie van Justitie om inlichtingen te verzamelen in de verschillende gemeentehuiskantoren van Antwerpen en agglomeratie. Het was een grote eer voor mij. Het volstond de naam Peeters te vermelden als een soort codewoord en de deuren gingen open. Moeilijkheden deden zich voor omdat er vele joden waren die niet als gehuwd ingeschreven stonden. Hun huwelijk was alleen geldig voor de Rabbi. Zo krijgen man en vrouw een pakje terwijl ze maar "recht" hadden op een enkel. Er liep zo wel een en ander in de war. Indien er joden verhuisd waren moesten ze daarvan een bewijs hebben voor de zegeltjes. Ik had steeds het gevoel iemand op de hielen te hebben. In die tijd was het wantrouwen reuzegroot. Ik had een wenk gekregen dat de S.D. het "Komitee ter verdediging van de Joden en alle door de Vijand Vervolgden" op de hielen zat. De laatste bijeenkomst had plaats op 15 maart 1944 in de Lamorinièrestraat, hoek Grisaarstraat, op de benedenverdieping. Ik had een joods meisje naar Mariaburg bij vrienden gebracht. Dit meisje werd gered en leeft nog. In verband hiermede was ik naar de Huidevetterstraat gegaan voor rantsoenzegels. Ik had er meer dan 100 op zak. Wegens die uitstap was ik bijzonder netjes gekleed die dag. Ik belde aan in de Lamorinièrestraat en hoorde een vreselijk lawaai. Ik was zo bezorgd en overvol van de idee dat ik hen waarschuwen moest dat ik op dat ogenblik aan geen gevaar dacht.

[...]

Ik belde een derde maal. Plots vloog de deur open. Voor mij stond Wardje Lauterborn, de gekende jodenhater uit Antwerpen. Met de ene hand hield hij mijn vriendin mevr. Castermans bij de keel en met de andere hand duwde hij een revolver op mijn borst. Beweeg niet of ik knal je neer, schreeuwde hij. Ik wist genoeg. Eens binnen zag ik dat iedereen van het komitee aanwezig was.

[...]

Een feit is dat niemand van het "Komitee ter Verdediging van de Joden" gelijk wat verraden heeft. Integendeel de een trachtte de andere wit te wassen en de schuld op zichzelven te laden. Het was een bewonderenswaardig team. Ik meen hierin de reden te zien van het feit dat de vijf leden strijd en verhoren overleefd hebben.

De grootste verdienste van het Onafhankelijkheidsfront op humanitair vlak is het in veiligheid brengen van ettelijke duizenden joden, onder wie meer dan tweeduizend kinderen. Na de grote razzia's in de zomer van 1942 te Antwerpen en Brussel, besluiten communistische joden en linkse zionisten hun krachten te bundelen om hulp te bieden aan degenen die aan de deportaties zijn ontkomen. Die groep, vooral bezield door Ghert en Yvonne Jospa-Groisman, een ingenieur en een maatschappelijk werkster van communistischen huize en van Roemeense origine, kan vanaf haar oprichting in september 1942 rekenen op de steun van het OF. Het Front bezorgt hun de medewerking van mannen en vrouwen die al ervaring hebben bij het hulp bieden aan onderduikers en die helpen bij het opzetten in het hele land van het 'Comité ter Verdediging van de Joden', dat uiteraard gelieerd is aan het OF.

Het Comité wordt actief gesteund door mensen van alle politieke en levensbeschouwelijke strekkingen, wat ervoor zorgt dat het kan beschikken over een massa nuttige contacten voor het inzamelen van geld, het aanmaken van valse documenten en het herbergen van onderduikers – onontbeerlijke elementen om deze onderneming goed te doen verlopen. Vandaar dat deze operatie, die helemaal strookt met het voortdurend nagestreefde doel van het OF om de bevolking te verenigen tegen de bezetter, een groot succes is.

De Belgische Nationale Beweging, een gestrand alternatief

In vergelijking met de twee reuzen die het Geheim Leger en het Onafhankelijkheidsfront ten tijde van de bevrijding zijn, is de Belgische Nationale Beweging (BNB) veeleer een 'dwerg', die desalniettemin toch meer dan 15.000 erkende leden telt. Haar slagkracht zou vast aanzienlijk groter zijn geweest als ze in februari 1944 niet zwaar zou zijn getroffen door een golf van arrestaties die de BNB onthoofdt en haar berooft van een groot deel van haar middelen.

De BNB wordt opgericht in Brussel in december 1940 en ontwikkelt zich vanaf 1941 onder de bezieling van Camille Joset, een persman en hoge ambtenaar uit Aarlen die ook al in 1914-1918 actief was in het verzet. Deze grote patriot van katholieken huize weet zijn beweging tot bloei te brengen in de Belgisch-nationalistische en anti-Duitse middenklassen die zeer verknocht zijn aan het vooroorlogse politieke en sociale beleid in het land, al staan ze – conform de tijdgeest – tamelijk welwillend tegenover een vergroting van de uitvoerende macht ten koste van de wetgevende.

Maar wat vooral belangrijk is voor deze hoofdzakelijk Franstalige middenklasse, is het verdrijven van de bezetter met alle beschikbare middelen. Om haar doelstellingen te verwezenlijken, aarzelt de BNB niet om de handen in elkaar te slaan met nadrukkelijk rechtser georiënteerde bewegingen, getuige de poging in april 1942 om een patriottisch front te vormen dat de BNB verbindt met structuren als het Belgisch Legioen en de Nationale Koninklijke Beweging. Door toedoen van de arrestatie in datzelfde voorjaar van kopstukken van die groeperingen, onder wie Camille Joset zelf, wordt dat plan niet gerealiseerd.

De Belgische Nationale Beweging komt dan onder de leiding te staan van de politiecommissaris van Sint-Gilles, Raymond Defonseca, die een al even dynamische figuur is als zijn voorganger. In hetzelfde streven naar doeltreffendheid sluit Defonseca in september 1942 een akkoord met het OF met het oog op een degelijke coördinatie van de activiteiten van beide groeperingen.

Maar voor de BNB houdt de toenadering daar op, ook al omdat ze aanwijzingen meent te zien dat het OF de beweging wil opslorpen.

In augustus 1941 gaat de beweging van start met het ondergrondse blad *La Voix des Belges*, een periodiek van hoog journalistiek niveau dat overal in het land verschijnt (een Nederlandstalige versie wordt verspreid onder de titel *De Stem der Belgen*). In september van hetzelfde jaar stelt ze zich in verbinding met de inlichtingendienst Mill, waarvoor ze een schat aan informatie vergaart. Eveneens vanaf 1941 helpt de BNB mensen uit te wijken naar Engeland. Van de zomer van 1943 tot begin 1944 werkt de beweging zelfs actief voor Comète, een ontsnappingslijn voor geallieerde piloten.

Omdat de BNB beschikt over tal van leden bij overheidsinstanties, verstrekt de beweging vanaf eind 1942 waardevolle hulp aan joden en vooral aan werkweigeraars. De leden die werkzaam zijn bij de posterijen zetten een enorme prestatie neer bij het onderscheppen van klikbrieven. Tot slot telt de BNB ook stoottroepen die kleinschalige sabotageacties ondernemen. Het actieterrein bestrijkt het hele land, zij het dat de BNB in Oost- en West-Vlaanderen minder sterk aanwezig is.

De kracht van de organisatie, haar loyaliteit ten aanzien van de regering in Londen en de professionele hoedanigheid van veel van haar leden maken grote indruk op agenten die in de zomer van 1943 vanuit Groot-Brittannië overkomen om de waarde van de verzetsstructuren te evalueren. Ook de Belgische autoriteiten overwegen van de BNB een van haar voornaamste steunpunten te maken met het oog op de ordehandhaving bij de bevrijding. Maar in februari 1944 is er nog maar net één organisator geparachuteerd met geld en actieplannen voor de komende maanden, of de BNB wordt volop getroffen door een niet eerder vertoonde Duitse repressie. Beroofd van haar meest ervaren kopstukken, van het gros van haar materieel en van haar voornaamste communicatiemiddelen, is de groepering bij de bevrijding niet bij machte de haar toebedachte rol te spelen. Vermelden we tot slot dat de BNB in Henegouwen nauwe banden onderhoudt met de Poolse verzetsorganisatie POWN, een structuur met ongeveer zeshonderd leden in België, die is opgezet door de Poolse regering in Londen.

De Nationale Koninklijke Beweging, het Bevrijdingsleger en de Groep G

Vermoedelijk de meest rechtse van alle organisaties die een zekere gewicht verwerven, is de Nationale Koninklijke Beweging (NKB), die na de oorlog meer dan 8500 van zijn leden erkend zal zien als leden van het gewapende verzet. De NKB wordt in Vlaams-Brabant opgericht in februari 1941 en is een initiatief van jonge rexisten uit Aarschot en van hun leider Eugène Mertens de Wilmars, gewezen aanhanger van Léon Degrelle. Aanvankelijk is het enige doel van deze groepering om in België een krachtig bewind onder leiding van de koning te vestigen. Overigens gaat de beweging pas ondergronds na de eerste represailles van de bezetter in juli 1941. Haar politieke agenda blijft van kracht tot aan de arrestatie van Mertens in mei 1942.

Onder diens opvolger, de Naamse generaal Ernest Graff, kiest de beweging nadrukkelijker een anti-Duitse koers. Onder Graff ontplooit de organisatie, die zich hoofdzakelijk in Brussel en Vlaanderen ontwikkelt, diverse activiteiten tegen de bezetter. Ze verzamelt inlichtingen, publiceert en verspreidt clandestiene kranten, zoals *Vrij en Volk* dat in Leuven wordt gemaakt, voert kleine sabotageacties uit, komt joden en geallieerde piloten te hulp en werkt ook enige tijd samen met het toekomstige Geheim Leger aan een actieplan voor de bevrijding.

Centraal staat echter de hulp aan werkweigeraars, een taak waarbij de organisatie veel baat heeft van de goede contacten met de christelijke arbeidersbeweging in Vlaanderen. Want hoewel de top van de NKB voornamelijk bestaat uit militairen die een autoritair geleid en corporatistisch bewind in België wensen, wordt het merendeel van de leden toch gevormd door Vlaamse katholieken die elkaar vinden in deze beweging die weliswaar conservatief en koningsgezind is, maar toch ook zeer vijandig staat tegenover de bezetter. Een bewijs van die betrokkenheid is het feit dat ruim 160 NKB-leden worden geëxecuteerd of omkomen in de kampen en dat een honderdtal van hen de dood vindt tijdens de gevechten van september 1944, vooral in Antwerpen, waar de beweging helpt bij de verdediging van de haven.

Het Bevrijdingsleger – doorgaans aangeduid overigens met de Franse afkorting 'AL' en eind 1940 opgericht in Luik –, is een groepering die zich op min of meer vergelijkbare wijze ontwikkelt, in die zin dat ruim 7200 van zijn leden uiteindelijk erkenning zullen krijgen. Het AL, opgericht op initiatief van een kern van christen-democratische militanten, wordt eerst geleid door ex minister Antoine Delfosse en na diens vertrek naar Londen in de zomer van 1942 door de advocaat Pierre Clerdent. Het merendeel van de Bevrijdingsleger/AL-troepen is actief in de provincie Luik, waar de beweging zich bezighoudt met de ondergrondse pers (*La Vérité*), met inlichtingenwerk, hulp aan werkweigeraars en joden, en ook met kleinschalige sabotagedaden. De voornaamste wapenfeit is echter de actieve betrokkenheid bij de bevrijding van de regio Luik, in samenwerking met het Geheim Leger.

De Groep G – de volledige benaming luidt Groupe Générale de Sabotage – tot slot bekleedt een aparte plaats in dit landschap van bewegingen. Hoewel deze organisatie betrekkelijk weinig leden telt (in totaal worden er iets meer dan vierduizend erkend) is het bijzondere aan de Groep G dat hij zich uitsluitend toelegt op het doen spaaklopen van de Duitse oorlogsmachine. Ook de totstandkoming van de groep is enigszins anders dan die van andere groeperingen, aangezien de start samenvalt met de dropping in januari 1942 van André Wendelen, een liberale jurist uit Brussel die door de SOE (Special Operations Executive) wordt belast met het opzetten van een sabotagenetwerk in bezet België. Bij aankomst neemt Wendelen contact op met jonge vrienden van liberale en socialistische strekking die deel uitmaken van de Cercle du Libre Examen van de ULB en die in het begin van de bezetting ook betrokken waren bij de oprichting van het Comité de Surveillance de l'ULB waaruit ook de Dienst-Hotton zal stammen, de groep die zich in 1944 zal onderscheiden met sabotage- en guerrilla-acties in het Geheim Leger.

De door Wendelen opgerichte beweging groeit stap voor stap onder leiding van de Brusselse ingenieur Jean Burgers. Wanneer de Groep G in het voorjaar van 1943 stevig is georganiseerd, maakt ze in augustus van hetzelfde jaar gebruik van de tweede parachutering van Wendelen, die hen komt bevoorraden met wapens en materieel, om een grote campagne te starten. In haar streven de vijand doelgericht te treffen zonder dat dit leidt tot represailles of onherstelbare schade, heeft de Groep G het systematisch gemunt op het spoorwegnet, de binnenlandse waterwegen en de energievoorziening. Die sabotages treffen in het bijzonder Henegouwen, Waals-Brabant en de provincie Luik. Het grootste succes dat de beweging boekt, is waarschijnlijk het vrijwel gelijktijdig onklaar maken van achtentwintig hoogspanningsmasten in januari 1944. Door die acties moeten veel ondernemingen, niet alleen in België, maar ook in het Rijnland, urenlang hun productie noodgedwongen stilleggen.

Ondanks de vrij geringe materiële ondersteuning van buitenaf – al worden er tussen maart en augustus 1944 toch 113 containers gedropt – en vooral ondanks een repressie waarvan één op vijf van haar leden het slachtoffer wordt – met inbegrip van haar voorman Jean Burgers die in maart 1944 wordt opgepakt –, houdt de Groep G zijn acties vol tot de komst van de geallieerden; ze intensiveert zelfs de sabotage op spoorwegverbindingen na de landing in Normandië. De groep ziet zich voor de veiligheid van zijn leden voorts genoodzaakt om verklikkers onschadelijk te maken en ook gaat ze over tot overvallen ten bate van zijn onderduikers. De beweging, die goed is geworteld in Franstalig België maar ook in de provincie Antwerpen, draagt met de schaarse middelen waarover ze beschikt naar vermogen bij tot de bevrijding van het land, in het bijzonder door een aantal bruggen te behoeden voor verwoesting.

Inlichtingen- en actiediensten: de aristocratie van het verzet

Afgezien van een enkele organisatie die voor de Franse, Poolse of zelfs Sovjet-Russische autoriteiten werkt, is het merendeel van deze groepen nauw verbonden met de Belgische en Britse structuren in Londen. De meeste leggen zich toe op het verzamelen en doorgeven van inlichtingen, sommige ontfermen zich vooral over ontsnappingslijnen en weer andere spitsen hun activiteiten toe op propaganda of sabotage. Een bijzonder statuut, dat van 'agent bij inlichtingen- en actiediensten', zal na de oorlog de mensen te beurt vallen die zich binnen deze netwerken hebben onderscheiden. Na een grondige procedure zullen meer dan 18.700 mannen en vrouwen deze titel verkrijgen, voor bijna tweeduizend van hen gebeurt dat postuum. Verder ontvangen ongeveer tienduizend mensen een bedankbrief voor incidentele hulp.

Vanaf de herfst van 1940 begint een aanzienlijk aantal Belgen, hetzij omdat ze daartoe worden gedreven door verhalen over de Eerste Wereldoorlog, hetzij omdat ze op dat vlak ook al in 1914-1918 actief waren, inlichtingen te verzamelen in de hoop die te kunnen doorgeven aan de Britse autoriteiten. Hun inspanningen leiden tot het opzetten van negentien netwerken, waarvan de sterkst ontwikkelde, zoals Luc/Marc of Zero, uiteindelijk het hele grondgebied zullen beslaan. Kennis van wat zich afspeelt in bezet gebied is inderdaad van groot belang voor Groot-Brittannië. België, dat dicht bij Engeland ligt en dus synoniem is voor direct gevaar voor de Britse eilanden – vooral tijdens de eerste twee oorlogsjaren – zal zich zo ontpoppen tot een van de beste en zekerste routes om door te dringen naar Duitsland. Voor de Britten is het voorts van belang te weten welke de belangrijkste fabrieken zijn die produceren voor het Duitse Rijk en waar die zich precies bevinden. Zo kunnen ze die bedrijven eventueel met bombardementen uitschakelen.

Vandaar dat de Britten niet alleen de ontwikkeling aanmoedigen van netwerken die spontaan totstandkomen in bezet gebied, ze zorgen er vanaf 1940 ook voor dat andere netwerken worden (her)opgericht, zoals Martiny-Daumerie en Clarence. Vanaf de zomer van 1941 groeit er een vruchtbare samenwerking tussen Britten en Belgen. In dat verband zijn de Belgen niet alleen belangrijk voor inlichtingen op militair en economisch vlak, maar ook op politiek gebied. Het opzetten van nieuwe missies meer specifiek door de Staatsveiligheid, leidt uiteindelijk tot een totaal van 37 netwerken die in België opereren.

Het meest heikele probleem waarop die netwerken stuiten, is het doorbriefen van inlichtingen naar Groot-Brittannië. Tot eind 1941 beschikken maar weinig groeperingen over zendapparatuur waarmee ze informatie kunnen doorgeven. Daar komt bij dat de vluchtroutes over land via Frankrijk, Spanje en Portugal nog niet goed zijn georganiseerd. Hoewel de situatie er vanaf 1942 aanzienlijk op verbetert met de komst van marconisten met radioapparatuur en met de consolidatie van de doorvoerlijnen over land via Zuid-Europa, zijn nog niet alle moeilijkheden van de baan. De ontwikkeling door de Duitsers van een geavanceerd systeem voor het opsporen van zendlocaties leidt tot de arrestatie van veel radio-operatoren. De voorzichtigheid gebiedt vanaf dat moment de duur van het radiocontact met Londen aanzienlijk te verkorten en per telegram slechts een zeer beperkte hoeveelheid informatie te verzenden.

De verbindingslijnen over land zijn veiliger, maar doorgaans kost het zes tot acht weken vooraleer documenten Londen bereiken, waardoor ze aanzienlijk aan betekenis inboeten.

De vrouwen en mannen die deel uitmaken van die netwerken verschillen van andere verzetslieden, in die zin dat ze wat ouder zijn, in nog sterkere mate Franstalig en nog specifieker afkomstig zijn uit de middenklassen. De patriottische burgerij is in dit milieu oververtegenwoordigd. Voor een gemakkelijke toegang tot informatie doet men om voor de hand liggende redenen ook een beroep op werknemers bij overheidsinstellingen, zoals de Regie van Telegrafie en Telefonie, de posterijen en vooral de spoorwegen. De kadermensen bij de inlichtingendiensten zijn doorgaans van katholieke of liberale strekking. Her en der zijn ook wel socialisten te vinden, maar vrijwel nooit communisten.

Een uitzonderlijke figuur van het inlichtingenwerk in België tijdens de Tweede Wereldoorlog is de Luikenaar Walthère Dewé, directeur bij de Regie van Telegrafie en Telefonie. Deze praktiserende katholiek is vooral een fervent patriot: in de loop van de Eerste Wereldoorlog leidde hij al het netwerk La Dame Blanche. In september 1939 gaat hij aan de slag voor de Britten. Hij laat zich niet ontmoedigen door de capitulatie, maar herstelt in korte tijd het stramien van zijn groep, die de naam Clarence krijgt, en stelt alles in het werk om weer in verbinding te komen met de Britten. Het directe contact met Londen wordt hersteld in januari 1941 dankzij de komst van een marconist en diens zendapparatuur. Het netwerk, dat na verloop van tijd heel België bestrijkt, zal meer dan vijftienhonderd leden tellen. Van hen komen er 43 om het leven, onder wie Dewé zelf: hij wordt op 14 januari 1944 in hartje Brussel doodgeschoten. Van 1941 tot aan de bevrijding bezorgt Clarence 163 degelijke rapporten aan Londen en verzenden of ontvangen zijn radio's in totaal 872 berichten. Zodoende staat de groep borg voor een vrijwel permanent contact tussen bezet België en de vrije wereld.

Mill is een ander netwerk van kaliber en ressorteert direct onder de SIS (Secret Intelligence Service). Het netwerk ontstaat met de dropping van Adrien Marquet in augustus 1941 en diens radioman René Clippe. Marquet is hoofdingenieur bij de Unie van Henegouwse Elektriciteitscentrales in Charleroi en liberaal gemeenteraadslid van deze stad, Clippe is radio-officier bij de burgerluchtvaart en een overtuigd katholiek uit Bourlers (bij Chimay). Hun opdracht is welomlijnd: louter militaire inlichtingen verschaffen. Om te slagen in hun opzet rekruteren ze volop in de openbare sector, vooral onder de arbeiders en de bedienden van de spoorwegen.

In totaal telt de dienst zevenhonderd agenten, bij wie zich later nog zevenhonderd leden van de Belgische Nationale Beweging zullen voegen. Dankzij een opmerkelijk goede organisatie weet de structuur zich tot aan de bevrijding te handhaven, ondanks de arrestatie van René Clippe in de zomer van 1944. Op gezette tijden worden documenten over land en zee naar Londen gezonden en meer dan duizend berichten worden per radio doorgeseind naar de Britse diensten die zelf ook verantwoordelijk zijn voor druk radioverkeer met Mill. Ook zal Mill zich in de eerste helft van 1944 onderscheiden met de oprichting van een clandestien centrum voor de inzameling en het doorgeven van informatie. Het gaat om een knap staaltje technisch kunnen, waardoor Mill in België zonder risico telefoongesprekken kan voeren en waardoor de groep vooral in staat is telefoonverbindingen tussen de directie van de NMBS en die van de Duitse spoorwegen af te luisteren, wat betekent dat men beschikt over zeer volledige gegevens uit de eerste hand over alle treintransporten in het land.

De netwerken die direct ressorteren onder de Belgische Staatsveiligheid zijn eveneens van grote waarde voor de geallieerden. Twee daarvan, Zero en Luc/ Marc, springen er duidelijk uit, zij het dat andere, zoals Bayard, Boucle en Tégal, eigenlijk meer verdienen dan een terloopse vermelding.

Zero wordt in de zomer van 1940 opgericht binnen Brufina, de financiële holdingmaatschappij van de Bank van Brussel. Het oprichtersteam van het netwerk bestaat dan ook uit verscheidene werknemers van die groep en in het bijzonder het hoofd van de informatiedienst, de Bruggeling Fernand Kerkhofs, die de leiding op zich zal nemen. Al vóór mei 1940 verstrekte Kerkhofs politieke, economische en financiële inlichtingen aan een medewerker van de Britse ambassade te Brussel. Zero, dat uitstekende contacten onderhoudt met het zakenleven, met industriëlen en met magistraten, spant zich in om dat type informatie te blijven verzamelen. Om die inlichtingen door te geven kan de groep vanaf eind 1940 rekenen op de doeltreffendheid van de lijn Moeskroen-Roubaix-Tourcoing, die vanaf dat moment dienstdoet als de slagader van een belangrijke doorvoerroute voor documenten, maar ook voor mensen – vooral Belgische en geallieerde piloten – naar Engeland. In de herfst van 1941 staat Zero in rechtstreekse verbinding met Londen via een marconist die zendwerk doet in het kader van een sabotageopdracht.

Het enorme aantal contacten dat nodig is voor het al te brede activiteitenterrein van het netwerk – inlichtingen, ontsnappingen, maar ook de redactie en verspreiding van de clandestiene krant *La Libre Belgique*, de steun aan een cel van de Special Operations Executive én aan het Belgisch Legioen – maken Zero zeer kwetsbaar voor infiltratie door de vijand. Dat leidt ertoe dat Zero in oktober 1941 bijna volledig wordt opgerold. De voornaamste leiders moeten uitwijken naar Engeland.

De leiding van de structuur komt dan in handen van de voormalige politiek directeur van het katholieke dagblad *Le XXe siècle*, de Brusselaar William Ugeux. Vanaf dat moment opereert Zero meer in van elkaar afgescheiden eenheden, ook al neemt Ugeux in diezelfde periode het lot van *La Libre Belgique* in handen. Ondanks de vele tegenslagen – Zero zal nog drie andere voormannen krijgen – blijft het netwerk overeind tot de bevrijding en staat het in voor het doorgeven aan Londen van informatie die wordt ingewonnen door zo'n drieduizend agenten.

De start van Luc/Marc lijkt sterk op die van Zero. Dit netwerk wordt rond september 1940 opgericht in Brussel op initiatief van Georges Leclercq, een van oorsprong uit Luik afkomstige ambtenaar op het ministerie van Justitie en oud-vrijwilliger bij het Belgische leger in 1914-1918. Leclercq wordt gedreven door de wil om zijn zoon te wreken, die sneuvelde tijdens de achttiendaagse veldtocht.

Het netwerk kent een eerste groeifase die loopt tot eind 1941. Ook Luc/Marc wordt dan het slachtoffer van zijn vele activiteiten, die reiken van het inwinnen en doorgeven van inlichtingen tot het organiseren van daden van gewapend verzet, met terloops ook nog het ontwikkelen van een ontsnappingslijn. Luc/Marc vindt tegen maart 1941 namelijk een route die ook kan dienen voor het laten uitwijken van mensen en in oktober van dat jaar komt het eerste radiocontact met Londen tot stand. Hierdoor kan materieel worden gedropt voor Luc/Marc en het Belgisch Legioen, waarvan de lotgevallen nauw met elkaar zijn verbonden.

Luc/Marc rekruteert in iets andere kringen dan Zero: de pioniers van het netwerk zijn voor het merendeel ambtenaren, personeelsleden van de Université Libre de Bruxelles, ex-scouts en militairen, wat impliceert dat Luc/Marc een groter aantal socialisten in de gelederen heeft – Zero telt veel liberalen – en zich veeleer richt op het verzamelen van strikt militaire informatie.

1942 wordt een moeilijk jaar voor Luc/Marc. Interne twisten en nieuwe golven van felle repressie van de kant van de Duitsers beletten de organisatie maandenlang om goed te functioneren. De dropping van de Luikse landbouwingenieur en reserveofficier Max Londot in juni 1942 en vooral zijn aantreden in oktober 1942 als leider van het netwerk, dat voortaan om veiligheidsredenen Marc heet, leiden tot een duidelijke verbetering van de situatie. Vanaf dan zendt de dienst, die alleen nog inlichtingenwerk doet, elke week vele bladzijden informatie op microfilm naar Londen. Die data worden eerst door honderden en al gauw door duizenden personen, verspreid over het hele land, verzameld.

Na de oorlog worden 3600 agenten van Luc/Marc erkend, waarbij zich later nog zo'n 1400 incidentele krachten voegen. Daarbij kan het netwerk vanaf eind 1942 zijn voordeel doen met een directe verbinding met Groot-Brittannië. In totaal worden er tussen oktober 1942 en augustus 1944 elf radio-operatoren gedropt voor het netwerk, wat Luc/Marc op dat vlak tot de rijkst bedeelde groep maakt. Londot houdt tot aan de bevrijding het roer van dit vlaggenschip van het Belgische inlichtingenwerk stevig in handen.

Behalve deze grote diensten moeten we ook een groep vermelden die weliswaar weinig leden telt, maar die van aanzienlijk belang is geweest voor de Belgische regering in Londen. Wanneer de ministers in de zomer van 1940 zijn afgesneden van vrijwel elk contact met het bezette land, proberen ze vanaf 1941 toch te weten te komen wat er leeft bij de Belgen. De regering in ballingschap krijgt in die tijd weliswaar politieke en economische inlichtingen, maar het ontbreekt haar aan een betrouwbare, permanente luisterpost in bezet gebied. Daarin wordt in de zomer van 1942, door toedoen van een agent die is uitgezonden om inlichtingen in te winnen, voorzien met de oprichting van het comité-Gilles. Die groep omvat een dertigtal mensen en bestaat uit politici, hoge magistraten, vooraanstaande juristen, industriëlen en financiële experts. Dat maakt hen uitermate geschikt voor het inwinnen van waardevolle politieke en economische inlichtingen. Deze antenne van de regering in België doet dienst tot aan de bevrijding. Ze bezorgt Londen haar belangwekkende rapporten via Zero en Clarence, per telegraaf en via koeriers.

Hoewel het merendeel van de inlichtingencellen in ons land in het raam van de Belgisch-Britse samenwerking actief is, gaat dat toch niet voor alle netwerken op. Zo opereren een paar honderd agenten voor Franse netwerken. Een dertigtal communisten tot slot, voor het merendeel joden, treedt van eind 1940 tot de herfst van 1942 op in het raam van het Rode Orkest, de inlichtingendienst van het sovjetleger voor West-Europa.

Ontsnappingslijnen: routes vol hinderlagen

Eens te meer geïnspireerd door het voorbeeld van 1914-1918, nemen vrouwen en mannen in 1940 het initiatief om mensen te hulp te komen die de wijk willen nemen naar de vrije wereld. Onder de personen die België willen ontvluchten, vinden we Belgen die dienst willen nemen in Engeland (minstens vierduizend zullen erin slagen de Britse eilanden te bereiken), Britse soldaten die op het continent vastzitten na het debacle van mei-juni 1940, Franse militairen die uit Duitse kampen zijn gevlucht en terug willen naar hun land, joden op de vlucht voor de vervolgingen van de nazi's, gesignaleerde verzetsmensen die een veilig heenkomen zoeken en geallieerde piloten van wie de toestellen zijn neergehaald.

Van lieverlede ontstaan er heuse ketens, waarvan de schakels zich uitstrekken van België tot in Spanje, en die vluchtroutes vormen naar Groot-Brittannië. Deze lijnen werken met veel minder mensen dan de netwerken. Men heeft vooral behoefte aan personen die kandidaten voor ontsnapping op het spoor kunnen komen; aan een goede centrale organisatie voor het samenbrengen van die kandidaten voor de reis en voor het verschaffen van de onontbeerlijke valse identiteitspapieren, aan doeltreffende contacten op de verschillende doorgangspunten en aan discrete en moedige gidsen.

De hulp aan vluchtelingen is niet ongevaarlijk: niet alleen kan men op de hele route op controles stuiten, vooral bij de verschillende grenzen – tussen België en Frankrijk, aan de Somme, tussen bezet en vrij gebied, tussen Frankrijk en Spanje –, ook komt het geregeld voor dat vijandelijke agenten proberen te infiltreren om deze lijnen op te rollen.

In het begin volgen mensen en documenten dezelfde routes. Zodoende bereiken veel vluchtelingen Zuid-Frankrijk op hetzelfde moment als documenten van Luc/Marc, Zero of Clarence. Het gevaar van dat dubbelgebruik leidt ertoe dat men vanaf 1942 beide activiteiten gaat scheiden. Er komen dan specifieke evacuatielijnen die doorgaans beginnen in Brussel en meestal de regio's Moeskroen-Doornik, Quiévrain (bij Bergen) en Dinant-Philippeville doorkruisen, alvorens Frans grondgebied te bereiken.

De belangrijkste daarvan is de lijn Comète. Deze route wordt opgezet door de Brusselse verpleegster Andrée De Jongh en zal tussen de zomer van 1941 en het voorjaar van 1944 bijna zevenhonderd geallieerde piloten te hulp komen, van wie de dienst er 288 in Spanje weet te krijgen. Comète staat ook in voor het transport van een kleine vijftig Belgen naar gene zijde van de Pyreneeën. Het netwerk, dat zo'n tweeduizend medewerkers telt, omvat een relatief groot aantal mensen van adel en vrouwen. De Belgische aristocratie is overigens in het algemeen ruim vertegenwoordigd in het verzet, vooral in bewegingen van militaire strekking (Geheim Leger en Nationale Koninklijke Beweging), evenals in de inlichtingen- en ontsnappingsnetwerken. De tol die men riskeert voor deelname aan deze lijn is zwaar: meer dan achthonderd mensen worden gearresteerd en bijna een kwart van hen overleeft de oorlog niet. Hoewel de lijn erin slaagt de arrestatie van Andrée De Jongh in januari 1943 te boven te komen, betekent het oppakken van haar opvolgers een jaar later de genadeklap: in juni 1944 komt er een einde aan alle activiteiten. De bevrijding is dan wel zeer nabij.

OP DE GRENS VAN MILITAIRE EN POLITIEKE DOELSTELLINGEN

In het voorjaar van 1941, wanneer de verzetsbewegingen hier te lande nog maar net vorm beginnen te krijgen, stuurt de Britse Special Operations Executive (SOE) reeds agenten naar België met de opdracht sabotagecellen op te zetten. De achtereenvolgende missies in 1941 en 1942 – waarbij 37 mensen naar bezet gebied worden gezonden – leveren echter slechts weinig op, vooral omdat de bevolking op dat moment nog niet gereed is om dit soort initiatieven te ondersteunen. Vanaf de winter van 1942-1943 zien we dat meer ervaring, een betere afstemming tussen Belgen en Britten, minder terughoudendheid op het continent voor gewapende actie en vooral de prioriteit die men geeft aan de steun voor verzetsorganisaties met het oog op een geallieerde landing, de doeltreffendheid van SOE-missies aanzienlijk vergroten.

Veel verzetsbewegingen beschikken ook over een afdeling propaganda waarmee ze in verbinding staan met de Political Warfare Executive (PWE). De Belgische regering neemt zeer actief deel aan dit politieke en psychologische aspect van de strijd. Het kabinet, dat in een goede positie verkeert om actief te zijn op dit gebied, wil zijn Britse bondgenoten bovendien graag laten zien dat België een echte partner is in de oorlog tegen nazi-Duitsland. Daar komt bij dat de regering, die vanaf de zomer van 1942 dankzij de verslagen van het comité-Gilles goed op de hoogte is over de stemming in België, een steeds duidelijker beeld krijgt van het juk dat op de schouders van de bevolking in het bezette land rust en ook van de toenemende invloed van bepaalde verzetsbewegingen waarvan de macht, zo vreest ze, te duchten is na de bevrijding.

Dat alles zet de regering ertoe aan zich actiever in te zetten voor werkweigeraars. Dat het doel van die regeringshouding zowel politiek als patriottisch en humanitair is, blijkt wel uit het feit dat ze zich aanvankelijk inspant om haar acties te laten verlopen via traditionele maatschappelijke organisaties, zoals de vakbonden, die gelieerd zijn aan de grote politieke constellaties van vóór de oorlog. Al snel beseft de regering echter dat ze op het gebied van propaganda en hulp aan illegalen niet om de voornaamste verzetsbewegingen heen kan, zeker niet om het Onafhankelijkheidsfront. Daarom besluit ze met die groepen tot een vergelijk te komen, waarbij ze er echter nauwlettend op toeziet zelf stevig de touwtjes in handen te houden.

Die denktrant is terug te vinden in wat zonder enige twijfel de belangrijkste SOE/PWE/Staatsveiligheid-missie zal worden: de missie-Claudius-Tybalt. Claudius, alias Philippe de Liedekerke, een in Londen geboren onderluitenant in actieve dienst, wordt samen met zijn marconist op 15 juli 1943 gedropt. Tybalt, alias André Wendelen, en diens telegrafist op 11 augustus. De katholiek de Liedekerke en de liberaal Wendelen hebben een drievoudige opdracht: het officiële contact aanknopen met grote verzetsorganisaties als het Onafhankelijkheidsfront (OF) en de Belgische Nationale Beweging (BNB), de relatie herstellen met de voornaamste sabotagegroep, de Groep G, en het aansporen van gespecialiseerde arbeiders niet meer op het werk te verschijnen om zodoende de Duitse oorlogseconomie te verzwakken.

Gewapend met de nodige ervaring – voor beiden is het al de tweede expeditie – slagen de Liedekerke en Wendelen helemaal in hun opzet. Er ontstaat een dialoog met het OF en de BNB. De Groep G kan eindelijk beschikken over middelen om acties te ondernemen. Overigens laten ze het derde deel van de opdracht snel vallen: in de plaats ervan zetten ze de Dienst-Socrates op, een netwerk dat werkweigeraars financieel ondersteunt, een initiatief dat als onontbeerlijk wordt beschouwd. De leiding over dat netwerk wordt toevertrouwd aan de Brusselse katholieke bankier Raymond Scheyven, die voornamelijk tot taak heeft om namens de regering toe te zien op de aanwending van de middelen die ter beschikking worden gesteld aan het OF, de beweging die door de twee gezanten uit Londen wordt geselecteerd om de gelden door te sluizen naar belanghebbenden. Claudius en Tybalt gaan daarbij uit van de goede trouw van de communistische voormannen van het OF, maar bij Scheyven ligt dat heel anders: hij kan zijn ideologische bezorgdheid niet laten varen.

Vandaar ook dat Scheyven, nadat zowel de Liedekerke als Wendelen zijn vertrokken, arrestaties binnen de net opgerichte structuur aangrijpt om de Dienst-Socrates te reorganiseren. Vanaf dat moment – november 1943 – worden de gelden gedistribueerd met de hulp van alle grote burgerverzetsorganisaties – het Onafhankelijkheidsfront, maar bijvoorbeeld ook de Belgische Nationale Beweging en het Bevrijdingsleger (AL) – en ook via organisaties die verbonden zijn met de traditionele pijlers zoals vakbonden en KAJ. Het geld bereikt België pas in grote hoeveelheden vanaf april 1944. Bovendien wordt slechts een kleine helft van de beschikbare 185 miljoen frank gebruikt om rechtstreeks te voorzien in de behoeften van het verzet. De rest,

3e JAARGANG — JULI.

De Vrijschutter

Naar den geest van
Jacob Van Artevelde

Los van Duitschland
Geen bloedakkoord met Hitler

MIJN VLAANDEREN, men heeft heel vaak uw beeld gemaald
Als jonge maagd, zoo moed'loos op de knieën gezegen,
Diep treurend om al 't wee dat, op u neergedaald,
Al de eeuwen dóór zoo drukkend zwaar op u kwam wegen!
MIJN VLAANDEREN, gij reeds zoo Oud, doch immer jong,
Zoo schoon herlevend steeds door 't streven uwer kinderen,
Waar elk geslacht in elke kunst een kroon bedong,
Nooit ruw geweld de ontplooiïng van uw geest kon hinderen.
FIER VLAANDEREN! uw volk heeft nooit den nek gekromd
Voor vreemde dwinglandij uit 't Oosten of uit 't Zuiden;
Maar ook bij valsch gevlei heeft het " heraus ,, gebromd:
Der Vlamen oor is wars van alle wangeluiden.
SCHOON VLAANDEREN! wat schatten hebt ge niet vergaard
Voor geest en hart en kunst in uw zoo rijk verleden!
Maar toch, uw opgang ging aldoor met leed gepaard:
Door afgunst, vreemde roofzucht hebt ge steeds geleden.
GROOT VLAANDEREN! in rampspoed hebt ge pal gestaan
En zelfbewust hebt ge ooit noch moed noch eer verloren;
Vol trots zijt gij uw eigen vlaamschen weg gegaan,
Na elken schijndood ook weer even grootsch herboren.
ARM VLAANDEREN! toch treft u nu weer dieper smart
En schand en scherper hoon wordt er op u geladen,
Want eigen vlaamsche kinderen trappen u op 't hart;
Onweerdig kroost heeft thans den moederschoot verraden!
DROEF VLAANDEREN, hoe diepgevoeld gij er om treurt,
't En is geen schand voor U, niet gij moet er om rouwen;
Weldra is 't lijden uit en dan komt onze beurt!
Voor elk verrader toch zijn er nog duizend trouwen!
LIEF VLAANDEREN, ons liefde is sterker dan de dood:
Wij willen d' adeldom van 't oud geslacht bewijzen.
Door onze trouw en eerbaarheid in dezen nood
Zult gij, o Vlaanderen, weer glorievol herrijzen!

Titelpagina van het meest verspreide clandestiene blad in Vlaanderen, *De Vrijschutter*.

zo'n honderd miljoen frank (nu het equivalent van ongeveer vijftig miljoen euro) wordt door een tweeduizendtal agenten verdeeld onder circa veertigduizend werkweigeraars. Hoewel deze hulp pas laat komt, is ze verre van onbeduidend.

Hoewel de rechtstreekse strijd tegen de verplichte tewerkstelling een belangrijk aandachtspunt is voor de missies van de SOE/PWE/Staatsveiligheid in 1943 en 1944, moedigen ze ook de clandestiene pers aan. Die gedachte is overigens niet nieuw, want ook de allereerste agent die door de SOE naar België werd gezonden (in juni 1940), had reeds tot taak de mogelijkheid te onderzoeken van het uitgeven van sluikkranten.

De betekenis van de clandestiene pers als strijdvorm ontgaat immers niemand. We zien trouwens dat – naar het voorbeeld van 1914-1918 – al meteen na de capitulatie een aantal individuen de pen opneemt om de bevolking aan te sporen de strijd aan te binden tegen de bezetter. Deze pamflettisten proberen aanvankelijk vooral de moraal van de ontmoedigde bevolking op te krikken en de mensen van collaboratie te weerhouden. Aansporingen tot actief verzetswerk komen pas later. Een andere doelstelling van de vele bladen is ook dat men zich gaat bezinnen over het staatsbestel, voorstellen tot hervorming oppert en zelfs complete modellen voor een nieuwe samenleving aandraagt. De illegale pers doet echter méér dan alleen aansporen tot deelname aan het verzet of fungeren als platform voor bezinning en dialoog. Vaak ook is de clandestiene pers de plaats waar mensen die de drang hebben zich te verzetten, met elkaar in contact komen. In die zin zien we dat de clandestiene pers geregeld optreedt als het vertrekpunt van bewegingen in wording.

Enkele cijfers geven de omvang van het fenomeen beter weer dan vele woorden: na de oorlog zijn er zo'n 675 bladen geïnventariseerd. Ettelijke tienduizenden verzetsmensen hebben zich op dit gebied actief ingespannen, van wie er meer dan 12.000 officieel werden erkend in die hoedanigheid; minstens 1650 verzetslieden vonden de dood als rechtstreeks gevolg van de Duitse bestrijding van de clandestiene pers. Niettemin kent deze indrukwekkende productie belangrijke beperkingen. Ten eerste verschijnen de bladen doorgaans maar één keer per maand en tellen de meeste maar enkele bladzijden. Ten tweede worden ze maar zelden gedrukt, wat betekent dat de oplage dikwijls laag is – doorgaans tussen honderd en duizend exemplaren per aflevering. Ten derde leiden de risico's van de productie en vooral van de verspreiding geregeld tot de ontmanteling van clandestiene kranten, die gemiddeld ook maar een jaar blijven bestaan. Slechts een twintigtal clandestiene bladen slaagt erin gedurende de hele bezetting actief te blijven.

De ondergrondse kranten worden in drie van de vier gevallen in het Frans geschreven. Ze verschijnen hoofdzakelijk in Brussel en in iets mindere mate in Henegouwen en Luik. Behalve de kranten van de al genoemde partijen en bewegingen, zien we een groot aantal bladen die men 'onafhankelijk' noemt omdat ze geen banden onderhouden met partijen noch met grote bewegingen. Deze bladen zijn vaak van rechtse signatuur en geven geregeld uitdrukkelijk blijk van christelijke accenten. Binnen die categorie noemen we behalve *La Libre Belgique*, het aan Zero gelieerde *Peter Pan*, dat 86 keer verschijnt tussen augustus 1940 en september 1944, vanaf april 1941 in een oplage van meer dan tienduizend stuks. Het vermelden waard zijn voorts *Churchill-Gazette* en *La Libre Belgique ressuscitée en 1940* die vooral in Luik worden uitgegeven; *L'Insoumis* opgericht in 's-Gravenbrakel in april 1941 en na oktober 1943 de spreekbuis van de gelijknamige beweging; en tot slot aan Nederlandstalige zijde *De Vrijschutter*, een clandestiene blad dat in januari 1941 wordt gestart in Halle door katholieken die doordrongen zijn van flamingantisme, maar zich inzetten voor Vlaanderen in de context van een vrij en verenigd België.

Het illegale blad *La Libre Belgique* werd in Luik in een clandestiene drukkerij gemaakt.

Illegale kranten, doorgaans verbonden met de Kommunistische Partij en het Onafhankelijkheidsfront, sporen aan tot directe actie en staan een meedogenloze bestrijding van collaborateurs voor. De bladen van gematigd-links en van rechts zijn veeleer voorstander van minder gewelddadig verzet zoals hulp aan illegalen en inlichtingenwerk, en ze hebben vertrouwen in het juridisch apparaat om na de oorlog kordate maar correcte zuiveringen Ten uitvoer te brengen.

HET VERZET ALS SPIEGEL EN KATALYSATOR VOOR MAATSCHAPPELIJKE ONTWIKKELINGEN

De vrouwen en mannen die de bezetter bestrijden, treden niet alleen op als individuen. Ze maken deel uit van sociale, politieke en culturele groepen die zich kenmerken door eigen denkstramienen, door de hun eigen handelwijzen en ambities, en die ten opzichte van elkaar een zekere orde in acht nemen.

Een overwinning van conservatieve elementen

Op politiek en sociaal vlak ontwikkelt het verzet zich binnen drie grote maatschappelijke geledingen die worden gedreven door antifascistische gevoelens en vooral door een patriottisme dat doordrongen is van felle Duitsvijandigheid. Ze verschillen onderling vooral door de gedachtestromingen die hun basis vormen. De patriottische burgerij wijst elk politiek etiket af, maar haar verknochtheid aan de Belgische maatschappelijke ordening van voor 1940, en soms zelfs van vóór 1914, bezorgt haar een uitdrukkelijk conservatieve stempel. Omgekeerd zien we dat de twee pijlers van de twee andere blokken, de communisten en de extreem-rechtse Belgisch-nationalisten, hopen te kunnen profiteren van hun betrokkenheid in de strijd om ná de oorlog de maatschappelijke spelregels radicaal te doen keren in de richting van hun ideologie.

Het probleem voor die twee politieke groepen is dat de aanhang van hun paradepaardjes – het Onafhankelijkheidsfront en het Geheim Leger – niet in eerste instantie op ideologische gronden is gestoeld, maar op patriottische. Problematisch is echter vooral dat ze er wegens de betrekkelijke zwakte van hun politieke structuren niet in slagen om een groot aantal nieuwelingen te 'bekeren' tot hun opvattingen. Vandaar ook dat aan de vooravond van de bevrijding het politieke beeld van het verzet, van onderaf bekeken, toch enigszins anders oogt dan de politieke tenoren willen doen geloven.

Extreem-links blijft weliswaar een rol van betekenis spelen, maar zijn dominante invloed blijft in werkelijkheid beperkt tot de structuren die rechtstreeks gekoppeld zijn aan de KP, de Syndicale Strijdcomités en het Onafhankelijkheidsfront. Naast de communisten dringt een gematigd-links op de voorgrond dat voorstander is van sociale hervormingen, maar niets wil weten van het revolutionaire discours van de KP. Gematigd-links vinden we natuurlijk ook terug binnen de ondergrondse BSP (Belgische Socialistische Partij), maar ook in de Groep G en in de vele OF-afdelingen in de semi-industriële streken in Wallonië of in Vlaanderen.

Ook klassiek-rechts profileert zich duidelijk: het is vertegenwoordigd in de meeste inlichtingendiensten, in de Belgische Nationale Beweging en het Bevrijdingsleger (AL), maar ook over de hele linie binnen het Geheim Leger. Extreem-rechts tot slot telt nog fervente aanhangers in diverse inlichtingennetwerken, bij het Geheim Leger en uiteraard in de Nationale Koninklijke Beweging.

Niettemin weten de traditionele machthebbers – de kopstukken van de katholieke, socialistische en liberale structuren – dat een deel van hun aanhangers actief is in het verzet, maar dat ze haast geen greep hebben op de 'volksorganisaties' in de strijd tegen de bezetter. Hun inzet voor de ondergrondse strijd komt laat, is willekeurig en beperkt.

Katholieken

Van terughoudendheid is vooral sprake in christelijke milieus. De katholieke partij, vóór de oorlog de grootste politieke stroming in het land als geheel (32,7 procent van de stemmen bij de verkiezingen van 1939) en vooral in Vlaanderen (41 procent bij dezelfde stembusgang), verkeert zoals heel België na de capitulatie van het leger op 28 mei 1940 in shocktoestand. Het merendeel van de kaderleden van de partij is na het Franse debacle overtuigd van de definitieve zege van Duitsland en van het Duitse gedachtegoed op het continent. Een aantal van hen, vooral in Vlaanderen, was vóór de oorlog al gecharmeerd van een strak geleid regime en hoopt aanvankelijk van Hitler gedaan te krijgen een autoritaire regering van katholieke strekking rond de koning te mogen vormen.

De weigering van de nazi-dictator en het onverwachte tegenvuur van Groot-Brittannië nopen de katholieke partijleiding ertoe om in de herfst van 1940 haar strategie te wijzigen. Omdat de katholieken eerst onzeker zijn over de afloop van het conflict, maar dan steeds meer gaan geloven in de overwinning van de geallieerden, voert men vanaf eind 1940 een aanwezigheidspolitiek; men kiest dus voor het minste kwaad. Deze houding bestaat niet in het openlijk tegenwerken van de bezetter en betekent zelfs dat men instemt met deelname aan het economische en bestuurlijke reilen en zeilen van het land teneinde chaos te voorkomen en het voortbestaan te waarborgen van de vele katholieke instellingen – in allereerste instantie de kerk zelf – die de bezetter in ruil voor die 'goede wil' tolereert.

De internationale ontwikkelingen zorgen er echter voor dat die modus vivendi steeds moeilijker is vol te houden. Dat geldt vooral wanneer Hitler, in het nauw gedreven door de krachtsverhoudingen die steeds meer gaan doorwegen in het voordeel van de geallieerden, in oktober 1942 de Arbeitseinsatz afkondigt: de verplichte tewerkstelling in Duitsland. In de ogen van de katholieke leiders kan die maatregel, die de bevolking rechtstreeks raakt, niet zonder tegenreactie worden aanvaard: de massa zou zich in dat geval misschien kunnen afwenden van de maatschappelijke structuren die voor de oorlog de katholieke zuil vormden. Vandaar dat de katholieke wereld steeds meer initiatieven ten gunste van werkweigeraars ontplooit. De katholieke pijler raakt weliswaar 'institutioneel' betrokken bij bepaalde verzetsvormen, maar men blijft voor het overige vasthouden aan een aanwezigheidspolitiek ten opzichte van de bezetter uit vrees voor de instelling van een nazi-gezinde Zivilverwaltung die in hart en nieren vijandig staat tegenover de kerk.

Maar de katholieke wereld is erg heterogeen. Zo is de bekoring van een autoritair en corporatistisch regime met katholieke inslag veel krachtiger en langduriger voelbaar in Vlaanderen dan in Brussel en Wallonië. Dat verschil zal zelfs tot een heuse breuk leiden binnen de vakbondsorganisaties. Stemt de Vlaamse vleugel van de beweging zowel op strategische – aanwezigheidspolitiek tegenover de Vlaams-nationalisten – als ideologische gronden in de herfst van 1940 in met aansluiting bij de eenheidsvakbond Unie van Hand- en Geestesarbeiders (UHGA), de Waalse tak verwerpt die optie categorisch. Overigens nemen veel Waalse vakbondsleiders deel aan het verzet, vooral binnen het AL/Bezettingsleger, maar ook aan de zijde van de BNB en zelfs van het OF. Hoewel de voornaamste figuren van de christelijke vakbond in Vlaanderen zich in augustus 1941 terugtrekken uit de UHGA, neemt slechts een enkeling aan ondergrondse activiteiten deel.

Ook bij rechtse katholieken zijn er contrasten. In Brussel en Wallonië aarzelt een behoorlijk aantal van hen niet om te breken met de officiële lijn door de bezetter te bestrijden. Maar terwijl de christen-democraten zich veeleer inlaten met de hulp aan illegalen, zetten de conservatieven zich vooral in voor de ondergrondse pers, voor inlichtingenwerk en voor actie binnen paramilitaire bewegingen, vooral het Geheim Leger. De deelname aan het georganiseerde protest is aanzienlijk geringer bij katholiek-rechts in Vlaanderen, al zijn ook daar onmiskenbaar mannen en vrouwen actief met het schrijven en verspreiden van clandestiene kranten, in het inlichtingenwerk voor de geallieerden en met koortsachtige voorbereidingen op het bijstaan van Angelsaksische troepen bij het verjagen van de vijand, hetzij via het GL, hetzij in NKB-verband.

Socialisten

Net als de katholieke wereld is de socialistische zuil, die vooral in Wallonië veel macht heeft – bij de parlementsverkiezingen van 1939 haalde de Belgische Werklieden Partij (BWP) daar nog 38,6 procent van de stemmen, tegen 30,2 procent in België als geheel – sterk ontregeld door de nederlaag.

Maar hoewel de standpunten ten gunste van nazi-Duitsland van BWP-voorzitter Hendrik De Man veel kaderleden van de wijs brengen, neemt het merendeel van hen aanvankelijk een voorzichtige en afwachtende houding aan. Slechts een kleine minderheid – vooral in Vlaanderen – stort zich met De Man in het UHGA-avontuur. Bij sommigen werkt de houding van de BWP-leider zelfs als een elektroshock: als reactie beginnen die mensen in de zomer van 1940 met de publicatie van ondergrondse bladen. Het is rond die kern dat het partijapparaat weer wordt opgebouwd.

Deze nogal afwachtende houding, gekoppeld aan een zekere aanwezigheidspolitiek in het land via het ontplooien van activiteiten binnen ziekenfondsen en coöperatieven, is niet naar de zin van álle socialisten. Een aantal van hen, meestal jonge mensen van de linkervleugel van de partij, aarzelt niet om deel te nemen aan meer radicale vormen van verzet. Hun keuze gaat doorgaans uit naar het Onafhankelijkheidsfront, dat wegens zijn betrekkelijk linksgeoriënteerde aspecten en zijn vastberadenheid om de confrontatie aan te gaan met de bezetter, het beste strookt met hun aspiraties. Maar al met al vormen die voorstanders van de openlijke strijd tegen de bezetter – waarvan een deel zich binnen de gelederen van de KP schaart – zelfs in Wallonië en Brussel maar een kleine minderheid die zich beweegt in de marge van het echte machtscentrum van de socialisten.

Liberalen

De liberale partij – met 17,2 procent van de stemmen in 1939 de kleinste van het politieke trio dat de Belgische samenleving beheerst – richt haar energie vooral op de grote steden van het land, in het bijzonder op Brussel. De liberale wereld die is opgebouwd rond slechts een paar figuren, beschikt in tegenstelling tot zijn katholieke en socialistische concurrenten niet over solide structuren, noch over een traditie van partijdiscipline, wat de partij tot een broos geheel maakt in beroerde tijden.

De liberalen voelen zich aanvankelijk ook aangetrokken tot de scenario's voor een autoritair bestel rond de koning. Hoewel dat enthousiasme eind 1940 al sterk is bekoeld, valt het de liberalen zwaar om gemeenschappelijk positie te kiezen tegenover de bezetter, ondanks het bestaan van een oorlogsbureau dat zo goed en zo kwaad als het gaat probeert de contacten met de kaderleden van de partij te onderhouden en voorbereidingen te treffen voor na de bevrijding. Het probleem is dat de bezetting nadrukkelijk de verschillen blootlegt tussen enerzijds de exponenten van een economisch liberalisme, dat vooral ijvert voor het vrijwaren van financiële belangen, en anderzijds de aanhangers van een filosofisch-moreel liberalisme, dat gevoeliger is voor noties als individuele vrijheid en dat zich fel kant tegen de inpalming van België door een dictatoriaal bewind.

De eerste groep kiest veeleer voor een accommoderend beleid, vooral op economisch vlak. Indien ze betrokken zijn bij het verzet, dan zijn ze veelal lid van inlichtingendiensten en/of rechtsgeoriënteerde bewegingen zoals het GL of de NKB. De tweede groep, meestal vrij jonge, goed opgeleide mensen die een vrij beroep uitoefenen of werken voor de rijksoverheid, kiezen nadrukkelijker voor de inlichtingennetwerken, de Groep G en het OF. Het onmiskenbare succes dat deze cryptocommunistische organisatie geniet bij veel liberalen is uiteraard te verklaren op grond van de grotere bereidheid in hun midden om de bezetter openlijk te bestrijden vanuit een organisatie met linkse wortels, maar houdt ook verband met het feit dat er in electoraal opzicht geen concurrentie bestaat tussen liberalen en communisten.

De aanzienlijke betrokkenheid van diezelfde liberalen in Vlaanderen – die schril afsteekt tegen de lauwheid van de katholieken en in mindere mate van de socialisten – of dat nu is in het OF of in structuren als de Witte Brigade, kent nog een andere verklaring: de Franstalige middenklasse, die een groot gedeelte van het liberale electoraat in Vlaanderen uitmaakt, herkent zich goed in een patriottische strijd die zich richt tegen een Vlaams-nationalisme met een duidelijk katholieke kleur.

MAATSCHAPPELIJKE VERANDERINGEN

De oorlog en a fortiori een zo pakkend fenomeen als het verzet raken de mens in het diepste van zijn bestaan. De vraag is of die oorlogservaringen van duurzame invloed zijn geweest op de maatschappijopvattingen.

De vrouwen, een emancipatie in de marge

Vrouwen zijn ondervertegenwoordigd in het verzet: ze maken hooguit 10 tot 20 procent van de verzetspopulatie uit, en het gaat hierbij vooral om vrouwen die relatief geëmancipeerd zijn. We zien ook dat de vrouwen in het verzet vrij jong zijn en meestal niet gebonden aan huiselijke verplichtingen. Verder oefenen ze doorgaans een beroep uit dat een minimum aan intellectuele vorming vereist. Toch blijkt er druk van culturele geplogenheden uit de taken die ze krijgen; het gaat om opdrachten waarbij ze ver blijven van directe deelname aan gewelddadige acties en zich voornamelijk bezighouden met de hulp aan illegalen en aan verbindingswerk. Hun eerste betrokkenheid bij het verzet hangt overigens nauw samen met de toenemende behoeften op het gebied van ravitaillering en koerierswerk in de jaren 1943 en 1944. Het is dus geen verrassing dat men vrouwen vooral vindt in bewegingen die zich toeleggen op de steun aan onderduikers, zoals de Dienst-Solidariteit of

Vrouwen zoals Irma Caldow werden vaak door verzetsgroepen ingezet als koerier.

de Dienst-Socrates, en ook bij inlichtingendiensten of ontsnappingsroutes. Omdat ze vaak een weinig opvallende rol spelen op een ondergeschikt niveau, worden ze minder blootgesteld aan felle repressieacties. De repressie treft hun eigenlijk pas echt gedurende de laatste twintig maanden van de bezetting, de periode waarin hun taken ingrijpend worden uitgebreid, waardoor ze in de diverse bewegingen en netwerken uitgroeien tot onvervangbare krachten.

Een mondelinge enquête onder ex-verzetsstrijdsters uit Henegouwen leert dat het merendeel van de vrouwen in het verzet niet de strijd aangaat in een streven de maatschappij te veranderen, maar veeleer om die maatschappij in haar oude vorm te herstellen. De trouw aan een zekere gevestigde orde komt ook tot uiting in het vaak genoemde begrip vaderlandsliefde, een waarde die voornamelijk binnen het gezin wordt doorgegeven, vooral door de vader. Het respect voor de vader maakt het ook minder waarschijnlijk dat zich bij de verzetsvrouw een emancipatoir bewustzijn ontwikkelt.

En toch is het feit dát men actief is geweest in het verzet te beschouwen als een stap voorwaarts voor de vrouw in het algemeen, die door toedoen van de grote crisis van de jaren dertig steeds meer was teruggedrongen in de huiselijke sfeer. Schouder aan schouder geconfronteerd met het gevaar, gaan mannen en vrouwen in het verzet vaak meer op voet van gelijkheid met elkaar om dan in het normale leven. Voorts verstevigen de doorstane beproevingen de persoonlijkheid van de vrouw, die zodoende bij de bevrijding om twee redenen grote moeilijkheden ervaart bij het hervatten van haar traditionele rol.

De hervatting van het 'normale' leven is des te lastiger omdat de ervaringen in de strijd niet alleen de verhoudingen tussen de seksen opnieuw ter discussie stellen, maar ook de betrekkelijkheid aantoont van een reeks sociaal-culturele tegenstellingen die voordien vaak als vanzelfsprekend werden beschouwd. Daar komt bij dat de ingrijpende veranderingen die verzetsvrouwen hebben ervaren, doorgaans wel zo worden aangevoeld door de mannen die samen met hen die ervaringen hebben gedeeld, maar moeilijk te begrijpen zijn voor het overgrote deel van de bevolking, zelfs niet voor naaste familieleden als die geen aandeel in het verzet hebben gehad. Deze elementen leiden tot een gevoel van nauwe verbondenheid tussen mannen en vrouwen in het verzet, die na de oorlog uiteraard proberen met elkaar samen te leven op voet van hun gemeenschappelijke ervaringen. In de gedachtegang van voormalige verzetsvrouwen dringt juist die verbondenheid elke gedachte aan vrouwenemancipatie ver naar de achtergrond.

Toch maakt dat laatste begrip impliciet deel uit van de nieuwe waarden die sommigen onder hen door hun activiteiten in het openbaar na de oorlog proberen te bevorderen. Maar hun betrokkenheid op bestuurlijk vlak is vaak van korte duur, want al snel worden ze zich bewust van hun onvermogen om een samenleving in beweging te krijgen die veel minder dan zijzelf is omgegooid door de oorlog. Op tweeërlei wijze gemarginaliseerd – door hun status als vrouw en door die van verzetsstrijdster – rest hun in het leven van alledag vaak geen andere keuze dan zich te voegen naar de ontwikkelingen van de hen omringende wereld, door deel te hebben aan de babyboom van vlak na de oorlog en door net als de andere vrouwen in onze gewesten te profiteren van de economische en culturele ontwikkeling in de jaren zestig om te komen tot een zekere materiële welstand en meer persoonlijke autonomie. Wat de 'feministische' waarden betreft die ze verdedigden en vooral beleefden in het verzet, die laten ze her en der en mondjesmaat doorsijpelen, waarbij ze in de samenleving vermoedelijk niet meer dan een nauwelijks waarneembaar stempel achterlaten.

Jongeren in het verzet: betrokkenheid van vluchtige aard

Bekleden jongeren een specifieke plaats in het verzet? Het antwoord op deze vraag vereist de nodige nuancering. In de ogen van volwassenen die deelnemen aan de strijd tegen de bezetter, vormen de jongeren – mannen en vrouwen tussen 16 en 25 jaar – in elk geval slechts sporadisch een groep die aandacht verdient. Verzetslieden van rechts geven de jeugd een rol tijdens de eerste twee of drie bezettingsjaren, maar de campagne die men dan voert, dient vooral om de zogeheten tekortkomingen van de Belgische samenleving tijdens het interbellum aan de kaak te stellen – een tekort aan moraal, vaderlandsliefde, orde en discipline – en om de jeugd tot een bevoorrecht instrument te maken voor de vernieuwing van de samenleving. De droom van de jeugd als pijler van een strak geleide staatsordening, zal in 1943-1944 wijken voor een heimelijke angst te worden overweldigd door jonge gezagsdragers die vatbaar zouden zijn voor manipulatie door extreem-linkse krachten. Die vrees, vooral geuit in socialistische kranten, is begrijpelijk: de communisten grijpen de Arbeitseinsatz in die periode immers dankbaar aan en zetten een grootschalig propagandaoffensief op om jongeren te werven voor de bewegingen die onder het communistische vaandel strijden.

In wezen verschilt de jeugd niet van de rest van de bevolking. Net als de volwassenen proberen jongelui om zich primair te beschermen tegen de risico's van de bezetting: de overgrote meerderheid van hen kiest een modus vivendi waarvan ze het minste kwaad te duchten hebben. Dat veel jongeren liever onderduiken in België in plaats van zich aan te melden voor fabriekswerk in Duitsland, is geen keuze uit idealisme maar veeleer uit zelfbehoud. De werkweigeraars staan dan ook niet te dringen om zich te mengen in de gewapende strijd waartoe de communistische partij en het Onafhankelijkheidsfront oproepen. Algemeen beschouwd zijn jongeren van 16 tot 25 jaar zelfs minder goed vertegenwoordigd in het verzet dan de leeftijdsgroep net boven hen.

De zucht naar avontuur, de behoefte aan actie, maar ook de onverschrokkenheid of roekeloosheid die eigen zijn aan de jeugd, leiden ertoe dat jongeren zich vooral doen gelden bij aanslagen tegen de vijand, een vorm van actie die pas tegen het einde van de oorlog door de omstandigheden mogelijk wordt gemaakt. Terwijl jonge kerels de rol van onversaagde jonge helden op zich nemen, maken meisjes zich veeleer sterk voor traditionele taken en houden ze zich vooral bezig met het smokkelen van berichten en wapens. Bij hun verzetswerk beschikken jonge mannen meestal over een zekere autonomie, vooral wanneer ze zich in het heetst van de strijd begeven. Het zijn vaak jongeren die bereid zijn de meest riskante opdrachten uit te voeren en de verzetsbewegingen hebben daar uiteraard veel baat bij, maar vrijwel steeds voeren die jonge verzetslui hun acties uit onder het wakende oog van oudere collega's en is hun 'vrijheid' duidelijk beperkt tot de bezettingsperiode alleen.

Hoe dan ook, de jongeren in het verzet lijken geen eigen plannen te koesteren voor na de oorlog. Handelend vanuit antifascistische gevoelens of – nog vaker – op basis van een patriottisme dat gepaard gaat met een zeer felle, met de paplepel ingegeven Duitsvijandigheid, zien we dat de jeugd in eerste instantie uit is op het fysiek verjagen van de vijand uit het land, zonder verdere politieke bijbedoelingen. Daar komt bij dat de enige organisatie die in dat opzicht hun spreekbuis zou kunnen zijn – de Kommunistische Partij die wel degelijk bijbedoelingen heeft – op termijn wordt uitgesloten.

DE BALANS: WAT IS HET NUT VAN HET VERZET GEWEEST?

Nuttig is het verzet om te beginnen in militair opzicht. Hoewel de ondergrondse er niet in slaagt de Duitsers zo te bestoken dat hun greep op het land slapper wordt, ondervindt de bezetter er beslist hinder van en zal het verzet wel degelijk waardevol zijn voor de geallieerden.

Zo zijn de sabotageacties die vanaf de herfst van 1943 tot aan de vooravond van de bevrijding op grote schaal worden gepleegd, uitermate schadelijk voor de bezetter. Dat geldt in het bijzonder voor schade toegebracht aan het spoorwegnet, waardoor de aanvoer van troepen, militair materieel en grondstoffen sterk wordt vertraagd. Dat gaat ook op voor vernielingen aan de binnenvaartroutes, evenals voor aanslagen op hoogspanningsmasten en elektriciteitscentrales, die zorgen ervoor dat fabrieken urenlang niet kunnen produceren voor de vijand. Een bijkomend gevolg is dat veel mankracht moet worden onttrokken aan de productie wegens die herstellingen en de bewaking van complexen. Bij wijze van voorbeeld noemen we het feit dat het militaire bestuur in het eerste kwartaal van 1944 te kampen krijgt met 633 sabotageacties aan het spoorwegnet en 87 moedwillige onderbrekingen van de stroomvoorziening. Deze acties zijn vooral schadelijk voor de bezetter wanneer ze vanaf de lente van 1944 gepaard gaan met geallieerde luchtaanvallen en met het grondoffensief dat wordt ingezet vanaf de Normandische stranden.

Ook de hulp die het verzet biedt bij gevechten tijdens de bevrijding, is van betekenis. Door de verwoesting van bruggen te voorkomen en wegversperringen op te werpen, door de geallieerden te informeren over de aan- of afwezigheid van vijandelijke troepen en door het 'opruimen' van kleine haarden van Duits verzet, draagt de ondergrondse bij tot een versneld verloop van de strijd om België. Door de Britten ervan te overtuigen om op 4 september 1944 door te stoten naar Antwerpen via een route die ze veilig weten, spelen ze zelfs een rol van gewicht bij het beschermen van de haveninstallaties die enorm belangrijk zijn voor de bevoorrading van de bevrijders.

De tienduizenden documenten die de inlichtingendiensten naar Londen smokkelen, dragen eveneens bij tot de eindoverwinning. Omdat niet alle informatie even belangrijk is – wegens de traagheid van de verbindingen en de moeilijkheden die men ondervindt bij het scheiden van kaf en koren in de massa's gegevens – worden slechts enkele procenten van het aanbod echt benut. Aan dit niettemin omvangrijke geheel ontleent men veel nuttige inlichtingen, waarvan de waardevolste de resultaten van geallieerde luchtaanvallen zijn en vooral ook de ligging van gecamoufleerde militaire of industriële terreinen.

De ontsnappingslijnen tot slot stellen honderden piloten in staat terug te keren naar Groot-Brittannië en daarvandaan de strijd te hervatten, tientallen agenten om verslag uit te brengen van hun missies in bezet gebied en veel vooraanstaande figuren om uit te wijken naar Londen, teneinde daar vaak nuttige functies te vervullen.

Indirect zijn de vele aanslagen van militaire betekenis, want door bijvoorbeeld een einde te maken aan het optreden van verklikkers, zorgen verzetsmensen voor de bescherming van bewegingen en netwerken die waardevol zijn voor de geallieerden. Toch hebben niet alle 850 dodelijke aanslagen op collaborateurs als belangrijkste doel gehad om mensen uit te schakelen die een onmiddellijk gevaar voor het verzet betekenden. Sommige aanslagen waren er duidelijk op gericht om mensen die heulden met de vijand te ontmoedigen en om hen te dwingen af te zien van verdere collaboratie.

De aanslagen, maar ook en vooral de illegale pers, hebben tot doel de bevolking te beletten te collaboreren. De propaganda drijft de grote massa, die uit voorzichtigheid inactief is gebleven, ertoe om zich duidelijk tegen de bezetter te keren. Daarbij biedt ze de bevolking ook morele steun bij alle beproevingen, soms zelfs met humor, zoals op 9 november 1943, toen het Onafhankelijkheidsfront een imitatieversie uitgaf van een gecensureerde *Soir*, die het discours van de tegenstander op kostelijke wijze persifleerde.

Doordat de clandestiene pers het democratische debat gaande houdt en de inlichtingendiensten de Belgische regering in Londen veel politieke en economische informatie bezorgen, dragen ze na de bevrijding bij aan het vrij vlot op gang komen van het openbare leven. Ten slotte ligt een bepaald niet geringe verdienste van het verzet op politiek gebied: door het goede voorbeeld van het verzet en door de invloed die de illegaliteit heeft op de bevolking, neemt bij de overwinnaars van het conflict ook het krediet van België toe.

Op humanitair gebied steunt het verzet niet alleen de gezinnen van leden die om politieke redenen zijn opgepakt, maar helpt het tienduizenden werkweigeraars en redt het ongeveer dertigduizend joden van een gewisse dood.

Overigens verliest de reputatie van het verzet wat van haar glans door buitensporig geweld – nauwelijks te rechtvaardigen aanslagen, diefstal uit zelfverrijking –, begaan door groepen die vaak een perifere rol spelen tijdens de bezetting. Het imago van het verzet lijdt echter vooral onder het kunstmatig ophemelen van zijn troepen bij de bevrijding en in bepaalde gevallen ook door zware vergrijpen tegen echte of vermeende collaborateurs. Aan de andere kant worden de verzetsdaden gepleegd tijdens de bezetting grotendeels miskend door het grote publiek, dat zijn erkentelijkheid in september 1944 hoofdzakelijk op de geallieerde troepen richt.

Het verzet is voor de meerderheid van de bevolking een vreemd element. De symbiose tussen het verzet en 'de massa', vooral tegen het einde van de bezetting, is slechts tijdelijke. De wederzijdse sympathie steunt immers meestal alleen op een gedeelde haat tegen de bezetter. Daarbij biedt de voornaamste waarde die het verzet voorstaat, patriottisme, amper mogelijkheden na de bevrijding. Men kan hooguit zeggen dat de versterking van het Belgisch-nationalisme enige tijd dient om Waalse en vooral Vlaamse aanspraken de mond te snoeren. Voor het overige zijn de verzetsmensen diep verdeeld, getuige hun zeer afwijkende standpunt ten aanzien van de Koude Oorlog of de koningskwestie.

Hoe dan ook, betrokkenheid bij het verzet is moeilijk om te zetten in politieke munt. Een Franse historicus formuleerde het aldus:

'Juist wegens de omstandigheden waaronder de illegaliteit totstandkwam en zich ontwikkelde, plaatste het verzet de notie vrijheid in het middelpunt van zijn optreden. Doordat het zijn hoofdrolspelers een ruime mate van autonomie toestond en weinig oog had voor hun privé - leven, ontpopte het verzet, dat verstoken was van echte middelen om druk uit te oefenen, zich tot een veeleer libertair, anarchistisch gegeven (...). Het politieke falen van het verzet is deels te verklaren vanuit de discrepantie waarbij een anarchistisch engagement geconfronteerd wordt met compromissen die de politiek bij de bevrijding vereist.'

Misschien dat daaraan inderdaad het uitblijven van succes is te wijten van politieke groeperingen die na de oorlog de toetreding beogen van krachten uit verzetskringen. Dat geldt zeker voor de Kommunistische Partij, die ten onrechte meent te kunnen rekenen op de steun van de massa's die onder de bezetting het Onafhankelijkheidsfront van nabij of op een afstand hebben gesteund. Hetzelfde gaat ook op voor de Union Démocratique Belge (UDB), een Labourachtige organisatie gegroeid in christelijke geledingen van links, die haar verkiezingscampagne te exclusief baseerde op de betrokkenheid van veel van haar kandidaten bij het verzet, wat uitloopt op een bittere teleurstelling.

Tot slot is de geringe politieke erfenis van het verzet ook terug te voeren op de sterk ondergeschikte plaats die het verzet bekleedde in de strategieën van de drie traditionele partijen. Zonder rechtstreekse politieke uitlaatklep heeft het verzet grote moeite om in de naoorlogse jaren zijn stem te laten horen. Daar komt bij dat het voornaamste kenmerk – trouw aan het vaderland – vanaf de jaren zestig lastig bruikbaar is in een land waar middelpuntvliedende krachten steeds meer terrein winnen. Zoals overigens ook het einde van het sovjetregime voorgoed een einde maakt aan de droom van de proletarische revolutie, rest het verzet weinig anders – om deze episode van de geschiedenis maar in een notendop te vatten – dan te dienen als referentie voor de democratie.

Bibliografie

Gotovitch, J., *Du rouge au tricolore. Les communistes belges de 1939 à 1944. Un aspect de l'histoire de la Résistance en Belgique*, Brussel, 1992.

Louyet, P., *Het verzet*, Kapellen, 1991.

Marquet, V. *Bijdrage tot de geschiedenis van het Geheim Leger 1940-1944*, Brussel, 1991-1995, 6 dln.

Meyers, W. & F. Selleslagh, *De vijand te lijf. De Belgen in het verzet*, Antwerpen/Amsterdam, 1984.

Strubbe, F., *Geheime oorlog 40/45. De inlichtings- en actiediensten in België*, Tielt, 1992.

Ugeux, W., *Le 'groupe G' (1942-1944). Deux héros de la résistance: Jean Burgers et Robert Leclercq*, Parijs/Brussel, 1978.

Van De Vijver, H., R. Van Doorslaer & E. Verhoeyen, *Het Verzet*, Antwerpen-Amsterdam-Kapellen, 1988.

Verhoeyen, E., 'Het verzet' in: *België bezet. 1940-1944. Een synthese*, Brussel, 1993, p. 251-389.

HOOFDSTUK 9

DE BEVRIJDING

EUFORIE, VERDRIET EN REPRESSIE

De cover van *Pourquoi Pas* van 8 september 1944.

'De lange nacht der verdrukking loopt naar zijn einde', telegrafeert de Britse koning George VI op 4 september 1944 aan de Belgische premier Hubert Pierlot. De avond voordien zijn Britse tanks van de Guards Armoured Division van generaal Horrocks Brussel binnengetrokken. De bevrijding van België gebeurt in een razendsnel tempo. Op 2 september staan Horrocks en zijn mannen nog in het Noord-Franse Douai. Hun streefdoel voor de volgende dag is Brussel, krijgen ze er te horen. Hun makkers van de 11th Armoured Division moeten Antwerpen veroveren. Het is die stad, met zijn levensbelangrijke haven, die de Britse haast verklaart. Sinds de landing in Normandië zijn de geallieerden voor hun bevoorrading in hoofdzaak aangewezen op de kunstmatige havens, de zogenaamde Mulberries, aan de invasiestranden. Voor hun aftocht hebben de Duitsers de grote haven van Cherbourg in Bretagne nog kunnen vernietigen en ze houden hardnekkig de andere Franse havensteden in handen. De Amerikanen hebben dan wel een efficiënt bevoorradingssysteem op poten gezet – de 'Red Ball Express' – de aanvoer van brandstof dreigt niettemin de achillespees van de geallieerde opmars te worden.

De noodzaak om Antwerpen ongeschonden in handen te krijgen, drijft generaal Dwight Eisenhower, de geallieerde opperbevelhebber, ertoe om aan zijn linkerflank, de 21th Army Group onder de Britse generaal, later veldmaarschalk Bernard Montgomery prioriteit toe te kennen, zij het in mindere mate dan 'Monty' zelf zou willen.

De zegetocht van de geallieerden

De geallieerden rukken met relatief weinig tegenkanting naar de Belgisch-Franse grens op. Horrocks' tanks trekken door de Duitse verdedigingslinies heen als 'een maaidorser doorheen een korenveld'. De laatste dagen van augustus en de eerste dagen van september, herinnert Horrocks zich later in zijn memoires, zijn *'the most exhilarating'* van zijn militaire carrière. Voor Horrocks en andere oudere Britse officieren wist de opmars de herinnering weg aan de smadelijke terugtocht naar Duinkerken in 1940. Als hij voor het eerst opnieuw een voet op Belgische bodem zet, komt een jongeman op zijn tank toegelopen met de woorden 'ik wist dat jullie gingen terugkomen'. Het is een van de meest emotionele momenten uit zijn carrière.

In de ochtend van 2 september overschrijden de geallieerden voor het eerst de Belgische grens. Om halftien rijdt een Amerikaanse motorrijder het brugje op over de beek de Elnon in Bas-Préau, een gehucht van de Henegouwse gemeente Rumes. De man wordt onmiddellijk omstuwd door een enthousiaste menigte. Zodra hij hoort dat hij reeds in België is, maakt hij rechtsomkeert om zijn oversten op de hoogte te gaan brengen. Na hem volgt een jeep, later de pantserwagens van de 2nd US Armoured Division.

Toch zijn deze Amerikanen niet de allereerste geallieerde soldaten op Belgische bodem. Die eer is weggelegd voor enkele Belgische parachutisten die tot de befaamde Britse Special Air Service (SAS) zijn toegetreden: twee verkenners, op missie gezonden naar de Franse Ardennen, landen reeds op 16 augustus, meegevoerd door de wind, in België. Op 29 augustus landen kapitein Eddy Blondeel en vijf manschappen in de Belgische Ardennen. Later krijgen ze nog versterking. In samenwerking met het Geheim Leger ruimen ze 149 Duitsers uit de weg, twee tanks en tal van andere voertuigen. Ook op andere plaatsen, zoals in Limburg, worden nog Belgische SAS-parachutisten ingezet.

De geallieerde opmars heeft België op dat ogenblik reeds in tweeën gekliefd. Een centrale as van Henegouwen tot het Britse speerpunt in Antwerpen is in geallieerde handen; links ervan bevindt zich het Duitse XVde leger; rechts ervan de vermoeide resten van het Duitse VIIde leger, dat al dagenlang op de vlucht is uit Frankrijk. Aan de Amerikanen de taak hen op te ruimen. In de zogenaamde 'poche de Mons' weten de *yanks* maar liefst dertigduizend Duitsers, onder wie drie generaals, gevangen te nemen in een soort herhaling van het Falaise-manoeuvre: een geslaagde coup, die evenwel nog groter had kunnen zijn, had men de 'zak van Bergen' terdege vergrendeld. Het duurt een drietal dagen voor de 'poche' volledig is 'leeggemaakt': kostbare tijd is verloren, en veel Duitse troepen – vooral dan de Waffen-SS-eenheden – kunnen nog ontsnappen.

Ook de Britten zullen een zware prijs betalen voor de korte rustpauze – hun manschappen zijn fel vermoeid, de tanks hebben soms zelfs 's nachts doorgereden – die ze inlassen na de succesvolle verovering van Antwerpen. De Duitsers weten zich stevig te verschansen in het gebied ten noorden van Antwerpen, aan de andere kant van het Albertkanaal, waar ze pas begin oktober 1944 verjaagd zullen worden.

In de dagen na de inname van Antwerpen wordt de rest van het Vlaamse land bevrijd door Britten, Canadezen en Polen. De Britten steken de Schelde over en nemen Gent in; tevens waaieren ze naar het noordoosten uit en bevrijden Limburg. De Polen rukken op door hartje West-Vlaanderen, bevrijden onder meer Roeselare en Tielt, en gaan dan verder naar Oost-Vlaanderen. De Canadezen, die de lastige opdracht hadden om de Noord-Franse havensteden in te nemen, steken pas op 6 september de grens over en nemen de Belgische kust voor hun rekening. Op 8 september weten ze Oostende te bevrijden. Eind september is de kusthaven opnieuw operationeel.

Generaal Stanislaw Maczek (1892-1994), bevelhebber van de eerste Poolse Pantserdivisie, bij de bevrijding van Tielt op het balkon van het stadhuis. Hij kreeg noch een Pools noch een Brits pensioen en zag zich op hoge leeftijd nog verplicht om deeltijds als barman en kelner te werken in een restaurant in Edinburgh. Poolse oud-strijders die er kwamen dineren maakten een buiging en klikten met de hielen voor ze bestelden.

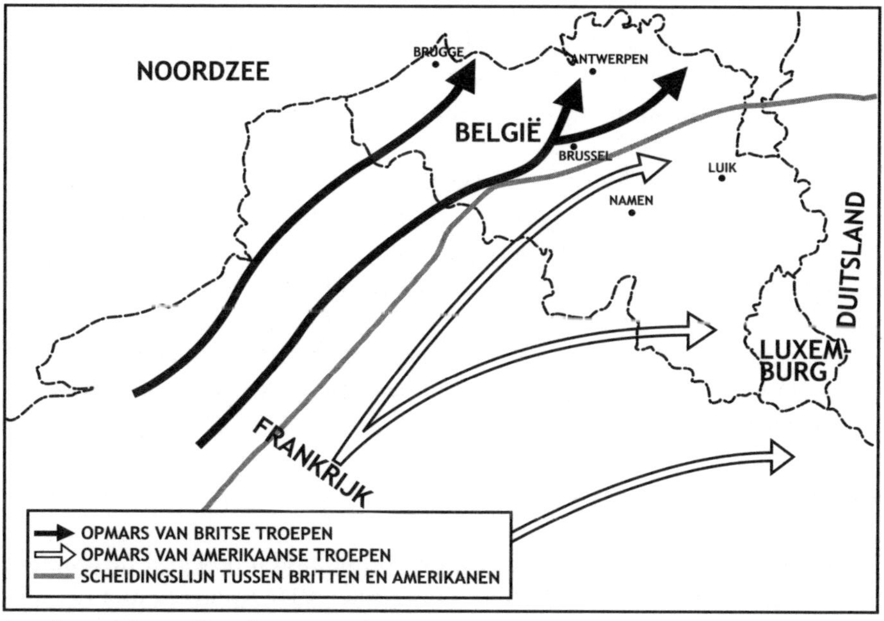

Intocht van de geallieerden, september 1944.

Onbelangrijk is dat niet, want zolang de Scheldemonding nog versperd is, kan geen enkel schip Antwerpen aandoen. De Duitse strategie is er immers op gericht om de toegang tot de Schelde zo lang mogelijk in handen te houden. Reeds op 3 september heeft Hitler daartoe het bevel gegeven. Montgomery noch Eisenhower hebben de betekenis van de Schelde goed ingeschat; Montgomery zal dit later, in zijn memoires, toegeven. In het noorden van West-Vlaanderen weten de Duitsers zich te hergroeperen en onverwacht lang stand te houden: de regio rond Knokke is, behalve de streek ten noorden van Antwerpen, de tweede uithoek van het land die lang op zijn bevrijding moet wachten. De mondaine badplaats valt pas op 1 november.

De oorlog komt terug

Terwijl de Brits-Canadese troepen Vlaanderen voor hun rekening nemen, worden Wallonië en Zuid-Limburg door de *yankees* bevrijd. Luik valt op 8 september. Op 12 september staan de eerste Amerikaanse troepen reeds op Duitse bodem. Het heeft voor de geallieerden niet langer dan tien dagen geduurd om heel België te bevrijden. Zelfs de Duitsers deden er in mei 1940 langer over om België te veroveren. Voor het land is die snelle zegetocht van geallieerde legers een zegen: de vernielingen en het menselijk leed blijven beperkt. België kent ook geen langdurige opdeling van het land in twee delen, zoals Nederland moet meemaken als, tussen 17 en 25 september, Montgomery's plan om de bruggen over Rijn, Maas en Waal in handen te krijgen – de zogenaamde operatie 'Market Garden' – mislukt. Het echec van Market Garden slaat de hoop op een ongehinderde zegetocht tot in het Roergebied en een beëindiging van de oorlog vóór Kerstmis, de bodem in. De Belgen moeten nog acht maanden lang vol spanning het oorlogsnieuws afwachten. Ze blijven in die periode niet van oorlogsleed gespaard: op 13 oktober valt de eerste V2-bom op Antwerpen. Hitler hoopt met ballistische raketten, de Vergeltungswaffe, het tij nog te kunnen keren. Maandenlang maken V1's en V2's slachtoffers in de havenstad en in Luik, dat als geallieerde uitvalsbasis richting Duitsland eveneens door de Duitsers wordt geviseerd. De dodentol loopt in de duizenden, met als trieste hoogtepunt de voltreffer op de afgeladen volle bioscoopzaal Rex in Antwerpen, die in één klap 567 dodelijke slachtoffers maakt.

Hitlers laatste gok mislukt

Voor één Belgische landstreek komt de oorlog in een nog veel tastbaarder vorm terug: de Ardennen worden in december 1944 opnieuw met de lijfelijke aanwezigheid van de teruggekeerde bezetters geconfronteerd als Hitler tot zijn laatste militaire gok in het westen overgaat. Een in het grootste geheim voorbereid Duits offensief zou de geallieerde linies in tweeën moeten klieven: het 6de SS-Panzerarmee van Sepp Dietrich zou binnen 48 uur de Maas bij Luik moeten oversteken en Antwerpen innemen, terwijl de 5de Panzerarmee van Hasso von Manteuffel de Maas tussen Hoei en Givet zou oversteken, Brussel veroveren en de Duitse linies afschermen.

In de vroege ochtend van 16 december openen de Duitsers het vuur. Aanvankelijk verloopt alles min of meer zoals gepland. Slecht weer verhindert dat de geallieerden hun superieure luchtstrijdkrachten inzetten. De Amerikanen, die hun verdedigingslinies in de Ardennen vervaarlijk hebben uitgedund, zijn volledig verrast. Het is even zwaar slikken voor de *yanks* als Eisenhower geen andere uitweg ziet dan aan Montgomery het bevel over de Amerikaanse troepen ten noorden van de Duitse linies te geven. De Duitsers slagen er evenwel niet in om de belangrijke knooppunten St.-Vith en Bastogne in te nemen. Generaal McAuliffe, de verdediger van Bastogne, gaat de geschiedenis in als de man die '*nuts*' antwoordt als de Duitsers hem aanmanen zich over te geven. Nabij Malmedy liquideren de SS Amerikaanse krijgsgevangenen. Het Duitse offensief bloedt dood in de sneeuw van de Ardennen. Amerikaanse troepenversterkingen kunnen Bastogne ontzetten. Door de weersverbetering kunnen de Britse en Amerikaanse luchtstrijdkrachten opnieuw hun vernietigende werk doen. Hitlers laatste gok is mislukt, maar ook de geallieerden hebben een zware prijs betaald. Het Ardennenoffensief drijft het aantal doden dat de geallieerden op Belgische bodem moeten achterlaten geweldig op: er sneuvelen maar liefst negentienduizend Amerikanen en duizend Britten; de Duitse verliezen zijn van dezelfde omvang.

Bij de eigenlijke bevrijding hebben de Britten en Amerikanen nochtans elk slechts enkele honderden manschappen verloren; de Polen hebben honderdvijftig levens te betreuren en de Canadezen zo'n vijftienhonderd, al zijn in dit laatste cijfer ook een aantal in zuidelijk Nederland gevallen slachtoffers inbegrepen. Het Belgische verzet verliest maar liefst een duizendtal manschappen. Belangrijk – en overbekend – is vooral hun rol bij de bevrijding van Antwerpen: hier weten ze de Britse tanks langs een alternatieve weg tot in de handelsmetropool te brengen, zodat de levensbelangrijke haveninstallaties onbeschadigd in geallieerde handen vallen. Voor het overige speelt het verzet vooral de rol van lichte infanterie, ter ondersteuning van de geallieerde pantsertroepen. De bevrijding van Brussel is er een goed voorbeeld van: de tanks van de Guards rijden langs de grote verkeersaders de stad binnen en beschieten de Duitse Kommandantur, maar het opruimen van de laatste Duitse verzetshaarden is vooral een zaak van de Belgische verzetsgroeperingen.

In sommige gevallen loopt de enthousiaste, overmoedige inzet van de veelal jonge verzetsmensen faliekant af. De Duitsers trekken zich weliswaar terug, maar kunnen soms nog zwaar uithalen. Groepjes verzetslieden, reeds in de roes van de bevrijding, stoten plots op een colonne van de Waffen-SS. Ook de burgerbevolking betaalt een tol. Als in de Maasvallei een SS-kapitein door het verzet wordt neergeschoten en enkele SS-patrouilles in een hinderlaag lopen, koelt de Waffen-SS zijn woede op de bevolking, brandt tientallen huizen plat en knalt iedereen neer die hun voor de voeten loopt.

Er doen zich in die bevrijdingsdagen drama's voor als die in het Waalse Forêt-Trooz, waar de Wehrmacht zich met een grote overmacht op een verzetsgroep stort die zich in het kasteel van de adellijke familie Del Marmol verschanst heeft. De balans: een uitgebrand kasteel, 36 ter plekke geëxecuteerde verzetslieden en 65 gevangenen die worden weggevoerd naar de citadel van Luik. 22 van hen zullen door de Sipo-SD worden afgemaakt, net voor de Amerikanen de Vurige Stede binnentrekken. Executies als die in Luik vormen het bloedige hoogtepunt van de Duitse repressie in België.

De vervolging door de nazi-bezetter en de 'tegenterreur' van de collaborateurs vermengen de hoopvolle sfeer van de laatste bezettingsdagen met vrees, zeker voor wie als 'anglofiel patriot' bekendstaat. De bevolking heeft in de maanden en weken voor de landing de geallieerde bombardementen moeten ondergaan. '*Collateral damage*' is hierbij onvermijdelijk en maakt duizenden slachtoffers. De zwaarst getroffen steden zijn Kortrijk, Hasselt, Gent, Leuven, Charleroi en Luik. In de kustgemeenten wordt na de landing in Normandië een groot deel van de bevolking zelfs gedwongen geëvacueerd en moet iedereen er zijn radio afgeven.

Een gigantische collectieve vreugde-uitbarsting

Als de geallieerden dan eindelijk verschijnen, is de blijdschap er alleen maar groter om. Alleen in de Oostkantons heerst een oorverdovende stilte en hangen eenzame witte vlaggen, maar het onthaal dat de geallieerden overal elders in België wacht overtreft alles wat ze in Frankrijk hebben meegemaakt. Naast de Belgische driekleur wapperen overal de Union Jack en de Stars and Stripes. Een GI die het meemaakte, getuigt: 'De Fransen waren altijd blij ons te zien, maar ik had steeds het gevoel dat ze dachten dat het onze plicht was te komen.' De Belgen waren 'veel warmer' en 'oprechter.' 'De Belgen', getuigt een luitenant van de 1st Hampshires, 'zingen *Tipperary*, de Fransen de *Marseillaise*.' Het verschil is veelbetekenend.

Na jaren van verdrukking en honger ontladen de gevoelens van de bevol-

De bevrijding van Brussel: een groot volksfeest.

king zich in een gigantische collectieve vreugde-uitbarsting. 'Alles zoop en naaide, heel Europa was één groot matras', schreef de Nederlandse dichter Remco Campert. En ook al is hier sprake van nogal wat dichterlijke overdrijving, in de maanden na de bevrijding stijgt het aantal onwettige geboorten en geslachtsziekten niettemin fors, zij het meer in Franstalig België dan in Vlaanderen. Tal van vrouwen knopen een relatie met de bevrijders aan. De duur ervan varieert van minuten tot jaren. Na de bevrijding van Brussel moet kolonel Vandeleur zich na twee slapeloze nachten in Oudergem met zijn Irish Guards terugtrekken in een kasteeltje met een omheining dat 'bescherming biedt tegen Belgische jonge meisjes'. Op langere termijn resulteren de hartelijke betrekkingen tussen Belgen en hun bevrijders in menig gemengd huwelijk. Zo vertrekken bijvoorbeeld 649 Belgische – meestal Vlaamse – '*war brides*', naar het verre Canada.

'Ik denk niet dat het aanzien en de populariteit van ons land waar of wanneer ook ooit op zo'n hoog niveau hebben gestaan als heden in België het ge-

val is', constateert de Britse zaakgelastigde Francis Aveling. Ook op diplomatiek vlak zal België, dat zijn vooroorlogse nefaste neutraliteitspolitiek naar de prullenmand verwijst, zijn hoop op het Verenigd Koninkrijk stellen. Anno 1944 ligt de oprichting van de NAVO nog in de toekomst – de Sovjet-Unie is immers nog een bondgenoot – en hoopt België vooral op een Brits engagement in Europa. Ook de banden met de buurlanden worden nauwer aangehaald en op 5 september 1944 wordt het akkoord voor de oprichting van de Benelux ondertekend. Het Frankrijk van generaal de Gaulle daarentegen wordt met wantrouwen bekeken en er niet ten onrechte van verdacht de Waalse Beweging en het rattachisme – het streven naar aanhechting van Wallonië bij Frankrijk – te willen stimuleren.
Eind 1944 wijst het kompas van de Belgische diplomatie nog nauwelijks richting de Verenigde Staten. Wel zal de Amerikaanse culturele invloed zich hoe langer hoe meer doen voelen. Een voorbeeld: in de Belgische bioscopen – waarvan het aantal zal toenemen van 1103 in 1939 tot 1700 in 1946-1947 – worden steeds meer Hollywood-films vertoond.

Langzaam en onvermijdelijk zakt de euforie van de bevrijding dan toch weg. De herwonnen vrijheid is natuurlijk een fantastische zaak. 'Wat een plezier',

Zo ziet cartoonist Giles de warme ontvangst van de bevrijders door de Belgische vrouwen.

schrijft de christen-democratische politicus Paul Struye in zijn dagboek op 12 september, 'om vrij te kunnen uitgaan, spreken en denken en niet meer te beven telkens de bel gaat.' Maar, zoals een andere dagboekschrijver, de joodse Brusselaar Salomon Van den Berg op 14 september optekent: 'ook zorgen steken de kop op', want 'levensmiddelen zijn zeldzaam'. 'Brussel', schrijft Francis Aveling nog op 20 september aan Anthony Eden, 'is *en fête* sinds de aankomst van onze troepen; iedereen is blij, al zijn de rantsoenen nog lager dan voor de bevrijding.' De vreugde om de bevrijding kan de lage rantsoenen en andere kwesties evenwel niet blijvend van de voorgrond verdringen. Prangende sociaal-economische problemen vragen een oplossing. Het politieke leven hervat zijn gang en staat voor enkele netelige kwesties. Op 8 september keert de regering-Pierlot naar België terug. Het is twee uur in de namiddag als de regeringsploeg landt op het vliegveld van Melsbroek. Er is niemand om hen te begroeten.

De politieke agenda van het pas bevrijde België

Op 14 september vertrouwt het geallieerde opperbevel de regering opnieuw de volledige burgerlijke administratie van het land toe, een taak die voordien was toegekend aan de zogenaamde Civil Affairs Mission van de voor de gelegenheid tot 'generaal' gebombardeerde Luikse politicus en advocaat Paul Tschoffen. Die Civil Affairs Mission was de 'afdeling burgerlijke zaken' van de Belgische militaire verbindingsmissie die aan het geallieerde leger was toegevoegd. Vanaf 15 september zullen de betrekkingen tussen het geallieerde opperbevel (SHAEF, de Supreme Headquarters Allied Expeditionary Forces) en de Belgische regering verlopen via een door de Britse generaal Erskine geleide Belgian Mission in Brussel. Zolang de oorlog duurt, is België nog steeds een hinterland voor de geallieerde troepen; de geallieerden wensen er bovenal rust, orde en stabiliteit. Hun bekommernissen zijn op de eerste plaats militair: ze wensen geen belemmering van hun troepenbewegingen. Als de SHAEF-missie zich even met de Belgische politiek bemoeit, dan is dat omdat die stabiliteit in het gedrang dreigt te komen. Dat is in het bijzonder het geval in de ontwapening van het verzet. Samen met de repressie, de voedselbevoorrading, de muntsanering en de nieuwe arbeidsverhoudingen domineert die kwestie de politieke agenda van het pas bevrijde België. Deze kwesties zijn trouwens met elkaar verbonden en het één valt niet zonder het ander te begrijpen.

Door de razendsnelle opmars had het verzet uiteindelijk slechts een ondergeschikte rol gespeeld bij de bevrijding. De helden van het moment zijn de geallieerde soldaten en de Belgen van de 'Brigade Piron'. Op enkele dagen tijd is de rol van het verzet uitgespeeld. Velen kunnen zich daar moeilijk bij neerleggen. Na maanden of jaren in de illegaliteit is het moeilijk om zich op het bevel van een regering die de oorlog in Londen heeft doorgebracht, zonder morren in de wettelijkheid te schikken. 'Jarenlang', schrijft André de Staercke, kabinetschef van premier Pierlot en later secretaris van prinsregent Karel, 'hadden jonge mensen (...) zich roekeloos in het avontuur gestort.' Ze hadden in een 'schemergebied' geleefd, 'in een nieuwe illegale wereld met zijn eigen regels', maar 'doken hieruit weer op, regelrecht in het felle licht van de reguliere maatschappij. Dit was een pijnlijke ervaring. Opeens moesten ze van de joyeuze strakke discipline van een bende overstappen op de strenge vrijheid van de wet.' Het is een aanpassing die niet altijd goedschiks verloopt. Overal treden soms weinig gedisciplineerde groepen op, waarvan de gelederen zijn aangezwollen met 'verzetslui van het laatste uur'. Armbanden en insignes zijn kwistig rondgedeeld, ook aan aspirant-verzetslui van wie het verleden verre van heroïsch is. In sommige gevallen hebben zelfs misdadigers van gemeen recht zich aangesloten. Er is sprake van willekeurige arrestaties en opeisingen, wegblokkades en controles. 'Zo'n beetje overal', aldus De Staercke, 'zag je ongemanierde en gewapende kerels lanterfantend rondlopen (...) Zij zagen eruit alsof ze ergens hun slag gingen slaan.'

'De huidige situatie van de verzetsgroepen is één van de ernstigste kwesties waarmee de regering zich vandaag geconfronteerd ziet', schrijft Ganshof van der Meersch op 18 september aan Pierlot. Walter Ganshof van der Meersch is het hoofd van het Hoog Commissariaat voor de Veiligheid van de Staat. Dit HCVS, niet te verwarren met de Staatsveiligheid, is de Derde Sectie van de reeds genoemde Belgische militaire verbindingsmissie. Het HCVS is in die dagen verantwoordelijk voor de coördinatie van de ordehandhaving in het land. In elke provincie heeft het HCVS regionale officieren afgevaardigd die er het wettelijke gezag moeten vertegenwoordigen en Ganshof – en via hem de regering – van alle mogelijke problemen op de hoogte moeten houden. Tegelijk is Ganshof auditeur-generaal, met andere woorden verantwoordelijk voor de vervolging door het militair gerecht van verdachte collaborateurs of 'incivieken'. Hij is, kortom, een van de machtigste Belgen van het moment. Het optreden van het verzet verontrust Ganshof in zijn dubbele hoedanigheid: als Hoog Commissaris is hij bezorgd over het verzet als een gewapende macht die een alternatieve machtsfactor kan vormen; als auditeur-generaal wil hij dat de 'repressie' langs wettelijke en ordelijke paden verloopt. Het herstel van het wettelijke gezag wordt echter bemoeilijkt door het gebrek aan manschappen en bewapening van politie en rijkswacht. Bij de bevrijding is er slechts één wapen voor elke twee rijkswachters. Daardoor zijn het in veel gevallen verzetslui die overgaan tot de arrestatie en internering van al wie van collaboratie met de vijand wordt verdacht.

Men zou het verzet in september 1944 kunnen vergelijken met een op hol geslagen trein, waarop tijdens de laatste weken of maanden van de oorlog nog tal van reizigers zijn gesprongen. Een trein die alle stoplichten negeert en zich niet zomaar bruusk laat afremmen. Voor Pierlot kan er evenwel maar één locomotief zijn in het land: de regering zelf. Het is voor haar een zaak van levensbelang, wil ze tenminste haar eigen macht handhaven, om de trein zonder veel kabaal uit te rangeren en netjes op een zijspoor tot stilstand te laten komen. Voor de geallieerden mag de trein doorstomen richting Duitsland: het verzet kan een welkome versterking betekenen van hun eigen troepen. De Belgische regering wil evenwel geen incorporatie van verzetseenheden als dusdanig, noch bij het Belgische leger, noch bij de geallieerde troepen. Ze kan echter niet voorkomen dat tal van verzetslui zich dan maar op individuele basis bij de geallieerden aansluiten. De nieuwe rekruten komen evenwel bijna allen uit dezelfde hoek, namelijk uit het rechtse patriottische verzet, hetzij uit het Geheim Leger, hetzij – in mindere mate – uit de Nationale Koninklijke Beweging. In deze verzetsbewegingen zijn immers veel militairen actief, die zich zonder problemen in een militaire structuur laten opnemen.

Anders is het gesteld met het linkse verzet, met het Onafhankelijkheidsfront of de Gewapende Partizanen. Het is met dit linkse verzet dat de regering de grootste problemen zal hebben, al wekken ook sommige rechtse groepen, zoals de van fascistische neigingen verdachte Nationale Koninklijke Beweging, argwaan op. Hoewel de linkse verzetsgroepen leden uit diverse strekkingen in hun gelederen tellen, is de leiding ervan stevig in communistische handen. Door haar rol in het verzet geniet de Kommunistische Partij bij de bevrijding een populariteit bij de bevolking die later nooit meer zal worden geëvenaard. In de Belgische straten ziet men in september 1944 niet alleen Belgische, Britse en Amerikaanse vlaggen wapperen, maar ook de rode sovjetvlaggen met hamer en sikkel, zij het uiteraard meer in de 'rode' Waalse industriebekkens dan in het landelijke katholieke Vlaanderen. Een deel van het aureool van het Rode Leger, dat als een pletwals over oostelijk Europa is gerold, straalt ook af op de Belgische communisten.

De KP zal de onbestemde dadendrang van de jonge verzetsmensen en hun vage dromen over een betere wereld, voor haar eigen machtsstrategie willen aanwenden. Hierbij zal ze het Onafhankelijkheidsfront behendig als haar pluralistische uithangbord gebruiken. Fernand Demany, secretaris-generaal en medestichter van het OF, is sinds 1943 geheim lid van de KP. Alleen ingewijden zijn hiervan op de hoogte. De KP houdt de leiding van het Onafhankelijkheidsfront in haar stalinistische greep, al zal ze het naar buiten toe voorstellen alsof het communistische imago van het OF pure fascistische propaganda is.

Het geduld van de geallieerden raakt op

De ontwapening van het verzet en de machtsstrijd tussen regering en Onafhankelijkheidsfront zullen uiteindelijk langer dan twee maanden aanslepen. Op 12 en 13 september neemt de overheid enkele besluiten die neerkomen op een erkenning van de feitelijke toestand: ze laat wapenbezit toe en erkent acht verzetsgroepen. Wel moeten de leden ervan zich bij de procureurs des Konings laten registreren en mogen ze geen opeisingen verrichten.

September verglijdt zonder verdere maatregelen. Eind september ontvangt de Belgische staat van de geallieerden een levering van vijfduizend stenguns voor de bewapening van de rijkswacht. Op 3 oktober laat de geallieerde opperbevelhebber, generaal Eisenhower, een 'dagorder' verspreiden waarbij hij hulde brengt aan het verzet, maar vooral oproept de wapens neer te leggen. Een week later kondigt het Geheim Leger aan dat het ontwapent. Ook de andere verzetsgroepen beloven hun medewerking, al dringen ze er wel op aan dat hun leden zouden worden opgenomen in de nieuwe Belgische legereenheden waarvan de vorming – tot ongeduld niet alleen van henzelf maar ook van de geallieerden – op zich laat wachten.

De enige groepering die zich niet coöperatief opstelt, is het Onafhankelijkheidsfront. De hele maand oktober lang blijft de situatie maar aanslepen. Generaal Yvan Gérard, commandant der Binnenlandse Strijdkrachten, die door de regering op 6 oktober is aangesteld tot chef van het verzet om de demobilisatie ervan in goede banen te leiden, neemt daarvoor – in de woorden van De Staercke – 'alle tijd om maar vooral niet te slagen'.

SHAEF heeft er eind oktober genoeg van en vindt dat de Belgische staat maar eens zelf voor de ordehandhaving moet kunnen zorgen. SHAEF kan niet langer, aldus een ultimatum van Eisenhowers stafchef Bedell Smith aan Pierlot, gewapende burgers op zijn verbindingslinies tolereren. Op dat ogenblik lopen er nog steeds 70.000 gewapende verzetslui rond, van wie er 25.000 tot het Onafhankelijkheidsfront behoren. Daartegenover kan de Belgische staat slechts 8000 slecht bewapende rijkswachters stellen. Dit feit, gekoppeld aan de onwil van de geallieerden om zelf een actieve rol in de gedwongen ontwapening van het verzet te spelen, verklaart voor een deel de zwakte van de regering-Pierlot om tot handelen over te gaan. Van deze regering maken ondertussen al langer dan een maand, namelijk sinds 27 september, ook de communisten deel uit.

Zij gedragen zich evenwel alsof ze tegelijk in de regering en in de oppositie zitten. De KP hanteert de 'strategie van de spanning'. 'Als de partij haar werk goed doet,' orakelt communistisch kopstuk Jean Terfve, 'moet het Onafhankelijkheidsfront een essentieel element van het politieke leven worden.' Nadat de regering begin november van de geallieerden de verzekering heeft gekregen dat hun troepen, indien nodig, gewapend zullen ingrijpen, stelt ze eindelijk de eis dat de verzetslui zich ofwel op individuele basis in het leger, de rijkswacht of een overheidsdienst inschakelen ofwel hun wapens inleveren en huiswaarts keren. De KP reageert hierop met een ultimatum aan de regering, waarbij ze op haar beurt de onmiddellijke en collectieve opname van het verzet in leger of ordestrijdkrachten eist. De partijkrant *Drapeau Rouge* roept op geen gevolg te geven aan het regeringsbesluit, dat ze – al is het ondertekend door een communistisch minister – een 'vervalsing' noemt. Geconfronteerd met deze dubbelhartige politiek van zijn coalitiepartner, werpt Pierlot zijn portefeuille in de weegschaal. Hij krijgt het vertrouwen van alle ministers, op de communisten na, die de regering verlaten.

De KP wil de regering daarna via de straat op de knieën krijgen. Er volgen betogingen in Brussel en andere steden, waarbij de Kommunistische Partij het Onafhankelijkheidsfront nog wel als uithangbord gebruikt, maar ook zelf openlijk in de aanval gaat. De onlusten culmineren in een grote betoging in de hoofdstad op 25 november, waarbij de betogers het politiekordon rond de verboden neutrale zone in de Wetstraat doorbreken. Er wordt een granaat geworpen, er wordt geschoten, er vallen tientallen gewonden. Voor generaal Erskine is de maat vol: de volgende poging, brengt hij de leiders van het Onafhankelijkheidsfront en de KP aan het verstand, zal op zijn troepen botsen. Daarna wordt nog wat gepraat over een 'mars op Brussel' en sommige plaatselijke Partizanengroepen doen stoer, maar in de praktijk is het conflict tussen de regering en het verzet hiermee van de baan en worden de wapens ingeleverd.

In die weken vallen nogal gemakkelijk woorden als 'staatsgreep', 'putsch' of 'revolutie'. Aan de ene zijde heeft de *Drapeau Rouge* geruchten gelanceerd over een 'reactionaire staatsgreep'. Aan de andere zijde waarschuwt minister Delsinne de Britten in een boodschap, die door hen als hysterisch wordt afgedaan, dat 'de revolutie nabij is'. De Britse ambassadeur Sir Hugh Knatchbull-Hugessen is genuanceerder: 'Ik denk dat de communisten, agerende via het Onafhankelijkheidsfront, de regering-Pierlot ongetwijfeld graag zouden hebben omvergeworpen door een coup de main, maar dat ze hun krachten aanzienlijk hebben overschat en nooit dicht bij de realisatie van hun plannen zijn gekomen.'

De wetteljike repressie en de 'staatsrepressie'

Een van de kwesties die onlosmakelijk met de problematiek van de ontwapening van het verzet is verbonden, is die van de zogenaamde 'repressie', de bestraffing van de handlangers van de vijand. Tijdens de voorbereiding van de repressiewetgeving in Londen, heeft Ganshof van der Meersch met ontslag moeten dreigen om te verhinderen dat verzetsmensen deel zouden uitmaken van de krijgsraden waaraan de berechting van de collaborateurs zal worden toevertrouwd. In het bevrijde België zal hij geleidelijk aan ook een eind willen maken aan hun rol als arrestanten en cipiers van 'zwarten'.

Dat het verzet zeer actief was bij het oppakken van degenen die tot voor kort nog samenspanden met de gehate vijand, was aanvankelijk noch te vermijden noch onwenselijk: grote delen van België zijn immers bevrijd op een moment dat de regering nog niet eens teruggekeerd is in het land. Op het tekort aan bewapening en effectieven van de ordestrijdkrachten hebben we reeds eerder gewezen. De internering van de 'zwarten' is een voor de hand liggende voorzorgsmaatregel in een land dat nog in oorlog is, en één waarin de regering reeds in Londen heeft voorzien. Militaire en paramilitaire collaborateurs, personen die voor de Duitse bestuursorganen hebben gewerkt en 'al wie aanleiding kan geven tot schandaal of beroering' kunnen worden opgesloten, al kan dat wettelijk slechts gebeuren op bevel van de burgemeesters, de krijgsauditeurs, de procureurs des Konings en de agenten van de Staatsveiligheid. In de praktijk worden duizenden geïnterneerd zonder interneringsbevel; sommige burgemeesters ondertekenen blanco interneringsbevelen. Terwijl het land vóór de oorlog slechts vierduizend gevangenen had, zijn in november 1944 reeds 55.000 'incivieken' geïnterneerd. In allerijl worden tal van tijdelijke interneringscentra uit de grond gestampt. Aangezien er vaak moet worden geïmproviseerd, laten de condities er soms te wensen over. In de eerste maanden is in sommige centra ook sprake van mishandeling.

Voor sommige collaborateurs wordt de opsluiting als een beschermende maatregel beschouwd die hen voor de volkswoede moet behoeden. Vaak is ze dat ook. De 'straatrepressie' is immers niet mals voor wie eraan ten prooi valt. De beelden ervan zijn overbekend: kaalgeschoren vrouwen, mannen met bloedneus die onder groot jolijt van omstanders door enkele 'verzetslui van het laatste uur' worden opgebracht, inboedels die uit het raam worden gegooid, verbrijzelde etalages en geplunderde interieurs. Verheffend is het niet. Een Canadese soldaat die getuige is van de aframmeling van enkele jonge meisjes in Oostende, vraagt zich verontwaardigd af: 'Wij moeten hun dikke konten komen bevrijden, maar zijzelf amuseren zich liever met het aframmelen van naakte meisjes. Waarom vechten de Belgen verdomme niet tegen de Duitsers in plaats van tegen kinderen?' Toch blijft de menselijke tol al bij al beperkt. Het precieze aantal 'wilde liquidaties' is niet bekend maar schommelt vermoedelijk rond de honderd.

De wettelijke 'repressie' komt pas traag op gang. Krijgsraden en krijgsauditoraten worden overstelpt met aanklachten. Het krijgsauditoraat van Brugge alleen al opent bijvoorbeeld in 1944 10.800 dossiers en in 1945

16.000. In het eerste bevrijdingsjaar kan het daarvan evenwel slechts 15 procent afwerken. Voor de publieke opinie gaat het in die eerste maanden allemaal niet snel genoeg. De roep om een hardere repressie is in die dagen hoegenaamd geen monopolie van de linkerzijde. Zolang de oorlog duurt, is er immers nog censuur op de briefwisseling. Via de censor weet de overheid hoe de bevolking erover denkt: minstens tot het voorjaar van 1945 vinden de meeste mensen dat de repressie te zacht is. Desmond Morton, een vertrouweling van Churchill, reist eind september 1944 door Frankrijk en België. Hij is diep onder de indruk van de 'bittere haat die de gewone man voor de collaborateurs koestert': 'Het is als een religieus vuur en wordt gevoeld door velen, die zelf weinig gedaan hebben om de "weerstand" actief te helpen. Geen Franse of Belgische regering kan lang aan de macht blijven als ze de schuldigen niet vervolgt met wat een Engelsman wraakzuchtige brutaliteit zou noemen.'

De vermeende zachte aanpak van de repressie is een van de voornaamste verwijten die het Onafhankelijkheidsfront en de KP de regering-Pierlot naar het hoofd zullen slingeren. Het zal ook een van de oorzaken zijn van de val van dat kabinet in februari 1945.

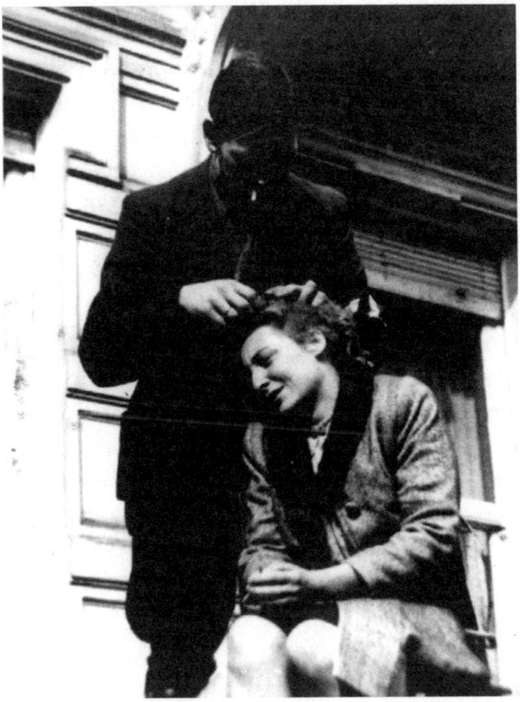

Tijdens de straatrepressie mishandelen leden van het verzet vrouwen die verdacht worden van collaboratie.

De druk van de publieke opinie om streng op te treden tegen landverraders mist ook zijn uitwerking niet op het krijgsgerecht. In de eerste maanden na de bevrijding is er het zwaarst gestraft. Oostfrontstrijders, die er één of een paar jaar later met een gevangenisstraf vanaf zouden zijn gekomen, worden ter dood veroordeeld. Maar ook op het omgekeerde effect mag worden gewezen: zo weten notoire oorlogsmisdadigers als Breendonk-beul Richard De Bodt of de leider van de Germaanse SS-Vlaanderen Tony Van Dyck aan executie te ontsnappen omdat ze erin slagen gedurende die cruciale eerste jaren uit de handen van het gerecht te blijven. 'In de aanvang', schrijft De Staercke, 'leek die repressie te zwak; met het verstrijken van de tijd leek ze te hard.'

De ontsporingen hebben meer met de straatrepressie en de interneringen te maken dan met de door de krijgsraden uitgesproken straffen. Aangezien er 90.000 mensen geïnterneerd worden en slechts 53.000 een veroordeling oplopen, kan het niet anders of men heeft ook heel veel 'onschuldigen' (in de strafrechtelijke, niet in de politieke betekenis) of lichtere gevallen voor kortere of langere tijd van hun vrijheid beroofd. 'Er werd', aldus de toenmalige gouverneur van West-Vlaanderen, ridder Pierre Van Outryve d'Ydewalle, 'geen onderscheid gemaakt tussen zwart, pikzwart, halfzwart of vermeend zwart.' In het troebele klimaat van na de bevrijding is een vergissing snel begaan, worden persoonlijke rekeningen vereffend, is het niet altijd gemakkelijk om wit en zwart te onderscheiden. 'Men weet bijna nooit meer of men te doen heeft met een eerlijk man of met een smeerlap', zucht minister van Buitenlandse Zaken Paul-Henri Spaak na zijn terugkeer in België. André Moyen alias 'Capitaine Freddy' van de groep Athos, befaamd verzetsman en spion, vertelt in zijn memoires hoe zelfs tegen hem een interneringsbevel was uitgevaardigd, al was de fout in dit geval snel rechtgezet.

Hoewel de verschillende partijen andere klemtonen leggen en vooral in het katholieke kamp enkele stemmen opgaan voor een matiging van de repressie, is de grootste kloof in het eerste bevrijdingsjaar er minder een tussen partijen onderling dan tussen de meer tot matiging geneigde politieke wereld en de bevolking als geheel. Het is niet zozeer de repressie, maar wel de 'epuratie' – de zuivering van politiek en bestuur – die in partijpolitiek vaarwater terecht zal komen. Door bepaalde mensen kiesrecht te ontzeggen, kan men immers de uitslag van de allereerste naoorlogse parlementsverkiezingen beïnvloeden. Hiermee zijn we evenwel al in de laatste maanden van 1945 beland, want het is pas op 17 februari 1946 dat voor het eerst parlementsverkiezingen zullen plaatsvinden. Politiek België leeft na de bevrijding dus anderhalf jaar voort met een parlement dat niet langer representatief is voor die bevolking. 'Dit parlement', merkt een buitenlandse verslaggever op, 'dateert van 1939, met andere woorden van een eeuw geleden.' Wel zijn de Nieuwe Orde-politici eruit verdwenen.

De regering wordt herschikt

Om rekening te houden met de nieuwe realiteit, wordt de uit Londen teruggekeerde regering-Pierlot herschikt. Het kan moeilijk anders, want de kloof tussen 'Londen' en het bezette land is te groot. Hoewel de regering, na haar aanvankelijke aarzelingen en getreuzel, België uiteindelijk in het juiste kamp had weten te houden, kan ze daarvoor slechts op weinig waardering van de bevolking rekenen. De Londenaars worden gezien als mensen die een 'gemakkelijke oorlog' hebben gehad en niets van de realiteit van het bezette land afweten. De Londense regering wordt daarom op 27 september 1944 uitgebreid tot een negentienkoppige ploeg. De stugge Ardeense katholiek Hubert Pierlot blijft premier. Zijn regering telt behalve zeven katholieken ook vijf socialisten en drie liberalen – of vier, als men de partijloze maar als liberaal te kwalificeren Camille Gutt meerekent. Voor het eerst treden ook drie communisten – onder wie Demany, die pas in de aanloop naar de verkiezingen van 1946 officieel partijlid wordt – tot de regering toe. De communisten mee aan boord nemen, lijkt de traditionele partijen de beste strategie om het gevaar van extreem-links te neutraliseren. Vooral de socialisten zijn bang voor de concurrentie op hun linkervleugel. Paul-Henri Spaak uit in september tegenover Knatchbull-Hugessen de vrees dat zijn partij weleens de helft van haar stemmen zou kunnen verliezen aan de communisten.

Het oordeel van veel tijdgenoten over de regering-Pierlot is niet erg gunstig. Rapporten van Britse diplomaten in Brussel laten zelden na op haar gebrek aan slagvaardigheid te wijzen. 'We hebben een de Gaulle nodig', blokletteert *L'Unité patriotique*, het krantje van het Onafhankelijkheidsfront van de Borinage op 19 november, 'en ze hebben ons een Pierlot gezonden'.

Pas met de vorming van de eerste liberaal-socialistisch-katholieke regering van Achiel Van Acker in februari 1945 zal in de publieke opinie het gevoel ontkiemen dat het land met de pragmatische Brugse socialistische selfmade man weer een krachtdadig bestuurder heeft. De regering-Pierlot heeft ook af te rekenen met het voortdurende wantrouwen van de rechtervleugel van de katholieke partij. De rechterzijde kan de opname van de communisten in de regering niet of moeilijk verteren en wil ook 'Londenaar' Pierlot zijn breuk met de koning niet vergeven. Aangezien Leopold III daags na d-day is weggevoerd naar Duitsland, kan de koningskwestie evenwel nog tot de lente van 1945 op de achtergrond blijven, ook omdat de pers er lange tijd het stilzwijgen over bewaart. Niettemin doet zich in de septemberdagen van 1944 een belangrijke ontwikkeling voor, die de afloop van deze kwestie mee zal bepalen. Op 9 september ontvangt Pierlot uit de handen van twee magistraten Leopolds politieke testament, geschreven op 25 januari 1944. Niet alleen eist Leopold hierin een 'noodzakelijke genoegdoening' van de ministers die hem in Frankrijk hebben beledigd, uit het document blijkt ook overduidelijk zijn wantrouwen tegenover de geallieerden. Churchills commentaar is kort maar krachtig: '*It stinks*'. Dit politiek testament zal Leopolds kansen op een terugkeer verminderen. Ondertussen is prins Karel op 20 september 1944 aangesteld tot regent.

Twee belangrijke figuren uit het naoorlogse België: Achiel Van Acker (midden) en André de Staercke (rechts).

Het autoritaire gedachtegoed dat voor en tijdens de oorlog ook buiten de eigenlijke Nieuwe Orde- of collaboratiekringen opgang had gemaakt, is door de nieuwe tijdgeest en de Angelsaksische invloeden weggespoeld, al zijn de personen die deze ideeën hebben aangehangen daarom nog niet onmiddellijk van het toneel verdwenen. In de Katholieke Partij, die eind 1945 tot CVP zal worden omgedoopt en die tot in 1946 met de concurrentie van de Union Démocratique Belge – een in november 1944 gestichte beweging van linkse katholieken uit Brussel en Wallonië – op haar linkerflank heeft af te rekenen, komt de oude garde voortaan onder vuur te liggen van de jonge lichting. Een van die ouderen, d'Aspremont Lynden, zal zijn tegenstanders dan wel smalend de 'jeunes zievereers de Bruxelles' noemen, de 'zievereers' hebben voortaan de wind in de zeilen.

Door de woelige afloop van de grote betoging van 25 november 1944 verliezen de communisten en het Onafhankelijkheidsfront nogal wat krediet bij de bevolking. De grote meerderheid van de Belgen heeft niet gecollaboreerd en zat evenmin in het verzet. Ze wil op de eerste plaats opnieuw een normaal leven opbouwen. Na vier jaar bezetting leeft men noodgedwongen nog een tijd in een land dat de letsels van de oorlog draagt. Zo vallen er meer dan duizend bruggen te herstellen en duurt het tot eind 1946 voor de twee miljoen mijnen die de bezetter heeft achtergelaten, onschadelijk zijn gemaakt. Van 1940 tot 1945 heeft de oorlog in totaal 48.000 Belgische huizen verwoest en 268.000 beschadigd. Pas op 1 juni 1945 zal de avondklok worden afgeschaft. Een groot probleem is de voedselbevoorrading; dat is trouwens een van de elementen die het ongenoegen tegenover de regering-Pierlot zullen aanwakkeren. De oorzaak is volgens SHAEF niet zozeer een tekort aan voedselvoorraden, maar veeleer een mank lopend distributiesysteem. De regering had bij haar terugkeer immers met één pennenstreek de bestaande organisatie voor de voedseldistributie afgeschaft, zonder er iets voor in de plaats te stellen. In oktober 1944 moeten Ganshofs officieren vaststellen hoe kompels met niet meer dan droog brood en een fles water in hun knapzak de mijn in moeten. Voedselleveringen door SHAEF zullen hierin een beetje soelaas brengen. Het duurt nog tot november 1946 voor de rantsoenering van een eerste reeks voedingswaren kan worden afgeschaft.

Een snelle economische opleving

België zal een snelle economische heropleving kennen. Men kan zelfs van een 'Belgisch mirakel' spreken. De regering-Pierlot neemt op sociaal-economisch vlak twee zeer belangrijke maatregelen die hieraan zullen bijdragen. De eerste is de Gutt-operatie, zo genoemd naar de bedenker van het plan, minister van Financiën Camille Gutt. De geldomloop was tijdens de oorlog met 400 procent gestegen en de goederen waren steeds schaarser geworden. Dit cruciale probleem van de geldontwaarding wordt in oktober 1944 op drastische wijze opgelost door de totale geldcirculatie in één klap te halveren: de oude bankbiljetten worden uit omloop genomen en omgeruild voor nieuwe, met een maximum van 2000 frank per gezinslid; de rest van het vermogen wordt geblokkeerd op een rekening en pas vrijgemaakt naargelang de sociaal-economische toestand het toelaat.

De tweede maatregel is de wet van 28 december 1944 die het systeem van verplichte sociale zekerheid invoert. Dat was een uitvloeisel van het in april 1944 totstandgekomen Sociaal Pact (zie ook hoofdstuk 3 over het economische en sociale leven) tussen een deel van de werkgevers enerzijds en vooroorlogse katholieke en socialistische vakbondsbazen anderzijds. Erkenning van de vakbondsvrijheid in ruil voor de erkenning van het wettelijke gezag van de ondernemer moet de sociale rust waarborgen, al blijkt die vrede in het eerste bevrijdingsjaar nogal eens illusoir te zijn. De communistische Eenheidsvakbond der Mijnwerkers bijvoorbeeld, die de meerderheid van de Waalse mijnwerkers groepeert, neemt niet deel aan het paritair overleg. Tal van harde, soms wilde stakingen brengen het functioneren van de levensbelangrijke steenkoolindustrie in het gedrang tot eerste minister Van Acker er door de invoering van de 'burgerlijke mobilisatie' en de inzet van Duitse krijgsgevangenen werk van maakt om de 'steenkoolslag' te winnen.

De repatriëring

Voor veel Belgische gezinnen kan het leven nooit opnieuw normaal worden zolang ze nog een van hun dierbaren moeten missen. In september 1944 bevinden zich immers nog honderdduizenden Belgen in Duitsland of elders in bezet Europa. In de winter van 1944 schat het Nationaal Instituut voor de Statistiek het aantal afwezige inwoners van België (Belgen of vreemdelingen) op zo'n 275.000 (joden, politieke gevangenen, krijgsgevangenen, gedeporteerde arbeiders en nog anderen). Dat is een aanzienlijk lager cijfer dan de wilde gissingen die in de zomer van 1944 de ronde doen en waarbij getallen tot één miljoen werden genoemd. Die 275.000 zou dan weer een te minimalistische schatting blijken. Uiteindelijk worden er tussen eind maart 1945 en eind december 1946 300.000 Belgen gerepatrieerd. Als men rekent dat elk van die 300.000 personen in België een gezin – indien niet vrouw en kinderen, dan toch wel ouders, broers of zussen – had achtergelaten, dan betekent dat al gauw dat er voor meer dan één miljoen mensen in België nog een donkere wolk over de bevrijdingsvreugde hangt. Voor velen zal die donkere wolk na de Duitse capitulatie nog donkerder worden, want tienduizenden zullen de datum van 8 mei 1945 niet halen.

De Belgische jood Leopold Flam heeft het geluk dat iemand hem via bemiddeling uit de Dossin-kazerne loskrijgt. Hij wordt later evenwel opnieuw opgepakt en in de gevangenis van Antwerpen gestopt. In mei 1944 wordt hij, samen met honderden gevangenen uit Antwerpen, Breendonk en Sint-Gillis gedeporteerd naar het concentratiekamp van Buchenwald bij Weimar. Enkele maanden later, op woensdag 6 september 1944, vernemen Flam en zijn medegevangenen er het nieuws van de bevrijding van België: 'Deze gebeurtenis heeft in de harten van ons allen een onbeschrijflijke vreugde teweeggebracht. Wij dansten en omarmden elkaar. België is weer vrij! Wat een droom. In onze vreugde komt een beetje bitterheid. Wij zijn daar niet en wat zal er van ons worden?' Flam en zijn makkers verkeren in een even optimistische stemming als het geallieerde opperbevel, en menen met Kerstmis thuis te zullen zijn. In werkelijkheid wacht hun nog een maandenlange overlevingsstrijd. De Belgische politieke gevangenen die in de concentratiekampen zijn terechtgekomen, worden dan wel niet met systematische uitroeiing bedreigd, ze hebben niettemin een uiterst hard bestaan. Waarschijnlijk sterven zo'n zeven- tot negenduizend Belgen: ofwel in kampen als Buchenwald, Neuengamme, Dachau, Mauthausen, Flossenburg, Natzweiler, Sachsenhausen, Ravensbrück en Vught, ofwel tijdens de dodenmarsen bij de evacuatie van de kampen ofwel werden ze op nog andere plaatsen terechtgesteld. Veel gerepatrieerden houden blijvende lichamelijke of psychologische problemen over aan hun verblijf in de kampen. Soms is hun gezondheid definitief geknakt. Velen sterven voortijdig in de eerste naoorlogse jaren. Bij niet minder dan 13.957 van de 41.257 personen die door de Belgische staat als politiek gevangene worden erkend, gaat het om een postume erkenning (een groot deel van die 41.000 hebben alleen in België in de gevangenis gezeten).

In vergelijking hiermee was het lot van de krijgsgevangenen relatief menselijk: anno 1945 zijn er nog 65.000 over van de 225.000 die na de Belgische capitulatie krijgsgevangen werden genomen. De Duitsers hebben de Vlamingen onder hen al vrij vlug – het merendeel tussen augustus 1940 en maart 1941 – naar huis gestuurd in het kader van hun 'Flamenpolitik', een doelbewuste poging het land te verdelen door bevoordeling van de Vlamingen. De Belgische krijgsgevangenen in Duitsland bevinden er zich in de zogenaamde Stalags (voor soldaten en onderofficieren) en Oflags (voor officieren). De 'ontsnappingsspecialisten' die na enkele pogingen opnieuw in de kraag worden gegrepen, belanden in het beruchte Colditz. De grootste groep Belgen in Duitsland zijn gedeporteerde arbeiders.

Om al die landgenoten in den vreemde te repatriëren, heeft de regering in Londen het Belgisch Commissariaat voor de Repatriëring opgericht, waarvan de leiding in oktober 1944 wordt toevertrouwd aan oud-premier Paul Van Zeeland. Hij zal zich in mei 1945 persoonlijk naar Buchenwald begeven, het kamp waar de meeste Belgen terecht gekomen zijn. Decennialang zal Buchenwald voor de Belgen het symbool zijn van de nazi-vervolging, tot het vanaf de jaren zeventig als zodanig door Auschwitz zal worden verdrongen. Het Commissariaat krijgt, zij het met wat improvisatie, 85 procent van de Belgen gerepatrieerd vóór 30 juni 1945. Vooral de Belgen die in 1940 naar Groot-Brittannië zijn uitgeweken, moeten nog wachten tot de zomermaanden van 1945 voor ze kunnen terugkeren. Zolang de oorlog voortduurt, is de oversteek te riskant. Nog in juni 1949 loopt de pakketboot Prinses Astrid op een mijn; vijf bemanningsleden komen hierbij om.

Ten slotte bevindt zich nog een laatste categorie Belgen in het buitenland. Duizenden collaborateurs zijn in het kielzog van hun Duitse meesters naar het Reich gevlucht. Aan het einde van de oorlog is ook voor hen het spel uit, al weten sommigen – bijvoorbeeld Léon Degrelle – naar het buitenland, veelal Spanje of Zuid-Amerika, te ontsnappen.

Veel zwarten die in mei-juni 1945 in België verblijven – er zijn er in het voorjaar van 1945 nogal wat vrijgelaten uit de interneringscentra – vallen bij de terugkeer van de politieke gevangenen uit de kampen ten prooi aan een tweede golf van straatrepressie. De confrontatie met de onvoorstelbare gruwel van de kampen is zo schokkend, dat ze sommigen tot wraak en haat aanspoort. Op lange termijn heeft de schok echter een heilzaam effect en draagt hij ertoe bij de democratische gedachte stevig te verankeren.

Bibliografie

Balace, F. (red.), *Jours de guerre*, Brussel, 1990-2001, 24 dln.

Conway, M., 'Justice in Post-War Belgium. Popular Passions and Political Realities' in: *Bijdragen tot de Eigentijdse Geschiedenis*, nr. 2, 1997, p. 7-34.

De Staercke, A., *Alles is voorbijgegaan als een schaduw. Memoires over de koningskwestie en het regentschap*, Tielt, 2003.

De Vos, L., *De bevrijding. Van Normandië tot de Ardennen*, Leuven, 1994.

Herremans, M.-P., *Personnes déplacées (répatriés, disparus, réfugiés)*, Ruisbroeck, 1948.

Huyse, L., S. Dhondt e.a., *Onverwerkt verleden. Collaboratie en repressie in België 1942-1952*, Leuven, 1991.

Pauwel, J.R., 'De Canadezen en de bevrijding van België (1944-1945). Niet alleen een militaire geschiedenis' in: *Bijdragen van het* NCWOII, nr. 9, 1985, p. 1-122.

Schrijvers, P., *De hel die Europa heet. Amerikaanse frontsoldaten in de Tweede Wereldoorlog*, Antwerpen, 2003.

Taghon, P., *België 44. De Bevrijding*, Tielt, 1993.

EPILOOG

Eind de jaren dertig hoopt de Belgische overheid en met haar zowat de hele bevolking ons land via de onafhankelijkheidspolitiek buiten een tweede wereldconflict te houden. Velen beseffen dat het – gezien onze geografische ligging tussen Duitsland en Frankrijk – weinig waarschijnlijk is dat dit ook zal lukken, maar klampen zich tegen beter weten in aan die illusie vast. Mocht het toch tot een oorlog komen, dan gaat men ervan uit dat die een herhaling zal zijn van wat men in de Eerste Wereldoorlog heeft meegemaakt. Alle voorbereidselen die worden getroffen, zijn op die veronderstelling gebaseerd. De schemeroorlog sterkt de Belgen in de hoop dat ze buiten schot zullen blijven, maar op 10 mei 1940 slaat de Blitzkrieg alle hoop aan diggelen.

De linies van het op verdedigen aangewezen Belgische leger worden reeds op de eerste dag doorbroken. De strategische terugtocht maakt de troepen kwetsbaar en demoraliseert de manschappen en bevelvoerende officieren. Ook Leopold III, die zich het opperbevelhebberschap heeft toegeëigend, ontsnapt niet aan het defaitisme. De terugtrekkende soldaten worden in hun beweging gehinderd door een stroom van vluchtelingen. Ongeveer twee miljoen Belgen zien het spookbeeld van de Duitse gruwelen van 1914 opduiken en vluchten halsoverkop in de richting van Frankrijk. Als men soldaten en vluchtelingen samen rekent, is ruim een derde van de bevolking fysiek bij de oorlog betrokken. De angstige meidagen van 1940 staan diep in het collectieve geheugen gegrift.

Te midden van die chaos en ontreddering bereidt de regering-Pierlot haar vertrek uit Brussel voor. De secretarissen-generaal krijgen van de ministers de opdracht de verantwoordelijkheid voor het bestuur van het bezette land op zich te nemen. Daarbij zorgt de regering ervoor dat de hoogste ambtenaren materieel en moreel kunnen rekenen op een comité van industriëlen en bankiers rond Alexandre Galopin, de gouverneur van de Société Générale. De ministers willen vanuit Frankrijk de politieke strijd tegen nazi-Duitsland voortzetten. De koning legt zich neer bij de Duitse overwinning en weigert de regering te volgen. Met dit diepgaande grondwettelijke conflict en de gespannen verhouding tussen vorst en politiek die eruit voortvloeit, is de grondslag voor de naoorlogse koningskwestie gelegd.

Na de capitulatie op 28 mei 1940 wil nagenoeg iedereen zo spoedig mogelijk de normale gang van zaken, die door de achttiendaagse veldtocht en de massale vlucht naar Frankrijk grondig is verstoord, herstellen. Dat wil ook de bezetter, zij het uit weloverwogen eigenbelang. Als iedereen opnieuw aan het werk is, kan de economische exploitatie van België pas goed van start gaan. Daarom zijn de Duitsers behulpzaam bij de repatriëring van de Belgische vluchtelingen en sturen ze de krijgsgevangen Vlaamse soldaten naar huis.

Om erger te voorkomen, namelijk een machtsovername door regelrechte collaborateurs, besturen de secretarissen-generaal onder strikte Duitse controle mee het land. Spoedig ondervinden ze dat hun bewegingsruimte bijzonder klein is en dat ze in hun 'politiek van het minste kwaad' steeds grotere toegevingen aan de bezetter moeten doen. Ze beperken enigszins de schade voor de bevolking door zelf een ruim deel van de bestuurlijke taken op zich te nemen en Duitse maatregelen systematisch te vertragen of te doen aanpassen. Aangezien door hun toedoen het hele Belgische overheidsapparaat opnieuw aan de slag gaat, maken de secretarissen-generaal het de Militärverwaltung bijzonder gemakkelijk. Het Duitse militaire bestuur wil immers Ruhe und Ordnung om de economie van het bezette land zo efficiënt mogelijk in de Duitse oorlogvoering te kunnen integreren.

Ook de beslissing van het comité-Galopin om in juli 1940 de industriële activiteit te hervatten, speelt in de kaart van de bezetter. Dat is uiteraard niet de bedoeling van de industriëlen – zij beogen in eerste instantie een industriële tegenwaarde te hebben voor het voedsel dat België noodgedwongen via Duitsland moet invoeren, aangezien de overzeese aanvoer is afgesneden. Industriëlen en bankiers weten maar al te goed dat het overgrote deel van de Belgische productie Duitsland ten goede zal komen, maar ze zien – daarin volmondig gesteund door de Belgische regering in Londen – geen andere uitweg: zonder industriële productie gaan de Belgische burgers een zekere hongersnood tegemoet. Door in eigen land te produceren, hopen Galopin en zijn medestanders tevens de deportatie van Belgische arbeiders naar Duitsland en de ontmanteling van de Belgische industrie te voorkomen. Ook zij gaan ervan uit dat de bezetter op dezelfde manier tewerk zal gaan als in de Eerste Wereldoorlog.

Structureel gezien passen de Belgische bestuursorganen en economie zich aan de bezetting aan, maar ze blijven een Belgische identiteit behouden. Bedrijfsleiders, magistraten en intellectuelen sporen door hun prominente aanwezigheid impliciet de bevolking tot vaderlandsliefde aan. Dit tot grote ergernis van rabiate collaborateurs zoals Robert Verbelen, die hun blinde woede onder andere koelen op leden van dat belgicistische establishment.

De accommodatiepolitiek van de secretarissen-generaal en het comité-Galopin sluit wonderwel aan bij de mentaliteit van de bevolking. De meeste mensen zijn bereid zich aan te passen. Ze willen de bezetting zonder kleerscheuren doorkomen. Politiek is hun vreemd, leven – of beter overleven – is voor hen de boodschap. Aanvankelijk overheerst overigens de gedachte dat het met die bezetting nog wel zal meevallen, want op enkele uitzonderingen na gedragen de Duitsers zich helemaal niet zo brutaal als in 1914. Het onmenselijke gelaat van het nazi-regime ontdekt men pas later.

Nog vóór het einde van 1940 leren de Belgen honger en koude kennen. Rantsoenering en illegale handel kunnen de voedseltekorten niet wegwerken. De man in de straat stelt niet alleen de bezetter, maar ook de secretarissen-generaal mee verantwoordelijk voor de ellende. Een job hebben is meer dan ooit de boodschap om te overleven. De werkgevers zorgen daar in belangrijke mate voor en verwerven daarmee, ook al door de uitschakeling van vrije vakbonden, een uitzonderlijke machtspositie ten opzichte van arbeiders en bedienden. De industriëlen maken daarvan gebruik om sociale verworvenheden terug te schroeven. Het dirigistisch-economische stelsel dat naar Duits model in België is ingevoerd, speelt in hun kaart.

Vrijwel niemand ligt ervan wakker dat men goederen voor Duitsland produceert. Men is de werkgevers dankbaar omdat ze voor werk in eigen land zorgen. Het comité-Galopin houdt aan de tewerkstellingspolitiek vast, ook als duidelijk wordt dat de Duitsers de enorme uitvoer van Belgische industriële producten slechts met mondjesmaat compenseren met de invoer van voedsel en op grote schaal roofbouw plegen op de Belgische economie. Als de vrijwillige tewerkstelling niet meer volstaat om de Duitse oorlogsproductie in stand te houden, gebiedt Berlijn de deportatie van arbeiders vanuit de bezette gebieden. Daarmee valt het tweede motief voor de politiek van het comité-Galopin weg en toch blijven de industriëlen de ingeslagen weg volgen. Alleen het derde motief – de vrijwaring van het industrieel patrimonium – blijft overeind. Dat volstaat blijkbaar.

Vanuit dat perspectief bereidt Galopin zich in de tweede helft van de bezetting voor op de naoorlogse periode. Voor hem staat het immers al in 1943 vast dat de Duitsers de uitputtingsoorlog aan het verliezen zijn. In het vooruitzicht van de nederlaag van de nazi's sluiten vertegenwoordigers van de werkgevers met vakbondsafgevaardigden in de illegaliteit een sociaal pact af dat mee de basis legt voor de naoorlogse rijksmaatschappelijke zekerheid. De sociale rust die eruit voortvloeit, zal mee het Belgische economische mirakel onmiddellijk na de oorlog mogelijk maken.

Aangezien de meeste mensen zich gedeisd houden, ondervinden ze weinig hinder van de bezetter. De Nieuwe Orde die hij instelt, maakt een einde aan de rechten en vrijheden van de democratische rechtsstaat, maar dat raakt de massa slechts in beperkte mate. Die is in de eerste plaats bekommerd om het dagelijkse bestaan. Slechts een kleine kring van bewust democratische burgers en intellectuelen merkt de sluipende nazificering op. Voortaan geldt het recht van de sterkste. Inspraak en vrije meningsuiting zijn uit den boze. De

Duitse politiediensten en militaire rechtbanken pakken elke vorm van dissidentie meedogenloos aan.

De nazi's voltrekken het racisme tot zijn uiterste consequenties. De jodenvervolging wordt van bij het begin van de bezetting systematisch en geruisloos voorbereid. Pas als de bezetter de joden in 1942 dwingt de gele davidster te dragen, wordt de rassenhaat in het straatbeeld merkbaar. Kort daarna worden de eerste groepen joden via de Mechelse Dossin-kazerne op transport gezet naar het oosten, zonder dat men weet heeft van de industriële vernietiging en de dwangarbeid die hun in de kampen te wachten staan. Er ontstaat een golf van solidariteit die uiteindelijk meer dan de helft van de in België verblijvende joden zal redden.

Enkele maanden na de eerste transporten van joden wordt de Belgische bevolking zelf zwaar getroffen door de deportatie van Belgische arbeiders naar Duitsland. De maatregel verstoort diepgaand het leven van duizenden gezinnen en roept ontzetting en afschuw op. Het verzet tegen de verplichte tewerkstelling is zo groot dat de bezetter op verre na niet de quota kan realiseren die door Berlijn worden opgelegd. Talloze werkweigeraars versterken de gelederen van het verzet, dat daardoor vanaf 1942 een ruimere armslag krijgt.

Aanvankelijk is het verzet tegen de bezetter vooral geïnspireerd door Belgisch patriottisme. Het bevindt zich in belangrijke mate in de kleine en middelgrote Franstalige bourgeoisie die bang is haar geprivilegieerde plaats in België te verliezen. Verzet komt ook op gang in kringen van oud-strijders die uitgesproken Duitsvijandig zijn. Aanvankelijk zetten die rechtse patriotten een beperkt aantal acties op die overigens weinig bijval kennen. De materiële noden, de Duitse dwangmaatregelen en het keren van de oorlogskansen zijn er de oorzaak van dat het verzet op steeds meer sympathie en steun kan rekenen. Communisten – de antifascisten bij uitstek – komen pas in actie na de Duitse aanval tegen de Sovjet-Unie in juni 1941. Van dan af nemen zij het voortouw en proberen ze via het Onafhankelijkheidsfront zo veel mogelijk verzetsactiviteiten te accapareren.

Toch blijft het verzet de zaak van een minderheid: slechts twee tot drie procent van de beroepsbevolking is erbij betrokken. Zowel de rechtse patriotten als de communisten hebben hun sterkste kernen in Brussel en Wallonië. Hierdoor is het verzet in België voor 70 procent een Franstalige aangelegenheid. Het verzet maakt een vuist naar de bezetter, brengt de Duitsers verliezen toe maar is nog veel meer gebeten op collaborateurs. Het verzet vergroot de morele weerbaarheid van de bevolking, helpt de slachtoffers van de nazi-terreur en verschaft de geallieerden waardevolle inlichtingen over militaire infrastructuur en bevoorradingslijnen.

Duitse politiediensten brengen met de hulp van collaborateurs het verzet bijzonder zware verliezen toe: van de 30.000 verzetsstrijders die in Duitse handen vallen, komen er 15.000 om. Ze zijn doodgemarteld, geëxecuteerd of bezweken onder de onmenselijke behandeling in de Duitse kampen. Naarmate de nazi-terreur meer martelaren maakt, voeren verzetslui de strijd tegen de Duitsers en hun handlangers op, wat naar het einde van de bezetting culmineert in een spiraal van geweld en tegengeweld.

Tegenover de kleine groep Belgen die de Duitsers bestrijden, staat een andere kleine groep die voor samenwerking met de bezetter kiest. Antidemocratie en nationalisme vormen de ideologische grondslag van de collaboratie, die in eerste instantie draait om het verwerven van macht. Het VNV wil die macht gebruiken om de Vlaamse zelfstandigheid te realiseren. De leiding van de Vlaams-nationalisten ervaart spoedig dat er voor haar project geen plaats is in het centraal geleide Duitse Reich, maar ze volhardt tegen beter weten in in de collaboratie. Het VNV krijgt concurrentie van groepen als de DeVlag die Vlaanderen willen nazificeren en in hun collaboratie veel verder gaan dan het veeleer gematigde VNV. Naarmate de invloed van de SS toeneemt en die uiteindelijk de Militärverwaltung verdringt, krijgen de rabiate collaborateurs steeds meer de wind in de zeilen.

Even fanatiek is de collaboratie van de kleine Rex-beweging. Léon Degrelle wil alvast de macht in Franstalig België en alle middelen zijn goed om dat doel te bereiken. Toetreden tot de Waffen-SS is daar maar één voorbeeld van. De rexisten lenen zich tot alle vuile karweien die de nazi's hun toeschuiven.

De politieke collaboratie is één zaak, de criminele collaboratie een andere, maar door de bevolking worden de handlangers van de gehate bezetter na de bevrijding over één kam geschoren. Had men de collaborateurs niet in Duitse of aanverwante uniformen zien paraderen en de Hitlergroet brengen? Het waren toch ook landgenoten die het duurbetaalde voedsel, dat door brave familievaders was gesmokkeld, in beslag namen of die werkweigeraars oppakten en aan de Duitse instanties overdroegen? In Antwerpen had men Vlaamse SS'ers joden zien meevoeren en men wist dat Duitse politiediensten gebruikmaakten van verklikkers en premiejagers. Bij de spontane straatrepressie na de bevrijding zijn ongetwijfeld ook onschuldigen zwaar aangepakt. Een deel van de bevolking reageert met die heksenjacht de frustraties, de trauma's en de verliezen af die vier jaar Duitse bezetting hebben meegebracht.

De regering-Pierlot, die in september 1944 uit Londen terugkeert, staat vrijwel machteloos tegenover de straatrepressie. Door een jarenlange ballingschap is ze trouwens vervreemd van de Belgen die de bezetting aan den lijve hebben ondervonden. De Belgische ministers die zich in het najaar van 1940 in Londen vestigden, wilden hun geloofwaardigheid ten aanzien van de geallieerden bewijzen. Heel veel manschappen konden ze niet leveren, maar ze stelden de koloniale rijkdom ter beschikking van de Angelsaksische bondgenoten. De regering kreeg daardoor krediet en wilde dat niet verliezen door de toegevingen die de secretarissen-generaal en de groep rond Galopin in het raam van de politiek van het minste kwaad voortdurend ten aanzien van de bezetter deden. Vanuit Londen wensten de ministers dat de leidinggevende kringen in België veeleer een verzetshouding zouden aannemen. Ook dat toont aan dat ze niet echt wisten hoe het er in het bezette land aan toe ging. Bij haar terugkeer vraagt de regering aan het parlement prins Karel tot regent aan te stellen, aangezien diens broer Leopold zich nog in Duitse krijgsgevangenschap bevindt.

Kort voor de landing in Normandië is de koning met zijn familie ver achter de Duitse linies weggevoerd. Leopold had zich de bezetting heel anders ingedacht. Onmiddellijk na de capitulatie is hij bereid met Hitler te onderhandelen over het politieke lot van België in een door Duitsland gedomineerd Europa. Hij hoopt, en blijft er bij de Führer op aandringen, dat zijn land een zekere zelfstandigheid zou kunnen bewaren en dat hij een rol in het bestuur zou kunnen spelen. Hitler vertrouwt Leopold niet en er komt geen akkoord over de politieke bestemming van België. Vandaar dat hij het land verder laat besturen door Duitse militairen.

De bevolking weet helemaal niets over die politieke ambities van Leopold. Ze merkt ook niets van de aanwezigheid van de krijgsgevangen koning in het bezette land tot kardinaal Van Roey in december 1941 meedeelt dat Leopold gehuwd is met Liliane Baels. De vorst toont zich hierdoor weinig solidair met zijn krijgsgevangen soldaten en wekt bij de bevolking, die onder de bezetting gebukt gaat, de indruk dat hij slechts aan zijn eigen geluk denkt. De grote populariteit die de koning na de capitulatie genoot, stort in elkaar. In de latere koningskwestie zal dat omstreden huwelijk een niet te onderschatten psychologisch effect ressorteren. Leopold graaft zich in zijn grote gelijk in en wijst alle toenaderingspogingen van de regering-Pierlot hooghartig van de hand. In het politiek testament dat hij begin 1944 schrijft, geeft hij de regering bij haar terugkeer de raad de onafhankelijkheid van het land te herstellen en zich van de Verenigde Staten en het Verenigd Koninkrijk te distantiëren. Pierlot voelt in september 1944 een vervangende schaamte bij het lezen van die koninklijke richtlijnen en geeft er ruchtbaarheid noch gevolg aan. De koning kan er zich niet bij neerleggen dat de regering de goede kant heeft gekozen en dat hij verkeerd heeft gespeculeerd. Hij ziet er blijkbaar het positieve niet van in dat ons land dankzij de aanwezigheid van de Belgische regering in Londen is toegetreden tot een hecht bondgenootschap met de Angelsaksische partners. Een alliantie die overigens onverminderd zal worden voortgezet in de Koude Oorlog.

België komt uiteindelijk mee als overwinnaar uit de oorlog, maar de bezetting heeft diepe sporen nagelaten. De ontberingen, de deportaties, de verliezen, de dwangmaatregelen, verzet en collaboratie zijn voor altijd in het geheugen gegrift. Heftige meningsverschillen over de bestraffing van collaborateurs en over de koningskwestie verscheuren het land en beletten lange tijd een serene benadering van het oorlogsgebeuren.

De bezetting ligt inmiddels zestig jaar achter ons, maar de discussies en conflicten erover zijn nog lang niet uitgestorven. De auteurs van dit boek hopen dat ze door de feiten in hun context te plaatsen een bijdrage hebben geleverd aan de verwerking van het bezettingsverleden.

LIJST MET AFKORTINGEN

AL	Armée de la Libération – Bevrijdingsleger
BL	Belgisch Legioen
BNB	Belgische Nationale Beweging
BSP	Belgische Socialistische Partij
BVV	Belgisch Vakverbond
BWP	Belgische Werklieden Partij
CCI	Comité Central Industriel
COO	Commissies van Openbare Onderstand
DeVlag	Duits-Vlaamse Arbeidsgemeenschap
DM/ZB	Dietse Militie/Zwarte Brigade
DSI	Département de Sécurité et d'Information
FG	Feldgendarmerie
FN	Fabrique Nationale d'Armes de Guerre
Gestapo	Geheime Staatspolizei
GFP	Geheime Feldpolizei
GL	Geheim Leger
Groep G	Groupe générale de sabotage
HCVS	Hoog Commissariaat voor de Veiligheid van de Staat
KAJ	Katholieke Arbeidersjeugd
KOH	Kas voor Onderlinge Hulp
KP	Kommunistische Partij
MI9	Military Intelligence 9
MSU	Mouvement Syndical Unifié
NKB	Nationale Koninklijke Beweging
NLVC	Nationale Landbouw- en Voedingscorporatie
NSDAP	Nationalsozialistische Deutsche Arbeiterpartei
NSKK	Nationalsozialistisches Kraftfahrkorps
OF	Onafhankelijkheidsfront
OKH	Oberkommando des Heeres
OKW	Oberkommando der Wehrmacht
OT	Organisation Todt
PM	Patriottische Milities
PWE	Political Warfare Executive
SAS	Special Air Service
SD	Sicherheitsdienst
Sipo-SD	Sicherheitspolizei-Sicherheitsdienst
SHAEF	Supreme Headquarters Allied Expeditionary Forces
SIPO	Sicherheitspolizei
SIS	Secret Intelligence Service

SOE	Special Operations Executive
SSC	Syndicaal Strijdcomité
UHGA	Unie van Hand- en Geestesarbeiders
Verdinaso	Verbond van Dietse Nationaal Solidaristen
VEV	Vlaams Economisch Verbond
VNV	Vlaams Nationaal Verbond
VOS	Vlaamse Oud-strijders

Mark Van den Wijngaert (1940) is hoogleraar Hedendaagse Geschiedenis aan de KU Brussel. Hij publiceerde over de Duitse bezetting, de Belgische politieke geschiedenis, de monarchie (o.a. *Leopold III, een koningsdrama*) en de internationale geschiedenis na 1950.

Luc Vandeweyer (1956) behaalde zijn doctoraat geschiedenis aan de KU Leuven en is verbonden aan het Koninklijk Leger Museum. Zijn boek *Een kleine stad in een Groote Oorlog* werd met veel lof onthaald.

Bruno De Wever (1960) is docent aan de Vakgroep Nieuwste Geschiedenis van de Universiteit Gent. Hij publiceerde diverse boeken en artikels over de Vlaamse beweging, het Vlaams-nationalisme en de Tweede Wereldoorlog.

Fabrice Maerten (1962) is doctor in de geschiedenis (UCL) en is verbonden aan het Studie- en Documentatiecentrum voor Oorlog en Hedendaagse Maatschappij (Cegesoma). Hij schreef een boek over het leven en de houding van de Belgische katholieken tijdens de bezetting.

Dirk Luyten (1963) is doctor in de geschiedenis (VUB) en werkt als onderzoeker bij het Studie- en Documentatiecentrum Oorlog en Hedendaagse Maatschappij in Brussel. Hij publiceerde o.m. *Ideologie en praktijk van het corporatisme tijdens de Tweede Wereldoorlog in België* en *Burgers boven elke verdenking? Vervolging van economische collaboratie in België na de Tweede Wereldoorlog.*

Patrick Nefors (1966) studeerde geschiedenis aan de KU Leuven en is als historicus verbonden aan het Nationaal Gedenkteken van het Fort van Breendonk. Hij publiceerde een boek over industriële collaboratie. In 2004 verscheen van zijn hand *Breendonk 1940-1945, een geschiedenis.*

Marnix Beyen (1971) studeerde geschiedenis in Leuven en Lancaster, en is momenteel docent politieke geschiedenis van de Nieuwste Tijd aan de UI Antwerpen. Hij publiceerde onder meer een boek over Tijl Uilenspiegel (1998) en *Oorlog en Verleden. Nationale Geschiedenis in België en Nederland, 1938-1947.*

BIBLIOGRAFIE

Aron, P. e.a., (red.) *Leurs Occupations. L'impact de la Seconde Guerre mondiale sur la littérature en Belgique*, Brussel, 1997.

Idem, '1942. Pierre Peyel remporte le concours littéraire du *Soir*. Les écrivains belges et l'Occupation: entre engagement et indifférence' in: J.P. Bertrand e.a. (red.), *Histoire de la littérature belge francophone 1830-2000*, Parijs, 2003, p. 401-410.

Balace, F. (red.), *Jours de guerre*, Brussel, 1990-2001, 24 dln.

Baudhuin, F., *L'économie belge sous l'occupation 1940-1944*, Brussel, 1945.

Belgique 1940. Une société en crise, un pays en guerre – België 1940. Een maatschappij in crisis en oorlog, Brussel, 1993.

Bernard, H., *La résistance 1940-1945*, Brussel, 1968.

Beyen, M., 'Nostalgie naar een nieuwe tijd. De Tweede Wereldoorlog en de roep om de traditie. België en Nederland' in: *Belgisch Tijdschrift voor Filologie en Geschiedenis*, 79, 2001, p. 535-577.

Idem, *Oorlog en Verleden. Nationale geschiedenis in België en Nederland, 1938-1947*, Amsterdam, 2002.

Idem, 'Wetenschap, politiek, nationaal-socialisme. De cultuurpolitiek van het nationaal-socialisme. De cultuurpolitiek van het Duits militair bezettingsbestuur in België, 1940-1944' in: *Bijdragen tot de eigentijdse geschiedenis*, 11, 2003, p. 47-70.

Boudens, R., *Kardinaal Van Roey en de Tweede Wereldoorlog*, Averbode, 1996.

Celis, K. & A. Godfroid, *Vrouwen en oorlog, 16de-20ste eeuw*, Brussel, 1997.

Conway, M., *Collaboratie in België. Léon Degrelle en het Rexisme, 1940-1944*, Groot-Bijgaarden, 1994.

Idem, 'Justice in Post-War Belgium. Popular Passions and Political Realities' in: *Bijdragen tot de Eigentijdse Geschiedenis*, nr. 2, 1997, p. 7-34.

Crahay, A., *L'Armée belge entre les deux guerres*, Brussel, 1978.

Dantoing, A., *La 'collaboration' du Cardinal. L'Eglise de Belgique dans la guerre 40*, Brussel, 1991.

De Backer, A., *Het proces von Falkenhausen en Reeder*, niet-gepubliceerde licentiaatsverhandeling, Leuven, 1990.

De Geest, D. e.a., *Collaboratie of cultuur? Een Vlaams tijdschrift in bezettingstijd 1941-1944*, Amsterdam-Antwerpen, 1997.

De Jonghe, A., *Hitler en het politieke lot van België*, Antwerpen-Utrecht, 1972.

Idem., 'De strijd Himmler-Reeder om de benoeming van een Höhere SS- und Polizeiführer te Brussel (1942-1944)', in: *Bijdragen tot de Geschiedenis van de Tweede Wereldoorlog*, nr. 3 (1974) p. 9-81, nr. 4 (1976) p. 5-152, nr. 5 (1978) p. 5-178, nr. 7 (1982) p. 97-187, en nr. 8 (1984) p. 6-234

De Staercke, A., *Alles is voorbijgegaan als een schaduw. Memoires over de koningskwestie en het regentschap*, Tielt, 2003.

De Vos, L. & F. Decat, *Mei 1940, van Albertkanaal tot Leie*, Kapellen, 1990.

De Vos, L., *De bevrijding. Van Normandië tot de Ardennen*, Leuven, 1994.

De Wever, B., *Oostfronters. Vlamingen in het Vlaams Legioen en de Waffen-SS*, Tielt, 1984.

Idem, *Greep naar de macht. Vlaams-nationalisme en Nieuwe Orde: het VNV, 1933-1945*, Tielt, 1994.

Idem, 'Collaboratie' in: *Nieuwe Encyclopedie van de Vlaamse Beweging*, Tielt, 1998, p. 760-775.

Devillez, V., *Kunst aan de orde. Kunst en politiek in België, 1918-1945*, Brussel-Gent, 2003.

Dietz, B., H. Gabel & U. Tiedau (red.), *Griff nach dem Westen. Die 'Westforschung' der völkisch-nationalen Wissenschaften zum nordwesteuropäischen Raum (1919-1960)*, Münster, 2003.

Gerard, E., 'Omstreden democratie' in: *De massa in verleiding: de jaren '30 in België*, Brussel, 1994, p. 75-123.

Gérard-Libois, J. & J. Gotovitch, *L'an 40. La Belgique occupée*, Brussel, 1971.

Gotovitch, J., 'La grève des 100.000' in: *Jours de guerre/Jours de Lutte*, Brussel, 1992, p. 91-101.

Idem, *Du rouge au tricolore. Les communistes belges de 1939 à 1944. Un aspect de l'histoire de la Résistance en Belgique*, Brussel, 1992.

Gotovitch, J. & Ch. Kesteloot (red.), *Het gewicht van het oorlogsverleden*, Gent, 2002.

Hemmerijckx, R., *Van Verzet tot Koude Oorlog, 1940-1949: machtsstrijd om het ABVV*, Brussel-Gent, 2003.

Henau, A. & M. Van den Wijngaert, *België op de bon. Rantsoenering en voedselvoorziening onder Duitse bezetting 1940-1944*, Leuven-Amersfoort, 1986.

Henri, B., *Panorama d'une défaite. Bataille de Belgique – Dunkerque 10 mai - 4 juin 1940*, Parijs-Gembloers, 1984.

Herremans, M.-P., *Personnes déplacées (répatriés, disparus, réfugiés)*, Ruisbroeck, 1948.

Huyse, L., S. Dhondt e.a., *Onverwerkt verleden. Collaboratie en repressie 1942-1952*, Leuven, 1991.

Jacquemyns, G., *La société belge sous l'occupation allemande 1940-1944*, Brussel, 1950, 3 dln.

Idem, 'La Société belge sous l'occupation allemande (1940-1944). Privations et espoirs' in: J. Gotovitch (red.), *La Société belge sous l'occupation allemande (1940-1944)*, Brussel, 2002, p. 292-434.

Jacquemyns, H., *Een bezet land*, Kapellen, 1982.

Jamart, J., *L'armée belge de France en 1940*, Bastogne, 1994.
Jespers, H.-F., 'Het cultureel leven tijdens de bezetting. Documentaire kanttekeningen' in: *Diogenes*, 6/5-6, 1993, p. 86-106 en 6/7, 1993, p. 50-60.
Klemann, Hein A.M., 'Waarom honger in Europa in de Tweede Wereldoorlog?' in: M. de Keizer e.a. (red.), *Thuisfront. Oorlog en economie in de twintigste eeuw*, Zutphen, 2003, p. 113-125.
Konings, J., *De terechtstelling van gijzelaars tijdens de Duitse bezetting van België onder het bestuur van de Militärbefehlshaber von Falkenhausen (1940-1944)*. niet-gepubliceerde licentiaatsverhandeling, Leuven, 1982.
Laloire, M., *Les relations sociales au sein des entreprises*, Gembloers, 1945.
Laureyssens, L., *Cultuurleven en cultuurbeleid tijdens het Duitse bezettingsregime. Een verkennend onderzoek van de Antwerpse casus*. Niet-gepubliceerde licentiaatsverhandeling Gent, 1983.
Louyet, P., *Het verzet*, Kapellen, 1991.
Lust, J., *Beeldende kunst tijdens de Tweede Wereldoorlog in Vlaanderen. Een onderzoek naar de houding van de beeldende kunstenaars en de kunstrecensenten*. Niet-gepubliceerde licentiaatsverhandeling Gent, 1985.
Luyten, D. & G. Vanthemsche (red.), *Het Sociaal Pact van 1944. Oorsprong, betekenis, gevolgen*, Brussel, 1995.
Luyten, D., *Ideologie en praktijk van het corporatisme tijdens de Tweede Wereldoorlog in België*, Brussel, 1997.
Maerten, F., *Du Murmure au Grondement. La Résistance politique et idéologique dans la province du Hainaut pendant la Seconde Guerre mondiale (mai 1940-septembre 1944)*, Bergen, 1999, 3 dln.
Maerten, F., F. Selleslagh & M. Van den Wijngaert, *Entre la peste et le choléra. Vie et attitudes des catholiques sous l'occupation*, Gerpinnes, 1999.
Marquet, V., *Bijdrage tot de geschiedenis van het Geheim Leger 1940-1944*, Brussel, 1991-1995, 6 dln.
Meyers, W. & F. Selleslagh, *De vijand te lijf. De Belgen in het verzet*, Antwerpen/Amsterdam, 1984.
Nefors, P., *Industriële 'collaboratie' in België. De Galopindoctrine, de Emissiebank en de Belgische industrie*, Leuven, 2000.
Pauwel, J.R., 'De Canadezen en de bevrijding van België (1944-1945). Niet alleen een militaire geschiedenis' in: *Bijdragen van het* NCWOII, nr. 9, 1985, p. 1-122.
Potargent, F., *La mise au travail de la main d'œuvre belge dans le pays et à l'étranger durant l'occupation*, Brussel, 1948.
Provoost, G., *Vlaanderen en het militair-politiek beleid in België tussen de twee wereldoorlogen. Het Frans-Belgisch militair akkoord van 1920*, Leuven, 1976 en 1977, 2 dln.
Put, J., *Russische Krijgsgevangenen in Limburg, 1942-1945. Leven en werken*

in oorlogstijd, Beringen-Leuven, 2002.
Saerens, L., *Het vijfde ras: de houding van Antwerpen tegenover zijn joodse bevolking (1880-1944)*, Brussel, 2001.
Schepens, L. *1940, Dagboek van een politiek conflict*, Tielt-Utrecht, 1970.
Scholliers, P, 'Strijd rond de koopkracht, 1939-1945' in: *Belgique 1940. Une société en crise, un pays en guerre – België 1940. Een maatschappij in crisis en oorlog*, Brussel, 1993, p. 245-276.
Schrijvers, P., *De hel die Europa heet. Amerikaanse frontsoldaten in de Tweede Wereldoorlog*, Antwerpen, 2003.
Seberechts, F., *Geschiedenis van DeVlag: van cultuurbeweging tot politieke partij 1933-1945*, Gent, 1991.
Idem, *Tussen Schelde en Wolchow. Vlaanderen en het Oostfront*, Brussel-Antwerpen, 2002.
Steinberg, M., *L'étoile et le fusil. La traque des Juifs 1942-1944*, Brussel, 1986, 2 dln.
Stengers, J., *Léopold* III *et le gouvernement: les deux politiques belges de 1940*, Gembloers, 1980.
Strubbe, F., *Geheime oorlog 40/45. De inlichtings- en actiediensten in België*, Tielt, 1992.
Taghon, P., *België 44. De Bevrijding*, Tielt, 1993.
Ugeux, W., *Le 'groupe* G*' (1942-1944). Deux héros de la résistance: Jean Burgers et Robert Leclercq*, Parijs/Brussel, 1978.
Van de Vijver, H., R. Van Doorslaer & E. Verhoeyen, *Het verzet*, Antwerpen-Amsterdam, 1988.
Van den Wijngaert, M., *Het beleid van de het comité van de secretarissen-generaal in België tijdens de Duitse bezetting 1940-1944*, Brussel, 1975.
Idem, *Nood breekt wet. Economische collaboratie of accommodatie. Het beleid van Alexandre Galopin, gouverneur van de Société Générale tijdens de Duitse bezetting (1940-1944)*, Tielt, 1990.
Van den Wijngaert, M., M. Dumoulin & V. Dujardin, *Een koningsdrama. De biografie van Leopold* III, Antwerpen, 2001.
Van Doorslaer, R., *De Kommunistische Partij van België en het sovjet-duits niet-aanvalspakt*, Brussel, 1975.
Van Molle, L., *Ieder voor allen. De Belgische Boerenbond 1890-1990*, Leuven, 1990.
Vandevijver, H., *Het cultureel leven tijdens de bezetting*, Kapellen, 1990.
Vangeet, W.J.D., *De rijkswacht tijdens de bezetting*, Kapellen, 1985.
Vanlandschoot, R., *Kapelaan Verschaeve. Biografie*, Tielt, 1998.
Vanwelkenhuyzen, J., *Les avertissements qui venaient de Berlin 9 octobre 1939 - 10 mai 1940*, Parijs-Gembloers, 1982.
Idem, *Neutralité armée, la politique militaire de la Belgique pendant la 'drôle*

de guerre', Brussel, z.j.

Velaers, J. & H. Van Goethem, *Leopold II, de Koning, het Land, de Oorlog*, Tielt, 1994.

Verhoeyen, E., 'Résistances et résistants en Belgique occupée, 1940-1944' in: *Belgisch Tijdschrift voor Filologie en Geschiedenis,* 1992, LXX, p. 381-398.

Idem, *België bezet 1940-1944*, Brussel, 1993.

Idem, *Het minste kwaad*, Kapellen, 1990.

X, *1940-1945. Het dagelijkse leven in België*, Brussel, 1984.

X, *De Verplichte Tewerkstelling in Duitsland. Le travail obligatoire en Allemagne 1942-1945*, Brussel, 1993.

X, *Les Juifs de Belgique. De l'immigration au génocide*, Brussel, 1994.

NAMENREGISTER

ZAKENREGISTER

FOTOVERANTWOORDING

CegeSoma:
63, 84, 89, 97, 128, 134, 148, 150, 151, 157, 160, 168, 177, 189, 193, 199, 201, 210, 222, 228, 230, 231, 251, 257, 273, 274, 281

Koninklijk Leger Museum:
27, 31, 33, 34, 38, 40, 42, 50, 284

Archieven Capelle:
60

Peter Taghon
269 (boven)

Standaard Uitgeverij
13, 26, 32, 269 (onder)

Schema's 73, 74
Twee jaar geleide Landbouw- en Voedingseconomie in België 1940-1942. De activiteit der NLVC, S.1., Dienst voor pers en propaganda der NLVC, 1942